21 世纪高等学校教材

普通高等教育“十二五”汽车类专业（方向）规划教材

汽车运行性能

主　编　戴汝泉

副主编　阎　岩

参　编　宿林林　臧发业　张竹林

　　　　李玉善　陈　燕　周长峰

主　审　吴光强

机械工业出版社

本书系统地讲述了汽车运行性能的相关基础理论、影响因素及其如何合理发挥。内容共分八章，包括发动机运转性能概述，汽车的动力性、燃油经济性、环保性、制动性、操纵稳定性、平顺性和通过性等。

书中内容结构合理、层次分明，融合了汽车行业的最新标准和现代汽车发展的前沿技术，有较高的理论参考和实践指导价值。可作为汽车运用、汽车服务、交通工程和交通管理类专业本科院校、高等职业技术院校的专业课程教材，也可供从事汽车开发、使用、技术管理和交通管理等方面的人员参考。

图书在版编目（CIP）数据

汽车运行性能/戴汝泉主编．—北京：机械工业出版社，2010.3（2016.1重印）

21世纪高等学校教材

普通高等教育“十二五”汽车类专业（方向）规划教材

ISBN 978-7-111-29991-2

Ⅰ.①汽… Ⅱ.①戴… Ⅲ.①汽车—性能—检测
Ⅳ.①U472.9

中国版本图书馆CIP数据核字（2010）第037669号

机械工业出版社（北京市百万庄大街22号　邮政编码100037）
策划编辑：尹法欣　责任编辑：尹法欣　版式设计：张世琴
封面设计：王伟光　责任校对：申春香　责任印制：乔　宇
三河市国英印务有限公司印刷
2016年1月第1版第2次印刷
184mm×260mm·14印张·342千字
标准书号：ISBN 978-7-111-29991-2
定价：24.00元

凡购本书，如有缺页、倒页、脱页，由本社发行部调换

电话服务
社服务中心：（010）88361066
销售一部：（010）68326294
销售二部：（010）88379649
读者购书热线：（010）88379203

网络服务
门户网：http：//www.cmpbook.com
教材网：http：//www.cmpedu.com
封面无防伪标均为盗版

前　言

随着汽车性能研究的深入、结构形式的改进和应用技术的发展，汽车理论内容的更新和补充也成为必然。针对高等教育注重应用型人才培养的指导思想，《汽车运行性能》在总体上以理论为主线，强化了与结构的关系，并强调在概念上更严谨、更注重概括性；在内容上更新颖、更注重应用性；在层次上更清晰、更注重系统性。本书适合当前知识学习的需要，可作为本科院校、高等职业技术院校的专业课教材，也可供汽车开发、汽车使用、汽车技术管理和交通管理等方面的人员参考。

考虑到汽车的动力性和燃油经济性与发动机的运转性能密切相关，所以书中有发动机运转性能一章。除绪论和发动机运转性能外，还包括汽车的动力性、燃油经济性、环保性、制动性、操纵稳定性、平顺性和通过性等。如果单独开设了“发动机原理”课，可以直接进入汽车各性能的学习。课程内容理论密切联系实际，并紧跟国内及国际在汽车运行性能方面的有关标准和规范，力争使读者在更大程度上学以致用。

本书由山东交通学院戴汝泉任主编，青岛理工大学阎岩任副主编，参加编写的人员还有山东交通学院臧发业、宿林林、张竹林、周长峰，山东科技大学李玉善，鲁东大学陈燕等。全书由同济大学吴光强教授审阅，在此表示衷心感谢。本书在编写过程中，参考了很多有关文献资料，对它们的作者及提供者在此表示感谢。

由于作者的水平所限，书中难免有错漏之处，诚望使用本书的读者予以指正。

编　者

目　录

常用符号表

第一章　发动机运转性能概述

p——气体的绝对压力（kPa）
V——m（kg）气体的体积（m^3）
R——气体常数（kJ/kg·K^{-1}）
m——气体质量（kg）
T——热力学温度（K）
t——摄氏温度（℃）
Q——热量（kJ）
p_t——平均压力（kPa）
η_t——循环热效率
ε——压缩比
λ——压力升高比
ρ——预胀比
k——等熵指数
W_i——循环的指示功（kJ）
p_i——平均指示压力（kPa）
P_i——指示功率（kW）
b_i——指示燃油消耗率［g/（kW·h）］
η_i——指示热效率
P_e——发动机有效功率（kW）
T_e——发动机有效转矩（N·m）
b_e——发动机有效燃油消耗率［g/（kW·h）］
η_e——有效热效率
P_L——升功率（kW/L）
m_p——比质量（kg/kW）
P_m——发动机机械损失功率（kW）
η_m——发动机的机械效率
n——发动机转速
α——过量空气系数
η_V——空气系数
φ——曲轴转角（°）
P_B——发动机的标定功率（kW）
n_B——发动机的标定转速（r/min）

第二章　汽车的动力性

T_t——驱动轮的转矩（N·m）
r——车轮半径（m）
F_t——驱动力（N）
i_g——变速器传动比
i_0——主减速器传动比
η_T——传动系的机械效率
T_e——使用状态的发动机转矩（N·m）
P_e——使用状态的发动机功率（kW）
n_{emax}——发动机的最高转速（r/min）
P_T——传动系损失功率（kW）
n_w——车轮滚动的圈数
F_w——空气阻力（N）
α——坡度角（°）
i——坡度比
F_i——坡度阻力（N）
F_ψ——道路阻力（N）
ψ——道路阻力系数
F_j——加速阻力（N）
g——重力加速度（m/s^2）
j——汽车的加速度（m/s^2）
δ——旋转质量换算系数
G_s——汽车实际总重力（N）
G_0——汽车空载重力（N）
F_f——附着力（N）
φ——附着系数
L——汽车轴距（m）
a——汽车重心离前轴的距离（m）
b——汽车重心离后轴的距离（m）
h_g——汽车重心高度（m）
m_1、m_2——轴荷再分配系数
t——加速时间（s）
s——车轮驶过的距离（m）
v——车速（km/h）
W——车轮径向载荷（N）
Z——车轮与地面法向作用力（N）
f——滚动阻力系数

G——汽车总重力（N）
F_f——滚动阻力（N）
C_D——空气阻力系数
A——汽车的迎风面积（m^2）
ρ——空气密度（kg/m^3）
v_r——汽车与空气的相对速度（m/s）
D——动力因数
P_f——滚动阻力功率（kW）
P_i——坡度阻力功率（kW）
P_w——空气阻力功率（kW）
P_j——加速阻力功率（kW）
λ——液力传动的转矩系数
η——液力传动的传动效率
k——液力变矩器的变矩系数
n_1——泵轮转速（r/min）
T_1——泵轮转矩（N·m）
n_2——涡轮转速（r/min）
T_2——涡轮转矩（N·m）
i——液力传动的速比
d——液力偶合器或变矩器直径（m）
γ——工作油的密度（kg/m^3）
i_k——液力传动后传动比
$i_Ⅰ$——变速器Ⅰ挡传动比
i_s——试验时的挡位传动比
α_s——试验时的爬坡角

第三章　汽车的燃油经济性

Q——汽车百公里耗油量（L/100km）
P_e——发动机功率（kW）
v——车速（km/h）
γ——燃油密度（kg/L）或（N/L）
U——发动机负荷率
i——坡度比
j——加速度（m/s^2）
g——重力加速度（m/s^2）
Q_j——汽车加速过程油耗量（L）

第四章　汽车的环保性

p——声压（Pa）
L_p——声压级（dB）
N——响度（sone）
L_N——响度级（phon）

第五章　汽车的制动性

T_μ——制动器制动力矩（N·m）
F_τ——地面制动力（N）
r——车轮半径（m）
s——制动距离（m）
t——制动时间（s）
k——减速度变化率（m/s^3）
j_a——最大制动减速度（m/s^2）
$FMDD$——充分发出的平均减速度（m/s^2）
Y——地面对车轮的侧向力（N）
v_w——车轮中心的速度（m/s）
F_μ——制动器制动力（N）
j——制动过程减速度（m/s^2）
v_0——制动初速度（m/s，km/h）
S——滑动率（%）
F_y——汽车或车轮所受侧向力（N）
β——制动力分配系数
η_b——制动效率
φ_p——峰值附着系数
φ_s——滑动附着系数

第六章　汽车的操纵稳定性

B——轮距（m）
α——纵向坡度角（°）
β——横向坡度角（°）
F_y——侧偏力（N）
k——侧偏刚度［N/（°）或N/rad］
α——侧偏角（°）
R_0、R——转向半径（m）
δ——前轴转角（rad）
m——汽车总质量（kg）
k——稳定性因数（s^2/m^2）

ω_s——横摆角速度（rad/s）

$\frac{\omega_s}{\delta}$——横摆角速度增益［（rad/s）/rad］

S. M.——静态储备系数

v_{ch}——特征车速（m/s）

v_{cr}——临界车速（m/s）

a_y、a_n——侧向加速度（m/s^2）

U——不足转向度（（°）/（m/s^2））

K_φ——车厢侧倾度（（°）/（m/s^2））

N——稳态转向特性的评价分值

第七章 汽车的平顺性

f——振动频率（Hz）

w（*f*）——加权函数

a——振动加速度（m/s^2）

L_{aw}——加权振级（dB）

M——悬挂质量（kg）

m——非悬挂质量（kg）

C——减振器的阻力系数（N·s/m）

K——悬架弹簧的刚度（N/m）

q——路面不平度函数（m）

z——车身振动输出（m）

f_0——悬架系统的固有频率（Hz）

f_s——悬架系统的静挠度（cm）

［f_d］——悬架系统限位行程（cm）

$H_{(j\omega)}$或$H_{(jf)}$——频率响应函数

ξ——阻尼比

ε——悬挂质量分配系数

第八章 汽车的通过性

h——最小离地间隙（m）

β——纵向通过角（°）

ρ——横向通过半径（m）

α——接近角（°）

γ——离去角（°）

d_H——最小转弯直径（m）

d——内轮差（m）

p——车轮和地面的单位压力（kPa）

W——作用在车轮上的垂直载荷

A——轮胎接地面积（m^2）

绪　论

汽车作为一种快捷高效、机动灵活的交通运输工具，在国民经济和社会生活中有着不可替代的作用。随着高速公路的迅猛发展和汽车自身的不断完善，汽车的运输量在整个运输中所占比重也越来越大。目前世界上有8亿多辆汽车，与人们的日常生活建立了密不可分的联系。但就在汽车给人们生活带来极大便利的同时，也在不断消耗有限的能源，并制造着诸如车祸、污染等影响人类生活的危害。所以，汽车性能的研究从其诞生之日起就没有停止过。

作为高速运行的汽车，其运行性能当然是至关重要的。所谓汽车的运行性能，是指汽车运行中所表现出的行驶特性和与运动有关的使用性能，主要包括汽车的动力性、燃油经济性、环保性、制动性、操纵稳定性、平顺性和通过性等。这些性能也是随着人们研究的不断深入、汽车结构的不断完善而发展起来的。动力性是汽车赖以生存和发展的根本，汽车之所以能在百余年的时间里得到了如此迅速的发展，很大程度在于其良好的动力性；燃油经济性、环保性、制动性及操纵稳定性是当今汽车业急待研究和解决的所谓“节能、环保、安全”三大主题；随着人类物质生活水平的提高，以人为本的观念也使汽车的平顺性日益得到重视；汽车的通过性是汽车的最基本性能，需要汽车的动力性予以保证。认识和研究汽车的这些性能，不仅有利于汽车的进一步发展和完善，而且也会使人们更合理使用并充分发挥其性能，使汽车在国民经济发展中发挥更好的作用。

汽车是一种复杂的运动机械，由许多总成和零部件组成以达到所要求的性能。汽车的机械性和使用条件的复杂性，决定汽车的运行性能和工作可靠性取决于汽车的结构设计、制造工艺、使用技术、运行条件及运输工作情况等诸多因素。在汽车制造方面，可通过合理的结构设计和完善的制造工艺来保证汽车的运行性能和工作可靠性，如提高零件的坚固程度、增加零件的耐磨性和改善材料的质量等；在汽车运用方面，良好的运行条件和合理的技术使用将既有利于汽车运行性能的发挥，又能延长汽车的使用寿命。

一、汽车的使用寿命

汽车的使用寿命是指汽车从开始使用到不能使用的整个时期，可以用累计使用时间或累计行驶里程表示。在这个时期内，汽车中任何一对配合零件的一般磨损规律如图0－1所示，并按此磨损规律的特征将其分为三个阶段：初期磨损阶段A、正常工作阶段B和加剧磨损阶段C。

初期磨损阶段又称为零件的磨合阶段，此阶段工件磨损较快，故曲线的斜率较大，配合零件的间隙由Δab变为Δcd；然后摩擦副进入配合良好的正常工作阶段，零件磨损量随汽车行驶里程的增加而缓慢地增长，曲线变化也较缓慢，所以该阶段又称为允许磨损期；当间隙达到Δef后，磨损将再度加剧，相应的δ_{ae}和δ_{bf}分别为两个零件的极限磨损量。进入加剧磨损阶段后，总成的故障便开始出现（如异响、漏气、漏油等），汽车的性能也急剧下降。

当汽车的性能下降到一定限度时，将终止对汽车的使用，即汽车使用寿命的终结。而根据汽车终止使用的原则不同，汽车的使用寿命又分为以下几类：

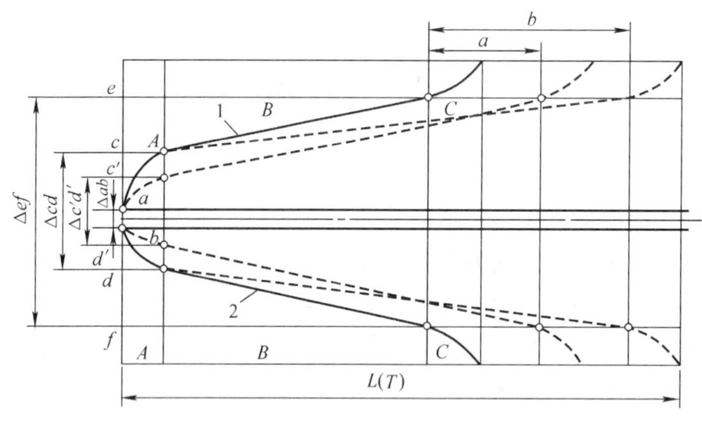

图 0－1 配合零件的磨损规律

L—里程（km） T—汽车工作时间（h）

1）技术使用寿命，又称机械寿命。当汽车出现故障时，总是希望能够通过修理恢复其机能。汽车已不能用修理的方法恢复其主要使用性能的使用期限，即汽车的技术使用寿命。

2）经济使用寿命。汽车在使用过程中要不断消耗燃料、润滑油、轮胎和维修等各种费用。考虑汽车的各种消耗，用最佳经济效果的观点进行分析，保证汽车总使用成本最低时的使用期限，即汽车的经济使用寿命。

3）合理使用寿命。以汽车经济使用寿命为基础，考虑到国民经济发展的实际情况而定出的使用期限。

我国地域辽阔，汽车使用条件不同，使用强度也千差万别，因而各地的汽车经济使用寿命也必然不同。就一般情况而言，目前我国中型客、货车的经济使用寿命为 8～10 年（或 $3\times10^5\sim5\times10^5$km）。汽车的适时更新，不仅可以促进我国汽车工业的发展，而且车主自身也可获得明显的经济效益。所以我国 1999 年实施的《汽车管理规定》中要求车辆的使用期限为：轻、微型载货汽车（含越野型）和矿山作业专用车累计行驶 30 万 km（或 8 年）；重、中型载货汽车（含越野型）累计行驶 40 万 km（或 10 年）；各类型客车（含越野车型）和轿车累计行驶 50 万 km（或 10 年）；其他车辆累计行驶 40 万 km（或 10 年）。另外，对因各种原因造成严重损坏或技术状况低劣，无法修复的车辆；车型已淘汰无配件来源的车辆；长期使用，油耗量超过国家定型出厂标准值 15% 的车辆；经修理和调整仍达不到国家对机动车运行安全技术条件要求的车辆；以及经修理和调整或采用排放污染控制技术后，排放污染物仍超过国家规定标准的车辆，应当强制报废。规定还要求，除 9 座以下的出租车和轻、微型载货汽车（含越野型）外，对达到上述年限的客货车辆，经公安车辆管理部门严格检验，性能符合规定的可延期报废，但延期不得超过所定年限的 1/2。特别对于个人购买用于非经营的车辆，结合个人用车年行驶里程较短的特点，对其使用年限没作硬性规定，而要求由技术状况决定报废与否，这也是合理的。

二、汽车的磨合期

汽车的磨合期即前述磨损规律中的初期磨损阶段。虽然汽车出厂前已经过了生产磨合，但机件的配合表面仍存在着相对较大的微观和宏观的几何形状偏差（表面粗糙度、圆度、圆柱度和直线度误差等）。此外，总成与部件的装配也存有一定的误差。这些都使新配合件面的实际接触面积较小，而表面间的实际单位压力比理论设计值大得多。若此时汽车以全负荷高速运行，将会因摩擦表面极大的单位压力而使润滑油膜被破坏，并导致摩擦增大、局部温度升高，从而加剧零件磨损，甚至出现膨胀咬住、表面烧蚀或刮伤等现象。

由此可见，新车或大修好的车在开始使用的磨合期内，由于各机构中的零件处于磨合状态，不宜大负荷高速运行；而且汽车的使用寿命、使用期间的各项运行性能等都与汽车的磨合期磨合有着很大的关系。

从配合零件的磨损规律可以看出，如果磨合终了的间隙由图 0－1 所示的 Δcd 减小到 $\Delta c'd'$，则正常磨损阶段可以延长行驶里程 a，这就需要通过严格执行磨合规范和磨合期维护来实现。汽车磨合期实际上是汽车进入正常使用阶段的过程过渡，是在使用中对相互配合的摩擦表面进行磨合加工的工艺过程。在这个过程中，零件摩擦表面不平的部分被磨去，并形成比较光滑、耐磨而可靠的工作表面，以承受正常的工作负荷。而且通过磨合，可暴露出生产或修理中的缺陷并加以消除，使进入正常使用时的故障率基本趋于稳定。

根据汽车总成或部件在磨合期的特点，需制定其相应的磨合规程。汽车的磨合期一般为 1000～1500km，相当于 40～60h，这通常是作为最低要求提出的。实际上要达到 2000～3000km 时才能得到较好的磨合，之后转入正常使用才合适。在汽车的磨合期内，装载质量一般不应超过额定载荷的 80%，更不允许拖带挂车等；最高车速一般不应超过 40～45km/h；不应在恶劣的道路上行驶，以使汽车各部总成减轻振动和冲击；发动机起动时的预热温度最好不低于 50℃，行驶中的冷却水温度不应低于 80℃；发动机转速不应过高；汽车起步加速、换挡和制动不要过急，防止构件受载过大而影响磨合；对汽车应按规定进行技术维护；润滑油可用优质的粘度较低的牌号，或加添加剂的专用润滑油，加注量应较规定数量略多；细心检查机件的紧固程度、行驶系统的温度状况，避免漏水、漏油和漏气现象的产生；行驶 500km 后，应清洗发动机润滑系和底盘发动机壳体，并更换润滑油。磨合期结束后，应进行一次磨合维护作业，即对磨合汽车进行一次全面检查、紧固、调整和润滑等，并拆除限速装置。较好地遵循汽车在磨合期的使用规范，将既有利于延长汽车的使用寿命，也可使汽车在使用中性能得到更好地发挥。

三、汽车运行条件

汽车运行条件对汽车使用寿命和汽车运行过程中所表现出的性能也有很大的影响。这些运行条件主要有道路条件、运行工况、运输状况以及自然环境等。

1. 道路条件

道路条件的技术指标有：道路等级（我国分为五个等级，即高速公路、一级公路、二级公路、三级公路和四级公路）、路面覆盖层的状况和等级、路面附着系数、道路构成情况（道路宽度、路线的曲率半径、路面的纵向和横向最大坡度等）。

道路条件是汽车运行性能的直接影响因素。一般而言，汽车在良好的道路上行驶，车速可以较高，燃油经济性和其他性能也较好；汽车在凹凸不平的道路上行驶，不仅车速较低，燃油经济性变差，还会使汽车的制动性、操纵稳定性和平顺性等变差。且因换挡和制动次数的增加，加速了一些摩擦副零件的磨损。路面不平还会使零件所受的冲击载荷增加，加剧汽车机件（特别是行驶部分和轮胎）的损伤。

在山区行驶的汽车，因地形特点经常会遇到上坡、下坡、窄路、多弯等情况，而使汽车制动和转向频繁，从而加剧有关构件的损伤，而且频繁的制动会使制动鼓和摩擦片经常处于发热状态，高温时的摩擦因数急剧下降，严重时可能出现制动失效，或者磨损加剧。温度过高时，有碎裂现象产生。频繁的转向加剧转向机构磨损会使故障产生的倾向增大，进而影响汽车的操纵性。这都说明了道路条件对汽车运行性能的直接影响。

2. 运行工况

运行工况主要是指汽车行驶过程中的速度状态，汽车运行随时间、地点、车况、道路交通以及驾驶者的操作习惯等方面的不同，工况会有很大的差别。衡量运行工况的主要参数有：车速、挡位、发动机转速、节气门开度和制动频度等；在一些特定的运行工况研究中，还包括发动机瞬时功率、转矩、油耗、冷却系水温、各总成油温、挡位变换频度和离合器接合频次等。实际运行中的汽车工况是个随机过程，所以研究中常根据不同的区域特点采用概率统计的方法归纳出相应的运行工况模式，如城市公共汽车在市区行驶的四工况和长途客车在普通公路行驶的六工况等。实际使用已经证明，在其他条件相同，即使同类型的汽车在不同运行工况下，其运行性能也会表现出较大的差异，如燃油经济性、平顺性、车辆磨损等。

3. 运输状况

运输状况是指由运输对象的特点和要求所决定的影响汽车使用的各种因素，如货物的种类和特性（如密度、存在状态等物理属性）、货物运输的批量和均匀性、货物到达的期限和运距等，所决定的不同车型、不同的车辆组织方式、运输路线和实载率等。这些因素对汽车的技术状况都会产生相应的影响。

4. 气候条件

气候条件即汽车所处自然环境的温度、气压、湿度、风力、风向和太阳光辐射强度等。当然，对运行性能影响最大的还是环境的温度，汽车及总成都有最佳的工作温度范围，在此温度区域内汽车运行性能发挥得最好，且技术状况也最稳定。

温度过低不仅会造成发动机起动困难、油耗增加，而且会导致发动机磨损加剧。在发动机使用周期内50%的气缸磨损发生在起动过程中，而低温条件下发动机的磨损更加剧烈，且气温越低磨损越大。这主要是由于低温下润滑油的粘度大、流动性差，使机件得不到及时润滑而处于半干摩擦和干摩擦状态的缘故。另外，由于低温下燃油汽化和雾化不良，部分燃料以液态进入气缸，冲刷了缸壁的油膜，或因不完全燃烧有一部分燃油进入曲轴箱而使润滑油被稀释和污染，加之酸性物质（少量的氧化硫）与低温下凝结在气缸壁上的水滴化合成酸引起腐蚀磨损；还由于温度过低，不同材料膨胀系数的差异导致配合间隙不当或不均匀等。

传动系各总成（变速器、主减速器和差速器等）在低温情况下也会由于润滑油的流动性差，使齿轮和轴承在较长时间内得不到充分润滑，而磨损加剧。

改善汽车低温使用性能常采取的措施就是对发动机起动前进行预热，对运转的发动机进行保温；使用低粘度的润滑油、润滑脂、制动液、防冻液和减振液等；使用挥发性好的燃油和密度较大的电解液；使点火能量增大、充电电流增大等。

在高温条件下行驶的汽车，会因发动机冷却系的散热温差小、散热能力差而使发动机容易过热，因此往往出现发动机充气能力下降、燃烧不正常（爆燃、早燃）、机油变质、零件磨损和锈蚀加剧、供油系产生气阻等问题，从而使汽车的动力性、经济性和行驶可靠性变差。

改善高温条件下汽车性能的措施主要有：结构上改善发动机的冷却强度，同时也较好地防止了供油系产生气阻；对冷却系统进行季节性维护，并加强冷却系水垢的清除；发动机和变速器、主减速器、转向器应在季节性维护时换用夏季润滑油，轮毂轴承和传动机构的连接点换用滴点较高的润滑脂；防止液压制动系产生气阻而采用沸点较高的制动液；对传统化油器式供油系和点火系进行调整，防止轻质燃油挥发性大使混合气变浓而将浮子式油面调低、防止爆燃产生而适当调小点火提前角；另外还应注意对蓄电池的保养和防止轮胎在高温下爆破等。

在气压较低的高原地区，除了发动机进气受到影响而使汽车的动力性和经济性直接受影响外，气压制动在山区使用，因制动次数多耗气量大，而高原空气稀薄使压缩机的生产率下降、供气压力不足，往往不能保证汽车制动可靠性；液压制动用醇型制动液在高原山区使用时，频繁的制动使管路温度升高有可能产生气阻现象，也会造成制动失效。

四、汽车技术维护

汽车在使用过程中，零件、机构和总成本身既要相互作用，又要与外界环境接触，结果必然使其发生磨损、发热、变形或损坏，从而引起零件原有尺寸的变化，使配合间隙变大，它们之间的相互位置也发生变化，最后导致汽车技术状况发生变化。如果任其发展下去，汽车的运行性能将变得越来越差。

磨损是一个缓慢的变化过程，它是由于零件磨耗的逐步积累而改变了零件外表形状的结果。这种现象只发生在零件的表面，虽然能够改变零件的原有几何形状和尺寸大小，但不能引起零件本身内部的质变。它可以分为磨料磨损、分子－机械磨损和腐蚀磨损等形式。其中磨料磨损是相互摩擦表面之间有坚硬、锐利的微粒作用的结果；分子－机械磨损（也称粘附磨损）是在相互摩擦的零件表面靠得太近，承受压力极大的情况下，由于摩擦面分子相互吸引作用而粘结在一起造成的一种损坏形式，这会使得一部分金属由一个零件表面转移到另一个零件的表面上，于是一个零件表面上出现一个小凹坑，而另一个零件表面上出现一个凸点；腐蚀磨损发生在表面存在氧化物、酸、碱等有害物质腐蚀气氛的情况下，腐蚀层不断地生成、脱落，结果造成零件表面以至内部金属结构发生变化，致使零件损坏。

零件所受载荷超过材料的弹性变形极限时，就要发生塑性变形或损坏，通常是由于零件原设计计算的错误或违反运用规定所造成的（如汽车超载等）。有时，在零件产生塑性变形或损坏之前，由于零件磨损而使尺寸减小，造成零件储备强度降低，这样也会导致零件发生塑性变形或损坏。

疲劳损伤是由于零件承受超过材料疲劳极限的循环应力而产生的损坏。疲劳损坏的发展是一个缓慢的过程，是因零件表面的疲劳裂纹逐渐积累、加深和扩展，而后形成疲劳损坏。这一过程主要取决于零件所受循环应力的循环次数。产生疲劳损坏的零件，通常是那些承受交变载荷较重的零件（如汽车的钢板弹簧、车轴等）。

腐蚀是零件处在有腐蚀性环境里发生的，如氧化作用会使材料的坚固性下降，并导致零件的外观变坏。汽车上能产生腐蚀损坏的主要部件有燃料供给系、冷却系管道、车身、驾驶室和车架等。车架、悬架的焊接部位，由于承受交变载荷，还会产生腐蚀疲劳损坏，这种损坏开始并不明显，时间一长即可在零件表面上看出疲劳裂纹。湿式气缸筒的外壁、水泵叶片表面等处，常会产生穴蚀损坏。当发动机工作时，由于活塞上下运动敲击气缸壁而产生振动，当气缸壁振动离开冷却液时，近表面处形成低压区，低压区使冷却液蒸发产生气泡；当冷却液气泡向气缸壁靠近时，缸壁表面上的压力显著增加，迫使气泡爆裂，致使气缸壁上的保护膜被消除，并使金属产生剥落。因此，穴蚀损坏的实质，是机械与腐蚀破坏作用的结合。在气泡形成和溃灭的反复作用下，与液体相接触的零件表面，逐渐产生点状脱落，最后形成细小的孔眼。发动机的某些零件，如气门、化油器喉管等，长期受流体（气体、液体）和固体粒子（灰沙）的冲刷，其表面还会产生剥蚀损坏。

老化是零件材料受物理、化学和温度变化的影响，而引起缓慢损坏的一种形式。汽车上的一些橡胶制品（如轮胎、油封、膜片等）和电器元件（如电容器、晶体管等），长期受环境气氛（太阳光辐射、油和汽的化学作用等）和温度的影响，会逐渐老化，失去原有的性能。

在汽车使用过程中，润滑油等液体的性能也会逐渐变坏，从而引起被润滑零件的损坏，为此在润滑油中要加入抗油品老化变质的添加剂。在汽车存放过程中，汽车的零件和运行材料的性能同样也会发生变化，如橡胶材料失去了弹性和坚固性，燃油、润滑油、制动液等液体发生氧化变质和沉淀，金属零件产生锈蚀等。

从以上汽车零件主要损坏的形式和原因可看出，为了保证汽车在使用阶段的运行性能，除了不断改进设计、改善运行条件外，还应做到随时调整、及时维护，使汽车始终在较为良好的技术状况下运行。同时使正常磨损阶段可以延长行驶里程 b，如图 0－1 所示。

至此我们应该明确，通常所说的汽车运行性能是指在磨合期过后、技术状况良好、运行条件正常的情况下汽车所具有的性能。

随着电子技术、测试技术的发展和计算机数据处理能力的提高，汽车性能研究和测试的手段在不断完善，而且使我们对汽车性能的认识也在不断深入。规模宏大的汽车试验场（站）以及场内所设有的模拟各种道路的试验设施，可以全面地进行汽车各项性能试验。磁带记录装置、电子计算机处理装置、各种传感装置、道路模拟装置、电子液压振动装置等现代化设备的应用和发展，大大提高了汽车性能试验的水平。但由于汽车试验场的基建工作十分复杂，且耗资巨大，近几年汽车性能试验有向室内试验过渡的趋势。

汽车作为一个有机整体，其各项性能之间是相互联系、相互影响的，有些性能之间甚至是密不可分的。汽车的动力性和燃油经济性都源于发动机的运转性能，所以两者的关系密切相通，许多因素对它们的影响具有一致性，或恰好相反；汽车环保性中的排放污染主要取决于发动机的燃烧状况，所以与燃油经济性有着许多共性；而环保性中的噪声与汽车的平顺性有着异曲同工的关联；汽车的动力性和操纵稳定性都表明汽车的运动控制能力，所以对汽车的通过性必然产生一定的影响；只有在汽车平顺性良好的情况下，汽车的操纵稳定性、制动性和动力性才能得到较好的发挥，才能有良好的汽车燃油经济性，而且汽车的动力性也只有在其制动性和操纵稳定性良好的前提下才能充分发挥出来。目前最为典型的制动防抱死系统（ABS）、驱动防滑系统（ASR，又称牵引力控制系统 TCS）和车辆稳定性控制程序（ESP）就是通过对汽车制动力和驱动力的控制及其与侧向力的协调，来达到提高操纵稳定性并充分发挥动力性和制动性的目的。电控汽油喷射（EFI）使汽车更节能，环保性更好；电控自动变速（ECT）和电控巡航系统（CCS），使汽车的操纵更轻便；电控悬架系统（EAS）使汽车的平顺性得以更好地改善。这一切都表明了一种趋势，即随着自动控制技术在汽车上的广泛应用，汽车的各种性能最终会走向统一，使汽车具有一个完善的综合性能，成为高度智能化的公路运载工具。

习 题

1. 汽车的运行性能主要包括哪几个方面？
2. 什么是汽车的使用寿命？分为哪几类？
3. 什么是汽车的磨合期？磨合期的作用是什么？在磨合期内应注意什么？
4. 各种运行条件对汽车的运行性能有什么影响？
5. 汽车零件损坏的主要形式有哪些？
6. 举例说明汽车各运行性能之间的关系。

第一章　发动机运转性能概述

发动机是汽车行驶的动力来源，对汽车的运行起着关键性的作用，因而对汽车的运行性能，特别是汽车的动力性、燃油经济性和环保性有着直接的影响。

发动机运转性能本身就是一门系统的学科，本章就发动机运转的基本原理和主要性能作一简单介绍，以便后续汽车运行性能的学习和研究。

第一节　发动机循环和主要性能指标

发动机运转是靠气缸中气态工质热力状态的改变使燃烧热转换为机械功来实现的，而这种热能转变为机械功的过程便是发动机的循环。为了研究方便，通常先将发动机的实际循环进行抽象简化，概括为由几个基本热力学过程所组成的理想循环进行分析。为此，有必要先对工质及其几个典型的热力学过程进行了解。

一、工质及其基本热力学过程

气缸内的气体吸收燃料燃烧所产生的热量，通过膨胀过程将部分热能转换为机械功。工程热力学中将这种热能与机械能相互转换的工作物质称为工质；将工质所处的某种宏观状况称为工质的热力状态；描述工质状态的物理量称为状态参数，最常用的有比体积（或体积）、压力和温度三个所谓的基本状态参数，每一个状态参数都从某一方面描述了气体的状态。而且在热力学中通过分子运动论，对于 $m$kg 理想气体可以导出如下关系

$$pV = mRT \tag{1-1}$$

式中，p 是气体的绝对压力（kPa）；V 是 $m$kg 气体的体积（m^3）；R 是气体常数，取决于气体的性质（$kJ/kg \cdot K^{-1}$）；T 是热力学温度（K）。

式（1-1）称为理想气体状态方程式。所谓理想气体就是把实际气体理想化：分子本身不占体积，而且分子间没有吸引力。热力学温度的单位为 K（开尔文），热力学温度与摄氏温度的关系为

$$T = t + 273.15 \tag{1-2}$$

式中，t 是摄氏温度（℃）。

各种气体的气体常数可在有关手册中查得，如空气的气体常数 R 为 $0.29kJ/kg \cdot K^{-1}$。

理想气体状态方程式给出了某一状态下的气体三个状态参数之间的关系。其意义在于只要知道其中的两个参数，就可以通过该方程式求得第三个状态参数，即气体的状态可由任意两个参数表述，通常用压力和体积表述气体的状态及状态变化。

将某一宏观范围内的工质作为研究对象，随着其状态的变化，将工质从某一状态到另一状态变化所经历的全部状态总和称为热力学过程。热力学过程可在以压力 p 为纵坐标、体积 V 为横坐标的坐标图上表示，如图 1-1 所示，称为 $p-V$ 图。

在此主要介绍与发动机理想循环有关的定容过程、定压过程和绝热过程等几种典型基本

热力学过程。对于这些热力学过程，工质压力随体积变化的关系可在 $p-V$ 图上表示，也可用数学关系式表示，并称这种关系式为热力学过程方程式。随着热力学过程的发生，工质基本状态参数的变化和热量变换、功量交换和内能变化等皆可确定。

（一）定容过程

定容过程中体积保持不变，故其过程方程式中 $V=$ 常数；在 $p-V$ 图上的过程曲线如图 1－2 中的 1→2（或 1→2′,）所示，即一条垂直于 V 轴的直线。在理想循环中，通常把汽油机的燃烧过程看成定容加热过程。

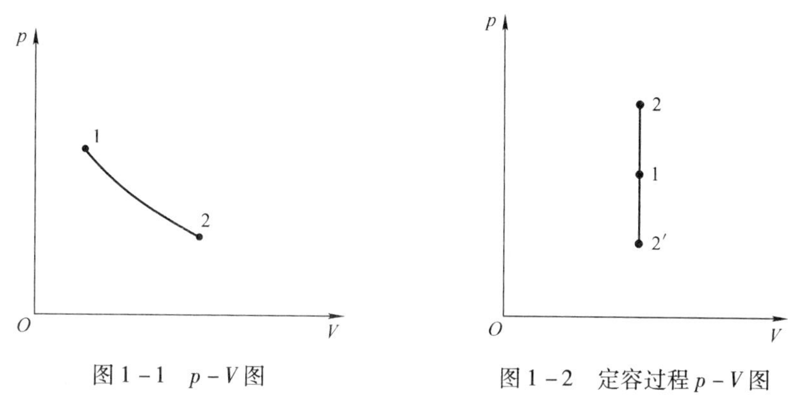

图 1－1　$p-V$ 图　　图 1－2　定容过程 $p-V$ 图

（二）定压过程

定压过程中压力保持不变，故其过程方程式中 $p=$ 常数；在 $p-V$ 图上的过程曲线为一条平行于 V 轴的直线，如图 1－3 中的线 1→2（或 1→2′）所示。在理想循环中，通常把柴油机的后期燃烧过程看成定压加热过程。

（三）绝热过程

绝热过程中的工质与外界始终没有热交换。并可由此导出其热力过程方程式为 $pV^k=$ 常数。其中 k 称为气体的等熵指数，取决于气体分子的原子数，单原子气体 $k=1.67$，双原子气体 $k=1.4$，三原子气体 $k=1.3$。在 $p-V$ 图上，绝热过程曲线是一条对 V 轴渐近程度较快的不等边双曲线，如图 1－4 所示。在理想循环中，通常把发动机的压缩过程和膨胀过程看成绝热过程。

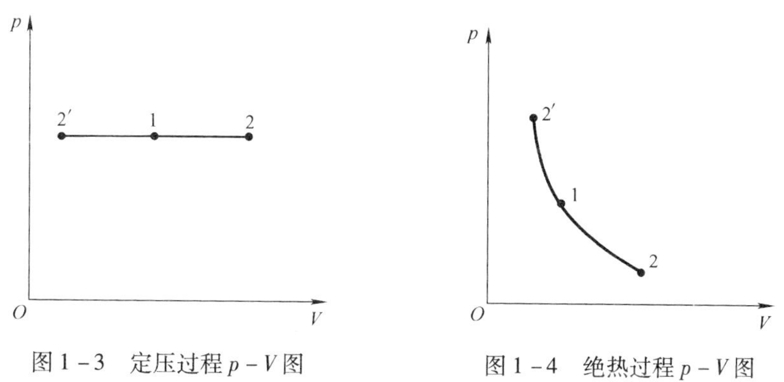

图 1－3　定压过程 $p-V$ 图　　图 1－4　绝热过程 $p-V$ 图

二、发动机的理想循环

根据发动机循环各阶段的特点，通常将柴油机循环理想化为混合加热循环；将汽油机循环理想化为定容加热循环。它们的循环过程如图 1－5 所示。

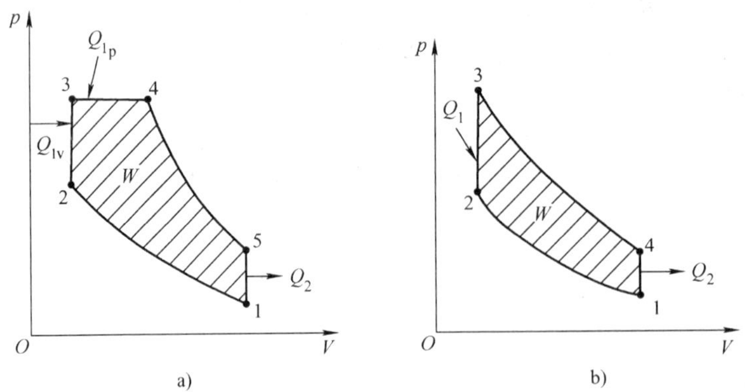

图 1－5 发动机理想循环
a）柴油机 b）汽油机

柴油机的理想循环由以下五个可逆过程组成（见图 1－5a）：1→2 为绝热压缩过程；2→3 为定容加热过程，吸热量为 Q_{1v}；3→4 为定压加热过程，吸热量为 Q_{1p}；4→5 为绝热膨胀过程；5→1 为定容放热过程，放热量为 Q_2。根据工程热力学理论，可得反映其循环的动力性指标——平均压力 p_t、经济性指标——热效率 η_t 为

$$p_t = \frac{\varepsilon^k}{\varepsilon - 1} \cdot \frac{p_1}{k-1}[(\lambda - 1) + k\lambda(\rho - 1)\eta_t] \tag{1-3}$$

$$\eta_t = 1 - \frac{1}{\varepsilon^{k-1}} \cdot \frac{\lambda\rho^k - 1}{(\lambda - 1) + k\lambda(\rho - 1)} \tag{1-4}$$

可见，压缩比 $\varepsilon\left(\varepsilon = \frac{V_1}{V_2}\right)$、压力升高比 $\lambda\left(\lambda = \frac{p_3}{p_1}\right)$、预胀比 $\rho\left(\rho = \frac{V_4}{V_3}\right)$ 和等熵指数 k 的增大，皆有利于改善发动机的动力性和经济性，而且压缩始点压力 p_1 越大，发动机的动力性越好。

汽油机的理想循环由以下四个可逆过程组成（见图 1－5b）：1→2 为绝热压缩；2→3 为定容加热，吸热量为 Q_1；3→4 为绝热膨胀过程；4→1 为定容放热过程，放热量为 Q_2。汽油机的定容加热循环可以看作柴油机混合加热循环的一个特例，当混合加热循环的预胀比 $\rho = 1$ 时，便成为定容加热循环。其循环的平均压力 p_t 和热效率 η_t 为

$$p_t = \frac{\varepsilon^k}{\varepsilon - 1} \cdot \frac{p_1}{k-1}(\lambda - 1)\eta_t \tag{1-5}$$

$$\eta_t = 1 - \frac{1}{\varepsilon^k - 1} \tag{1-6}$$

可见，定容加热循环的平均压力 p_t 随着压缩比 ε、压力升高比 λ、进气终了（压缩始点）压力 p_1 和等熵指数 k 的增大而增大；定容加热循环的热效率 η_t 随压缩比 ε 和等熵指数 k 的增大而增大。

三、发动机的实际循环

发动机的实际工作循环是由进气、压缩、燃烧、膨胀和排气五个过程组成，而且在气缸内进行着非常复杂的物理化学变化。由理想循环作基础，再分析出实际循环与理想循环的差

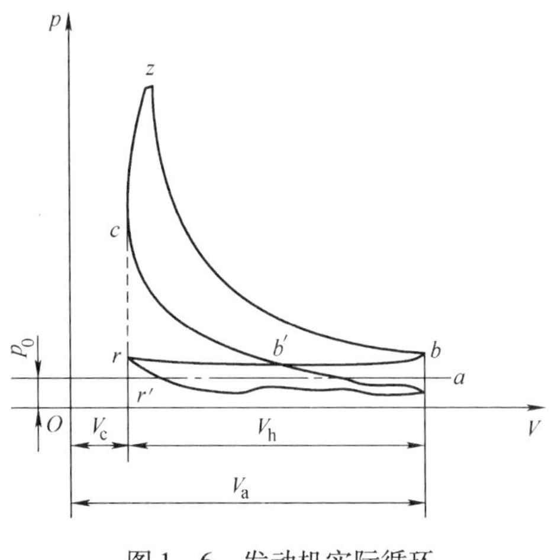

图1-6　发动机实际循环

异，便可更确切地认识实际循环，以便不断改善发动机循环，促进发动机性能的提高。

发动机的实际循环通常用缸内的气体压力 p 随气缸工作容积 V（或曲轮转角 φ）而变化的图形来表示，如图1-6所示。针对实际循环的进行情况便可得知：工质和气缸在循环的压缩和膨胀过程中虽有一定量的热交换，但热交换的量及其可控制程度较小，故认为对发动机循环影响的差别较小，甚至可近似认为是绝热过程；而换气（排气和进气总和）过程和燃烧过程在各发动机的差异较大，且对发动机性能的影响更为直接，所以应该特别重视对发动机换气过程和燃烧过程的研究分析。在本章第二、三节将分别做专门阐述。

四、发动机的主要性能指标

发动机性能指标是用以评价发动机性能的，发动机的主要运行性能包括发动机动力性、经济性、运转噪声和排放等。各种性能之间往往是相互制约的。而在不同情况下对发动机性能要求的着重点也不同。所谓高品质发动机，就是根据具体条件将各种要求合理地统一起来。

由于性能指标赖以建立的基础不同，可以将发动机性能指标分为：以工质在气缸内对活塞做功为基础而建立的指标称为指示性能指标，用来评定循环进行的好坏；以曲轴对外输出的功率为基础而建立的指标称为有效性能指标，用来评定整机的性能；另外还有关系到人类生存的所谓环保指标，如排放和噪声等。这些指标各从某一角度反映发动机的性能。

指示性能指标有：工质在气缸内完成一个工作循环对活塞所做的循环指示功 W_i；标明发动机单位气缸工作容积所做指示功的平均指示压力 p_i；发动机单位时间所做指示功的指示功率 P_i；单位指示功所消耗燃料量的指示燃油消耗率 b_i；发动机实际循环指示功与所消耗燃料完全燃烧所放热量之比值的指示热效率 η_i 等。

有效性能指标有：发动机输出轴上得到的有效功率 P_e 和有效转矩 T_e；单位有效功所消耗燃料量的所谓有效燃油消耗率 b_e；有效热效率 η_e；反映发动机强化程度的升功率 P_L（每升气缸工作容积所发出的标定功率）和比质量 m_p（发动机净重与标定功率之比）。

表1-1和表1-2所示分别为发动机指示性能指标和有效性能指标的定义和计算公式，表1-3所示为目前发动机在额定工况下最重要的两个经济性指标——有效热效率 η_e 和比油耗率 b_e 的大致范围，汽车用发动机一般为四冲程汽油发动机或高速柴油发动机。

表1-1　发动机的指示指标定义及计算公式

指示指标	定　义	计算公式	备　注
指示功 W_i	在气缸内完成一个循环所得到的有用功	$W_i = F_i ab$	F_i——$p-V$图曲线闭合所占面积（mm^2） a——示功图纵坐标比例（kPa/mm） b——示功图横坐标比例（L/mm）

（续）

指示指标	定　义	计算公式	备　注
平均指示压力 p_i	发动机单位气缸工作容积的指示功	$p_i = W_i/V_h$	V_h——气缸工作容积（L）
指示功率 P_i	发动机单位时间内所做的指示功	$P_i = \frac{p_i V_h n i}{360\tau} \times 10^{-3}$	n——发动机转速（r/min） i——发动机气缸数 τ——发动机行程数，四行程 $\tau=4$，二行程 $\tau=2$
指示燃油消耗率 b_i	单位指示功的耗油量	$b_i = \frac{B}{P_i} \times 10^3$	B——每小时耗油量（kg/h）
指示热效率 η_i	发动机实际循环指示功与所消耗的燃料热量之比值	$\eta_i = \frac{W_i}{Q_i} = \frac{3.6}{b_i h_\mu} \times 10^6$	Q_i——循环加热量（kJ） h_μ——燃料低热值（kJ/kg）

表 1－2　发动机有效指标定义及计算公式

有效指标	定　义	计算公式	备　注
有效功率 P_e	发动机通过曲轴对外输出功率	$P_e = P_i - P_m$	P_i——指示功率（kW） P_m——机械损失功率（kW）
有效转矩 T_e	发动机通过曲轴输出的转矩	$T_e = \frac{9549P_e}{n}$	n——发动机转速（r/min）
有效燃油消耗率 b_e	单位有效功的燃油消耗量	$b_e = \frac{B}{P_e} \times 10^3$	B——每小时耗油量（kg/h）
有效热效率 η_e	发动机的有效功 W_e（J）与所消耗燃料热量 Q_1 之比	$\eta_e = \frac{W_e}{Q_i} = \frac{3.6}{b_e h_\mu} \times 10^6$	h_μ——燃料的低热值（kJ/kg）
升功率 P_L	发动机在标定工况下单位气缸工作容积所发出的有效功率	$P_L = \frac{P_{eB}}{iV_h}$	用以衡量发动机排量利用的程度
比质量 m_p	发动机的质量与所给出的标定功率	$m_p = \frac{m}{P_{eB}}$	表征质量利用程度和结构紧凑性

表 1－3　发动机在额定工况下的有效热效率和比油耗范围统计

项目 / 发动机类型	有效热效率 η_e	比油耗 b_e / [g·(kW·h)$^{-1}$]	备　注
低速柴油机	0.45～0.38	190～225	较低的 b_e 值均属废气涡轮增压的四行程和二行程柴油发动机
中速柴油机	0.43～0.36	195～240	
高速柴油机	0.40～0.30	215～255	
四冲程汽油机	0.30～0.20	270～410	
二冲程汽油机	0.20～0.15	410～545	

不难理解，发动机指示功率 P_i 与有效功率 P_e 的差值便是发动机自身所消耗的机械损失功率 P_m，约占指示功率的 10%～30%。有效功率与指示功率之比称为发动机的机械效率

η_m，其值愈大，说明发动机愈好。发动机的机械效率通常随转速的升高、负荷的减小、机油粘度的增大和水温的降低而降低。

第二节 发动机的换气过程

发动机换气的任务是将气缸内的废气排出、并充入尽可能多的新鲜气体。每循环进入缸内的空气量越多，既可多供一些燃料，又可提高燃料完全燃烧的程度，从而提高发动机的功率和转矩。此外，换气过程的功率损失也会影响发动机的效率；换气过程的好坏还将对发动机的热负荷、排放和噪声等产生一定的影响。

一、发动机的换气过程

四行程发动机的换气过程是包括从排气门开启到进气门关闭的整个时期，约占410°～480°的曲轴转角。根据气流特点一般将换气过程分为自由排气、强制排气和进气三个阶段，如图1－7所示。

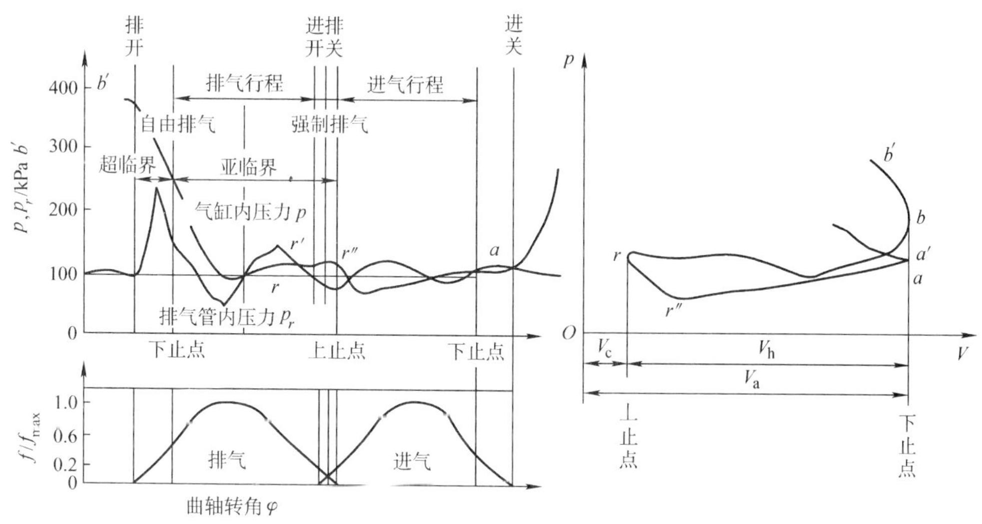

图1－7 换气过程中气缸压力，排气管压力，进、排气门流通截面积的变化

（一）自由排气阶段

从排气门开始开启到气缸内压力接近排气管内压力的这个时期，称为自由排气阶段。

排气阶段的排气门在活塞到达下止点之前开启（相应的排气提前角一般为30°～80°曲轴转角），此时发动机在全负荷情况下膨胀终了的压力为0.2～0.5MPa。缸内压力与排气管压力之比往往大于临界值1.9，排气的流动处于超临界状态，废气以当地声速流出排气门。并伴随刺耳的噪声，因此需装消声器降噪；此时废气流量与排气门前后的压力差无关，只决定于缸内气体的状态和气门有效开启面积。随着废气的大量排出，缸内压力迅速下降，排气流动转入亚临界状态（压力比小于1.9），废气流量由气缸内和排气管内的压力差决定。当气缸内和排气管的压力接近时，自由排气阶段结束。

超临界状态的废气排量与发动机转速无关，转速升高时，同样的排气时间所占曲轴转角增大，所以随发动机转速的提高排气提前角应加大。可变配气相位即是随发动机转速提高增大进气提前角的。目前越来越多的发动机为了提高动力，采用可变配气相位来增大换气量；排气提前角为定值的发动机，通常根据发动机标定工况的需要确定，约为30°～80°曲轴转角。自由排气阶段约在下止点后10°～30°曲轴转角结束。由于此阶段的气流速度很高，故排气量可达60%。

（二）强制排气阶段

在这一阶段，气缸内的废气是由活塞上行强制排出。因要克服排气门和排气道处的阻力，缸内平均压力比排气管平均压力一般高出10kPa。气流速度愈高，此压差愈大，耗功愈多。

为了减少排气功的消耗和残余废气量，排气门应在活塞过了上止点后才关闭。这样既可减小排气节流，又可充分利用气流的惯性。排气门迟闭角一般为10°～35°曲轴转角。

（三）进气阶段

为保证活塞下行时进气门有足够大的开启面积、新鲜工质顺利流入气缸，进气门也要提前开启，一般进气提前角为0°～40°曲轴转角。

进气门也需在活塞到达下止点后关闭，这样便可利用高速气流的惯性，在上止点后继续进气。而且发动机转速愈高，进气流速愈大，进气门应关闭愈迟。可变配气相位即是随发动机转速提高增大进气迟闭角的，进气迟闭角一般为40°～70°曲轴转角。

由于排气门的迟后关闭和进气门的提前开启而存在进、排气门同时开着的情况，被称为气门叠开。此时进气管通过气缸与排气管相互连通，可以利用气流的惯性清扫废气、增加进气量；但过大的气门叠开角也会引起废气倒流进入进气管，适度的气门叠开角需要由试验确定。一般非增压发动机的气门叠开角为20°～80°曲轴转角，增压柴油机可达80°～160°曲轴转角。

二、充气系数与发动机功率、转矩的关系

为了评价发动机换气过程的完善程度，引入充气系数的概念。所谓充气系数是指实际进入气缸的新鲜工质量与进气状态下充满气缸工作容积的新鲜工质量的比值。充气系数愈高，说明每一循环进入气缸的新鲜工质量愈多，则发动机功率和转矩愈大，动力性愈好。充气系数与发动机功率、转矩可以通过推导得出以下关系式

$$P_e = k_1 \frac{n}{\alpha} \eta_V \eta_i \eta_m \tag{1-7}$$

$$T_e = k_2 \frac{1}{\alpha} \eta_V \eta_i \eta_m \tag{1-8}$$

式中，n 是发动机转速（r/min）；α 是过量空气系数；η_V 是充气系数；η_i 是指示热效率；η_m 是机械效率；k_1、k_2 对每种发动机为一常数。

可见，提高发动机动力性的主要手段是混合气加浓、充气系数加大、指示热效率提高和机械效率增高；而且发动机转速愈高，发动机的功率愈大，所以当今发动机的转速显著高于过去发动机的转速。当然发动机转速也不可太高，过高的转速会使发动机机械损失增加，而且当转速升高进气门的气流达到声速时，单位时间的充气量便达到了极限，这也就限制了发动机功率的再增大。

以上影响因素中，最关键的两个因素是充气系数 η_v 和指示热效率 η_i。由前述的换气过程可知，η_v 可通过减小进气系统的阻力（如清洁的空气滤清器、光洁的进气管道、增大气门尺寸和开度、采用多气门等）、合理选择配气定时、合理利用进气动态效应和提高发动机压缩比等来提高，这是从量的方面提高发动机动力性的措施；而从质的方面来提高发动机的动力性，需要改善燃烧过程而使指示热效率 η_i 增大。

第三节 发动机的燃烧过程

燃烧是发动机工作循环的主要过程，燃料燃烧放出热量使气体膨胀而推动活塞做功。燃烧过程进行的如何，将更直接地影响发动机的动力性和经济性。另外，燃烧对发动机的热负荷、排放和噪声等也有着较大的影响。

当前汽车上普遍采用的汽油机和柴油机，由于所用燃料及其品质（挥发性、着火性等）的不同，而使混合气形成和燃烧方面存在一定的差异。故需对汽油机和柴油机的燃烧过程分别进行分析。

一、汽油机的燃烧过程

汽油机通常是在气缸外部的进气管内、利用化油器或汽油喷射使空气与燃油混合，进入气缸后到压缩终了时已形成了均质混合气，再经电火花点火进行燃烧。

（一）正常燃烧过程

燃烧过程常借助于展开示功图进行分析，展开示功图的纵坐标仍为气缸内气体压力 p，而横坐标为曲轴转角 φ，所以展开示功图也被称为 $p-\varphi$ 图，如图 1－8 所示。图中虚线表示只压缩不点火的压缩线。根据展开示功图上压力变化的特征，将汽油机的燃烧过程分为以下三个阶段。

1. 着火延迟期

从火花塞跳火到明显的火焰核心形成这段时间（或曲轴转角）称为着火延迟期，如图 1－8 中阶段Ⅰ所示。

由于汽油机的压缩比较低、汽油混合气的自燃温度较高而不能自燃。当活塞压缩到上止点前 1 点时，火花塞两极达 10～30kV 的放电电压击穿电极间隙的混合气，造成电极间电流通过。电火花能量为 50～200mJ，局部温度达 3000～4500K，加快了混合气氧化反应的速度。这种反应达到一定程度，便出现发光区，形成火焰中心。接着火焰向四周传播，气缸压力脱离压缩线从 2 点开始急剧上升。

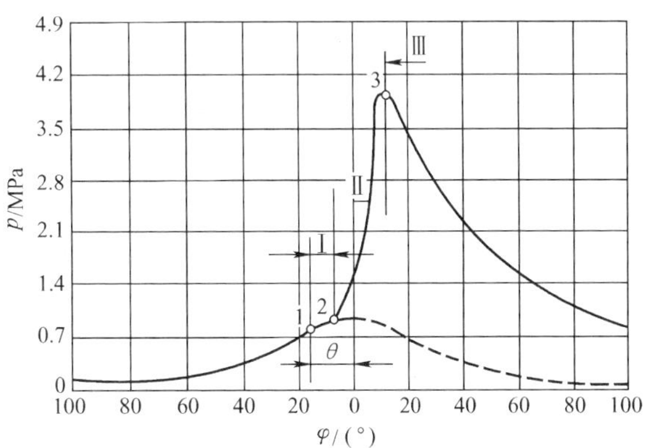

图 1－8 汽油机的燃烧过程 $p-\varphi$ 图

Ⅰ—着火延迟期 Ⅱ—明显燃烧期 Ⅲ—补燃期

1—开始点火 2—形成火焰中心 3—最高压力点

2. 明显燃烧期

从形成火焰中心到气缸内出现最高

压力这个时期称为明显燃烧期，如图 1－8 中阶段Ⅱ所示。

在此期间，火焰以 20～60m/s 甚至更高的速率从中心向四周传播，直至扫过整个燃烧室，使燃烧室的温度、压力迅速升高。

明显燃烧期是燃烧过程的主要阶段，这个阶段进行的愈快，愈靠近上止点，汽油机的经济性和动力性愈好。但也可能因压力升高率过大，而导致噪声和振动加大，对排放也不利。一般情况下，最高压力出现在上止点后 12°～15°曲轴转角，压力升高率 175～250kPa/（°）为宜。

3. 补燃期

从最高压力点开始到燃料基本燃烧完为止这个阶段称为补燃期，如图 1－8 中阶段Ⅲ所示，其终点很难界定。

补燃期主要是少量未燃烧的燃油、不完全燃烧的中间产物以及贴附在气缸壁面的混合气层继续燃烧放热。因其发生在活塞下行、气缸容积逐渐增大的过程中，其燃烧热得不到充分利用。故为使发动机的热效率下降，应尽量减少补燃。

（二）不正常燃烧

所谓正常燃烧即由电火花点燃混合气，开始形成火焰中心，然后火焰从中心按一定的速率传播到整个燃烧室。若燃烧不是由火花塞点燃或火焰传播速率不正常的即为不正常燃烧，主要有爆燃和表面点火。

1. 爆燃

爆燃即爆震燃烧，其发生时的外部特征为：产生特别尖锐的金属敲击声（俗称敲缸）。强烈爆燃会使发动机功率下降，运转不稳，振动加大，发动机过热，甚至排气冒黑烟等。

爆燃是处在最后燃烧位置上的那部分未燃混合气在燃烧热辐射和气缸内高压作用下，其温度不断升高并超过了自燃温度而自行着火。由于自燃速度极快，火焰速度可达 100～400m/s，强烈爆燃时达 800～1000m/s，使局部压力、温度很高，形成冲击波，压力冲击波反复撞击缸壁，机件过载，振动发出噪声。冲击波还会破坏缸壁表面起隔热作用的附面层，使缸壁、缸盖和活塞顶温度升高、冷却水过热；而传热损失增加，又使汽油机功率减少、油耗增加；爆燃时的局部高温引起热分解现象严重，容易形成积炭、排气冒烟等。

2. 表面点火

不靠电火花点火而由燃烧室内炽热表面（如火花塞绝缘体、燃烧室内沉积物等）点燃混合气的现象，均为表面点火。表面点火的时刻是不可控制的，若发生在火花塞跳火之前，其缸内迅速燃烧和压力激增，会使发动机工作粗暴、压缩功增大、向缸壁传热增加，从而使发动机功率下降、零件过热等。

可见，爆燃和表面点火对发动机的性能均会产生不利的影响，严重时危害极大。而爆燃和表面点火往往又相互促进，所以在汽油机混合气燃烧中应该避免。结构上采取的主要措施如限制压缩比、注意燃烧室的形状和火花塞布置、加强对终燃混合气的冷却以及缸盖和活塞材料的选择等；使用上如降低冷却水温、推迟点火时刻、降低负荷、控制混合气浓度、提高转速以及合理选用燃料、及时清除燃烧室沉积物等。

二、柴油机的燃烧过程

柴油机使用的燃料是较难挥发但较易自燃的柴油。柴油由喷射系统在压缩行程接近终了时直接喷入燃烧室内，混合气形成时间短且不均匀，在高温、高压下多点自燃着火燃烧。

（一）燃烧过程

柴油机的燃烧过程很复杂，喷油、混合、着火和燃烧往往同时进行。根据其展开示功图上气缸压力的变化特点和燃烧室内的温度，将燃烧过程划分为四个阶段，如图1－9所示。

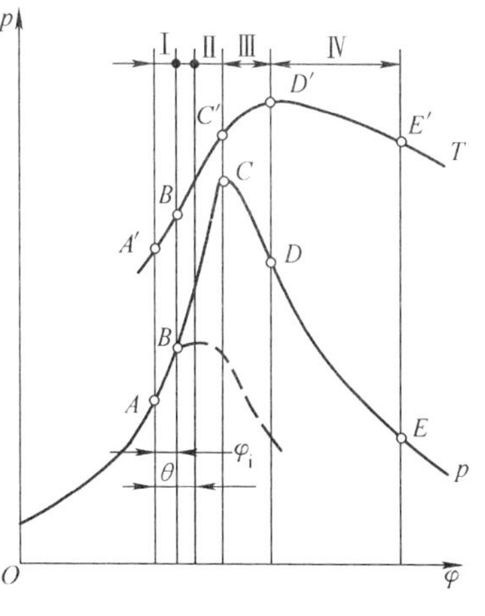

图1－9　柴油机的燃烧过程

1. 着火延迟期

从燃油开始喷入燃烧室内至压力偏离压缩线开始急剧上升这一阶段称为着火延迟期，如图1－9中的阶段Ⅰ所示。

在上止点前开始喷油时，气缸内空气温度远超过了柴油的自燃温度（300℃），但燃油并不立即着火，而要经过一系列的物理、化学过程，直至做好着火前的化学准备，才在燃烧室内形成多个着火点。

柴油机着火延迟期的长短对燃烧过程有着极大的影响。着火延迟期长，期间喷入燃烧室的燃料就越多，形成的可燃混合气就越多。这些燃料在着火后几乎一起燃烧，使压力升高率和最高燃烧压力较高，运动件承受冲击载荷强烈，柴油机工作粗暴，以致影响柴油机的使用寿命。影响着火延迟期的主要因素有燃料的着火性（十六烷值）、压缩温度和压力、喷油提前角、转速以及负荷等。

2. 速燃期

速燃期即从压力脱离压缩线开始到最大压力点为止，如图1－9中的阶段Ⅱ所示。

在着火延迟期内准备好的混合气几乎同时燃烧，活塞又处于上止点附近，气缸容积较小，所以缸内的压力、温度急剧上升。正是由于缸内急剧升高的压力直接使燃烧室壁、活塞和曲轴等机件产生强烈的振动，从而形成较强的燃烧噪声，即所谓的工作粗暴。为使柴油机工作安静、平稳，压力升高率控制在400～500kPa/（°）以下为宜。与汽油机相比，柴油机的压力升高率较大，所以柴油机的燃烧噪声较大。

控制速燃期的压力升高率主要从缩短着火延迟期和减少着火延迟期内喷油量（或可能形成可燃混合气量）两个方面采取措施。

3. 缓燃期

从最大压力点开始到缸内温度达最高值为止的这个时期为缓燃期，如图1－9中的阶段Ⅲ所示。

在此阶段仍有大量燃料燃烧，此时的燃烧是在气缸容积不断增加的情况下进行的，所以气缸压力上升不大，甚至下降。随燃烧过程的进行，空气量逐渐减少而燃烧产物不断增多，导致燃烧进行得渐趋缓慢。在这个阶段结束时，放热量一般达循环放热量的70%～80%，缸内温度可达2000K左右。

在温度和压力较高的缓燃期内，如果混合气形成不利使局部空气不足，燃油容易裂解、聚合形成炭烟（炭黑）。如果空气足够、温度较高，炭烟还能在后来燃烧中遇到空气而进一步燃烧，使排气无黑烟。因此，柴油机必须在过量空气系数大于1的条件下工作，因其空气利用系数较汽油机低，以致其升功率和比质量较汽油机差。另外，在缓燃期适当增强空气涡流强度、加速混合气形成与燃烧速率，对保证在上止点附近迅速而完全地燃烧有着重要作用。

4. 补燃期

补燃期是从缓燃期终点到燃油基本上燃烧完为止，如图 1 - 9 中的第Ⅳ阶段。这一阶段的终点很难确定，一般当放热量达到循环总热量的95% ~97%时，即可认为补燃结束。

作为车用高速柴油机，由于燃烧时间短促，总有一些燃料和空气混合不均未能及时烧完，拖至膨胀过程中继续燃烧。由于这部分热量在活塞远离上止点时放出，故做功的效果很差。特别在高速、高负荷时，由于混合气较浓，补燃量会更大，有时甚至继续到排气过程。

过长的补燃期会使大量的热传至冷却水，并使排气温度升高，零件热负荷增加，导致柴油机动力性、经济性下降。因此，应尽量减少补燃。

（二）燃烧过程存在的主要问题

柴油机混合气的形成方式和燃烧方式，决定其燃料在燃烧过程中比汽油机更易裂解、聚合形成炭烟，并因压力升高率大而产生较大的燃烧噪声，但如果所排炭烟或燃烧噪声超过一定限度，就是所谓的排气冒烟和工作粗暴。

1. 排气冒烟

柴油机废气中有时含有炭烟，炭烟的形成一般被认为是燃油在高温缺氧的情况下进行燃烧，使燃烧中间产物裂化聚合成炭粒。这些炭粒一般还能在随后的燃烧中找到空气而进一步燃烧。但如果空气不足或混合不好，则炭粒不能燃烧而聚合或附于气缸内壁或随废气排入大气形成柴油机特有的黑烟现象。

炭烟往往在高负荷时发生，如汽车加速、爬坡或超速时排气就可能产生黑烟，这是因为大负荷时过量空气系数 α 值较小，空气相对量少，加之燃烧室内温度较高而使着火延迟期短，空气与燃油未能很好地渗透，使一部分燃油高温分解生成炭烟。炭烟的出现不仅说明燃烧不完全，使柴油机动力性和经济性下降，同时炭粒附于燃烧室内壁成为有害沉积物，会引起活塞环卡住、气阀咬死等故障。黑烟还会妨碍交通视线，造成大气污染，因此不允许柴油机长时间在冒黑烟状态下工作。除黑烟外，柴油机有时还产生蓝烟和白烟。一般蓝、白烟是在寒冷、刚起动的柴油机上以及怠速或低负荷运转时发生的，此时缸内温度低，着火性能不好，燃油不能完全蒸发燃烧，由这些未燃烧或部分氧化的燃料液滴与水蒸气构成的微粒，随废气排出，而形成蓝烟或白烟。蓝烟、白烟之间没有严格的成分差异，只是由于微粒直径不同而对光线反射不同，产生不同颜色而已，白烟是 0.6μm ~1mm 的颗粒构成，蓝烟是由 0.6μm 以下的颗粒构成。一般正常情况下，白烟在柴油机暖车时变成蓝烟，不久变为无色。

凡能改善混合气形成的措施都能减少炭烟的形成，如增大过量空气系数、组织合适的空气涡流运动和改善喷雾质量等；但提高燃烧室温度、减少空气涡流运动以及迟后供油提前角等均可减少蓝烟、白烟。但这往往又与降低黑烟的措施相矛盾。

2. 工作粗暴

在燃烧过程的速燃期，迅速升高缸内压力，会使燃烧室壁、活塞、连杆和曲轴承受强烈的冲击，并产生强烈的振动声，给人以难受的感觉，被称为柴油机工作粗暴。工作粗暴的发动机往往因受到较大的冲击负荷而使其寿命缩短。

为了避免发动机工作粗暴，应限制其燃烧过程的压力升高率。从燃油的着火性和供油提前角上缩短着火落后期，并从喷油规律上限制着火延迟期内喷入气缸的燃油量，从而减少着火时同时燃烧的混合气数量。另外，随发动机负荷的增大、燃烧室温度较高而使着火落后期缩短，柴油机的工作粗暴程度减少。

随着能源法规和排放法规的日趋严格，传统柴油喷射系统已不能满足燃烧、排放和噪声等多方面的要求，取而代之的电控柴油喷射系统成为重要的发展方向。电控高压共轨系统目前在柴油机上应用越来越广，是当今最为先进的柴油喷射供给技术，能够在柴油机工作过程中根据运转参数、温度和压力等，按照排气净化、噪声和油耗等综合要求，对喷油量、喷油定时和喷油速率等进行实时控制。

第四节　发动机特性

车用发动机工况（功率和转速）随汽车行驶状况的需要而不断地变化，同时其性能（动力性、经济性、排放、噪声、烟度等）表现也随之而变。发动机性能指标随调整情况及运转工况而变化的关系，称为发动机特性。其中性能指标随调整情况而变化的关系称为调整特性；而性能指标随运转工况而变化的关系称为性能特性。表示特性的曲线称为特性曲线，它是评价发动机性能的一种简单、方便、必不可少的形式。根据特性曲线，可以在汽车设计中合理地选用发动机，在汽车使用中有效地利用发动机，使其性能得到充分发挥。发动机特性的种类很多，其中最常研究的有转速特性、负荷特性、万有特性、调整特性、调速特性、排放特性和噪声特性等。而且这些特性也相应地影响着汽车的有关运行性能。在此着重介绍一下发动机的转速特性、负荷特性和万有特性。

一、发动机的转速特性

发动机性能指标随转速而变化的关系称为转速特性。

对汽油机而言，节气门开度固定不动，点火系及燃油系性能完好的情况下，有效功率 P_e、有效转矩 T_e、有效耗油率 b_e 等随转速 n 变化的关系即为汽油机的转速特性。

而对于柴油机，喷油泵的油量调节机构位置固定不动，柴油机性能指标（主要是功率 P_e 和有效转矩 T_e 和有效耗油率 b_e 等）随转速 n 变化的关系即为柴油机的转速特性。

对于汽油机或柴油机，节气门全开（或油量调节机构固定在标定循环供油量位置）时的转速特性称为外特性；节气门部分开度（或油量调节机构固定在小于标定功率循环供油量某个位置）时的转速特性称为部分特性。外特性表示该发动机在使用中所能（或允许）达到的最高性能；而部分特性有无数个，故其部分特性曲线有无数条。除外特性外，通常还注重研究标定功率 90%、75%、50% 和 25% 的转速特性。

发动机特性曲线如图 1－10 所示。由图可见，部分特性曲线的变化趋势与外特性基本上是一致的。就外特性曲线而言：

1）转矩曲线的变化趋势为：随着发动机转速的升高，转矩 T_e 逐渐增至最大转矩 T_{emax}；此后逐渐下降，且下降程度逐渐加快；由于汽油机与柴油机混合气形成和燃烧过程有所差别，柴油机的 T_e 曲线较汽油机的平坦。它们的变化趋势可由式（1－8）并结合其有关因素的影响来解释。

2）功率曲线的变化趋势为：随着转速的升高，开始阶段功率 P_e 增加很快；达到最大转矩转速后，转速再增加，功率增长减慢；当达到最大功率后，功率又随转速的增加而下降。

对于未调速的柴油机，由于其转矩曲线比较平坦，所以功率曲线近似一条直线，通常不像汽油机曲线有最大功率点。它们的变化趋势可由式（1－7）来解释。

3）有效耗油率曲线的变化趋势为：一条凹形曲线，只有在某一经济转速时有效耗油率 b_e 最小。由于柴油机的压缩比高，其最低油耗率比汽油机低 20%～30%。

实际上，车用发动机节流阀全开的工况很少，主要是在部分负荷下运转，相应工况在外特性曲线的下面。因此，外特性转矩（或功率）曲线下面广泛范围内的点，都可以是发动机的工作状态点。

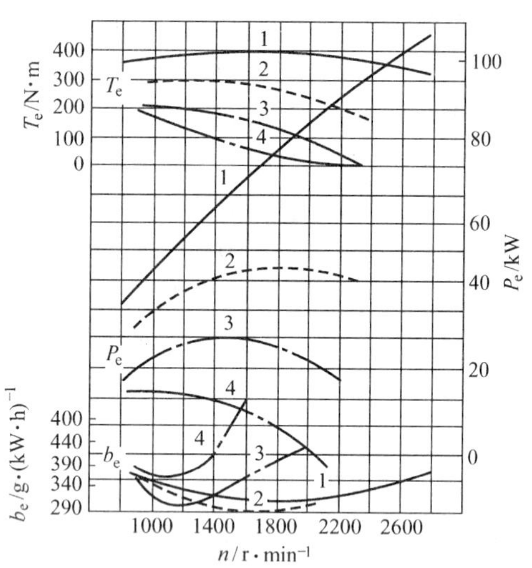

图 1－10 6100Q 型车用汽油机的转速特性
1—全负荷 2—75%负荷
3—50%负荷 4—25%负荷

发动机标定工况是发动机铭牌上标出的功率及相应的转速。由发动机外特性功率曲线可知，当发动机转速增至接近最大功率转速 n_p 时，功率随转速提高而增加的幅度较小，甚至出现功率下降，而过高转速对发动机寿命不利。因此，一般发动机常限制其转速为 n_B，并称之为限制转速或标定转速，与 n_B 相应的节流阀全开时的功率称为标定功率 P_B。

通常情况下，标定功率转速 n_B 要小于最大功率转速 n_p。至于一台发动机的功率究竟标定多大，即最大功率限制为多少，需要根据发动机特性和具体用途、使用特点，并考虑到其动力性、经济性以及使用寿命和工作可靠性来确定。如果只在最大功率情况下短期工作，那么能允许的最大功率就可以定高一些；而如果要在最大功率情况下长期运转，那么能允许的最大功率就要定低一些。例如，车用发动机，经常在较小的功率情况下工作，仅在上坡和加速的情况下，才短期使用最大功率，同时车用发动机要求结构尽可能轻巧，所以标定功率可以规定得高一些，以获得动力性能的充分利用。

按照我国的标准规定，标定功率可分为 15min 功率、1h 功率、12h 功率和持续功率。车用发动机的标定功率为 15min 功率，结合车用发动机的工作特点，这一功率为发动机允许连续运转 15min 的最大有效功率。

二、发动机的负荷特性

负荷特性是指发动机转速不变，其经济性指标随负荷而变化的关系。

当发动机转速不变时，有效功率 P_e、有效转矩 T_e 和平均有效压力 p_e 互为正比，皆可表示发动机负荷。另外，负荷还可用负荷率表示，负荷率是指发动机在一定转速下实际输出的功率与节流阀全开时的最大功率之比的百分数。用负荷率表示往往能更好地反映出发动机的经济性规律。由于在发动机转速不变的情况下，发动机负荷与发动机节气门开度（或油量调节机构所决定的循环供油量）的趋势一致，故也可根据需要用节气门开度（或油量调节机构所决定的循环供油量）表示负荷。

汽油机负荷调节是靠节气门开度的变化直接改变进入气缸的混合气量来实现的；而柴油

机是靠移动喷油泵齿条或拉杆位置改变循环供油量来调节负荷的。前者的负荷调节混合气浓度变化很小而称为“量调节”；而后者主要是混合气浓度改变，故称为“质调节”。

613SQ 柴油机的负荷特性曲线如图 1－11 所示，图中对应两个转速的负荷特性有耗油率 b_e 曲线及每小时耗油量 B 曲线。而有效耗油率的变化趋势为：当节气门开度（或油量调节机构所决定的循环供油量）由怠速状态逐渐增大时，油耗率迅速下降。对汽油机而言，节气门开度增至全开度的 80%～90% 左右以后，为了保证最大功率，使混合气浓度增至 $\alpha=0.8\sim0.9$，由于此时出现了燃烧不完全，致使油耗率又重新上升；而对柴油机来说，油耗率达到最低值后，再增加供油量，也会使燃烧恶化、不完全燃烧和补燃增加，致使油耗率升高，当供油量达到一定程度时，还会出现排气冒黑烟，故其循环供油量会因国家法规规定的烟度限值受到限制。

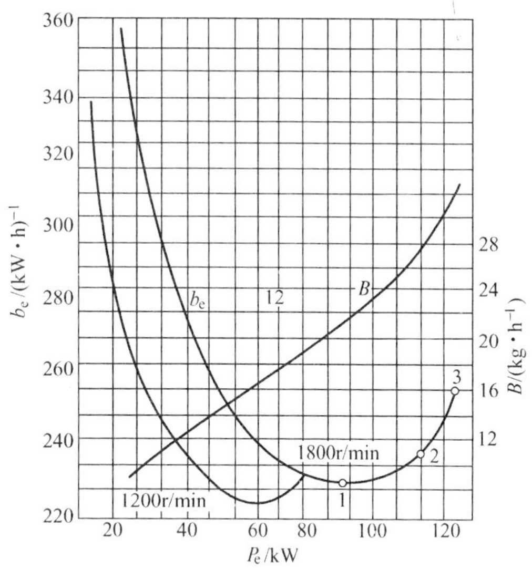

图 1－11　613SQ 柴油机负荷特性

由负荷特性曲线的变化趋势可知，负荷率为 80%～90% 时，发动机的燃油消耗率是最低的。

一般发动机只测标定转速下的负荷特性，而对于汽车用发动机，由于工作时转速经常变化，需要测定不同转速下的负荷特性。显然，同一转速下的最低油耗率值愈小，曲线变化愈平坦，发动机的经济性愈好。汽油机的曲线变化比柴油机陡且最低油耗值也高，因此柴油机比汽油机省油。

三、发动机的万有特性

转速特性和负荷特性分别只能表示某一节流阀开度或某一转速时发动机运转性能参数间的变化规律。而车用发动机的转速和负荷变化范围很广，要分析各种工况下的性能就需要许多转速特性或负荷特性图，这样极不方便，也不准确。

为了能在一张图上较全面地展示发动机的性能，常应用多参数的所谓万有特性曲线。应用最广的万有特性曲线是以转速为横坐标，以转矩（或平均有效压力）为纵坐标，在图上画出等油耗曲线和等功率曲线，如图 1－12 所示便是某一发动机的

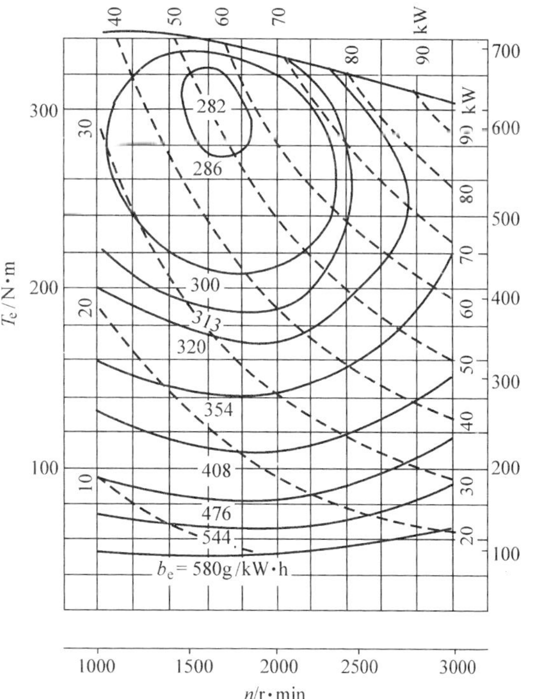

图 1－12　CA6102 汽油机万有特性

万有特性图。

万有特性图中的等耗油率曲线可以根据各种转速下的负荷特性曲线作图得到。

(1) 将不同转速的负荷特性以转矩（或平均有效压力）为横坐标、燃油消耗率为纵坐标绘出。

(2) 在万有特性图的横坐标轴上，以一定比例标出转速数值；纵坐标转矩上的比例应与负荷特性转矩的比例相同。

(3) 将负荷特性图旋转90°放在万有特性图的左方，将负荷特性曲线上耗油率相等的各点（如 $b_e=280\text{g/kW}\cdot\text{h}^{-1}$）按对应转速和转矩移至万有特性图中，再将耗油率值相等的各点连成光滑曲线，即得等耗油率曲线。图1－13所示为万有特性图中的等耗油率曲线。显然，各种等耗油率曲线是不能相交的。

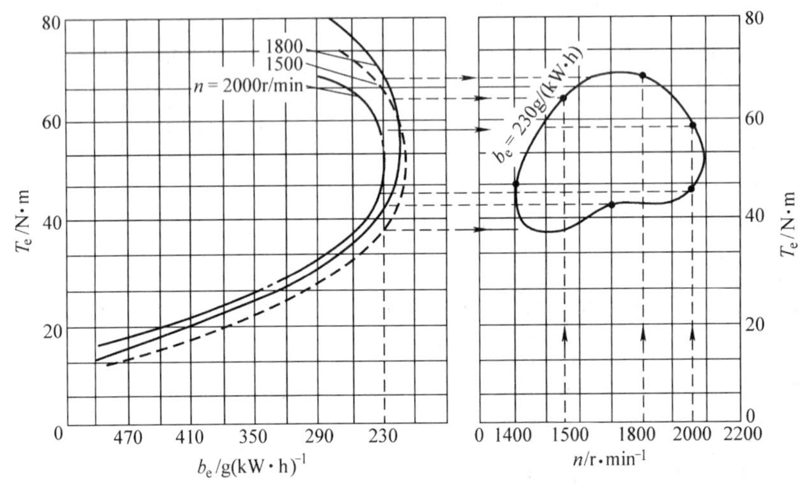

图1－13 万有特性图等耗油率曲线

等功率曲线可根据 $P_e=T_en/9549=kT_en$ 绘出，是一组等边双曲线。

将外特性（或柴油机标定功率转速特性）中的转矩曲线画在万有特性图上，构成上边界线。

以上便是万有特性图的做法。在万有特性图中，最内层的等耗油率曲线是最经济的区域，耗油率最低。曲线愈向外，经济性愈差，从中便很容易找出最经济的负荷和转速。如果等燃油消耗率曲线横向较长，表示发动机在负荷变化不大而转速变化较大的情况下油耗较小；如果等燃油消耗率曲线纵向较长，则发动机在负荷变化较大而转速变化较小的情况下燃油消耗较少。

第五节 影响发动机运转性能的因素

前述内容已使我们对汽车发动机的运转性能有了基本的了解。作为以发动机为主体的研究，主要涉及两个方面：一方面是燃烧室内的循环进行情况（影响最大的过程是换气和燃烧）；另一方面是功率输出轴上所反映出的特性（主要是发动机的动力性和经济性）。而且这两个方面在关系上可以说，前一方面是前提，后一方面是结果。所以影响发动机运转性能的关键在于燃烧室内的换气和燃烧，以及活塞连杆曲柄的机械功传递情况。在此就主要因素对发动机运转性能的影响进行分析，以明确提高其性能的主要措施。而且这些措施的实施将直接影响到后述的汽车动力性和燃油经济性。

一、结构因素的影响

结构因素是发动机运转性能的关键因素，发动机在结构和形式上的差别，往往会从质的方面决定其运转性能。

（一）发动机类型

目前汽车使用最普遍的还是汽油机和柴油机。就这两种类型的发动机而言，燃烧所用燃料、混合气形成及燃烧方式不同，而且由于柴油机的压缩比较大，柴油机的有效耗油率 b_e 明显低于汽油机，两者的运转噪声和排放污染物成分也存在较大差异（这将在第四章中讲述）。目前大吨位运输车辆都采用柴油发动机，虽然轻型车和轿车利用柴油机的数量相对较少，但近几年柴油机越来越多地被更多的轻型车和轿车所采用。随着柴油机技术的日趋完善，较汽油机更为经济、排放更低的柴油机会受到更多人的喜爱。

（二）压缩比

汽油机的压缩比一般在 7.5 ~ 11 之间，压缩比的变化对其燃油消耗率的影响非常大。压缩比越高，可使压缩过程末期气缸内的温度、压力越大，燃烧越快，热效率越高，其燃油消耗就越低。实验表明，当汽油机的压缩比由 8 提高到 13 时，发动机的平均油耗可降低 8%。所以，提高压缩比仍是目前提高汽油机经济性的主要途径。

但大幅度提高压缩比，将导致爆燃和表面点火等不正常燃烧的发生。另外，压缩比提高还会使燃烧压力猛增，这对发动机的使用寿命和可靠性都不利。现代汽油发动机在确定压缩比时，除了考虑以上因素外，还要考虑提高压缩比会引起发动机机械效率的下降，以及排放物中 NO_x 和 HC 的增加。因此，汽油机的压缩比一般控制在 11 以内。

对于柴油机来说，压缩比大使缸内温度高，更有利于燃料自燃。为了保证可靠地着火燃烧，压缩比应足够高，这样也有利于冷起动，缩短着火延迟期而降低燃烧噪声。但是，压缩比过高，会使燃烧最高压力过分增高，零件的机械负荷过重，由此引起的摩擦损失增大，影响柴油机的寿命。所以，柴油机在保证冷起动容易和在所有工况下获得可靠而有效的燃烧的前提下，往往将压缩比选取得较低，一般在 12 ~ 22。实验表明，柴油机压缩比的变化对其效率影响较小。

（三）燃烧室结构

燃烧室结构对汽油机的火焰传播距离、传播速度、爆燃、散热损失以及充气效率等均有较大的影响。为使其动力性高、经济性好、工作柔和平顺、燃烧正常、排放污染小，一般要求燃烧室的结构尽量紧凑，容积分布合理，能形成适当强度的气体扰流。燃烧室还要便于安排较大的进气通道面积以减小进气阻力；火花塞的位置要适当，火焰传播的末端要有足够的冷却强度，以降低终燃混合气的温度而减轻爆燃倾向。

对于柴油机，燃烧室的结构对混合气形成和燃烧有着直接的影响，所以也影响到柴油机的有关性能。其结构应结合燃料的喷射方式以有利于促进燃料蒸发、混合气形成和燃烧，以提高柴油机的动力性和经济性；同时也有利于低温起动，使柴油机工作柔和、燃烧噪声小、排烟少等。

（四）气缸盖和活塞材料

发动机气缸盖和活塞常用材料为铸铁和铝合金，铝合金比铸铁的导热性好。对于汽油机，采用铝合金材料，可使燃烧室表面温度降低，热负荷明显减少，也减小了爆燃倾向，有利于增大压缩比来提高发动机的动力性和经济性。

而柴油机采用铸铁材料，相对铝合金可使燃烧室内温度更高，这样可以缩短着火延迟期，使发动机工作柔和。

（五）气缸直径

气缸直径大，汽油机火焰传播距离和时间增长，而燃烧室的冷却面积相对减小，使燃烧室内混合气因温度高而易自燃，导致爆燃的倾向增大。所以，一般汽油机气缸直径的最大值在100mm左右。这也相应限制了汽油机的最大功率，若需更大功率（更大气缸直径）的发动机，一般由柴油机实现。

（六）汽油机混合气形成方式

汽油机是靠火花塞点燃混合气，所以在点火之前汽油蒸气就应与空气混合好。从前多靠化油器混合，而近些年逐渐被电控燃油喷射所取代。与化油器式混合气形成方式相比，汽油喷射式可实现更准确的油量供应，容易解决各缸燃料均匀分配，减少各缸燃烧差异，改善燃料雾化质量，供应最佳混合气浓度，避免不完全燃烧的发生，有利于提高压缩比、节省燃油和低温起动性。采用电控汽油喷射式，可使发动机的动力性提高5%～10%，燃料消耗下降5%～10%，排放污染物减少90%以上。欧共体早已规定1996年以后生产的汽车汽油机必须装备电控燃油喷射系统；我国在这方面也有越来越严格的要求。

另外，逐步增多的汽油机缸内直喷形式，使稀燃技术和不均匀混合气分层燃烧技术得以实现，能够相应地使爆燃倾向降低、压缩比增大，从而降低油耗，使燃烧彻底，减少排放等。

（七）汽油机点火能量

点火能量对汽油机的点火控制和燃烧以及汽油机的运转性能有着重要的影响。

传统的汽油机点火系统由于存在触点易被烧蚀而影响初级电流、凸轮长期磨损而影响点火正时、初级电流受限而影响点火能量、随发动机转速提高点火能量下降以及次级电压上升、速率低而对火花塞积炭和污染敏感导致电压明显下降等不足，已成为汽油机节能和排放控制的严重障碍。应用日益广泛的高能电子点火装置，能够提高点火电压和能量，保证发动机在各种使用工况下正常点火，使混合气充分燃烧，保持较佳的工作状态，获得较好的经济性。

要充分发挥高能电子点火装置的作用，发动机还应在以下几方面与之相适应：

（1）发动机常用工况下的空燃比在17:1～18:1，这样既可保证正常点火，又能达到节油的目的。

（2）适当增大火花塞的间隙，可使间隙处的混合气增多，点火时激发的活性分子数增多。在高能支持下使点火可靠，较稀浓度的混合气得以充分燃烧。经验表明，高能点火装置匹配的点火线圈能量为120mJ时，火花塞间隙在1.3～1.5mm较合适；匹配的点火线圈能量为80mJ时，火花塞间隙为1.1mm比较合适。

（3）点火提前角重新确定，这是因为较稀混合气的燃烧速度发生了改变，故其最佳点火提前角也发生了变化。

（八）柴油机喷油规律

喷油规律是指单位时间（或曲轴转角）的喷油量随时间（或曲轴转角）而变化的关系，它所反映的是喷射过程中各参数之间的关系。合理的喷油规律必须与燃烧室合理配合，因而每种柴油机都按各自特点，有不同的喷油规律。喷油规律对燃烧过程的影响很大，直接影响到气缸内的压力升高率，所以对经济性、燃烧噪声和排放等都有影响。

一般认为，着火延迟期内减小喷油速率可减轻燃烧粗暴性；而喷射中、后期加大喷油速率，可保证燃烧效率。喷油规律取决于喷油泵的凸轮外形、柱塞直径、喷油器结构形式及调整等。

欧美等国现已广泛采用的柴油机电喷技术可以有效地改善柴油机的性能。通过电控喷射装置，有的采用预喷—主喷—后喷（每循环喷七次）模式，可准确地调节燃油的喷射时间、喷油量和喷油规律，而不受发动机转速和负荷影响，实现节油、低排放、低噪声、提高动力的目的。

（九）进气系统阻力

进气系统的阻力直接关系到循环的进气量，当然也就关系到发动机的功率和转矩。进气系统阻力是进气通道各段所产生的阻力总和，包括空气滤清器、进气管道、气门等处的阻力，化油器式进气系统还包括化油器的阻力。

减少进气系统阻力的主要措施是：改善进气管道拐弯处的圆角过渡，提高管道内壁表面的光滑度；改善气门座和气门头部到杆部的过渡形状，并增加进气门数；利用可变技术（可变进气管、可变配气定时、可变气门升程和可变进气涡流等）；改进空气滤清器结构并避免积垢过多而堵塞气道等；有的汽油机甚至已经开始探讨去掉节气门，靠进气门升程和开闭时间控制发动机的负荷，以降低进气阻力。

（十）配气定时

目前汽车大多还是采用固定的配气定时形式。配气定时包括排气提前角、排气迟闭角、进气提前角、进气迟闭角以及进排气同时进行的气门叠开角。其中对进气影响最大的是进气迟闭角。

进气阶段随活塞下行，有高速气流进入气缸，在活塞到达下止点的瞬间，进气门口处仍有一定的流速，进气门迟闭就是利用气流的惯性，继续充气。随活塞通过下止点又上行时，气缸内压力逐渐升高，使进气流过进气门处的速度逐渐减小。当该流速减至零时关闭进气门，将使进入气缸的新气量最多。可见，在一定转速下，进气迟闭角太小，会使一部分可以进入气缸内的新气未能充入；进气迟闭角过大，会使一部分已进入气缸的新气又被活塞上行推出。而当发动机转速不同时，活塞到达下止点的瞬间气门处的流速也不同，转速越高流速越大，所以进气迟闭角应大一些。目前进气迟闭角为定值的一般发动机，只对某一转速最佳，能使该转速的循环充气量最大、发动机转矩最大。所以，在进气迟闭角确定时应考虑到使常用转速下的循环进气量最大，这也正是高转速发动机进气迟闭角较大的原因。目前越来越多的发动机为更好地改善性能，已采用液压式变配气相位结构，这样便可使发动机在较大转速范围内均获得大的转矩和功率输出。

排气提前角的选择，应当在保证排气损失最小的前提下，尽量晚开排气门，以加大膨胀比，提高热效率。

适当的气门叠开角，可以增加循环充气量，降低高温零件的热负荷。

固定配气定时的选择，一般根据经验及发动机的特点，经过反复试验对比，最后确定最合适的方案。

（十一）进气温度和压力

新鲜气体在吸入过程中，受到进气系统的加热，导致进气温度升高，气体密度下降，必然使循环充气量减少。而化油器式汽油机，为了使汽油在进气管中蒸发以便更好地与空气均匀混合，通常将进排气管铸为一体，以利用排气管对进气管加热，结果使循环充气量降低。为了处理好进气温度与汽油蒸发的关系，许多汽油机采用调节预热装置，在排气管内装有阀门，根据季节不同可调节阀门位置，以调节排气管中废气热量对混合气的预热程度。

柴油机为避免进气预热而影响循环进气量，其进、排气管通常分置于气缸两侧。

发动机进气管口的压力也影响到循环进气量，所以有些发动机采用增压装置，对发动机的动力性和经济性提高效果更为显著。特别在空气较稀薄的高原地区使用的汽车发动机，为了增大循环进气量，装有进气增压装置，以通过增大进气量来确保发动机的动力性。

（十二）废气涡轮增压

提高发动机功率一般有优化发动机的结构、提高发动机转速和提高发动机的平均有效压力等主要途径。其中用增加进气密度的方法提高发动机平均有效压力最为有效，受到的限制也小，而且能够较大幅度地提高功率和减少油耗。废气涡轮增压就是靠高压废气驱动涡轮并带动与其同轴的离心压气机，通过离心压气机使进入发动机气缸内的空气密度增加，利用了部分废气的能量。由于其结构简单，工作可靠，所以是汽车发动机增压的常见方式。

增压技术在汽车上运用有一个发展过程。首先是大型柴油机载货汽车和公共汽车使用机械式增压，后发展到货车的柴油机废气涡轮增压，进而发展到公路上行驶的高速汽车和中型载货汽车的柴油机废气涡轮增压，最近几年又发展到轿车和轻型载货汽车的柴油机废气涡轮增压。广泛采用废气涡轮增压是提高柴油机性能的一个最有效、最普遍的措施。

汽油机增压同样可实现功率大幅提高而油耗大幅下降。随着汽油机电喷技术的广泛应用，以及结合增压相关技术的不断改进，汽油机的废气涡轮增压也将得到迅速发展。

（十三）风扇离合器

传统的无离合器的发动机冷却风扇，是汽车发动机消耗功率较大的附件。发动机风扇通常是按发动机最大热负荷时的冷却能力设计的，其最大冷却状态时所消耗的功率约为发动机标定功率的5%～10%。而发动机绝大部分时间是在远低于发动机最大热负荷工况下工作，当汽车在良好条件下下运行时，需要风扇进行冷却的时间只占发动机运转时间的3%～5%。试验表明，中型货车在一级公路上行驶，当气温为10～20℃时，95%以上时间可以不用风扇冷却发动机；气温在10℃以下时，可以完全不用风扇；气温在0℃以下时，不仅不用风扇，而且还需要关闭百叶窗。因此，无离合器冷却风扇在大部分时间内的旋转，不仅是对发动机功率的浪费，而且由于强烈的冷却还使发动机的工作温度过低，影响发动机的热效率，并加速了发动机磨损。所以，汽车上采用风扇离合器是非常有效的节油措施。

汽车上安装风扇离合器后，节油率可达5%以上，并提高了发动机动力，缩短了发动机冷起动的预热时间，减少了发动机在冷态下的磨损，延长风扇的寿命和可靠性。现代轿车很多采用了电动风扇，可以根据冷却需要开关冷却风扇，更好地达到提高发动机有效动力、减少油耗的目的。

二、技术状况的影响

无论发动机的结构多么合理、运转性能多么优良，都需要在使用过程中对其进行合理的维护（主要包括清洁、润滑、紧固、调整和故障排除等），其目的就是使发动机始终保持良好的技术状况。

（一）保持正常的气缸压缩压力

气缸压缩压力不足，会使发动机的动力性和经济性明显下降；压缩压力过高会增加爆燃和表面点火的倾向，也会使发动机的性能降低。

导致压力过低的主要原因是气缸漏气，通常由活塞环、气门和缸垫等处引起；导致压力过高的主要原因是燃烧室壁或活塞顶部形成积炭。积炭是由燃烧不完全的燃油和窜入燃烧室的机油氧化而成。

当发动机的运转性能出现明显变化，而其他方面又无大故障时，应首先想到检查气缸的压缩压力是否发生了大的变化。

（二）保持供油系良好的技术状况

燃料供给系的功用是供给发动机各种工况下可燃混合气所需要的燃料，所以燃料供给系的技术状况对发动机的运转性能至关重要，直接影响发动机的动力性、经济性和排放。

由于发动机所用燃料和混合气形成方式不同，有汽油机供油系和柴油机供油系之分。而汽油机供油系又有化油器式和电控燃油喷射式。化油器式供油系的技术状况主要取决于化油器和汽油泵。要保持化油器良好的技术状况，应根据规定的行驶里程及所用汽油的清洁程度，定期清洗或更换汽油滤清器及化油器处的滤网，以免因脏物阻塞而造成供油不畅，导致发动机起动困难、容易熄火和工作不正常等，并适时对浮子室油平面、加速泵和发动机怠速等进行合理的调整。汽油泵的技术状况直接影响其供油量和供油压力，这也应通过定期维护和调整予以保证。

电子控制喷射式供油系主要由电子控制单元根据各传感器的信号确定最佳供油量和喷油正时。所以应在保证各传感器和电子控制单元在感应和控制可靠的情况下，保证燃油系统的正常压力，并定期对喷油器进行清洗或更换。

柴油机供油系良好的技术状况，是确保柴油机使用性能、减少故障的关键。应注意燃油供给系的清洁、喷油泵供油量和供油正时准确、调速器状况良好、喷油器的喷油压力以及雾化质量和喷雾锥角适度等。特别是喷油提前角，直接影响到柴油机的燃烧过程，相应地影响着柴油机的冷起动性、怠速稳定性以及热效率等。对应每一种运转情况，均有一个最佳喷油提前角，此时柴油机功率最大、燃油消耗率最小。但由于此时对应的着火延迟期并非最短，故运转噪声和烟度都不理想。所以，实际选用的喷油提前角往往略小于最低油耗率的喷油提前角。

另外，与供油系密切相关的空气滤清器是发动机清洁空气的重要装置，若其过滤作用降低而使尘埃和微粒进入气缸，将造成发动机有关部件表面的磨损，降低发动机性能，使燃料消耗增加，发动机的使用寿命缩短。而空气滤清器滤芯随着使用时间的增长将会逐渐被堵塞，使进气阻力增加。对于汽油机，进气阻力增加后使进气量不足，化油器式的混合气浓度将增大，导致燃油消耗和排放污染增加；对于柴油机，空气进入量减少，气缸内压缩终了的压力和温度降低，动力性和经济性都会受到影响，由于进气量减少，还会造成燃烧不完全，致使较大负荷时排气冒黑烟。所以，为了不降低发动机动力和节约燃油，并有效延长发动机的使用寿命，必须根据空气滤清器的结构特点和道路的尘埃情况，定期清洁和更换空气滤清器，以保证其过滤效率。

（三）保持点火系良好的技术状况

汽油机点火系对发动机的动力性、经济性和排放等同样有着极其重要的作用和影响。当点火系的技术状况不符合规定要求时，将使燃烧状况变差、动力性降低、燃油消耗量增加、排放污染物增多。在发动机转速为3000r/min时，六缸发动机一只火花塞不工作，其功率会降低20%，油耗增加30%；火花塞间隙过大，高速时容易断火；间隙过小，火花变弱，不易点燃混合气，这都会使油耗增加、排放严重。所以，通过维护和调整，保持点火系良好的技术状况是非常重要的。

最佳点火提前角应使燃烧的最高压力出现在上止点后10°~15°范围内。若点火提前角较最佳值推迟4°，油耗将增大5%，所以要保证点火提前角处于最佳值范围内。传统的蓄电池点火系统的点火提前角一般随发动机转速和节气门开度的大小而变化，可通过发动机运转声响的变化进行调整和路试声响进行检验。一般在发动机水温达到80~90℃，汽车在直接挡行驶突然踩下加速踏板时，可听到发动机有轻微的爆燃声，瞬时声响消失，说明点火正时准确；如点火时间过早，则在突然加速时会出现突爆声很大，且不消失；如听不到突爆声，并急踩加速踏板转速提不高，则表示点火时间过迟，应予以调整。当然，点火提前角也可借助仪器检调。还应注意，汽油机的点火时间往往还需根据其技术状况和具体的工作条件再进行适当调整。如辛烷值较高、天气寒冷、混合气较稀、发动机缸内压力降低、空气温度增大等均应将点火提前角略微提早。

电子点火系统现在汽车上的应用日益广泛，在性能上也显示了其极大的优越性。特别是电子控制单元控制的点火系统，发动机运转时，它可根据各种传感器的信号，选择最佳的点火提前角，并向点火系统输出指示信号，以控制点火正时。电子点火系统的性能稳定，使用寿命长，点火正时精度高，一般不需要太多维护，只注意点火线圈的阻值、分火头的阻值、高压导线阻值以及火花塞间隙等在正常范围内即可。

（四）保持润滑系良好的技术状况

由于润滑系承担着各摩擦副之间的润滑、各摩擦面之间微粒的清洁、摩擦热的疏散以及密封、防锈和防氧化等作用，所以保持其良好的技术状况，是实现发动机正常工作的重要保障。

除了保持机油油面在规定高度范围内和良好的机油品质外，还应通过机油泵良好的供油能力和限压阀的合理调整保持正常的机油压力，并按期清洗机油细滤器和更换机油粗滤器。

（五）保持冷却系良好的技术状况

发动机冷却系的冷却液温度直接影响发动机的运转性能。传统采用水冷却的温度一般要求控制在80~95℃；现代轿车普遍采用专用冷却液，一般要求温度在95~105℃。冷却液温度超过范围太高，会使循环进气量减少，并因燃烧室壁温度高而增大爆燃和表面点火的倾向，还会使机油变质而导致润滑效能下降、零件磨损加剧，甚至引起气门卡滞、气缸拉伤等损坏，使发动机的动力性和经济性变坏；冷却液温度过低，会使汽油机混合气形成不良、柴油机工作粗暴、散热损失增加，并因润滑油粘度大而使摩擦损失增大，而且低温下易使燃烧中的酸根和水蒸气结合成酸类物质而加剧发动机的腐蚀，同时使发动机的动力性下降、燃油消耗量增加。

为了维持发动机在正常的温度状态下工作，应保证水泵、风扇及离合器（或电动机）、节温器等装置的作用良好；并及时清除沉积在冷却系内表面上的水垢；定期检查冷却液的液面高度和品质等。

三、使用方面的影响

根据不同的使用条件，合理地使用技术状况良好的发动机，会使发动机更好地发挥其运转性能。

（一）燃油的选用

车用发动机的燃油主要为汽油和柴油，其品质对发动机的运转性能有着重要的影响。

1. 汽油

车用汽油的主要性能指标是抗爆性、蒸发性、热值、氧化安定性、腐蚀性、清净性和化学组分等。它们分别表明汽油避免产生爆燃的能力；发动机冷起动性能、暖机性能、可燃混合气各缸分配均匀性、气阻产生程度；汽油放热量的高低；汽油在常温和液态下抗氧化的能力，以及所产生胶质对化油器喷孔或电喷发动机喷嘴的堵塞、燃烧室积炭的影响；汽油中所含硫分、硫化物、有机酸、水溶性酸和碱等腐蚀性物质的量及其所产生的腐蚀作用；汽油中所含机械杂质和水分的多少；汽油所含烯烃、芳香烃和饱和烃的量。

汽油的规格代表着汽油的品质，我国目前有国标 GB 484—1993 含铅汽油和国标 GB 17930—1999 车用无铅汽油两个标准，其技术要求分别如表 1－4 和表 1－5 所示。

表 1－4　GB 484—1993 含铅汽油规格

项　目			GB 484—1993 含铅汽油		
抗爆性	研究法辛烷值（RON）	≥	90	93	97
	抗爆指数（RON＋MON）/2	≥	85	89	92
	铅含量/（g·L^{-1}）	≤	0.35	0.45	0.45
蒸馏特性	10% 馏出温度/℃	≤	70		
	50% 蒸发温度/℃	≤	120		
	90% 蒸发温度/℃	≤	190		
	终馏/℃	≤	205		
	残留量（体积分数）（%）	≤	2		
蒸气压/kPa					
从 9 月 1 日至 2 月 29 日		≤	83		
从 3 月 1 日至 8 月 31 日		≤	74		
实际胶质/mg·（100mL）$^{-1}$		≤	5		
诱导期/min		≥	480		
硫含量（质量分数）（%）		≤	0.15		
硫醇（需满足下列要求之一）：					
博士试验			通过		
硫醇硫含量（质量分数）（%）		≤	0.001		
铜片腐蚀（50℃，3h）		≤	1 级		
水溶性酸或碱			无		
机械杂质及水分			无		
酸度/mgKOH·（100mL）$^{-1}$		≤	3		

表 1－5　GB 17930—1999 车用无铅汽油技术要求

项　　目		90 号	93 号	95 号
抗爆性：				
研究法辛烷值（RON）	≥	90	93	95
抗爆指数（RON＋MON）/2	≥	85	88	90
铅含量/（g/L）	≤	0.013		
馏程：				
10% 蒸发温度/℃	≤	70		
50% 蒸发温度/℃	≤	120		
90% 蒸发温度/℃	≤	190		
终馏点/℃	≤	205		
残留量（体积分数）（%）	≤	2		
蒸气压/kPa				
从 9 月 1 日至 2 月 29 日	≤	88		
从 3 月 1 日至 8 月 31 日	≤	74		
实际胶质/mg·（100mL）$^{-1}$	≤	5		
诱导期/min	≤	480		
硫含量（质量分数）（%）	≤	0.1		
硫酸（需满足下列要求之一）：				
博士试验		通过		
硫醇酸含量（质量分数）（%）	≤	0.001		
钢片腐蚀（50℃，3h）	≤	1 级		
水溶性酸或碱		无		
机械杂质及水分		无		
总芳烃含量（体积分数）（%）		报告		
烯烃含量（体积分数）（%）		报告		

汽油的牌号就是其辛烷值，选择值过高会增加费用；选择值过低则易出现汽油机爆燃，并影响其动力性和油耗量，严重时还会使汽油机损坏。所以选用汽油时应考虑以下几点：使用说明书要求、汽油机压缩比、环境大气压高低以及发动机使用时间长短等。

应该看到，我国车用汽油进入 20 世纪 90 年代以后有了很大的发展，汽油的辛烷值逐步提高。1993 年，90 号以上汽油产量占车用汽油的 43%，1998 年增至 78.8%，1999 年便达到总产量的 98.6%；而且随着我国汽车排放法规限值的不断严格，车用汽油的含铅量不断下降，无铅汽油的产量逐年增加，从 2000 年 7 月 1 日起全国范围内已停止销售和使用含铅汽油。

2. 柴油

柴油的主要性能指标包括发火性、蒸发性、粘度和低温流动性、腐蚀性、安全性以及灰分、水和机械杂质等。它们分别表明柴油的自燃着火能力、柴油机工作的柔和性；柴油机的冷起动性、暖机性及油耗和排放情况；供油性能、密封性能、雾化质量和低温条件下的使用性能；腐蚀性物质的量及其所产生的腐蚀作用；对供油系所产生的堵塞威胁；积炭、低温结冰和发动机机件磨损的程度等。

我国目前采用车用柴油标准 GB/T 19147—2003，其技术指标如表 1 - 6 所示。

表 1 - 6　车用柴油标准 GB/T 19147—2003 技术标准

项　　目		10 号	5 号	0 号	-10 号	-20 号	-35 号	-50 号
氧化安定性总不溶物/mg·（100mL）$^{-1}$	≤	2.5						
硫（质量分数）（%）	≤	0.05						
10% 蒸余物残炭（质量分数）（%）	≤	0.3						
灰分（质量分数）（%）	≤	0.01						
铜片腐蚀（50℃，3h）	≤	1 级						
水分（体积分数）（%）	≤	痕迹						
机械杂质		无						
润滑性 磨痕直径（60℃）/μm	≤	460						
运动粘度（20℃）/$10^{-4}m^2 \cdot s^{-1}$		3.0~8.0				2.5~8.0	1.8~7.0	
凝点/℃	≤	10	5	0	-10	-20	-35	-50
冷滤点/℃	≤	12	8	4	-5	-14	-29	-44
闪点（闭口）/℃	≥	55			50		45	
着火性（需满足下列要求之一） 十六烷值 或十六烷指数	 ≥ ≥	 59 46				 46 46	 45 45	
馏程： 50% 回收温度/℃ 90% 回收温度/℃ 95% 回收温度/℃	 ≤ ≤ ≤	 300 355 365						
密度（20℃）/（kg/m^3）		820~860					800~840	

柴油的牌号用凝点表示，所以选用时主要依据所在环境的气温。原则上讲，柴油的凝点必须低于环境气温 3~5℃，最好相差 5℃以上。

目前我国车用柴油的生产以直馏炼制为主，直馏柴油十六烷值高，胶质、沉渣、芳烃和硫含量等都相对较低。而二次加工的裂化柴油组分作为车用柴油应该进行加氢精制，但我国现二次裂化的柴油多数未经加氢精制，就调和进柴油中，由此造成柴油质量较低。由于调和时催化裂化组分所占比例太大，又没进行加氢精制，所以十六烷值较低，有的只达到 20。加大直馏组分，或加入十六烷值改进剂，都会使柴油的成本加大，所以一般车用柴油的十六烷值在 40 左右。随着我国汽车工业的发展和对汽车排放限制更加严格，对车用柴油的数量和质量会提出更高要求，降低硫含量、控制多环芳香烃含量、提高十六烷值和氧化安定性是提高车用柴油质量的努力方向。

（二）发动机润滑油的选用

发动机润滑油所处的实际工作条件，要求润滑油要有良好的耐腐蚀、耐高压和耐高温等性能，并发挥润滑、冷却、密封、清洗、防锈和抗腐蚀等作用。

润滑油的主要指标有粘度、粘温性能、腐蚀性、清净分散性、倾点和疑点、酸值、闪点、灰分、残炭、水分和机械杂质、抗氧化安定性、热氧化安全性等。它们分别表示液体润滑油在外力作用下发生相对运动时，分子间所产生阻碍液体分子相对运动的性质；润滑油粘度随其温度变化而变化的程度；润滑油长期使用后对发动机机件的腐蚀程度；润滑油能将已沉淀在机件上的胶状物、积炭等氧化产物清洗下来的能力（以便悬浮在油中通过机油滤清器过滤掉）；润滑油低温冷凝特性；润滑油所含酸性物质产生的酸值；润滑油的蒸发性及其对高温工作条件的适应性；不燃物质含量及产生积炭的潜在能力；结炭倾向；润滑油对机件腐蚀的威胁程度和增加机件磨损的程度；润滑油与空气接触的抗氧化能力；机件上的润滑油膜在高温和氧化作用下，抵抗生成漆膜的能力等。

我国发动机润滑油采用美国 API 性能分类法和 SAE 粘度分类法，有汽油机润滑油、柴油机润滑油和二行程汽油机润滑油之分，其牌号是按润滑油的使用场合、粘度级别和质量等级划定的。按润滑油的品质，汽油润滑油有 SC、SD、SE、SF、SG、SH、SJ 等质量等级；柴油机润滑油有 CC、CD、CE、CF 等质量等级，后一级比前一级好。各类润滑油的特性和使用场合如表 1－7 所示；润滑油的粘度等级就是其牌号中的数字，将冬季润滑油按 －30℃、－25℃、－20℃、－15℃、－10℃、－5℃时的最高动力粘度、边界泵送温度和最高倾点三项低温性能指标分为 0W、5W、10W、15W、20W、25W 等六个等级（W 表示冬季），其低温粘度、边界泵送温度和最高倾点一级比一级高；将春秋和夏季润滑油按 100℃时的运动粘度分为 20、30、40、50 等四个等级，后一级比前一级粘度大。润滑油的粘度分级如表 1－8 所示。

表 1－7　发动机润滑油的特性和使用场合

级别	特性和使用场合
SC	具有较好的清净性、分散性、抗氧化性、抗腐蚀和防锈性。用于中等条件下工作的载货汽车、客车和其他车辆，适用于国外 1964～1967 年型的汽油机
SD	性能比 SC 级油更高的机油，用于较苛刻条件下工作的载货汽车、客车和某些型号轿车。也可代替 SC 级油使用。可满足装有曲轴箱强制通风装置的汽油机要求，适用于国外 1968～1971 年型的汽油机
SE	性能比 SD 级油更高的机油，用于苛刻条件下工作的轿车和某些载货汽车，可满足装有曲轴箱强制通风装置和催化转化器的汽油机要求，适用国外 1971～1972 年型汽油机
SF	抗氧化和抗腐损性能比 SE 级油更高的机油，用于更苛刻条件下工作的轿车和某些载货汽车。适用于 1980～1987 年型进口车
SG	用于轿车和某些货车的汽油发动机以及要求使用 API SG 级汽油发动机润滑油的汽油发动机。SG 级润滑油质量还包括 CC（或 CD）级润滑油的使用性能，此种油品改进 SF 级润滑油控制发动机润滑油沉积物、磨损和油品的氧化性能，并具有抗锈蚀和腐蚀的性能，并可代替 SF、SF/CD、SE 或 CC 级润滑油
SH	用于轿车和轻型货车的汽油发动机以及要求使用 API SH 级汽油发动机润滑油的汽油发动机。SH 级润滑油质量在汽油发动机磨损、锈蚀、腐蚀及沉积物的控制和润滑油的抗氧化方面优于 SG 级润滑油，并可代替 SG 级润滑油
CC	用于在中到重负荷下运行的非增压、低增压或增压式柴油发动机，并包括一些重负荷汽油发动机，对于柴油发动机具有控制高温沉积物和轴瓦腐蚀的性能，对于汽油发动机具有控制腐蚀、锈蚀和高温沉积物的性能，并可代替 CA、CB 级润滑油

（续）

级别	特性和使用场合
CD	用于需要高效控制磨损和沉积物或使用包括高硫燃料非增压、低增压及增压式柴油发动机，以及国外要求使用 API CD 级润滑油的柴油发动机，具有控制轴承腐蚀和高温沉积物的性能，并可代替 CC 级润滑油
CD—Ⅱ	用于要求高效控制磨损和沉积物的重负荷二行程柴油发动机以及要求使用 API CD—Ⅱ级柴油发动机润滑油的柴油发动机，同时也可以满足 CD 级润滑油的性能要求
CE	用于低速高负荷和高速高负荷条件下运行的低增压及增压式重负荷柴油发动机，以及要求使用 API CE 级润滑油的柴油发动机，同时也满足 CD 级润滑油的性能要求
CF—4	用于高速四行程以及要求使用 API CF—4 级柴油发动机润滑油的柴油发动机。在油耗和活塞沉积物控制方面性能优于 CE 级润滑油并可代替 CE 级润滑油，此种润滑油油品特别适用于高速公路行驶的重负荷货车

表 1-8　内燃机润滑油粘度分级

粘度分级	最高动力粘度		高边界泵送温度/℃	最高稳定倾点/℃	100℃粘度/$m^2 \cdot s^{-1}$	
	粘度/（Pa·s）	温度/℃			最小	最大
0W	3.25	-30	-35		3.8×10^{-6}	
5W	3.50	-25	-30	-35	3.8×10^{-6}	
10W	3.50	-20	-25	-30	4.1×10^{-6}	
15W	4.50	-15	-20		5.6×10^{-6}	
20W	6.00	-10	-15		5.6×10^{-6}	
25W		-5	-10		9.3×10^{-6}	
20					5.6×10^{-6}	$<9.3\times10^{-6}$
30					9.3×10^{-6}	$<12.5\times10^{-6}$
40					12.5×10^{-6}	$<16.3\times10^{-6}$
50					16.3×10^{-6}	$<21.9\times10^{-6}$

润滑油的粘度等级本身也说明各种润滑油对环境温度的适应能力。如果润滑油的低温性能各项指标和 100℃运动粘度仅满足冬季用润滑油或夏季用润滑油粘度分级之一，称这种润滑油为单级油；如果润滑油的低温性能各项指标和 100℃运动粘度能满足冬夏两种粘度分级要求，称这种润滑油为多级油。例如，有一种润滑油 100℃时的运动粘度为 $13\times10^{-6}m^2/s$，而在 -20℃时的最高动力粘度值是 3.5Pa·s，最高边界泵送温度为 -25℃，最高稳定倾点 -30℃，则它同时达到了 10W 和 40 这两个粘度分级的要求，所以是多级油，用 10W—40 或 10W/40 表示。常用的多级润滑油有以下十六种：5W/20、5W/30、5W/40、5W/50、10W/20、10W/30、10W/40、10W/50、15W/20、15W/30、15W/40、15W/50、20W/20、20W/30、20W/40 和 20W/50。对于单级润滑油，冬季用油符号 W 前的数字越小说明其低温粘度越小，低温流动性越好，适应的最低温度越低；夏季用油牌号中的数字越大，其粘度越大，适应的最高温度越高。而对于多级润滑油，其代表冬季用部分的数字越小，代表夏季部分的数字越大，说明其粘温特性越好，适应的温度范围越大。

按照国标，汽油机润滑油的规格理化性能指标如表 1-9 所示；柴油机润滑油的技术要求如表 1－10、表 1－11 所示。

表 1－9 GB 11121—1995 汽油机润滑油规格的理化性能指标

项目 \ 质量等级	SC	SD SE SD/CC SE/CC	SD，SE SF， SD/CC SE/CC SF/CC	SC，SD，SE，SF SD/CC，SE/CC，SF/CD			
粘度等级	5W/20	20W/20	5W/30	10W/30	15W/40	30	40
100℃运动粘度/$10^{-4}m^2 \cdot s^{-1}$	5.6～9.3	5.6～9.3	9.3～12.5	9.3～12.5	12.5～16.3	9.3～12.5	12.5～16.3
低温运动粘度/Pa·s ≤	3.50 （－25℃）	4.50 （－10℃）	3.50 （－25℃）				
边界泵送温度/℃ ≤	－30	－15	－30	－25	－20		
粘度指数 ≥						75	80
闪点（开口）/℃	＞200	＞210	＞200	＞205	＞215	＞220	＞225
倾点/℃ ≤	－35	－18	－35	－30	－23	－15	－10
剪切安定性	在本登记油粘度范围之内						
泡沫性/（mL/mL） 24℃ ≤ 93.5℃ ≤ 后 24℃ ≤	 25/0 150/0 25/0						
沉淀物（质量分数）（%） ≤	0.01						
水分（质量分数）（%） ≤	痕迹						
残炭（加剂前）（质量分数）（%）	报告						
中和值（加剂前）/$mgKOH \cdot g^{-1}$	报告						
硫酸盐灰分（质量分数）（%）	报告						
硫、磷、钙、钡、锌、镁含量（质量分数）（%）	报告						

表 1－10 我国 CC 柴油机润滑油的技术要求（GB 11122—1997）

项目	质量指标						
SAE 粘度等级	5W/30	10W/30	15W/40	20W/40	30	40	50
100℃运动粘度/$10^{-4}m^2 \cdot s^{-1}$	9.3～12.5	9.3～12.5	12.5～16.3	12.5～16.3	9.3～12.5	12.5～16.3	16.3～21.9
动力粘度/Pa·s ≤	3.50 （－25℃）	3.50 （－20℃）	3.50 （－15℃）	3.50 （－10℃）	—	—	—
边界泵送温度/℃ ≤	－30	－25	－20	－15	—	—	—
粘度指数 ≥	—	—	—	—	75	80	80
闪点（开口）/℃ ≥	200	205	210	215	220	225	230
倾点/℃ ≤	－35	－30	－23	－18	－15	－10	－5
沉淀物（质量分数）（%） ≤	0.01						
水分（质量分数）（%） ≤	痕迹						

（续）

项　　目	质 量 指 标
起泡性/（mL/mL） 24℃ ±0.5℃　≤ 93℃ ±0.5℃　≤ 后 24℃ ±0.5℃　≤	 25/0 150/0 25/0
酸值（未加剂）/mgKOH · g^{-1}	报告
残炭、硫酸盐灰分、硫含量、磷含量、钙含量、钡含量、锌含量（质量分数）（%）	报告
高温氧化和轴瓦腐蚀轴瓦失重/mg　≤	50
活塞裙部漆膜评分　≥	9.0
剪切安全性	在粘度等级范围内
内燃机油性 QB 评定法（开特皮勒 $1H_2$ 法） 顶环槽积炭填充体积（%）　≤ 加权总平均　≤ 活塞环侧间隙损失/mm　≤	 45 140 0.013

表 1-11　我国 CD 柴油机润滑油的技术要求（GB 11122—1997）

项　　目	质量指标							
SAE 粘度等级	5W/30	5W/40	10W/30	10W/40	15W/40	20W/40	30	40
100℃运动粘度/$10^{-4}m^2 \cdot s^{-1}$	9.3～12.5	9.3～12.5	12.5～16.3	12.5～16.3	12.5～16.3	12.5～16.3	9.3～12.5	12.5～16.3
动力粘度/Pa · s　≤	3.50（-25℃）	3.50（-25℃）	3.50（-20℃）	3.50（-20℃）	3.50（-15℃）	4.50（-10℃）	—	—
边界泵送温度/℃　≤	-30	-30	-25	-25	-20	-15	—	—
粘度指数　≥	—	—	—	—			-75	-80
闪点（开口）/℃　≥	200	200	205	205	215	215	220	225
倾点/℃　≤	-35	-35	-30	-30	-23	-18	-15	-10
沉淀物（质量分数）（%）　≤	0.01							
水分（质量分数）（%）　≤	痕迹							
起泡性/（mL/mL） 24℃ ±0.5℃　≤ 93℃ ±0.5℃　≤ 后 24℃ ±0.5℃　≤	 25/0 150/0 25/0							
中和剂（加剂前）/mgKOH · g^{-1}	报告							
残炭、硫酸盐灰分、硫含量、磷含量、钙含量、钡含量、锌含量（质量分数）（%）	报告							

（续）

项　　目		质 量 指 标
活塞裙部漆膜评分	≥	9.0
剪切安全性		在粘度等级范围内
高温洁净性和抗磨性试验 顶环槽积炭填充体积 （%）	≤	80
加权总平分	≤	300
活塞环侧间隙损失/mm	≤	0.013

润滑油的合理选择和使用，是保证润滑系发挥良好作用的重要保证。如果润滑油选择不当，不仅影响发动机的运转性能，严重时还会导致出现突发故障；当然，选择了正确的润滑油，还要注意其合理的使用方法，使用不当将发挥不了所选油品应有的作用。汽油机润滑油主要依据发动机的结构特点和使用条件选择相应的润滑油品质等级，再根据使用的环境温度确定润滑油粘度级别。有汽车使用说明书的最好按使用说明书要求，无使用说明书的可在考虑发动机生产时间、压缩比、环境温度以及发动机是否要装曲轴箱通风、废气循环、催化转化器等装置的基础上选择润滑油。随着技术的进步，汽车发动机的压缩比、转速、功率等不断提高，而发动机体积在减小，其热负荷越来越大，使润滑油的工作条件越来越苛刻，因而一些更优质的发动机润滑油也在不断出现，像 SG、SH 和 SJ 级润滑油已在近几年进口的很多轿车上应用。柴油机润滑油的选用同样应该依据汽车使用说明书，在没有使用说明书时，应根据柴油机的热负荷和机械负荷、使用工况、燃料品质、工作条件等选择润滑油品质等级，再按与汽油机相同的原则选择柴油机润滑油粘度。但由于柴油机转速较汽油机低，所选粘度应比汽油机高一些。选择了合适的润滑油，在使用中还应注意：保持正常的油位，常检查、勤加油，不同牌号、不同厂家的润滑油不可混用，定期更换润滑油并同时换掉润滑油滤芯。

（三）冷却液的选用

冷却液又称防冻液，是现代汽车普遍应用的作为带走高温机件热量的一种工作介质，其性能和质量决定了对发动机的冷却效果。所以，正确的选用冷却液是非常重要的。

评定冷却液使用性能的主要指标有冰点、腐蚀性、沸点、pH 值、泡沫倾向以及对涂层的不良影响性等，它们分别表明冷却液的结冰温度及所适应的温度环境，对冷却系金属的腐蚀程度，冷却液在常压下达到沸腾的温度及其对高温环境下车辆长时间处于大负荷状态运行的适应性，冷却液本身的耐腐蚀程度，冷却液受热产生泡沫和外溢的程度以及冷却液对汽车涂层能否产生不良影响等。

冷却液的主要种类有酒精－水型、甘油－水型和乙二醇－水型。酒精－水型的优点是流动性好、价格便宜、配制简单，但酒精的沸点低，易于挥发且使沸点升高；甘油－水型的沸点高，挥发损失少，与水混合后的冰点也较低，但甘油降低冰点的效率低，使用不经济；目前普遍采用的是乙二醇－水型冷却液，其沸点高，挥发损失小，使用周期长，冰点最低可达－68℃，但使用中要及时补充蒸发掉的水。因乙二醇有毒，配制时需注意。另外，乙二醇在使用中易氧化生成酸性物质，对冷却系产生腐蚀，所以配制时需加入一定量的防腐蚀添加剂。

在防冻液选用和使用中应注意以下几点：

1）防冻液选用时，要根据使用地区的最低温度，令其冰点至少低5℃。另外还应考虑其他各项性能指标。合格的冷却液应清亮透明，无杂质无异味，并有醒目的颜色。

2）不同品牌的冷却液不可混用，以免产生沉淀，造成冷却液性能变差，影响发动机冷却效果。

3）使用中应定期检查液面高度，及时补充，若无同类型冷却液，可加蒸馏水或软水，但不可随意添加未经软化处理的水。添加冷却液时应关掉发动机并使其适当冷却，然后旋开膨胀箱盖子，以防沸腾时的冷却液外溢伤人。

4）冷却液应四季使用，夏天换用水冷却的做法既不科学也不经济。

5）有的冷却液存放一年后会出现少量絮状沉淀，这种现象多半是因添加剂析出造成。在发动机冷却系统工作温度达80℃左右时会自行溶解，故这样的冷却液还可使用。若出现大量颗粒沉淀，或使用中的冷却液出现悬浮物及颜色发生变化，甚至发出臭味时，说明防冻液已经变质，不能再使用而应立即更换。

6）冷却系统要灌注新冷却液时，必须把冷却系统清洗干净。注意防冻液有毒，切忌入口。

表1－12和表1－13列出了交通行业标准JT225—1996《汽车发动机冷却液安全使用技术条件》中规定的乙二醇－水型发动机冷却液的各项技术条件及推荐使用范围，可供参考。

表1－12　普通汽车发动机冷却液技术条件

项　目		技术条件		
		－25号	－35号	－45号
颜色		清亮透明、有醒目颜色		
气味		无异味		
冰点/℃	≤	－25	－35	－45
对汽车有机涂料的影响		无		
沸点/℃	≥	106	107	108
pH值		7.5～11.0		
腐蚀试验，试片变化值mg/片：				
紫铜		±10		
黄铜		±10		
钢		±10		
铸铁		±10		
焊锡		±30		
铸铝		±30		
泡沫倾向				
泡沫体积/mL	≤	150		
泡沫消失时间/s	≤	5		

表 1－13 冷却液推荐使用范围

级别	推荐使用范围
－25 号	在我国一般地区如长江以北、华北，环境最低气温在－15℃以上地区均可使用
－35 号	在东北、西北大部分地区及华北，环境最低气温在－25℃以上地区均可使用
－45 号	在东北、西北及华北等，环境最低气温在－35℃以上地区均可使用

（四）发动机起动

根据环境温度和冷却液温度的不同，发动机起动一般分为常温起动、冷起动和热起动三种。水温低于 5℃时的起动为冷起动；水温高于 40℃时的起动为热起动；介于 5～40℃的起动为常温起动。

对于电喷式发动机，由于冷态时的汽化条件和燃烧条件较差，喷油量会自动增加，形成快怠速状况，以使发动机尽快进入热状态；热态时喷油量自动减少，维持正常怠速。

而对于目前占有一定数量的化油器式发动机，常温起动时通常不关阻风门，轻踩加速踏板，尽量做到一次起动成功，而且起动后保持发动机低中速运转。这样对发动机预热、油耗和磨损都较有利。若三次仍不能将发动机起动，应检查并排除故障；每次起动不得超过 5s，两次起动间隔应不少于 10s。特别应该避免起动过程中的不良习惯和错误观念：为了能够尽快起动，起动前反复踩下加速踏板；起动时重踩加速踏板；为下次起动容易，每次停车前也踩几脚加速踏板，认为可在进气歧管内留些汽油等。

冬季冷起动时应该采取必要的措施，否则，不但发动机起动困难，而且起动油耗增加，发动机磨损增大。针对冷起动困难的主要原因（机油粘度大、燃油雾化差、蓄电池电压低和点火能量低等），除了前述提到的选用适宜的燃油、润滑油和冷却液外，还应利用发动机本身的结构条件，预热进气系统、加热缸体水套以及借助起动燃料等。起动时关闭百叶窗，踩下离合器踏板，并注意化油器充满汽油，根据不同气温适度关闭阻风门，轻踩几脚加速踏板后即可起动发动机。发动机起动后以稍高转速运转，待转速稳定后逐渐推开阻风门，抬离合器踏板，再缓慢地减到较高的怠速运转。目前很多发动机采用乙二醇－水型冷却液，这样可减轻驾驶者的劳动强度，但从节油的角度来说，比加热水预热后再起动就要多费燃油，对发动机磨损也不利。不过，现代轿车上所采用高档润滑油性能的改善以及预热装置的运用，使节油效果大为改善。

发动机热起动常发生在临时停车熄火后重新起动的情况下。此时发动机温度较高，起动时应轻踩加速踏板，这样仍能一次起动成功。起动后立即转入怠速运转。若重踩加速踏板，往往会使混合气过浓，不易起动而且费油。

（五）发动机转速

对汽油机来说，随着转速的提高，按秒计的着火延迟期变化不大，但按曲轴转角计的着火延迟期随之增大，故应增大点火提前角，在传统式点火系中设有离心式点火提前角自动调节装置。较高转速下的火焰传播速率增加，相应的爆燃倾向减小，所以可用提高转速的方法消除爆燃或降低对辛烷值的要求。

柴油机转速升高时，由于通过活塞环的漏气损失及散热损失减少，使压缩终点的温度和压力升高，而且转速升高会使喷油压力提高，改善燃油雾化，有利于混合气形成与燃烧。但转速升高，循环充气量减少，燃烧过程所占曲轴转角可能加大，又使热效率降低。为了保证燃烧效率，有时需要适当加大喷油提前角，故在有些柴油机（直喷式）上装有喷油提前角自动调节器。

另外，随发动机转速的提高，各摩擦面相对速度的加大以及运动件惯性力加大而使摩擦面压力负荷增加，这些皆使发动机的机械损失增加。转速对发动机机械损失的影响，已成为用提高转速的手段强化发动机的障碍之一。

（六）发动机负荷

发动机的负荷通常是指发动机阻力矩的大小。

对柴油机来说，负荷增大意味着循环供油量增多，使气缸内温度升高，着火延迟期缩短，柴油机工作柔和。但由于空气量基本不变，导致不完全燃烧加大，且喷油延续角增大使燃烧过程拖长，会引起热效率下降。负荷过大时，空气不充分会使燃烧过程变化、排气冒黑烟，柴油机的经济性将进一步下降。

而对汽油机来说，负荷增大意味着循环混合气量增多，要弄清负荷对其性能的影响，需先明确汽油机的理想空燃比（空燃比为混合气中空气与燃料重量之比 A/F）特性。

所谓理想空燃比特性就是指为满足发动机最佳运转性能（主要指动力性和经济性）所需的空燃比随负荷而变化的关系。在此必须先明确，汽油的理论空燃比约为 14.7∶1（理论上 1kg 汽油完全燃烧需要的空气量为 14.7kg）。在汽油机怠速工况时，节气门接近全闭，为了抵消废气对新鲜充气稀释的影响，保证发动机稳定运转，需提供相对最浓的混合气，$A/F=10\sim12.4$；在发动机全负荷运行时，节气门全开，为了使发动机产生最大功率，应向气缸提供适当加浓的功率混合气，$A/F=12\sim14$。此时火焰传播速率最大、循环充气量最多、燃烧后气体分子数增加最多，这都有利于燃烧最高压力与温度的提高；在介于怠速和最大功率之间的不同负荷下，节气门部分开度，发动机应有最好的经济性，适宜使用较稀的经济混合气。随着负荷的增加，混合气逐渐变稀，小负荷范围内变化较陡，随负荷加大变化渐趋平缓，负荷超过 50% 以后，空燃比变化不大，此时的 A/F 约为 17。

按以上分析，汽油机的理想空燃比特性如图 1－14 所示。由此也明确了汽油机负荷对其性能的主要影响。在小负荷时，进入气缸的混合气量少，而缸内残余废气量基本不变，混合气被极大稀释，同时因每循环的燃料量少而使缸内温度下降，这些都会使着火延迟期增长。为此需相应加大点火提前角，传统式点火系中装有真空式点火提前调节装置。随着负荷的增大，相对散热损失减少，使油耗率减小，发动机处于经济性良好的运转状态；发动机处于大负荷时，需发出大功率，此时混合气浓度较大，产生爆燃的倾向增大。

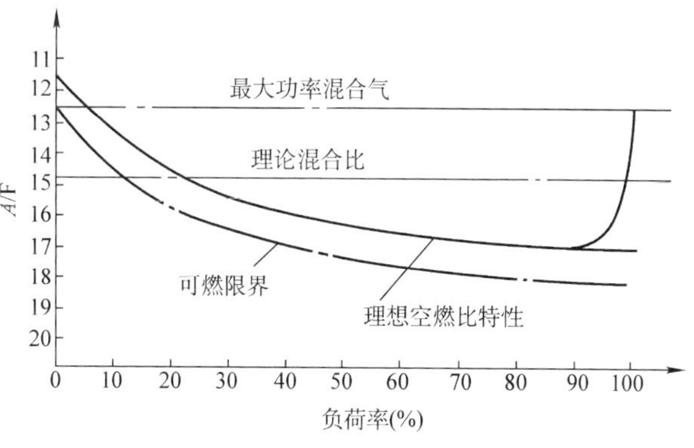

图 1－14　理想空燃比特性

在此也需明确，为了降低汽油机排放污染，现代汽车很多采用了三元催化净化措施。而这种净化措施要求严格控制混合气成分在理论空燃比的狭窄范围之内（控制 $A/F=14.7\pm$

0.05)。这就为控制污染相应改变了图 1－14 所示的原来主要由发动机运转稳定以及动力性和经济性要求所决定的理想空燃比特性，在较大负荷率范围内的空燃比保持在理论空燃比附近。

第六节 发动机性能试验

发动机试验在发动机研制过程中具有重要的地位，是发动机理论和设计方法发展的重要基础，也是评价发动机性能优劣的重要手段。按性质可分为性能试验和可靠性试验两大类。其中性能试验主要是针对发动机的动力性和经济性，以及其他重要性能方面的测试。

一、发动机试验台

发动机试验台是进行发动机性能试验的基础装备，如图 1－15 所示。由于发动机运转时产生较大的振动和旋转力矩，所以试验台要有比较坚固的基础，一般由混凝土浇铸而成。在基础 14 下面铺有垫层 15（油毡或橡胶等材料）以吸收振动，基础与四周隔离，以防振动向四周地面传递。基础四周应有排水沟，以排除水及油污。在基础上装有安放发动机用的铸铁底板 13 及前后支架。为了适应不同尺寸发动机的安装，铸铁底板上开有多条 T 形槽供支架在底板上移动，且支架本身高度可调节。

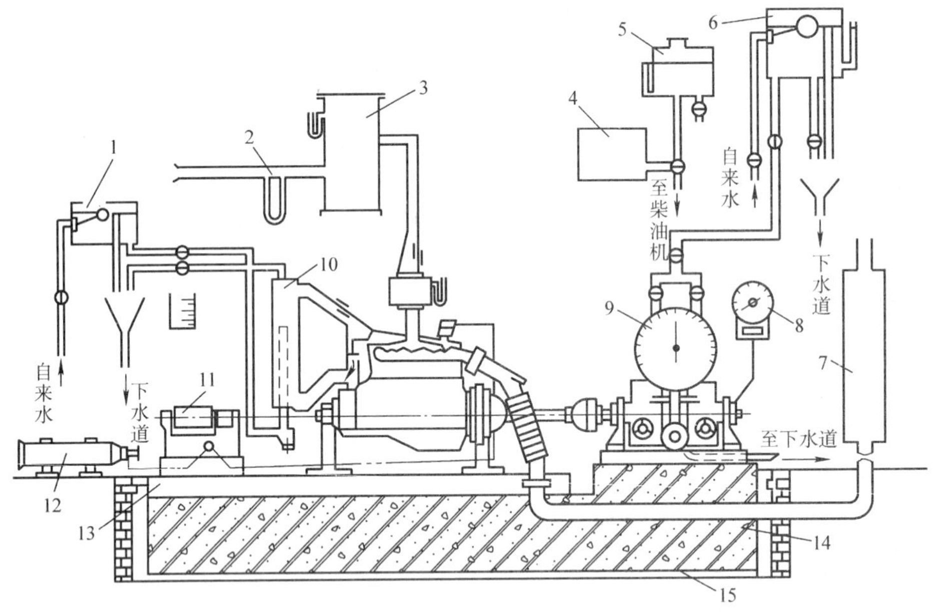

图 1－15 发动机试验台架简图

1—散热器 2—空气流量计 3—稳压箱 4—量油装置 5—燃油箱 6—测功器水塔 7—消声器 8—转速表 9—测功器 10—混合散热器 11—示功器 12—高压气瓶 13—底板 14—基础 15—垫层

发动机曲轴通过万向节与测功器轴相连。通过测功器 9 得到发动机运转的转矩、转速和功率等参数。目前测功器有水力、电力和电涡流等多种形式。如图 1－15 所示为水力测功器，所以需设一个能保持一定水面高度的专用水塔。它供给水力测功器一定动能的水，以保持水力测功器运转平稳。在发动机曲轴的自由端，常用万向节连接示功器 11（气电式或压电式），用来测出发动机气缸内工作的示功图，以求发动机的指示功率。示功器附属的高压气瓶 12 应放在远离排气管、暖气片等热物体的安全位置。

为了测量进入发动机的空气流量，使用一个容积相当大的稳压箱 3，以防止进气过程中气流波动影响测量的准确性。在稳压箱进气管中装有空气流量计。

控制发动机冷却水温度在规定范围内是保证测试结果有效的前提。图 1－15 所示设有专用混合散热器 10 代替发动机散热器，由能维持一定水压的散热器 1 向混合散热器 10 供应适当数量的冷水，来保持发动机冷却水温。供水量由阀门控制，现在一般由连接混合散热器上的水温传感器和供水管上的电磁阀按设定温度实现自动控制。

燃料供应由专用的燃油箱 5 通过量油装置 4 供至发动机供油系统。量油装置 4 的测量值用于确定发动机的单位时间油耗量和油耗率。

另外，按照试验的内容和要求，还需有进气温度、冷却水进水温度、排气温度、燃油温度、机油温度、相对湿度、废气分析仪和声级计等测量仪器。

目前，台架试验越来越多地采用微机控制的自动化数据采集、动作控制、结果处理和显示系统，这样可减少控制难度，使测量的准确度和速度提高。

二、试验条件的控制

由于发动机性能试验的目的不同，对发动机的技术状况也有不同的要求。新生产或刚维修好的发动机，都要按一定规范磨合后才能进行试验。除特殊要求外，一般性能试验按下列条件进行：

（1）燃料及机油　按制造厂规定的牌号选用。

（2）温度控制　冷却水出口温度 80℃ ±5℃；机油温度 85℃ ±5℃；柴油温度 40℃ ±5℃。

（3）排气背压　按制造厂规定或低于 3. 3kPa。

（4）发动机吹拂　若发动机不带风扇，所有试验均可设置外加风扇或相应的配置向发动机吹拂。

（5）数据测量　所有数据要在工况稳定后测量。通常待发动机转速、转矩及排气温度变动量不大于 ±1% 后，再稳定 1min，方可进行各种数据的测量。每次测量的油耗时间应大于 20s，且转速、转矩及燃油消耗量三者应同时测量。

三、主要性能试验方法

按照《汽车发动机性能试验方法》（GB/T 18297—2001）、《汽车用发动机净功率测试方法》（GB/T 17692—1999）和《内燃机台架试验方法》（GB 1105—1987），发动机性能试验的项目主要包括一般性起动试验、发动机怠速试验、功率试验、负荷特性试验、万有特性试验、柴油机调速特性试验、机械损失功率试验、各缸工作均匀性试验、机油消耗量试验和活塞漏气量试验等。在此主要介绍发动机功率试验和负荷特性试验的方法。

（一）发动机功率试验

发动机功率试验的目的是评定发动机在全负荷下的动力性和经济性。

试验时节气门全开，在发动机工作转速范围内，顺序地调节负荷、改变转速，适当地分布8个以上测量点，并测得相应的进气状态、转速、转矩、燃料消耗量、功率、耗油率、空气消耗量、排气烟度、噪声、排气温度、点火或喷油提前角和进气管真空度等。

按需要将测量结果绘出特性曲线。

（二）负荷特性试验

负荷特性试验的目的是评定发动机在规定转速下不同负荷的经济性。

试验时发动机在额定转速50% ~80%的某一转速下运转，从小负荷开始逐渐增大负荷，并相应增大节气门开度，直至节气门全开。适当分布8个以上的测量点，并测得相应的进气状态、转速、转矩、燃料消耗量、汽油和进气管真空度等。

绘出负荷特性曲线。

四、数据校正

由于发动机运转所在地的大气压力、大气温度和相对湿度等进气状态的不同，会直接影响发动机的充气量，从而影响发动机的性能指标。当大气压力降低、大气温度升高和相对湿度增大时，吸入气缸的干空气量都要降低，所以功率会减小。因此，同一台发动机，在不同的进气状态下使用时，其性能差别很大。而汽车不可能局限于某一小区域内运行，所以在不同环境就不能单凭某一数据说明有关性能。为了使发动机功率标定不致混乱，产品质量有统一的检验和比较标准，就需要规定一种标准的进气状态，并把在不同状态下的试验结果换算成标准进气状态下的数值。发动机运转性能参数及后述汽车运行性能参数的校正皆可参阅有关标准，以后不再提及。

习　题

A 概念类

1. 什么是工质、工质的热力状态、状态参数？常用的气体状态参数有哪些？
2. 什么是理想气体、理想气体的状态方程？
3. 什么是热力过程、$P-V$图、热力过程方程式？
4. 什么是定容过程、定压过程、绝热过程？
5. 什么是发动机的理想循环？汽油机和柴油机的理想循环各由哪几个过程组成？
6. 由循环平均压力和热效率的表达式分析，影响发动机动力性和经济性的因素有哪些？
7. 发动机的实际循环由哪几个过程组成？
8. 什么是发动机的指示性能指标和有效性能指标？各包括哪些？
9. 什么是发动机的机械损失功率和机械效率？受哪些主要因素的影响？
10. 什么是发动机的换气过程？分为哪几个阶段，各阶段的气流有什么特点？
11. 配气相位对发动机换气有什么影响？
12. 什么是充气系数？对发动机性能有何影响？
13. 汽油机的正常燃烧过程包括哪几个阶段？各阶段的燃烧有何特点？
14. 什么是不正常燃烧？汽油机都有哪些不正常燃烧？
15. 什么是爆燃和表面点火？对正常燃烧各有什么危害？避免爆燃和表面点火的主要措施有哪些？
16. 柴油机的正常燃烧过程包括哪几个阶段？各阶段的燃烧有何特点？
17. 柴油机燃烧存在的主要问题是什么？柴油机排气冒烟是在什么情况下产生的？如何避免柴油机的

工作粗暴？

18. 什么是发动机特性、性能特性、调整特性、特性曲线？
19. 什么是发动机的转速特性、外特性、部分特性？
20. 发动机外特性转矩曲线、功率曲线和油耗率曲线的变化趋势如何？
21. 什么是发动机的标定功率和标定转速？车用发动机的标定功率如何确定？
22. 什么是发动机的负荷特性？负荷都可用什么表示？汽油机与柴油机的负荷调节有什么区别？
23. 如何绘制发动机的万有特性图？万有特性图的作用是什么？
24. 发动机类型、压缩比、燃烧室结构、气缸盖和活塞材料、气缸直径尺寸、汽油机混合气形成、汽油机点火能量、柴油机喷油规律、进气系统阻力、配气定时、进气温度和压力、废气涡轮增压、风扇离合器等如何影响发动机运转性能？
25. 气缸压缩压力，供油系技术状况、点火系技术状况，润滑系技术状况，冷却系技术状况对发动机的运转性能有何影响？
26. 燃油性质、润滑油性质、冷却液性质、发动机起动、发动机转速、发动机负荷对发动机的运转性能有何影响？
27. 发动机试验台的基本组成有哪些？其作用各是什么？
28. 发动机试验条件控制的目的是什么？
29. 如何进行发动机的转速特性试验和负荷特性试验？
30. 为什么要进行试验数据校正？

B 综合类

31. 为什么汽油机在低速、重载爬坡时易发生爆燃？
32. 为提高发动机的运转性能，应如何选择压缩比？
33. 发动机转速特性和负荷特性有何意义？
34. 分析说明如何由转速特性求出某一转速的负荷特性，或由各种转速的负荷特性求外特性？
35. 什么情况下需对实验数据进行校正？
36. 由式（1－4）和式（1－6）分析比较柴油机和汽油机，哪个热效率高？

第二章　汽车的动力性

汽车的动力性是指汽车通行于良好路面所能达到的平均速度的高低，是汽车最基本的、也是运行性能中很重要的一个性能。作为一种运输工具，汽车的运输效率在很大程度上取决于其动力性。

汽车的动力性主要由三方面的指标来评定，即最高车速、加速能力和爬坡能力。

最高车速是指汽车在水平良好的路面上所能达到的最高行驶速度。此时发动机的节气门全开，变速器处于最高挡。

加速能力是指汽车在水平良好的路面上所能达到的最大加速程度。由于加速过程的加速度是不断变化的而且不易表述，所以加速能力常用加速时间（有时用加速行程）表示，分为超车加速时间和原地起步加速时间。超车加速时间系指用最高挡或次高挡由某一较低车速全力加速至某一高速所用的时间，汽车超车时与被超车辆并行容易发生安全事故，所以超车时间越短，行车就越安全，汽车超车行驶能力越强。原地起步加速时间指汽车由头挡起步以最大加速度（包括选择恰当的换挡时机）逐步换至高挡并达到某一高速（或通过某一段行程）所用的时间。

爬坡能力是指汽车在良好的坡道路面上等速行驶所能克服的最大坡度或坡度角，针对汽车变速器的不同挡位，都有相应的爬坡能力，但通常注重考查的是汽车头挡的最大爬坡能力和最高挡的最大爬坡能力。

上述汽车动力性的三个指标，对汽车平均行驶速度都有着直接的影响。通常对这三个指标的研究分析，都是针对汽车满载情况而言的，而且不同形式的汽车由于运行环境不同，往往对其动力性指标有所侧重，如轿车经常行驶于较好的路面，所以一般不强调它的爬坡能力，更注重其最高车速；而越野车要在坏路或无路的条件下行驶，故对其爬坡能力有较高的要求；城市公交车在城市道路条件下需要频繁停车、起步、加速，所以其加速能力最为重要。

分析汽车的动力性，就是要通过分析明确汽车沿行驶方向的运动状况，为此需要先确定沿汽车行驶方向作用于汽车的各种外力。

第一节　汽车行驶的驱动力

汽车要由静止状态起动并保持运行，必须有外界力的作用，这个力就是汽车的驱动力。

一、驱动力的产生

汽车行驶要靠发动机运转并产生相应的转矩，该转矩经传动系传至驱动车轮并使之对地面产生一个圆周力 F，此时路面对驱动轮产生一个反作用力 F_t，如图 2－1 所示。F_t 的作用使汽车前进，所以被称为汽车的驱动力。

由作用与反作用定理，得

$$F_t = F = \frac{T_t}{r} \quad (2-1)$$

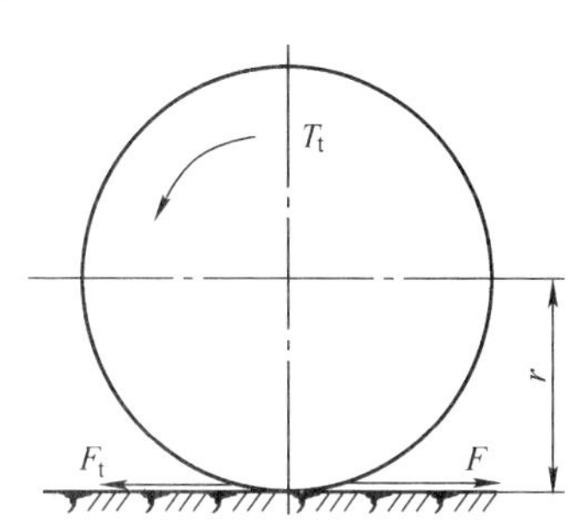

图 2-1 汽车的驱动力

式中，T_t 是发动机传至驱动轮上的转矩（N·m）；r 是车轮半径（m）。

对于传统的传动系，发动机转矩经过变速器和主减速器等传动装置传至驱动轮后的转矩 T_t（N·m）为

$$T_t = T_e i_g i_0 \eta_T \quad (2-2)$$

式中，T_e 是使用状态的发动机转矩（N·m）；i_g 是变速器所处挡位的传动比；i_0 是主减速器的传动比；η_T 是传动系的机械效率。

将式（2-2）代入式（2-1），得驱动力计算式

$$F_t = \frac{T_e i_g i_0 \eta_T}{r} \quad (2-3)$$

而

$$T_e = \frac{9549 P_e}{n} \quad (2-4)$$

式中，P_e 是使用状态的发动机功率（kW）；n 是使用状态的发动机转速（r/min）。

将式（2-4）代入式（2-3），得驱动力又一计算式

$$F_t = \frac{9549 P_e i_g i_0 \eta_T}{nr} \quad (2-5)$$

下面对驱动力计算式中的发动机功率与转矩、传动效率以及车轮半径等作一些讨论。

（一）发动机的功率和转矩

由发动机特性已明确发动机相应工况下转速与功率、转矩之间的关系，以及发动机的工作范围。而在汽车动力性分析中还应注意，发动机制造厂提供的发动机特性曲线通常是在试验台上未带空气滤清器、水泵、风扇、消声器、废气净化器和发动机空气压缩机等附件的情况下测得的所谓台架外特性；而发动机在汽车上使用时要带上全部的附件设备，此时的发动机特性叫做外使用特性。使用外特性功率与台架外特性比较，通常在最高转速 n_{emax} 时小 10%～15%，$0.5n_{emax}$ 时小 2%～6%，转速再低时相差更小。

另外还应明确，台架试验是在发动机工况相对稳定，即水温、机油温度在规定范围内，发动机转速稳定的情况下进行测量的。而车用发动机的工况通常是不稳定的，驾驶者为适应行驶情况的需要需不断改变节气门开度。如汽车加速行驶时，发动机的节气门开度迅速加大，曲轴转速由低到高，此过程中某瞬时转速下的功率和转矩要比外特性相应转速下的数值小 5%～8%。这是由于加速时，气流的惯性使充气效率上升滞后，燃油的惯性和粘度比空气大而使混合气变稀，以及雾化不良、燃烧缓慢等综合影响的结果。但由于对变工况下发动机特性研究不够，而且目前越来越多的电喷发动机的这个数值变化不大，所以在汽车动力性分析时仍沿用发动机稳态使用外特性的数据。如果不做特殊说明，后述内容所涉及的外特性皆指使用外特性。

为了便于计算，常采用拟合多项式来描述由台架试验测得的接近于抛物线的发动机转矩曲线可用如下五次多项式来表示

$$T_e = a_0 + a_1 n + a_2 n^2 + \cdots + a_k n^k \tag{2-6}$$

式中，a_0，a_1，$a_2 \cdots a_k$ 是系数，由最小二乘法确定；k 是拟合阶数，随特性曲线而异，一般在 2 ~5 中选取。

例如，某 492Q 发动机试验测得的转矩特性数据如下

$n/(\mathrm{r \cdot min^{-1}})$	1000	1500	2000	2500	3000	3500	3800	4000
$T_e/(\mathrm{N \cdot m})$	135.33	147.10	152.98	156.91	147.10	138.27	133.57	125.53

可用如下五次多项式来表示

$$\begin{aligned} T_e = & 106.39 - 0.110913n + 1.36485 \times 10^{-4} n^2 - 6.191286 \times 10^{-8} n^3 \\ & + 1.20898 \times 10^{-11} n^4 - 8.85607 \times 10^{-16} n^5 \end{aligned} \tag{2-7}$$

式中，T_e 是发动机转矩（N · m）；n 是发动机转速（r/min）。

（二）传动效率

发动机发出的功率 P_e 在传动系传递过程中损耗功率 P_T（称为传动系的功率损失），则传动系的机械效率（简称传动效率）为

$$\eta_T = \frac{P_e - P_T}{P_e} = 1 - \frac{P_T}{P_e} \tag{2-8}$$

传动系的功率损失可分为机械损失和液力损失两大类。其中机械损失是因传动系各部齿轮传动副、轴承和油封等处的摩擦导致的功率损失，与啮合齿轮的对数、传递转矩的大小等因素有关；液力损失是因润滑油的搅动、润滑油与旋转零件之间的表面摩擦等引起的功率损失，与润滑油的品质、温度以及旋转件的转速、箱体内的液面高度等有关。另外，传动系的功率损失还与变速器所处挡位、齿轮面啮合情况、驱动轴轴承和油封松紧及制动蹄与制动鼓的分离情况等因素有关。

对于变速器的所有挡位来说，挡位越高，传动效率也越高，一般直接挡的传动效率最高。而就汽车的使用过程来说，新车走合期结束后的传动效率最高，此后随着行驶里程的增加而缓慢下降；当各部磨损至配合间隙超过允许值后，机械效率急剧下降，经大修后又可得到提高。但因汽车修理后的技术状况不及出厂新车，故其传动效率也不及新车。

在此应指出，尽管传动效率在汽车使用中受各种因素的影响而不断变化，但对汽车进行一般的动力性分析时通常将其视为常数。可按传动系的结构组合由变速器、主减速器等各部件的传动效率数值相乘估算；也可参照同类型车的传动效率取值。单级主减速器的货车取 0.9，双级主减速器的货车取 0.85，有级机械变速传动的轿车取 0.9 ~0.92，4 ×4 货车取 0.85，6 ×6 货车取 0.8。

（三）车轮半径

由于汽车的车轮装用充气轮胎，在径向、切向和横向都有弹性，故车轮半径会因所处的状态不同而异。

车轮按规定气压充好气，在无载情况下的半径，称为自由半径；在只受车重作用产生径向变形时，车轮中心至车轮支承面之间的距离称为静力半径；当汽车行驶时，车轮除承受法向载荷外还受转矩作用，轮胎既有径向变形也有切向变形，此时轮心到支承面的距离称为动

力半径。但由于轮胎的切向刚度比径向刚度要大得多，轮胎的切向变形很小，所以硬路面上行驶时的动力半径略小于静力半径。

滚动半径是以车轮转动圈数与相应的实际滚动距离（即轴心的位移）之间的关系计算出来的

$$r = \frac{s}{2\pi n_{\omega}} \tag{2-9}$$

式中，n_{ω} 是车轮滚动的圈数；s 是车轮滚动 n_{ω} 圈时驶过的距离（m）。

常见几种国产轮胎的半径数据如表 2－1 所示，各种车轮半径都可由试验测得。为应用方便，在汽车运行性能分析中，均采用车轮的滚动半径为车轮半径。

表 2－1　几种国产车轮胎的半径数据

车　型	装用轮胎规格	轮胎充气压力/kPa	自由半径	车轮滚动半径
北京 BJ130	6.50—16	4.2×98	375±2.5	365
上海 SH130	7.50—16	5.0×98	410±2.5	395
跃进 NJ130	7.50—20	4.0×98	470±2.5	440
解放 CA10B	9.00—20	4.5×98	513±2.5	480
黄河 JN150	11.00—20	7.0×98	549±4.0	505

二、汽车的驱动力图

由于发动机的转矩（或功率）外特性数据是随着发动机的转速而变化，所以在某一挡位时，汽车的驱动力将随着其行驶车速而变化。将各个挡位上汽车在不同速度下可能产生的驱动力所连成的曲线，称为汽车的驱动力图。

在已知发动机外特性、传动系机械效率 η_T、变速器各挡传动比 i_g、主减速器传动比 i_0 和车轮半径 r 的条件下，可按下列步骤作出汽车的驱动力图。在此应该注意，此时的发动机外特性应该是使用外特性，通常情况下取值与台架外特性比较，汽油机可减小 8%～12%，柴油机可减小 5% 左右。

汽车驱动力图的作法如下：

1）在发动机的使用外特性曲线上取 8 个以上状态点（这些点应包括最低稳定转速点和最高转速点），便得到相应各状态点的 T_e（或 P_e）$-n$ 数组。

2）对于每个挡位，确定相应发动机状态下的汽车驱动力和车速。用式（2－3）或式（2－5）计算驱动力 F_t 值；再按下式由发动机转速确定相应的车速

$$v = 0.377\frac{nr}{i_g i_0} \tag{2-10}$$

式中，n 是发动机转速（r/min）；r 是车轮半径（m）；i_g 是变速器传动比；i_0 是主减速比。

3）绘出汽车的驱动力图。显而易见，驱动力图的纵坐标为汽车的驱动力 F_t，横坐标为车速，故驱动力图也被称为 F_t-v 曲线。对于每个挡位，将确定的相应的 F_t-v 数组描在坐标内，并将各点连接成圆滑的曲线，就得到汽车在该挡位的驱动力曲线。对应每个挡位，都有一条驱动力曲线。

如果已知由式（2－7）所描述发动机特性曲线的拟合多项式，可直接计算出汽车的 F_t-v 曲线拟合多项式，进而绘出汽车的驱动力曲线。图 2－2 所示为某四挡汽车的驱动力图。

由图可见，挡位低，因变速器的传动比大，相应的车速低而驱动力大。图上的驱动力曲线表示在相应挡位上，以不同车速等速行驶时，汽车能产生的最大驱动力；当节气门部分开度时，驱动力有所减小，所以，驱动力曲线之下的广泛范围内，都可以是汽车运行的实际状态点。

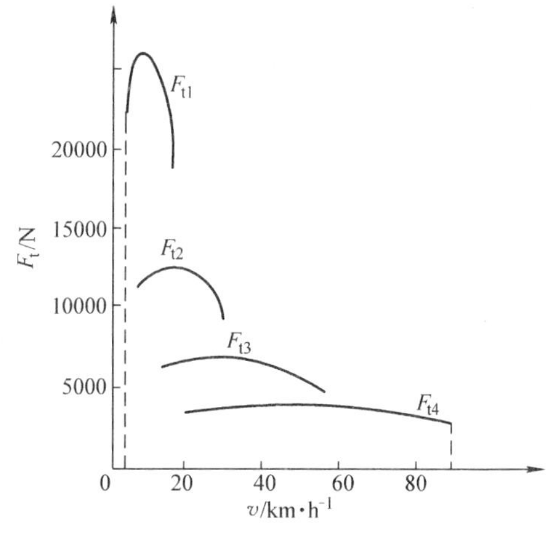

图 2－2 汽车的驱动力图

第二节 汽车的行驶阻力

汽车行驶过程中会受到滚动阻力、坡度阻力、空气阻力和加速阻力等四种阻力的作用。其中滚动阻力和空气阻力是在任何运行状态下均存在的；而坡度阻力只在坡道路面上行驶时存在，加速阻力只在汽车变速运行时存在，汽车在水平路面上等速行驶时没有坡度阻力和加速阻力。

一、滚动阻力

汽车行驶时，车轮在地面上滚动会因轮胎与地面在接触区域存在法向、切向的相互作用而使轮胎相对地面产生变形，车轮与地面的相对刚度决定了变形的特点。当车轮在硬路面上（混凝土、沥青）滚动时，轮胎的弹性变形是主要的；而当车轮在松软地面上滚动时，路面的塑性变形是主要的。这些变形都会导致能量损失，是产生滚动阻力的主要原因。此外，胎面与路面接触部位的相对滑移、悬架的弹性变形与各构件之间的摩擦以及从动轮轴承和油封处的摩擦等都会因能量损失而表现为滚动阻力。

（一）轮胎的迟滞损失和土壤的塑性变形损失

按固体的受力与变形特点可将其分为刚性体、弹性体和塑性体三类。绝对刚性体受外力作用不会发生变形，故外界与其也不会发生能量交换；绝对塑性体受外力时产生变形，而外力消除后变形仍维持不变，故外界对其所做的功全部损失而不能回收；绝对弹性体受外力时产生变形，但外力消除后变形不复存在，加载过程中外界对物体所做的功会在卸载过程中全部放出。实际上，这三类物体在自然界是不存在的。轮胎接近于绝对弹性体，松软的土壤接近于绝对塑性体。

图 2－3 和图 2－4 所示分别表示轮胎在硬支承面上受径向载荷时的变形曲线和松软土壤受到压力后的变形曲线。图 2－3 中的 *OCA* 为加载变形曲线，面积 *OCABO* 为加载过程中对轮胎做的功；*ADE* 为卸载变形曲线；面积 *ADEBA* 为卸载过程中轮胎恢复变形时放出的功。加载与卸载的变形曲线并不重合，两面积之差 *OCADEO* 即为加载与卸载过程的能量损失。此能量消耗在轮胎各组成部分相互间的摩擦以及橡胶、帘线等物质的分子间的摩擦，最后转

化为热能而消失在大气中，这种损失即为弹性轮胎的迟滞损失。至于土壤的变形过程，大部分能量消耗在土壤变形时微粒之间的机械摩擦上，只有很少一部分能够回收（即图 2－4 中的 *ABE*）。

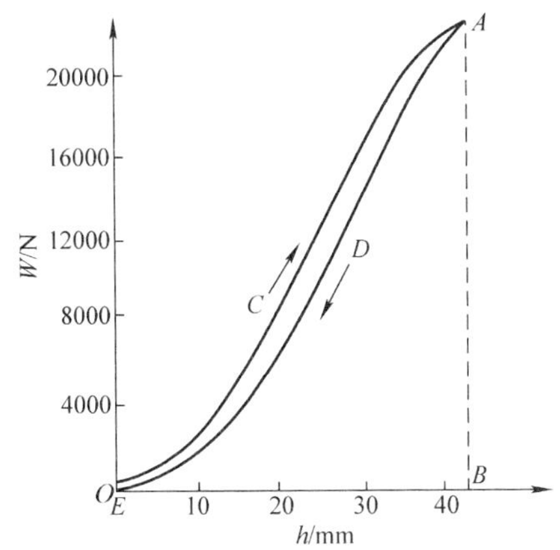

图 2－3　9.00－20 轮胎的径向变形曲线

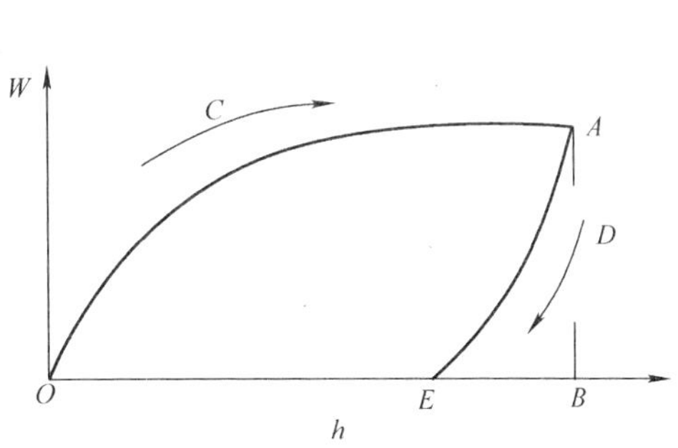

图 2－4　土壤的压挤变形曲线

（二）迟滞损失所导致的滚动阻力

硬路面（混凝土、沥青等人工路面）在承受载荷时几乎没有变形，可近似地视为刚性，车轮的滚动阻力主要来自轮胎的弹性迟滞损失；软路面（土路、砂地和积雪等）在车轮滚动过程中形成的车辙发生永久性的塑性变形，同时轮胎本身也发生一定的弹性变形，车轮滚动阻力来自松软路面的变形和轮胎的弹性迟滞损失。但考虑汽车通常运行情况下的路面条件，在此仅从轮胎的径向变形过程出发，分析弹性轮胎在硬路面上滚动时滚动阻力的形成。

弹性轮胎在硬路面上滚动时，轮胎任一截面上的微小单元都可看成是一个微小的弹性体。随车轮的滚动，每一个微小弹性体与地面接触的整个过程可分为被压缩和恢复松弛两个阶段，即是依次地进行径向加载和卸载的过程。图 2－5a 所示为一处于滚动状态且受径向载荷 *W* 作用的弹性轮胎。在轮胎上任取一截面，当它滚至图示 1－1′位置与地面接触以后，逐渐被加载压缩，在 2－2′位置时变形最大，也是加载与卸载的分界面，此后截面逐渐卸载松弛；到图示 3－3′位置离开地面。截面变形的过程曲线如图 2－5b 所示，*OCA* 为加载压缩变形曲线，*ADE* 为卸载恢复变形曲线。整个轮胎可视为无数截面连续不断的加载、卸载过程。轮胎在路面上滚动时的能量损失就是这一过程中的弹性迟滞损失。

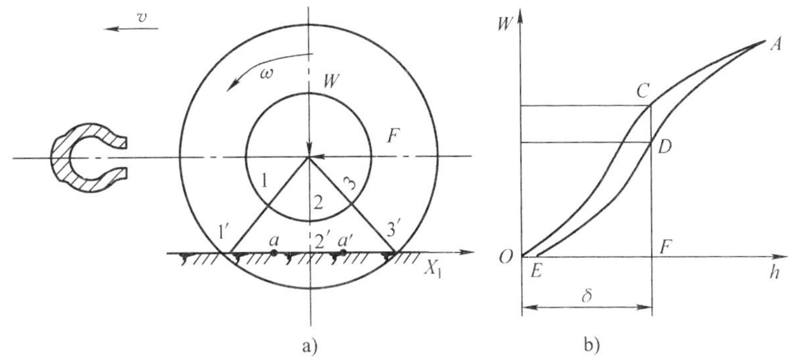

图 2－5　弹性车轮在硬路面上的滚动

由于弹性迟滞损失的存在。图 2－5a 上的点 a 和点 a' 尽管对称且变形相同，但 a 点的地面法向反作用力大于 a' 点的地面法向反作用力。这可从图 2－5b 中看出，对应同一变形量 δ，压缩时的受力为 CF，恢复时的受力为 DF，而 CF 大于 DF。这就使地面法向反力的分布前后不对称，而其合力在变形对称线 2－2′之前。法向反力合力前移的距离 a 随迟滞损失的增大而变大。

从动轮在硬路面上滚动时的受力情况如图 2－6 所示。若将图 2－6a 中与径向载荷 W_1 大小相等的法向合力 Z_1 平移至通过车轮中心的垂线位置，车轮的受力情况便可画成图 2－6b。即车轮滚动时受有滚动阻力偶矩 $T_{f1}=Z_1a_1$ 的阻碍作用，欲使车轮在硬路面上作等速滚动，必须在车轮中心加一推力 F_1，它与地面切向反作用力 T_{f1} 构成一个力偶矩来克服上述滚动阻力偶矩。

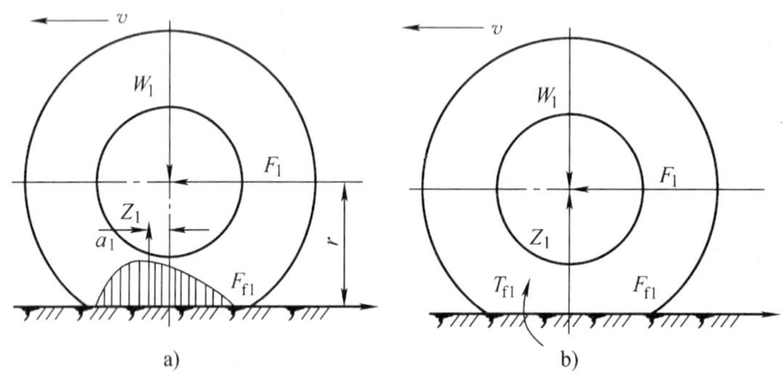

图 2－6 从动轮在硬路面上滚动时的受力情况

由从动轮的力矩平衡，得

$$F_1=\frac{T_{f1}}{r} \tag{2-11}$$

式中，r 是车轮半径（m）。

而 $T_{f1}=Z_1a_1$，则

$$F_1=Z_1\frac{a_1}{r}=W_1\frac{a_1}{r} \tag{2-12}$$

若令 $f=a_1/r$，则 $F_1=W_1f_0$ f 称为滚动阻力系数，试验表明，它不随车轮所受径向载荷 W_1 的增减而变化，表示单位载荷下所需的推力。

因 $F_{f1}=F_1$，则得从动轮的滚动阻力为

$$F_{f1}=W_1f \tag{2-13}$$

驱动轮在硬路面上等速滚动时的受力情况如图 2－7 所示。其中的 X 是由驱动转矩 T_t 的作用产生的，推动汽车保持前行，同时驱动轴对车轮产生反作用力 F_2。法向反作用力 Z_2 因轮胎的迟滞损失而使其作用点相对 W_2 的作用线前移了一个距离 a_2 由驱动轮的力矩平衡，得

$$Xr=T_t-Z_2a_2 \tag{2-14}$$

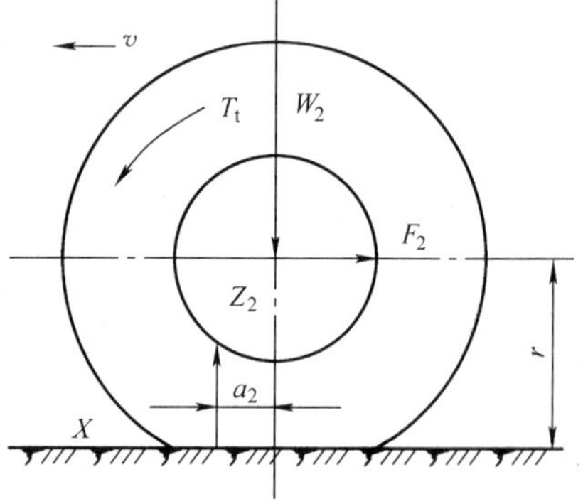

图 2－7 驱动轮在硬路面上的受力图

整理得

$$X = \frac{T_t}{r} - Z_2 \frac{a_2}{r} = F_t - F_{f2} \qquad (2-15)$$

由此可见，真正作用在驱动轮上使汽车行驶的地面切向反作用力是 X，即驱动力与滚动阻力之差，通常在受力分析时也表示成驱动力 F_t 和滚动阻力 F_f 的形式。

（三）汽车的滚动阻力

在硬路面上行驶的整车的滚动阻力，可引用上面推导出的关系式，得

$$F_f = Gf \qquad (2-16)$$

式中，G 是汽车总重力（N）；f 是滚动阻力系数。

滚动阻力系数值可由试验确定，它受很多因素的影响。

路面的种类和状况对滚动阻力系数有着较大的影响。硬实、平整、干燥的路面，滚动阻力系数较小；软路面的塑性变形和硬路面的高低不平所导致的轮胎与悬架的反复变形而产生的迟滞损失，都会导致滚动阻力系数增大。表 2－2 列出了在车速低于 50km/h 的不同路面上滚动阻力系数值的大致范围，从表中可以看出，滚动阻力系数的大致范围为 0.01～0.03。

表 2－2　滚动阻力系数 f 的数值

路面类型	滚动阻力系数
良好的沥青或混凝土路面	0.010～0.018
一般的沥青或混凝土路面	0.018～0.020
碎石路面	0.020～0.025
良好的卵石路面	0.025～0.030
坑洼的卵石路面	0.035～0.050
压紧土路：干燥的	0.025～0.035
雨后的	0.050～0.150
泥泞土路（雨季或解冻期）	0.100～0.250
干　砂	0.100～0.300
湿　砂	0.060～0.150
结冰路面	0.015～0.030
压紧的雪道	0.030～0.050

滚动阻力系数还随着车速的升高而增大。在车速低于 50km/h 时，滚动阻力系数变化不大；而车速高于 100km/h 时，随车速提高滚动阻力系数增长较快。特别是当车速升高到一定值时，轮胎会发生驻波现象，此时轮胎周缘不再是圆形而呈明显的波浪状。出现驻波后不但滚动阻力系数显著增大，轮胎的温度也会很快升高，致使帘布层与胎面脱落，出现爆胎现象。轮胎的结构和使用状况也会影响滚动阻力。子午线轮胎较斜交式轮胎的滚动阻力系数小，且随速度变化小；相同尺寸和强度的轮胎，帘布层数越少，胎体越薄，滚动阻力系数就越小；轮胎气压降低时，在硬路面上轮胎变形就大，滚动阻力也相应增大。轮胎的正常气压是由载荷、平顺性和操纵稳定性等多方面因素确定的，一般为 180～800kPa。对于轿车，轮胎气压较低且变形较大，滚动阻力系数应偏向表 2－2 中的上限取值；对于载重汽车，胎压较高，可偏向下限取值。

另外，汽车在使用过程中，轮胎磨损和气压的变化、前后轴的平行度、车轮定位、从动轴轴承和油封的松紧程度以及制动蹄与鼓之间的间隙变化等，还有汽车的运行状态（转弯等）都会影响滚动阻力系数。

在汽车动力性分析中，一般取良好硬路面的滚动阻力系数值。轿车取 $f=0.0165$，而当

车速较高（50km/h 以上）时，f 值可按下式计算

$$f = 0.0165[1 + 0.01(v - 50)] \tag{2-17}$$

货车胎压较高且变形较小，可取 $f=0.01$，较高车速时可按下式取值

$$f = 0.0076 + 0.000056v \tag{2-18}$$

二、空气阻力

处于空气介质中的汽车，行驶时必将受到空气的作用，这种空气作用力在汽车行驶方向的分力称为空气阻力。通常按空气阻力的产生，又可将其分为以下几部分。

（一）压力阻力

压力阻力又称为形状阻力，是作用于汽车外表面上的法向力的合力在行驶方向的分力，约占空气阻力的55%～65%。汽车向前行驶穿过空气介质时，汽车前部的空气被压缩，使作用于汽车前部的压力升高；而汽车后部形成涡流区产生负压，使作用于汽车后部的压力降低。这种前后压力差便形成了压力阻力，它与车身形状有很大的关系，如车头和车尾的形状，风挡玻璃的倾角等对其都有影响。

（二）诱导阻力

汽车上部和下部的空气压力不同，其差值在水平方向上的分力即诱导阻力，约占空气阻力的6%～8%。

（三）干扰阻力

干扰阻力是车辆行驶时车表面突起物，如门把手、后视镜、悬架导向杆和车轴等引起的空气阻力，约占整车空气阻力的12%～18%。

（四）内循环阻力

内循环阻力也称内部阻力，是冷却发动机、车内通风等所需空气流经车体内部时形成的阻力，约占空气阻力的5%～12%。

（五）摩擦阻力

由于空气的粘滞性在车身表面产生的切向力，其合力在汽车行驶方向的分力，称为摩擦阻力，又称表面阻力，约占空气阻力的5%～10%。

以上各部分阻力的比例是就一般轿车而言。不同车型在不同行驶状态时各种阻力的比例是变化的，而且也不易明显区分。

在汽车行驶速度范围内，按空气动力学原理，空气阻力可由下式确定

$$F_w = \frac{1}{2}C_D A\rho v_r^2 \tag{2-19}$$

式中，C_D 是空气阻力系数；A 是汽车的迎面面积（m^2）；ρ 是空气密度，一般 $\rho=1.2258kg/m^3$；v_r 是汽车与空气的相对速度（m/s）。

若车速 v 的单位为 km/h，并以其近似替代汽车与空气的相对速度 v_r，则上式为

$$F_w = \frac{C_D A v^2}{21.15} \tag{2-20}$$

由此可见，空气阻力与空气阻力系数 C_D 和迎面面积 A 及车速的平方成正比。车速越高，空气阻力越大，相对空气阻力越显著。而现代汽车的行驶速度愈来愈高，故要降低空气阻力所造成的功率损失，在汽车结构设计和使用中，应力争降低空气阻力系数 C_D 和迎面面

积 A。

通过风洞试验和空气动力学分析得知，要使汽车的空气阻力系数 C_D 达到较低值，应使汽车的外形接近垂直光洁表面上向下流淌的水滴或海豚的形状。但这在实际结构上是难以实现的，因为受车身造型和交通面积利用的限制。为了使汽车外形的流线型好，现代汽车在外形结构上考虑了如下方面：

较陡的风窗玻璃会使 C_D 值显著增加，若使风窗玻璃的倾角小于 45°，发动机盖向前下倾，可有效地降低 C_D 值；采用 K 形车身（卡姆（Kamm）建议的在适当长处把流线体截断的车身）可较好地减小 C_D 值；整车的俯视透影应为腰鼓形，前端呈半圆形；平滑的车身底部可减小在车尾形成的涡流而使 C_D 值下降；车身表面应圆滑，窗框凸出玻璃和车身表面的量应小，减少棱角，并尽量减少车灯、后视镜等凸出物的尺寸，使其形状接近流线型，使雨刮、门把手等与车身组成圆滑的整体或收入车体内；车内换气、发动机冷却的进出风口位置和风道应保证较高的通风效率等。

随着高速公路的发展、各种车型行驶速度的提高，货车的外形结构也日益受到重视，除其本身外形外，导流板（罩）、侧裙、扰流器和连接软膜等附加装置也可使空气阻力系数 C_D 值大幅减小。

在此需要说明，汽车的 C_D 值是随着车身的离地距离、车身的俯仰角及侧向风的大小而变化的。一般给出值是指在标定载荷下、无侧向风时的空气阻力系数。随着汽车设计技术和制造工艺水平的提高，汽车的空气阻力系数值在不断降低，轿车的 C_D 值已由 20 世纪的 0.9～1.0，降低到目前的 0.3～0.5，有的已达 0.19；大客车的 C_D 值为 0.5～0.9；货车的 C_D 值为 0.6～0.85。

迎面面积是汽车行驶时迎面空气流直接冲击的面积，即汽车行驶方向的投影面积。一般情况下，迎面面积可以用以下近似公式估算

$$\text{货车}\quad A = BH \tag{2-21}$$

$$\text{轿车}\quad A = 0.78B'H \tag{2-22}$$

式中，B 是货车轮距（m）；B' 是轿车车宽（m）；H 是汽车高度（m）。

在保证汽车乘用空间或装载量的情况下，应尽量减小汽车的外廓尺寸，这不仅有利于降低汽车行驶的空气阻力，也有利于汽车行驶的机动性和安全性。为了跟道路、涵洞和桥梁相匹配，国标明确规定了车辆外廓尺寸限值如表 2-3 所示。

表 2-3　车辆外廓尺寸限值

车辆类型	长/m	宽/m	高/m
载货汽车（包括载货越野汽车）	≤12	≤2.5	≤4
整体式客车、整体式无轨电车	≤12	≤2.5	≤4[①]
单铰接式客车、单铰接式无轨电车	≤18	≤2.5	≤4
半挂汽车列车	≤16.5	≤2.5	≤4
全挂汽车列车	≤20	≤2.5	≤4
四轮农用运输车	≤5.5	≤2	≤2.5
三轮农用运输车	≤4	≤1.5	≤2

（续）

车辆类型	长/m	宽/m	高/m
两轮摩托车	≤2.5	≤1.0	≤1.4
边三轮摩托车	≤2.7	≤1.75	≤1.4
正三轮摩托车	≤3.5	≤1.5	≤2.0
轻便两轮摩托车	≤1.8	≤0.8	≤1.1
轻便三轮摩托车	≤2.0	≤1.0	≤1.1
轮式拖拉机车组	≤10②	≤2.5	≤3①
手扶拖拉机车组、手扶变型运输机	≤5	≤1.7	≤2.2

① 定线行驶的双层客车高度限值为4.2m。

② 对标定功率大于58kW的车组长度限值为12m，高度限值为3.5m。

就一般车型而言，目前轿车的迎面面积为1.4～2.6m^2；大客车的迎面面积为4～7m^2；货车的迎面面积为3～7m^2。表2-4列出了几种车型的空气阻力系数C_D、迎面面积A和C_DA值。

表2-4 汽车的空气阻力系数与迎面面积

车型	迎面面积 A/m^2	空气阻力系数 C_D	C_DA/m^2	备注
典型轿车	1.7～2.1	0.30～0.41		
货车	3～7	0.6～1.0		
客车	4～7	0.5～0.8		
Fiat Uno 70i. c.	1.81	0.30	0.546	
BMW 753 i	2.11	0.33	0.696	
Audi 100	2.05	0.30	0.615	“MotorFan”滑行试验，设f为常数求得
HondaAccordEx2.0i—1	1.70	0.33	0.561	
6Lexus LS400	2.06	0.32	0.659	
Mercedes300SE/500SE	2.10	0.34	0.714	
SantanaX15	1.89	0.425	0.803	

对于汽车列车的空气阻力，半挂列车可按单车的1.15倍计算；全挂列车可按每节挂车的空气阻力增加20%近似计算，即汽车列车的空气阻力为

$$F_w = \frac{C_D A v_n^2 (1 + 0.2n)}{21.15} \quad (2-23)$$

式中，n是挂车的节数；v_n是列车的速度（km/h）。

三、坡度阻力

汽车在坡道路面上行驶时，其重力沿道路方向的分力表现为汽车的坡度阻力，如图2-8所示。汽车在坡度角为α的道路上的坡度阻力为

$$F_i = G\sin\alpha \quad (2-24)$$

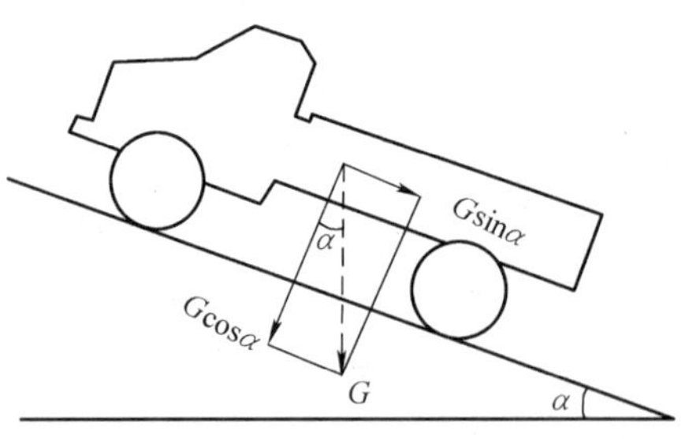

图2-8 坡度阻力的产生

由我国公路工程技术标准可知，即使山岭重丘区的四级公路，其最大纵坡也不过9%，约5.14°。

可见，一般道路的坡度较小。而当 $\alpha < 10° \sim 15°$时，可取

$$\sin\alpha \approx \tan\alpha = i$$

故坡道阻力可表示成汽车重力与坡度值的乘积，即

$$F_i \approx Gi \tag{2-25}$$

但还应注意，当坡度角较大时，按上式计算的坡度阻力 F_i 值的误差较大，故还是应按式（2-24）计算。

由于坡度阻力和滚动阻力均属于与道路有关的阻力，且均与车重成正比，故可将这两种阻力合在一起，并称之为道路阻力，即

$$F_\psi = F_f + f_i \tag{2-26}$$

因汽车在坡道上行驶时的滚动阻力为 $F_f = Gf\cos\alpha$，所以有

$$F_\psi = G(f\cos\alpha + \sin\alpha) \tag{2-27}$$

令 $\psi = f\cos\alpha + \sin\alpha$，并称之为道路阻力系数，它表示单位车重的道路阻力。

当 α 较小时，可取 $\cos\alpha \approx 1$，$\sin\alpha \approx i$，则有

$$F_\psi = G(f + i) \tag{2-28}$$

其相应的 $\varphi = f + i$。

四、加速阻力

汽车加速行驶时，按动静法有一惯性力存在，这个惯性力即为汽车的加速阻力。汽车的质量可按性质分为平移质量和旋转质量，它们分别产生惯性力 T_{j1} 和惯性力偶矩 T_{j2}。为便于计算，可将 T_j 换算为等效的惯性力 F_{j2}，则作用于汽车的加速阻力为

$$F_j = F_{j1} + F_{j2} \tag{2-29}$$

（一）平移质量的惯性力

汽车行驶的平移质量即汽车的总质量，加速时的惯性力为

$$F_{j1} = \frac{G}{g}j \tag{2-30}$$

式中，G 是汽车总重力（N）；g 是重力加速度，取 $g = 9.81\mathrm{m/s^2}$；j 是行驶的加速度（$\mathrm{m/s^2}$）。

（二）旋转质量的惯性力

汽车加速行驶时，汽车上的旋转部件（曲轴飞轮、离合器总成、变速器旋转件、传动轴装置、主减速器齿轮和半轴及车轮等）都要相应地加速旋转。但由于变速器旋转件、传动轴装置和主减速器齿轮等的转动惯量较小，其加速旋转的惯性力矩不大，故可将其忽略不计，只需考虑发动机曲轴飞轮和离合器总成以及车轮加速旋转的惯性力矩所换算成的惯性力即可。

1. 发动机飞轮带离合器旋转质量的惯性力

发动机飞轮带离合器旋转时的惯性力矩为

$$T_{je} = I_e\varepsilon_e \tag{2-31}$$

式中，I_e 是飞轮带离合器的转动惯量（$\mathrm{kg \cdot m^2}$）；ε_e 是飞轮的角加速度（$1/\mathrm{s^2}$）。

飞轮角加速度与相应的车轮角加速度的关系为

$$\varepsilon_e = i_g i_0 \varepsilon_w \tag{2-32}$$

式中，i_g 是变速器传动比；i_0 是主减速器传动比；ε_w 是车轮的角加速度（$1/\mathrm{s^2}$）。

而车轮角加速度与相应的汽车加速度的关系为

$$\varepsilon_w = \frac{j}{r} \tag{2-33}$$

式中，j 是汽车的加速度（m/s^2）；r 是车轮半径（m）。

T_{je}换算到车轮上的等效力矩为

$$T_{jw1} = T_{je} i_g i_0 \eta_T = I_e i_0^2 \eta_T \frac{j}{r} \tag{2-34}$$

换算成惯性力是

$$F_{jw1} = \frac{T_{jw1}}{r} = I_e i_g^2 i_0^2 \eta_T \frac{j}{r^2} \tag{2-35}$$

2. 车轮旋转质量的惯性力

车轮加速旋转时的惯性力矩为

$$T_{jw2} = \sum I_w \varepsilon_w = \sum I_w \frac{j}{r} \tag{2-36}$$

式中，$\sum I_w$ 是全部车轮的转动惯量（$kg \cdot m^2$）。

$$F_{jw2} = \sum I_w \frac{j}{r^2} \tag{2-37}$$

故，旋转质量的惯性力为

$$F_{j2} = F_{jw1} + F_{jw2} \tag{2-38}$$

即

$$F_{j2} = I_e i_g^2 i_0^2 \eta_T \frac{j}{r^2} + \sum I_w \frac{j}{r^2} \tag{2-39}$$

（三）加速阻力

加速阻力即平移质量惯性力和旋转质量惯性力之和，即

$$F_j = F_{j1} + F_{j2} \tag{2-40}$$

代入，得，

$$F_j = \left[1 + \frac{I_e i_g^2 i_0^2 \eta_T g}{r^2 G} + \frac{\sum I_w g}{r^2 G}\right] \frac{G}{g} j \tag{2-41}$$

令

$$\delta = \left[1 + \frac{I_e i_g^2 i_0^2 \eta_T g}{r^2 G} + \frac{\sum I_w g}{r^2 G}\right]$$

则

$$F_j = \delta \frac{G}{g} j \tag{2-42}$$

式中，δ 是旋转质量换算系数。它是将旋转质量的惯性力矩等效地叠加到平移质量上来时，平移质量惯性力扩大到的倍数。对某一确定的汽车而言，I_e、i_0、η_T、G、r 和 $\sum I_w$ 等均为定值，因此可设

$$\delta_1 = \frac{I_e i_0^2 \eta_T g}{r^2 G}, \quad \delta_2 = \frac{\sum I_w g}{r^2 G}$$

则

$$\delta = 1 + \delta_1 i_g^2 + \delta_2 \tag{2-43}$$

由上式可见，汽车不同挡位的旋转质量换算系数值是不同的。如 CA1091 货车各挡的旋转质量换算系数为：$\delta_{\mathrm{I}}=2.17$，$\delta_{\mathrm{II}}=1.35$，$\delta_{\mathrm{III}}=1.14$，$\delta_{\mathrm{IV}}=1.06$，$\delta_{\mathrm{V}}=1.05$。

当汽车空挡滑行时，旋转质量换算系数为

$$\delta = \delta_2 + 1 \tag{2-44}$$

可以证明，如果汽车的实际总重力 G_s 小于满载时的总重力 G，则其旋转质量换算系数为

$$\delta = (1 + \delta_1 i_g^2 + \delta_2)\frac{G}{G_s} \tag{2-45}$$

对某一类车型来说，δ_1、δ_2 的数值变化幅度不大。如轿车的 δ_1 通常在 0.05 ~ 0.07；货车的 δ_1 在 0.04 ~ 0.05。而 δ_2 一般在 0.03 ~ 0.05，也可用下列经验公式计算

$$\text{轿车}\quad \delta_2 = 0.05\frac{G_0}{G} \tag{2-46}$$

$$\text{货车}\quad \delta_2 = 0.07\frac{G_0}{G} \tag{2-47}$$

式中，G_0 是汽车空载重力（N）；G 是汽车总重力（N）。

第三节　汽车行驶的驱动与附着条件

本章前面已经分析了汽车行驶的驱动力和汽车行驶过程的各种阻力。很显然，并非一有驱动力就可使汽车行驶。要使汽车正常行驶，驱动力和行驶阻力之间必须满足一定的条件。

一、汽车行驶的驱动条件

发动机通过传动系统产生的驱动力是汽车行驶的惟一动力，而汽车行驶过程中又必然受到道路阻力和空气阻力的阻碍作用。假若汽车的驱动力小于道路阻力和空气阻力之和，会使汽车不能起步或使处于运行状态的汽车减速以至停车。所以，要使汽车正常行驶，必须使驱动力不小于行驶状态所遇到道路阻力和空气阻力之和，即

$$F_t \geqslant F_\psi + F_w \tag{2-48}$$

或

$$F_t \geqslant F_f + F_i + F_w \tag{2-49}$$

此为汽车的驱动条件，也是汽车行驶的必要条件。

二、汽车行驶的附着条件

汽车的驱动力可按式（2－3）或式（2－5）由发动机转矩或功率计算得到，但这个驱动力只有在驱动轮与路面不发生滑转时才能发挥出来。当驱动力增大到使驱动轮在地面上滑转时，发动机转矩再增大只能使驱动轮加速旋转，而车轮对地面的切向作用力不会再增大，这表明使汽车行驶的驱动力还受轮胎与路面附着条件的限制。

地面对车轮切向反作用力的极限值称为附着力，它在硬路面上与车轮对地面的法向作用力成正比，即

$$F_\varphi = Z\varphi \tag{2-50}$$

式中，Z 是车轮与地面的法向作用力（N）；φ 是附着系数。

显而易见，要使汽车正常行驶而不出现车轮滑转现象，驱动力应满足以下关系

$$F_t \leqslant F_\varphi \tag{2-51}$$

或

$$F_t \leqslant Z\varphi \tag{2-52}$$

此为汽车的附着条件。

有必要指出，附着力并不是力，而是驱动力的极限值。上述驱动力与附着力的关系，既适应于单根驱动轴，也适应于单个驱动轮或整车所有驱动轮。附着力取决于车轮与路面的法向作用力 Z 和附着系数 φ，而 Z 又取决于汽车的总体布置、行驶状态及道路坡度等；φ 主要由路面与轮胎决定。

（一）车轮与路面的法向作用力

下面的分析将使我们清楚，汽车每根轴上车轮与地面的法向作用力随汽车运行状态和道路坡度的变化会有很大的不同。

1. 汽车在水平路面上静止

汽车静止在水平路面上的受力情况如图 2-9 所示。由力矩平衡，得

$$Z'_1 = G\frac{b}{L} \tag{2-53}$$

$$Z'_2 = G\frac{a}{L} \tag{2-54}$$

2. 汽车在水平路面上等速行驶

汽车在水平路面上等速行驶的受力情况如图 2-10 所示。由于此时汽车受力与静止时不同，必然导致车轮与地面的法向反作用力的变化。汽车所受空气阻力的合力应在风压中心，而在此近似看成通过质心，以便分析。由力矩平衡，得

$$Z_1 = \frac{Gb}{L} - \frac{F_w h_g}{L} \tag{2-55}$$

$$Z_2 = \frac{Ga}{L} + \frac{F_w h_g}{L} \tag{2-56}$$

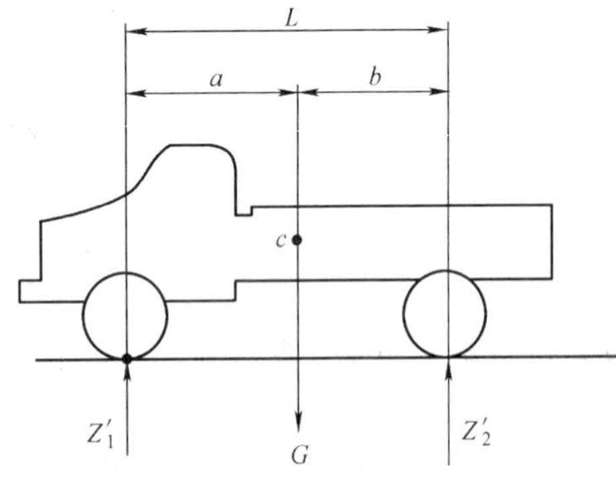

图 2-9 汽车在水平路上静止受力图

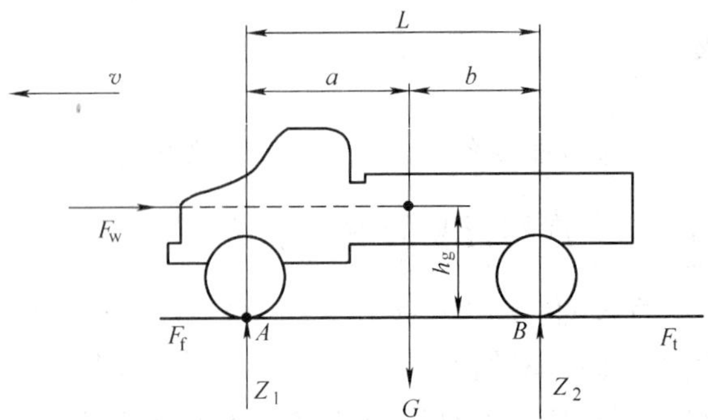

图 2-10 汽车在平路上等速行驶受力图

由于 $F_w = F_t - F_f$，将其代入上面两式，得

$$Z_1 = \frac{Gb}{L} - \frac{(F_t - F_f)h_g}{L} \tag{2-57}$$

$$Z_2 = \frac{Ga}{L} + \frac{(F_t - F_f)h_g}{L} \tag{2-58}$$

另外，还可用同样的方法推证，汽车在水平路面上加速行驶时，车轮与地面的法向作用力 Z_1、Z_2 的表达式同样为式（2-57）和式（2-58），但应理解，此时式中的 $F_t - F_f = F_w + F_j$。

3. 汽车加速上坡

如图 2-11 所示为汽车加速上坡行驶的受力情况。在此假定汽车的坡度阻力和加速阻力都作用在汽车重心 c 上，空气阻力为作用在汽车正面风压中心上的集中力，且其作用线通过汽车重心。

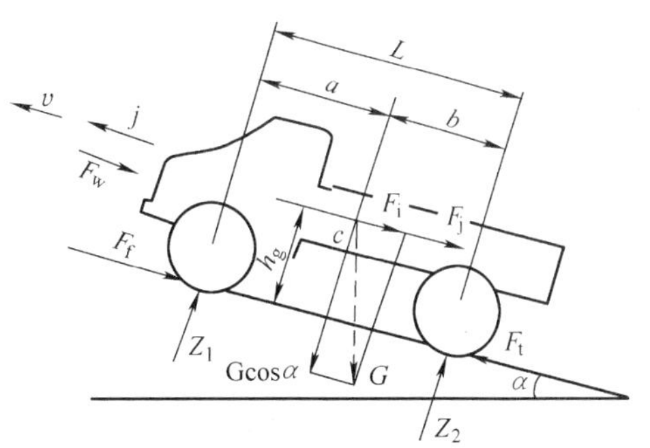

图 2-11　汽车加速上坡受力图

由力矩平衡，得

$$Z_1 = \frac{Gb\cos\alpha}{L} - \frac{(F_t - F_f)h_g}{L} \tag{2-59}$$

$$Z_2 = \frac{Ga\cos\alpha}{L} + \frac{(F_t - F_f)h_g}{L} \tag{2-60}$$

上述两式在 $\alpha=0$ 时便是汽车在水平路面行驶的车轮与地面的法向作用力的表达式。由此便可看出，汽车行驶时车轮与地面的法向作用力（即轴荷）与汽车静止时不同，且随着汽车重心位置、行驶情况和道路情况而变化，这被称为汽车的轴荷再分配现象。汽车上坡、加速时，前轴荷 Z_1 减小、后轴荷 Z_2 增大，这对后轴驱动的汽车有利。当汽车加速或上坡需要大的驱动力时，后轴与地面法向作用力的增大可使附着力随之增大，有利于保证所需要的驱动力的发挥。而对前轴驱动的汽车，其结构上的重心位置，应保证轴荷转移后驱动轴所必需的附着条件。

轴荷再分配的程度通常用轴荷再分配系数表示，它是在某一行驶状态时前、后轴的轴荷与静止状态的轴荷之比，即

前轴
$$m_1 = \frac{Z_1}{Z_1'} \tag{2-61}$$

后轴
$$m_2 = \frac{Z_2}{Z_2'} \tag{2-62}$$

通常 $m_1=0.8\sim1.4$，$m_2=1.2\sim0.7$，这里包含汽车制动时的轴荷再分配系数。

越野汽车由于高通过能力的需要，为使其较大的驱动力能够得以发挥，通常采用全轮驱动的形式，此时式（2-50）中的 $Z=G$。而对于后轮驱动 $Z=Z_2$，前轮驱动 $Z=Z_1$。

（二）附着系数

附着系数 φ 主要取决于路面的种类和状况，另外还与轮胎的结构和气压、车速和车轮运动状况等有一定的关系。车轮运行状态对附着系数的影响将在第五章第四节中详细分析，下面仅就其他方面因素对附着系数的影响做一简单介绍。

干燥硬实的混凝土或沥青路面的附着系数较大，在这种路面上轮胎的变形相对较大，路面的坚硬微小凸起会嵌入轮胎的接地表面，使接地强度增大。但若路面被污物（细沙、尘

土、油污和泥等）覆盖，路面的附着系数便会大大降低；路面被冰雪覆盖，其附着系数会更低。潮湿路面由于水的润滑作用，附着系数也会下降 20% ~60%，所以要求路面具有自动排水能力，且其微观结构应是粗糙并有一定的尖锐棱角，以穿透水膜直接与胎面接触。气温升高的沥青路面，因路面硬度下降会使附着系数下降；使用时间较长的路面也会因磨损和风化而使路面光滑，导致路面附着系数降低。

松软土壤的抗剪切强度较低，故其附着系数较小；泥泞土路也由于其表面较滑，而使附着系数较小。

轮胎的花纹对附着系数也有一定的影响，花纹浅的轮胎在硬路面上有较好的附着能力，花纹宽而深的轮胎，在软路面上的附着能力较好。纵向条纹较多的胎面，因在干燥路面上接地面积较小，而使附着系数值有所减小，但在潮湿的路面上有利于挤出接地处的水分，故改善了附着能力。

为了提高轮胎的纵向和横向抓地能力，在胎面上采用纵向曲折大沟槽，胎面边缘上采用横向沟槽，这种结构还增强了在潮湿路面上的排水能力。胎面上大量的细微花纹，由于胎面在接地过程中的微小滑动，可使接地面间的水膜被擦去，胎面直接与路面接触而增大附着系数。

宽断面轮胎与地面的接触面积大可使附着系数增大。轮胎在使用过程中的磨损，由于胎面花纹深度的减小，也会使附着系数显著下降。

降低轮胎气压，可使车轮在硬路面上的附着系数略有增加。在松软路面上，降低轮胎气压，则轮胎与土壤的接触面积增大，胎面凸起嵌入土壤的数目也增多，因而附着系数明显提高。对潮湿的路面，适当提高轮胎气压，使轮胎与路面接触面积减小，有利于挤出接触面的水分而使轮胎与路面的接触更牢，提高附着系数。

随着车速的提高，大多数情况下附着系数是降低的。在硬路面上随车速的提高，由于路面微观凹凸来不及与胎面完善地嵌合，所以会使附着系数有所下降；在潮湿路面上车速提高时，由于接触面间的水分来不及排出，故使附着系数显著降低。特别是下雨天汽车在硬路面上高速行驶时，高速旋转的车轮与路面之间所存在的水楔作用，会使附着系数大幅度下降。实验证实，在结冰路面上随车速的提高附着系数略有增大，当然，这不意味着汽车在结冰路面上可高速行驶，这样会使汽车的行驶稳定性变坏。

由上述可见，附着系数是受很多因素影响的。而在一般动力性分析时通常取附着系数为定值，其大致范围列于表 2-5 中。可以看出，良好的混凝土或沥青路面 φ 取 0.7 ~0.8，路面潮湿时取 0.5 ~0.6；干燥的碎石路 φ 取 0.6 ~0.7；干燥的土路取 0.5 ~0.6，潮湿土路取 0.2 ~0.4。

表 2-5 轮胎与路面间的附着系数

路面类型	路面状况	高压轮胎	普通轮胎	越野轮胎
沥青或水泥路面	干燥	0.50 ~0.70	0.70 ~0.80	0.70 ~0.80
	潮湿	0.35 ~0.45	0.45 ~0.55	0.50 ~0.70
	污染	0.25 ~0.45	0.25 ~0.40	0.25 ~0.45
卵石路面	干燥	0.40 ~0.50	0.50 ~0.55	0.60 ~0.70
碎石路面	干燥	0.50 ~0.60	0.60 ~0.70	0.60 ~0.70

（续）

路面类型	路面状况	高压轮胎	普通轮胎	越野轮胎
木块路面	潮湿	0.30~0.40	0.40~0.50	0.60~0.70
	干燥	0.50~0.70	0.60~0.05	0.60~0.70
土路	潮湿	0.30~0.40	0.40~0.50	0.50~0.60
	干燥	0.40~0.50	0.50~0.60	0.50~0.60
沙质荒地	潮湿	0.20~0.40	0.30~0.40	0.35~0.50
	泥泞	0.15~0.25	0.15~0.25	0.20~0.30
	干燥	0.20~0.30	0.22~0.40	0.20~0.30
黏土荒地	潮湿	0.35~0.45	0.40~0.50	0.40~0.50
	干燥	0.40~0.50	0.45~0.55	0.40~0.50
积雪荒地	湿润	0.20~0.40	0.25~0.40	0.30~0.45
	稀湿	0.15~0.20	0.15~0.20	0.15~0.25
结冰路面	松软	0.20~0.35	0.20~0.35	0.20~0.35
	压实	0.12~0.20	0.20~0.35	0.30~0.50
	气温在零下状态	0.80~0.15	0.10~0.20	0.05~0.10

三、汽车的驱动与附着条件

将汽车行驶的驱动条件和附着条件连在一起，则为

$$F_f + F_i + F_w \leqslant F_t \leqslant F_\psi \tag{2-63}$$

此即为汽车行驶的驱动与附着条件。

由此可见，要使汽车正常行驶，首先需要足够的由发动机通过传动系统所决定的驱动力，另外还要有良好的路面附着条件做保证。如果驱动力太小，不足以克服汽车的行驶阻力，汽车不能正常运行；而假若路面的附着力太小，不足以使所需的驱动力发挥出来，汽车也不能正常运行，还会出现驱动轮滑转而影响汽车的行驶稳定性。

为了防止车轮滑转，现代汽车已配置了驱动防滑系统 ASR（也称牵引力控制系统 TCS），它可通过对发动机输出转矩的调节或控制驱动轮而使驱动力限制在附着力值以内，确保汽车稳定行驶。至于 ASR 对汽车行驶稳定性的作用，将在第五章第四节有关内容中阐述。

最后说明，汽车的行驶阻力是随其运行状态而变化的。汽车通过较大的坡度或以较高的车速行驶时，都会因阻力的增加而需要较大的驱动力，如果所需的驱动力受到附着力的限制，汽车的爬坡能力和较高车速下的行驶能力就会受到限制。所以说，附着系数也是影响汽车动力性发挥的重要因素。

第四节　汽车的驱动力平衡

前面我们明确了汽车正常行驶的驱动与附着条件。在汽车正常行驶情况下，运用汽车的驱动力平衡，便可很方便地确定汽车的动力性指标，即最高车速、加速能力和爬坡能力。

一、汽车的驱动力平衡方程式

汽车行驶需要驱动力，同时也受到相应的行驶阻力的作用，而且驱动力与行驶阻力之间总是存在相等的关系，即

$$F_t = F_f + F_w + F_i + F_j \tag{2-64}$$

或

$$F_t = F_\psi + F_w + F_j \tag{2-65}$$

上式表示驱动力在各项行驶阻力上的分配，称为汽车的驱动力平衡方程式。

另外，也可将驱动力和各项行驶阻力的表达式代入式（2-64）中，便得到驱动力平衡方程式的另一种形式

$$\frac{T_e i_g i_0 \eta_T}{r} = Gf\cos\alpha + G\sin\alpha + \frac{C_D A v^2}{21.15} + \delta\frac{G}{g}j \tag{2-66}$$

此式反映了汽车的结构参数和使用参数的内在联系，可用于分析汽车的动力性问题。

二、汽车的驱动力平衡图

为了清晰而形象地表明汽车行驶时的受力情况及其平衡关系，可在汽车的驱动力图上把汽车行驶始终存在的阻力（滚动阻力和空气阻力之和）画上，便成了汽车的驱动力平衡图。

如图2-12所示为某一具有四挡变速器汽车的驱动力平衡图。图上既有各挡的驱动力 F_t 曲线，又有相关参数（汽车的重力 G、滚动阻力系数 f、空气阻力系数 C_D 和迎风面积 A）所决定的汽车在水平良好路面上等速行驶的总阻力（F_t+F_w）曲线。驱动力与阻力之间的差值通常称为汽车的剩余驱动力，可以用来使汽车加速、爬坡或牵引挂车。

三、汽车动力性指标的确定

（一）最高车速

由汽车的驱动力平衡可以很方便地确定汽车的最高车速。

先由驱动力平衡方程考虑，汽车达到最高车速状态时，方程式中的 $F_i=0$、$F_j=0$，则有 $F_t=F_f+F_w$。对照驱动力平衡图，此时只能出现在驱动力与行驶阻力的交点，这一点所对应的车速便是最高车速 v_{max}。

另外，还可以更直观地去理解最高车速点。参照图2-12所示的 v_{max}，若汽车在水平路面上的实际车速还未达到 v_{max}，由于驱动力大于行驶阻力，则汽车仍可加速至 v_{max}；若车速已经超过 v_{max}，由于此时驱动力已小于行驶阻力，则汽车必然会减速至车速 v_{max}，所以汽车的最高车速只能是稳定值 v_{max}。

在此需要说明，如果发动机标定转速 n_B 所对应的限定车速 v_0 小于 v_{max}，如图2-13所示，那么最高车速就是限定车速。当汽车行驶达到限定车速时，要相应地放松加速踏板，使驱动力 F_t 减小并处于图中虚线 A 点，以免车速继续提高而使发动机超速。假若此情况下的 F_f 或 F_w 略有增加，由于 F_t 尚有潜力，汽车仍可达到所限定的最高车速。目前一般货车的最高车速可达100~140km/h；客车可达100~150km/h，轿车达120~230km/h甚至更高。另外，若汽车要在该挡最低稳定车速和最高车速之间的某一车速 v_i 下行驶，只要适当地减小节气门开度，使驱动力再减小并处于图中虚线 C 点即可。

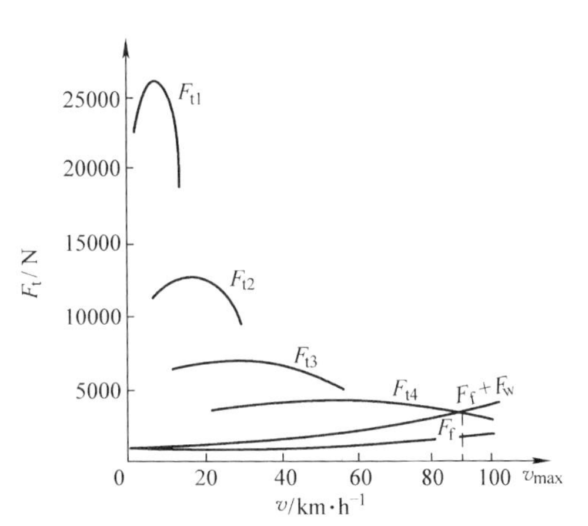

图 2－12　汽车驱动力－行驶阻力平衡图

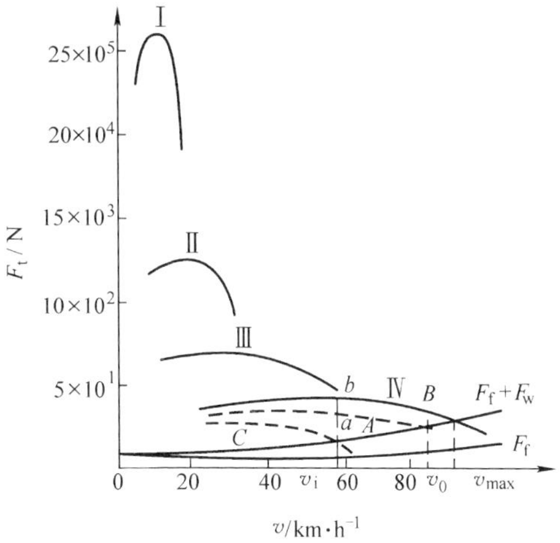

图 2－13　某四挡汽车的驱动力平衡图

（二）加速能力

由于汽车加速过程的加速度值为非恒定值，所以常用加速时间来表明加速能力，分为超车加速能力和原地起步加速能力。

超车加速能力的超车加速时间通常是由高挡稍高于最低稳定车速的某一车速（如 25km/h 或 30km/h 等）加速到最高车速 v_{max} 的 80% 所用的时间；原地起步加速能力的起步加速时间通常是由头挡起步加速到高挡某一高速（如 100km/h 或 80% v_{max}）或通过预定路段（如 400m 或 500m 等）所用的时间。要确定加速能力，首先需分析汽车加速过程的加速度。

1. 汽车的加速度

利用驱动力平衡方程式，得出汽车在水平良好路面上的加速度

$$j=\frac{g}{\delta G}[F_t-(F_f+F_w)] \tag{2-67}$$

它表示汽车加速过程中在相应挡位上某瞬时的加速度值。式中方括号内的值便是剩余驱动力，可从驱动力平衡图中找取。再通过计算绘出各挡的 $j-v$ 曲线，如图 2－14 所示。由于各挡的旋转质量换算系数 δ 不同，进行上述计算取值时应特别注意。

由图 2－14 可见，由于低挡的剩余驱动力大，故低挡所对应的加速度值也大。但有些汽车因低挡的 δ 值较高挡大很多，所以也会出现低挡加速度值小于高挡加速度的情况，此时两挡的加速度曲线相交，如图 2－14 中 Ⅰ 挡与 Ⅱ 挡的 $j-v$ 曲线。

2. 加速时间

由运动学原理可得，汽车加速运行过程的速度与加速度关系为

$$j=\frac{dv}{dt} \tag{2-68}$$

变形为

$$dt=\frac{1}{j}dv \tag{2-69}$$

所以加速时间为

$$t = \int_0^t \mathrm{d}t = \int_{v_0}^{v} \frac{1}{j}\mathrm{d}v \qquad (2-70)$$

由于上式的解析式很难找出，故加速时间难以用解析积分法确定。但由积分原理可知，加速时间可用$\frac{1}{j}-v$曲线下面的面积表示，所以加速时间可由图解积分法求得。

先由图2－14的$j-v$曲线，作出加速度倒数$\frac{1}{j}-v$曲线，如图2－15所示。

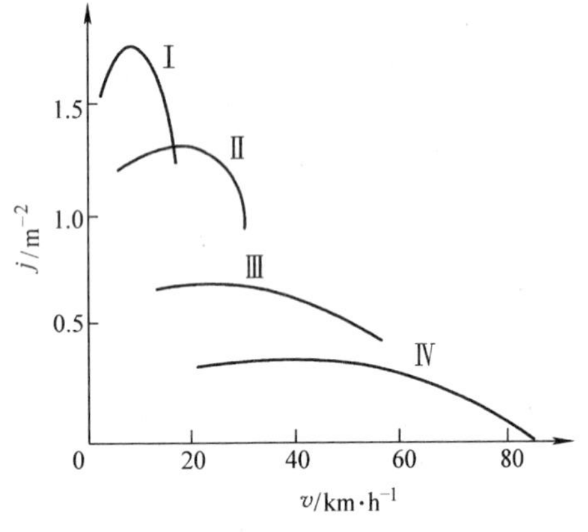

图2－14　加速度－速度曲线

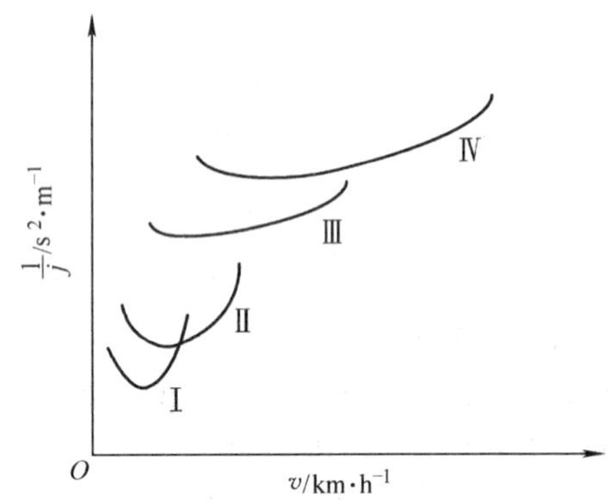

图2－15　汽车的加速度倒数曲线

在此以图中最高挡由初速度v_0加速到某车速v_n为例，说明加速时间的确定方法。

1）确定比例尺。在横坐标v轴上，以1mm表示$a$km/h；在纵坐标上以1mm表示$b\mathrm{s}^2/\mathrm{m}$，则图示面积$1\mathrm{mm}^2$表示$\frac{ab}{3.6}$s。

2）确定加速过程图示面积。按上述比例尺作出直接挡的$\frac{1}{j}-v$曲线，如图2－16所示。可将加速过程中的速度区间分为若干段（每段常为5km/h），每段对应的面积可用求积仪或计算纸的方格数确定，分别为$\Delta_1\mathrm{mm}^2$、$\Delta_2\mathrm{mm}^2$、……$\Delta_n\mathrm{mm}^2$。

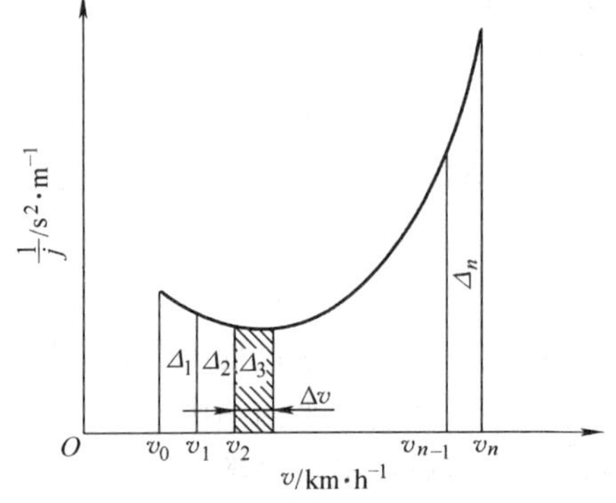

图2－16　直接挡加速度倒数曲线

3）确定由初速度v_0分别加速到v_1、v_2、……v_n的加速时间。

由v_0加速到v_1的加速时间　　$t_1 = \frac{ab}{3.6}\Delta_1$

由v_0加速到v_2的加速时间　　$t_2 = \frac{ab}{3.6}(\Delta_1 + \Delta_2)$

……

由v_0加速到v_n的加速时间　　$t_n = \frac{ab}{3.6}(\Delta_1 + \Delta_2 + \cdots\cdots + \Delta_n)$

4）绘出直接挡由v_0加速到v_n的加速时间曲线。建立加速时间$t-v$坐标，按相应车速对应的加速时间找点并描线，即得直接挡的加速时间曲线，如图2－17所示。

以同样的方法可以求出汽车由Ⅰ挡起步开始连续换挡加速至最高挡某一车速的加速时间。但应注意，因相邻两挡位总是重叠于某一车速区段，所以换挡时机的选择直接关系到加速时间。对于重叠区段，应选择$\frac{1}{j}-v$图上低位置$\frac{1}{j}$曲线所对应的挡位，这样可使$\frac{1}{j}$曲线下的面积最小，即加速时间最短。若相邻两挡的$\frac{1}{j}$曲线相交，则最佳换挡时机便是相邻两挡$\frac{1}{j}$曲线交点所对应的车速。

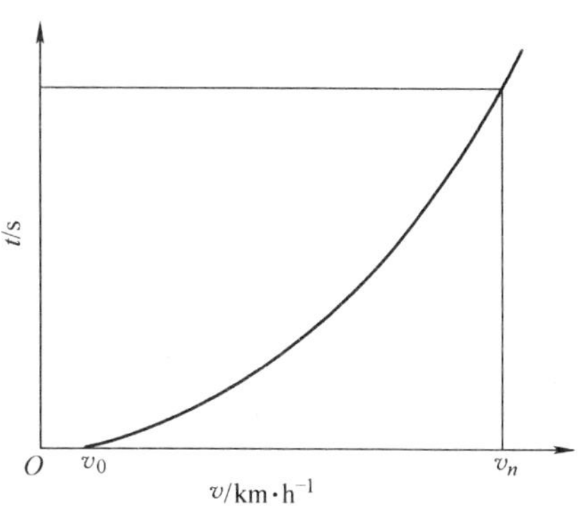

图 2－17　直接挡加速时间曲线

若不计换挡时间，原地起步加速时间曲线如图 2－18 所示。实际上，换挡过程中动力暂时中断，速度难免略有下降。若计算换挡时间，原地起步加速时间曲线如图 2－19 所示。

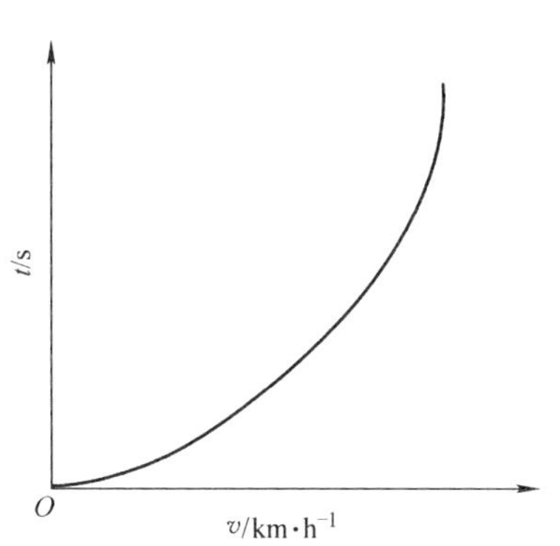

图 2－18　不计换挡时间的原地起步加速时间曲线

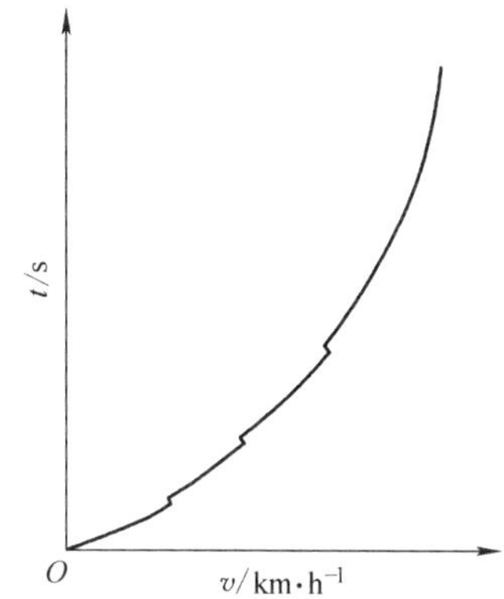

图 2－19　计换挡时间的原地起步加速时间曲线

现代动力性较好的汽车 0～100km/h 的加速时间不到 10s，有的仅为 2.3s。

（三）爬坡能力

汽车爬最大坡道时，已不再具有加速能力。故此时的驱动力平衡方程式为

$$F_t = F_f + F_i + F_w \tag{2-71}$$

很显然，汽车的剩余驱动力愈大，其爬坡能力愈强。由于汽车在水平路面上等速行驶的阻力曲线变化比较平缓，所以各挡按驱动力最大时所具有的爬坡能力为最大爬坡能力已足够精确。由式（2－71）可确定汽车各挡最大爬坡能力的关系方程式为

$$\frac{T_{emax} i_g i_0 \eta_T}{r} = Gf\cos\alpha_{max} + G\sin\alpha_{max} + \frac{C_D A v^2}{21.15} \tag{2-72}$$

上式左端是相应挡位的最大驱动力；右端中的 v 是该挡位最大驱动力所对应的车速，α_{max}是相应挡位的最大爬坡角，并可由 $i=\tan\alpha_{max}$算出相应的最大爬坡度。

实际计算中还可对上述过程进行部分简化：较低挡位时，车速较低，可略去空气阻力；而较高挡位时汽车的爬坡度不会很大，可取 $\cos\alpha\approx1$ 而使计算简化。

汽车Ⅰ挡的最大爬坡度表示汽车的最大通过能力，轿车为0.30~0.50，货车为0.30~0.40；直接挡的最大爬坡度i_{0max}表示汽车不必换入低挡的通过能力，其值越大越有利于汽车平均车速的提高，并可减轻驾驶者的疲劳程度，轿车为0.07~0.20，货车为0.04~0.10。

第五节 汽车的动力平衡

上节利用驱动力平衡确定了汽车的最高车速、加速能力和爬坡能力，即分析了汽车的动力性。但是，汽车的驱动力或驱动力图并不能像发动机特性（转矩-转速）曲线那样直接表明汽车的动力性。例如，两辆总重不同汽车的驱动力如图2-20所示，实线为总重63.7kN（6.5t）汽车的各挡驱动力曲线，虚线为总重34.3kN（3.5t）汽车的各挡驱动力曲线。显然，第一辆汽车各挡的驱动力均比第二辆汽车的大，但并不能由此断定第一辆汽车的动力性就好。因为第一辆汽车的总重大，而第二辆汽车的总重小，其相应的道路阻力与加速阻力均与总重成正比而有所不同，因此，驱动力图还不能直接反映汽车的动力性，必须把驱动力与车重结合起来。此外，即使车重与驱动力都相接近，也不能以为动力性就一定相接近，因为它们的空气阻力还可能存在较大差异，而空气阻力与车重无关，但与汽车的外形有关。

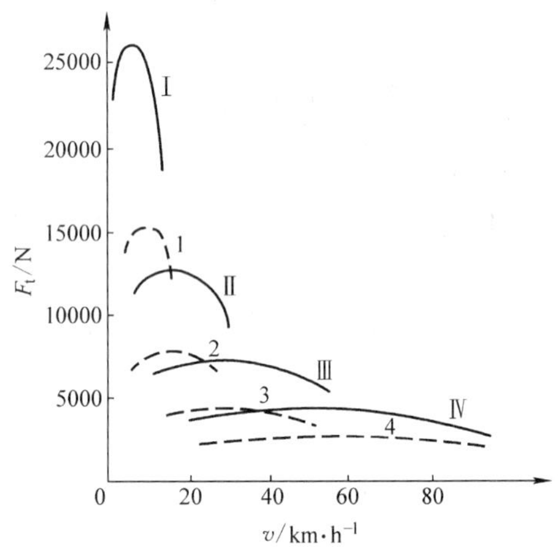

图2-20 两辆总重不同汽车的驱动力图

由此可见，表征动力性的指标应该是一种既考虑驱动力和车重，又包含空气阻力的综合性参数。由汽车的驱动力平衡方程式

$$F_t = F_\psi + F_w + \delta \frac{G}{g} j \tag{2-73}$$

变形，得

$$\frac{F_t - F_w}{G} = \psi + \frac{\delta}{g} j \tag{2-74}$$

一、汽车的动力因数和动力特性图

式（2-74）左边是汽车本身所具有的参数；而右边是与汽车行驶状况有关的道路阻力和加速度。若令

$$D = \frac{F_i - F_w}{G} \tag{2-75}$$

D称为动力因数。

利用汽车的驱动力图，并按式（2-75）可以绘出动力因数随汽车行驶速度变化的关系曲线，并将其称为汽车的动力特性图，如图2-21所示。

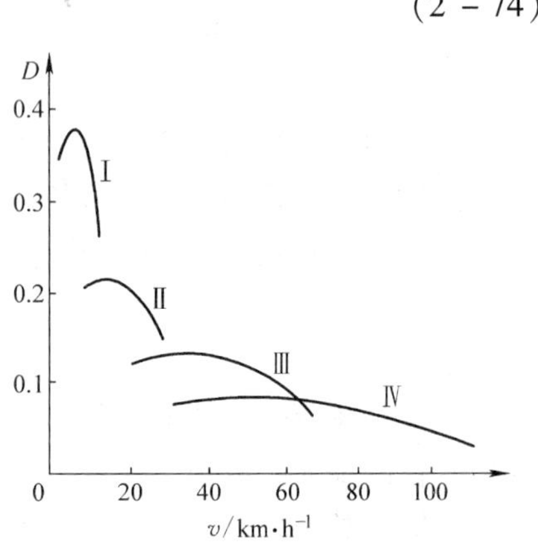

图2-21 动力特性图

二、汽车的动力平衡方程式

由式（2-75）或式（2-74）可得

$$D = \psi + \frac{\delta}{g}j \tag{2-76}$$

或

$$D = f\cos\alpha + \sin\alpha + \frac{\delta}{g}j \tag{2-77}$$

以上两式称为汽车的动力平衡方程式。结合动力因数的定义式和动力平衡方程式不难理解，动力因数 D 实质上表示汽车单位重力所具有的可以用以克服道路阻力或加速阻力的能力。不论汽车的 F_t、G、C_DA 等参数有什么不同，只要 D 相等，汽车便能达到同样的车速、克服同样的坡度、产生同样的加速度（设两辆汽车的 δ 值相同）。所以，可以将动力因数 D 作为表征汽车动力特性的指标。目前不同车型动力因数的大致范围如表 2-6 所示。

表 2-6　各种汽车的动力性因数范围

车型类别			直接挡最大动力因数 D_{0max}	Ⅰ挡最大动力因数 D_{1max}
货车	小型	总重<2t	0.06~0.10	0.30~0.40
	轻型	总重 2~6t	0.05~0.8	0.30~0.40
	中型	总重 6~14t	0.05~0.06	0.30~0.35
	重型	总重>14t	0.04~0.06	0.30~0.35
客车	小型	总重<4t	0.50~0.80	0.20~0.35
	中、大型	总重 4~19t	0.40~0.06	0.20~0.35
	铰接通道式	总重>18t	0.30~0.04	0.12~0.15
轿车	微型级	排量<0.9L	0.07~0.10	0.30~0.40
	轻级	排量 0.9~2L	0.08~0.12	0.30~0.45
	中级	排量 2~4L	0.10~0.15	0.30~0.50
	高级	排量>4L	0.14~0.20	0.30~0.50
矿用自卸车			0.03~0.05	0.30~0.50

三、汽车的动力平衡图

在汽车的动力特性图上，按滚动阻力系数 f 随车速变化的关系再绘出 $f-v$ 曲线，便成为动力平衡图，如图 2-22 所示。

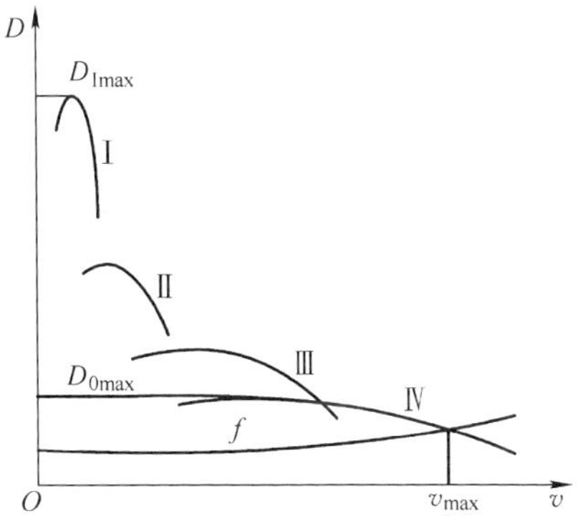

图 2-22　利用动力特性图决定汽车的动力性

四、汽车动力平衡的应用

利用汽车的动力平衡方程式和动力平衡图，便可更简捷地确定汽车的动力性指标。

（一）最高车速

汽车处于最高车速状态时，水平路面的坡度角

$\alpha=0$、加速度$j=0$，故有动力平衡方程式$D=f$。由动力平衡图（见图2－22）可见，动力因数曲线与滚动阻力系数曲线的交点对应的车速，便是汽车的最高车速。若规定了限制车速，则最高车速只能等于限制车速。

（二）爬坡能力

各挡爬最大坡道时，$j=0$，动力平衡方程式为

$$D = f\cos\alpha + \sin\alpha \tag{2-78}$$

Ⅰ挡所能爬过的最大坡度，可先通过下式解三角方程

$$D_{\mathrm{I}\max} = f\cos\alpha_{\mathrm{I}\max} + \sin\alpha_{\mathrm{I}\max} \tag{2-79}$$

得最大坡度角

$$\alpha_{\mathrm{I}\max} = \arcsin\frac{D_{\mathrm{I}\max} - f\sqrt{1 - D_{\mathrm{I}\max}^2 + f^2}}{1 + f^2} \tag{2-80}$$

然后再由$i_{\mathrm{I}\max}=\tan\alpha_{\mathrm{I}\max}$，换算为坡度值。

对其余各挡，由于所能爬过的最大坡度角不大，故可取$\cos\alpha\approx1$，$\sin\alpha\approx i$，则式（2－78）可变为

$$i \approx D - f \tag{2-81}$$

并由此得Ⅱ、Ⅲ挡的坡度值

$$i_{\mathrm{II}\max} = D_{\mathrm{II}\max} - f \tag{2-82}$$

$$i_{\mathrm{III}\max} = D_{\mathrm{III}\max} - f \tag{2-83}$$

所以，各挡的最大爬坡度可由动力平衡图中最大动力因数与滚动阻力系数曲线之间的垂直线段的长度近似表示。只是在头挡时，这种方法的误差较大，需解三角方程确定最大爬坡度。

（三）加速能力

汽车显示最大加速能力时，$i=0$，动力平衡方程式为

$$D = f + \frac{\delta}{g}j \tag{2-84}$$

变形，得

$$j = \frac{g}{\delta}(D - f) \tag{2-85}$$

根据动力平衡图，可得到任一车速下的（$D-f$）值。由式（2－85）便可计算并绘出如同图2－14所示的各挡的$j-v$曲线。再按本章第四节所述的方法步骤，同样可求得加速时间曲线。

第六节　汽车的功率平衡

汽车行驶时，不仅有驱动力和行驶阻力平衡，也有发动机功率和汽车行驶的阻力功率平衡。即汽车行驶的每一瞬间，发动机发出的功率总是等于机械传动损失与各种行驶阻力所消耗的功率总和。

研究和分析汽车的功率平衡，不仅可以确定汽车的动力性指标，而且可以更方便地去理解汽车发动机的功率值和传动系统的参数与汽车动力性能的关系，还可以很方便地分析汽车

的燃油经济性。

一、汽车行驶的阻力功率

与汽车行驶的各阻力相对应，汽车运行所消耗的阻力功率包括滚动阻力功率、空气阻力功率、坡度阻力功率和加速阻力功率。

克服滚动阻力所消耗的滚动阻力功率为

$$P_{\mathrm{f}} = \frac{Gf\cos\alpha}{3600}v \tag{2-86}$$

式中，G 是汽车总重力（N）；f 是滚动阻力系数；α 是路面坡度角（°）；v 是车速（km/h）。

若坡度较小，可取 $\cos\alpha\approx1$，则

$$P_{\mathrm{f}} = \frac{Gf}{3600}v \tag{2-87}$$

克服坡度阻力所消耗的坡度阻力功率为

$$P_{\mathrm{i}} = \frac{Gf\sin\alpha}{3600}v \tag{2-88}$$

坡度角较小时，可取 $\sin\alpha\approx i$，则

$$P_{\mathrm{i}} = \frac{Gi}{3600}v \tag{2-89}$$

克服空气阻力所消耗的空气阻力功率为

$$P_{\mathrm{w}} = \frac{C_{\mathrm{D}}Av^2}{3600\times21.15}v = \frac{C_{\mathrm{D}}Av^3}{76140} \tag{2-90}$$

克服加速阻力所消耗的加速阻力功率为

$$P_{\mathrm{j}} = \frac{\delta Gv}{3600g}j \tag{2-91}$$

二、汽车的功率平衡方程式

由汽车的驱动力平衡方程式，可以推得发动机功率与行驶阻力功率之间有如下关系

$$P_{\mathrm{e}}\eta_{\mathrm{T}} = P_{\mathrm{f}} + P_{\mathrm{w}} + P_{\mathrm{i}} + P_{\mathrm{j}} \tag{2-92}$$

或

$$P_{\mathrm{e}} = \frac{1}{\eta_{\mathrm{T}}}(P_{\mathrm{f}} + P_{\mathrm{w}} + P_{\mathrm{i}} + P_{\mathrm{j}}) \tag{2-93}$$

或将前述各项代入

$$P_{\mathrm{e}} = \frac{1}{\eta_{\mathrm{T}}}\left(\frac{Gfv\cos\alpha}{3600} + \frac{Gv\sin\alpha}{3600} + \frac{C_{\mathrm{D}}Av^3}{76140} + \frac{\delta Gvj}{3600g}\right) \tag{2-94}$$

以上三式皆可称为功率平衡方程式。

三、汽车的功率平衡图

如同汽车的驱动力平衡图，将汽车各挡相应车速的发动机功率曲线 $P_{\mathrm{e}}-v$ 及汽车在平直良好路面上等速行驶相应车速的阻力功率曲线$\frac{1}{\eta_{\mathrm{T}}}$（$P_{\mathrm{f}}+P_{\mathrm{w}}$）$-v$ 绘在坐标图上，便得到汽车

的功率平衡图，如图2－23所示。

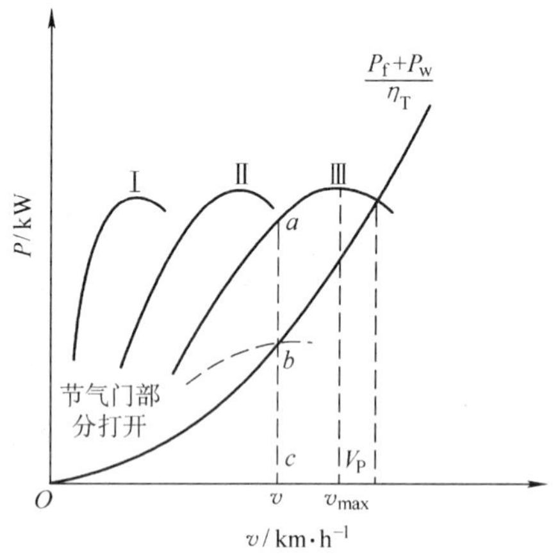

图2－23 汽车功率平衡图

发动机功率与车速的关系曲线 P_e-v 可根据发动机外特性 P_e-n 曲线及式 $v=0.377\frac{nr}{i_g i_0}$ 将发动机转速按相应挡位转换成车速绘制而成。显然，不同挡位时，功率不变，则各挡位上发动机功率所对应的车速不同。其特点是，各挡功率曲线的起点功率、最大功率和末点功率分别处于等高的位置。低挡位对应低车速，所占速度变化区域窄；高挡时车速高，所占速度变化区域宽。

对于汽车的阻力功率曲线，P_f 在低速范围内为一直线，在高速时因滚动阻力系数 f 随车速提高而增大，使 P_f 与车速 v 成为二次函数关系；P_w 是 v 的三次函数。P_f 和 P_w 叠加后，阻力功率 $\frac{1}{\eta_T}(P_f+P_w)$ 与车速 v 的关系曲线是一条斜率越来越大的曲线。而且由图可见，高速行驶时，汽车主要克服空气阻力功率。因此对高速汽车来说，改善其外形结构，降低空气阻力是极其重要的。

四、汽车功率平衡分析

（一）最高车速

汽车在水平良好的路面上达到最高车速时，$j=0$，$i=0$，故有

$$P_e=\frac{1}{\eta_T}(P_f+P_w) \tag{2-95}$$

因此，在功率平衡图上直接挡的功率曲线与阻力功率曲线的交点处所对应的车速就是最高车速。如果汽车在低于最高车速的某一车速下等速行驶，发动机的节气门开度应减小，使发动机处于部分负荷速度特性下工作，其功率曲线如图2－23中虚线所示，并由此可见，维持汽车在一般车速下等速行驶所需的发动机功率并不大。相应地在该车速下的 $P_e-\frac{1}{\eta_T}(P_f+P_w)$ 称为汽车的后备功率，如图2－23中的 ab 段。后备功率可用来使汽车加速或爬坡，以及拖带挂车。故后备功率愈大，汽车的动力性愈好。

（二）加速能力和爬坡能力

由功率平衡方程式，很容易得出：

1）汽车在水平路面上加速行驶时，$i=0$，则

$$P_j=\frac{1}{\eta_T}\left[P_e-\frac{1}{\eta_T}(P_f+P_w)\right] \tag{2-96}$$

所以，相应车速下的加速度

$$j=\frac{3600g\eta_T}{\delta Gv}\left[P_e-\frac{1}{\eta_T}(P_f+P_w)\right] \tag{2-97}$$

2）汽车在不同速度下的爬坡度，可近似按下式确定

$$i = \frac{3600\eta_T}{Gv}\left[P_e - \frac{1}{\eta_T}(P_f + P_w)\right] \tag{2-98}$$

至此看出，利用汽车功率平衡也可以解决动力性问题的分析，但相对比较麻烦，一般很少用。然而，利用功率平衡定性地分析汽车设计、使用中有关动力性问题，却是十分清晰简便的。功率平衡的另一个优点是能看出行驶时发动机的负荷率，这对分析汽车燃油经济性是十分有用的。

第七节　液力传动汽车的驱动力

前面我们研究的是传统机械传动汽车的动力性问题。而现代汽车为了提高性能、操作简便、起步和换挡平顺等，已有很多装用了液力变矩器。特别是近年来的中、高级轿车上，配有液力变矩器和自动变速器构成传动系统的车辆数量日益增多。由于液力变矩器的传力性质与传统形式的离合器存在较大差异，所以在发动机特性不变的情况下，汽车的驱动力将发生一定的改变。

驱动力是汽车动力性分析的基础，所以要研究液力传动汽车的动力性，关键在于对其驱动力的分析。

一、液力传动装置的基本特点

液力传动装置有偶合器和变矩器两种形式，与汽车上传统的离合器传动相比，离合器的传力性质简单、直观，在离合器正常不打滑的情况下，若不计极小的机械损失，离合器能将发动机发出的动力（转矩和功率）原封不动地传递下去；而液力传动装置（偶合器和变矩器）因结构和以液体为工作介质的缘故，其传力性质与离合器存在较大的差别。

液力传动装置是一种以液体为工作介质的能量转换装置，主要包括能量的输入部件（一般称泵轮，接受发动机传来的机械能，并将其转换为液体的动能）和能量的输出部件（一般称涡轮，将液体的动能转换为机械能而输出）。如果液力传动装置只有以上两个部件，这种传动装置便是液力偶合器；如果除上述两部件外还有一个固定的导流部件（称为导轮，装在泵轮的出口处或入口处），这种传力装置便是液力变矩器。

理论分析和实验都已证明：液力偶合器的涡轮转矩值与泵轮转矩值恒等，但其作用方向相反；而液力变矩器因有固定导轮的作用，使涡轮输出的转矩值不再与泵轮输入的转矩值相等（或大或小）。

液力传动装置的相似理论也表明：几何相似的液力传动装置的原始特性都是一样的，对液力偶合器和液力变矩器都是如此。所谓原始特性是指几何相似的液力传动装置的基本特性参数（转矩系数 λ，传动效率 η 和变矩系数 k 等）随速比 i 变化而变化的关系。应该注意相似理论对我们分析液力传动装置的特性是极其重要的。

二、液力偶合器与发动机联合工作

装有液力偶合器的发动机，涡轮轴上的输出特性，除了与发动机、偶合器的特性有关外，更主要地在于两者的配合。

（一）液力偶合器的原始特性

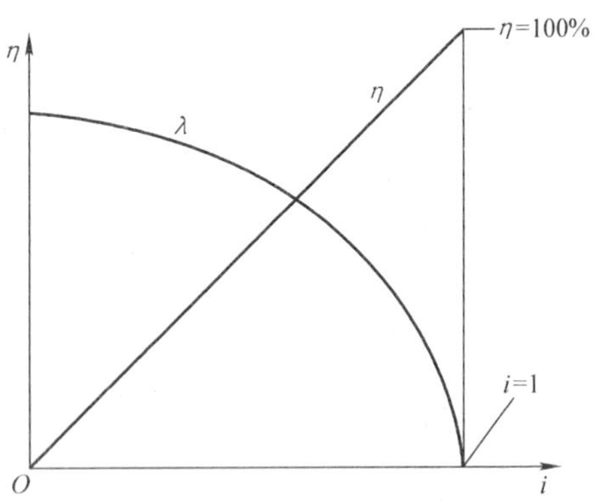

图 2-24 液力偶合器的原始特性曲线

液力偶合器的原始特性主要是指偶合器的转矩系数 λ 和传动效率 η 随速比 i 变化而变化的关系，如图 2-24 所示。液力偶合器的原始特性一般是应用实测的方法：保持泵轮转速 n_1 不变，而改变涡轮负荷的情况下直接测得泵轮转矩 T_1（等于涡轮转矩 T_2）及涡轮转速 n_2 等有关参数，通过下列计算后，根据求得的多组数据绘制而成的。

转矩系数 $$\lambda = \frac{T}{\gamma d^5 n_1^2} \tag{2-99}$$

速比 $$i = \frac{n_2}{n_1} \tag{2-100}$$

传动效率 $$\eta = \frac{T_2 n_2}{T_1 n_1} = \frac{n_2}{n_1} = i \tag{2-101}$$

式中，T 是泵轮转矩，与涡轮转矩相等 $T = T_1 = T_2$（N·m）；γ 是工作油的密度（kg/m^3）；d 是液力偶合器的有效直径（m）；n_1 是泵轮转速（r/min）；n_2 是涡轮转速（r/min）。

当涡轮转速 $n_2 = 0$ 时，必有 $\eta = 0$；随着 n_2 逐渐增加，η 也增大；当 η 增至 $n_2 = n_1$ 时，$i = 1$。由于 T_2 近似为 0，故 η 也为 0。实际上当 i 达到 0.99 以上时，涡轮轴上已达到无负荷状态，所以当速比 $i > 0.99$ 时效率突然下降为 0。

（二）液力偶合器的输入特性

液力偶合器的输入特性在这里是指偶合器和发动机联合工作，动力输入轴（泵轮轴）的转矩与它的转速之间的关系，可由式（2-99）变形得

$$T_1 = \lambda \gamma d^5 n_1^2 \tag{2-102}$$

由此可知，T_1 是 λ 和 n_1 两个变量的函数。而实际上，T_1、λ 和 n_1 是取决于速比 i 的有关泵轮运转状态的三个关联参数，如同汽车发动机的功率、转矩和转速是取决于节气门开度的三个关联参数一样。在某一速比下，由图 2-24 可得一确定的转矩系数 λ，并由式（2-102）可确定 T_1 随 n_1 的变化是一条抛物曲线，当 i 为不同的值时，取 i 从 0 到 i_{max}，便可得到一组抛物曲线。再在图中画上发动机的转矩外特性和部分特性曲线，便可得发动机在某一节气门开度、某一工况（相应速比）下的工作点就是相应转矩曲线与负荷抛物线的交点，如图 2-25 所示。如 $i = 0$（涡轮转速等于 0）时的抛物线为 AB，表示涡轮不转时，发动机的外特性以及部分特性情况下的工作点，如果发动机的节气门全开，则发动机就工作在 A 点的纵坐标就是汽车起步时在泵轮轴（与涡轮轴相等）上所能得到的最大转矩。当然，它并不一定是发动机的最大转矩，这要看 $i = 0$ 时的负荷抛物线是否与发动机的最大转矩点相交。当发动机怠速（最小稳定转速 n_{min}）运转时，液力偶合器作用在发动机上的负荷转矩为 BC。这就与离合器式不同，发动机怠速运转时还要克服由液力偶合器所施于发动机的转矩 BC，其大小决定了发动机是否容易起动。因此，$i = 0$ 时的负荷抛物线非常重要，一般希望 BC 尽量小，A 点尽量接近发动机的最大转矩点。

由以上分析看出，液力偶合器与发动机联合工作的范围便是图 2-26 上的阴影部分，范围内的任何一点，分别表示相应节气门开度和速比下的输入轴转矩与输入轴转速的关系。

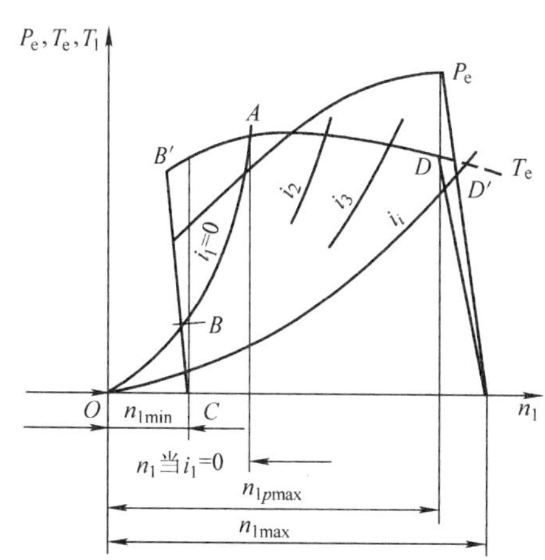

图 2－25　液力偶合器的输入特性

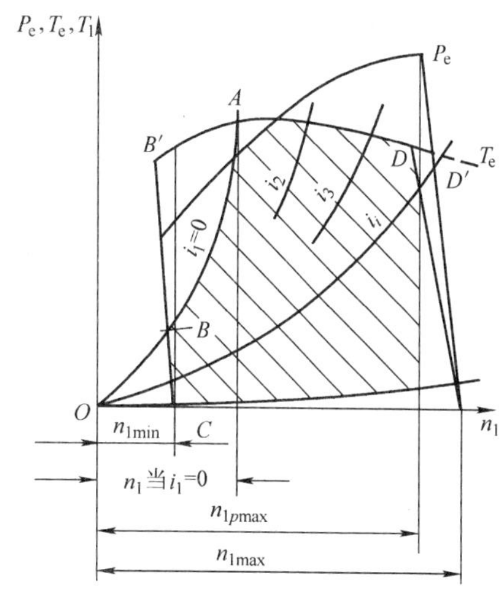

图 2－26　液力偶合器的输入范围

（三）液力偶合器的输出特性

所谓液力偶合器的输出特性，即发动机与偶合器联合工作时输出轴（涡轮轴）上的转矩与其转速之间的关系。由已知的输入范围便可确定其输出范围。在此特别需要明确，前面输入范围内的每一个工作状态点，都对应着发动机一定的节气门开度以及相应的转矩和转速，同样也对应着偶合器一定的速比以及相应的输入转矩和转速。由速比和泵轮的转速确定涡轮的转速，而偶合器的输出转矩与输入转矩恒等，这样以涡轮转矩 T_2 为纵坐标，涡轮转速 n_2 为横坐标，便可得出偶合器与发动机联合工作的输出特性曲线，如图 2－27 所示。

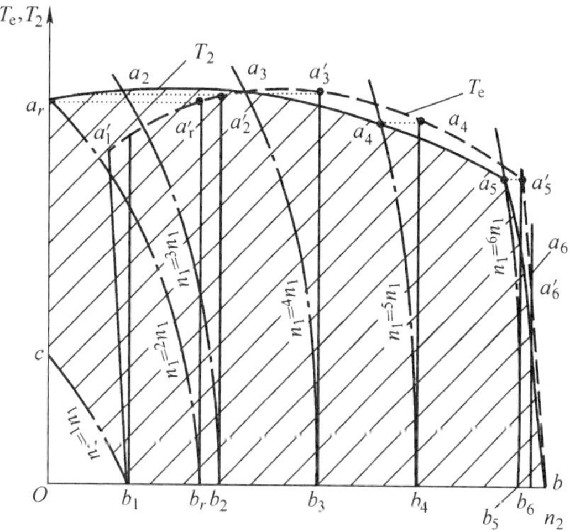

图 2－27　偶合器与发动机联合工作的输出特性曲线

三、液力变矩器与发动机联合工作

液力变矩器与发动机联合工作，跟前述的液力偶合器与发动机联合工作有着同样的性质。但由于液力变矩器与液力偶合器本身的性能差异，故还需先明确液力变矩器的原始特性。

（一）液力变矩器的原始特性

在此，先介绍一下表示变矩器传动性能的三个参数：

液力变矩器变距系数

$$K = \frac{T_2}{T_1} \tag{2-103}$$

液力变矩器传动效率 $$\eta = \frac{T_2 n_2}{T_1 n_1} = K \cdot i \tag{2-104}$$

泵轮转矩系数 $$\lambda_1 = \frac{T_1}{\gamma d^5 n_1^2} \tag{2-105}$$

通常情况下，只应用 λ_1、K 和 η 这三个参数表示变矩器的特性。其中 λ_1 表示变矩器的穿透性，即涡轮轴上转矩和转速的变化对泵轮轴上转矩和转速的影响；K 表示变矩器的变矩性，一般车用变矩器 K 的最大值为 2 ~ 3；η 表示变矩器的经济性，一般为 84% ~87%，最大可达 89% ~ 92%。λ_1、K、η 随 i 的变化规律便是液力变矩器的原始特性，如图 2 -28 所示。

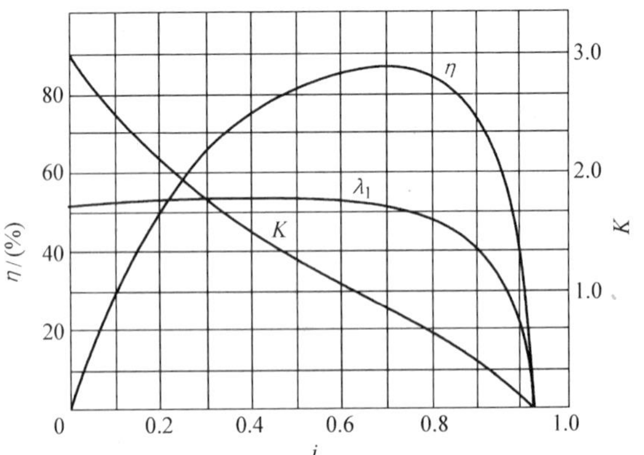

图 2 -28 液力变矩器的原始特性

（二）液力变矩器的输入特性

变矩器的输入特性与偶合器的输入特性含义相同，其数学表达式也为

$$T_1 = \lambda_1 \gamma d^5 n_1^2 \tag{2-106}$$

在此说明，变矩器的泵轮转矩系数因其结构不同存在着很大的差异，按这种差异可将变矩器分为不可穿透性、正穿透性、负穿透性和混合穿透性四类。当发动机与具有不可穿透的变矩器共同工作时，不管外界负荷如何变化，发动机始终处于某一工作状态，只有改变节流阀才可改变发动机的工况；若涡轮轴上的转矩变化能引起泵轮轴上转矩的变化，这种变矩器便具有可透穿性能。根据其透穿性的情况不同，又分成为正穿透性、负穿透性和混合穿透性。

汽车用变矩器的穿透性能关系到车辆行驶过程中外界阻力的变化对发动机工作状况的影响，一般汽车用变矩器具有不可穿透性或正穿透性。对于具有不可穿透性的变矩器，其 λ_1 为固定值，故其负荷抛物线只有一条；而对于具有正穿透性的变矩器，随着速比 i 从 0 到 i_{max}，对应着一组负荷抛物线，且 i 愈大，相应的 λ_1 愈小，抛物线愈平缓。具有正穿透性的变矩器的输入特性与偶合器基本上相同，某一抛物线与发动机特性曲线的交点就是发动机与变矩器联合工作在相应工况下的泵轮转矩与转速。

（三）液力变矩器的输出特性

为了提高汽车的最大驱动力和充分利用发动机的功率，目前汽油机汽车大多采用正穿透性的变矩器，所以这里仅就正穿透性变矩器与发动机联合工作的输出特性做一介绍。

从 0 到 i_{max} 取一系列的速比，对某一速比 i，由图 2 -28 查得相应的 λ_1、K 和 η；在发动机特性图上按相应的 λ_1 画上负荷抛物线，如图 2 -29a 所示。再由图 2 -29a 得到输入参数 $T_1 = F_1F$、$n_1 = OF_1$，相应的涡轮转速按 $n_2 = in_1$、输出转矩按 $T_2 = KT_1$，变矩器效率按 $\eta = iK$ 求出。针对输出轴各转速值 n_2，描出输出轴转矩 T_2 和效率 η，用光滑曲线连接便得液力变矩器的输出特性，如图 2 -29b 所示。可见，液力变矩器的涡轮转矩能够随其转速 n_2 的增加而降低，即具有良好的自动适应性。

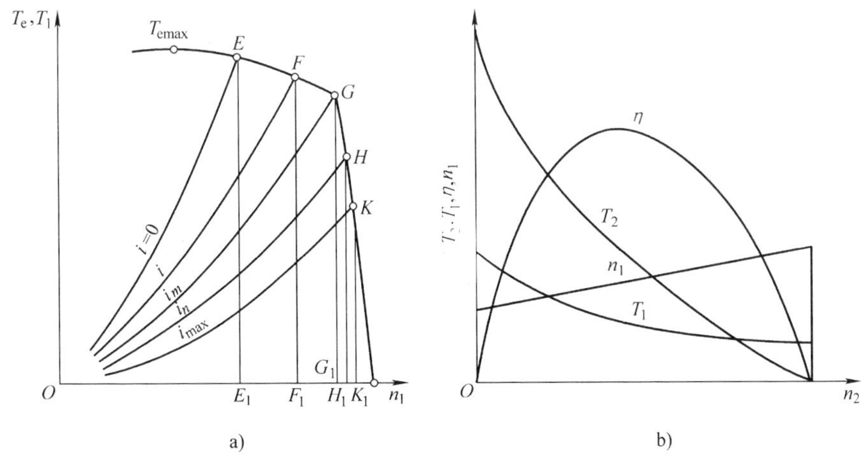

图 2-29 液力变矩器与内燃机共同工作的输出的特性曲线
a）输入 b）输出

四、汽车用液力传动装置的基本形式

由偶合器和变矩器的输出特性可知，偶合器效率随传动比的增大成正比提高；而变矩器的传动效率在高、低传动比时都很低。变矩器正常工作的高效率区域较窄。尽管在低传动比时效率较低，但为了利用此时较大的变矩比克服短时的超载阻力，故在防止变矩器过热的前提下是允许的。而在高传动比的低效率区 η 和 K 都低，故应消除。这使我们很容易想到将变矩器与偶合器结合起来。结合的这种传动装置，当 $K>1$ 时工作在变矩器状态，$iK>i$，即变矩器的传动效率高；而当 $K<1$ 时工作在偶合器状态，即偶合器的传动效率高，这种特点从图 2-30 中可以明显看出，图中虚线为被替代特性曲线。这种兼有变矩器和偶合器两者优点的传动装置即综合式液力变矩器，目前汽车用液力传动装置许多为这种形式。

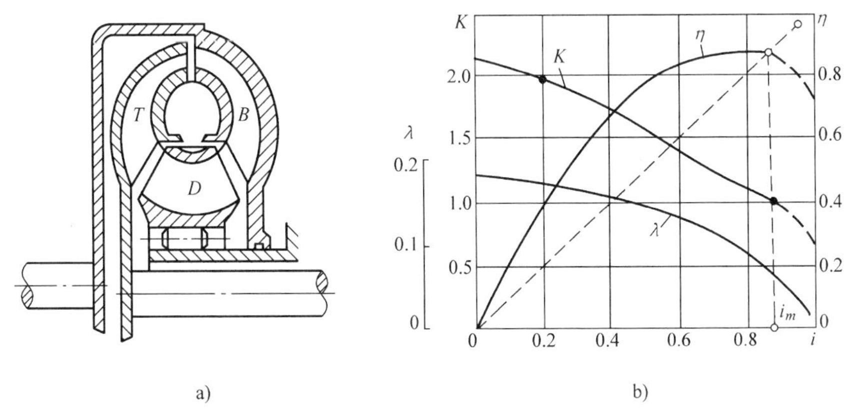

图 2-30 综合式液力变矩器及其原始特性
a）变矩器 b）原始特性

变矩器与偶合器在原理上的主要差别是有无固定的导轮，故要在结构上实现从变矩器向偶合器的转换，只要使导轮实现由固定到自由旋转即可。为此，需在导轮与固定壳体间装一单向离合器（自由轮机构）允许导轮按泵轮的转动方向自由旋转，而当导轮有反向旋转的趋势时自由轮机构楔住不转。图 2-31 为综合式液力变矩器的输出特性。

为进一步提高燃油经济性，有的液力变矩器当 $K=1$ 时，直接将泵轮与涡轮锁住。此后，功率直接传到后面，液力变矩器的效率等于 100%。所以当 $n_2>n_2'$之后，汽车的动力性和燃油经济性都得到了改善，如图 2-32 所示为带有锁止装置液力变矩器的输出特性。

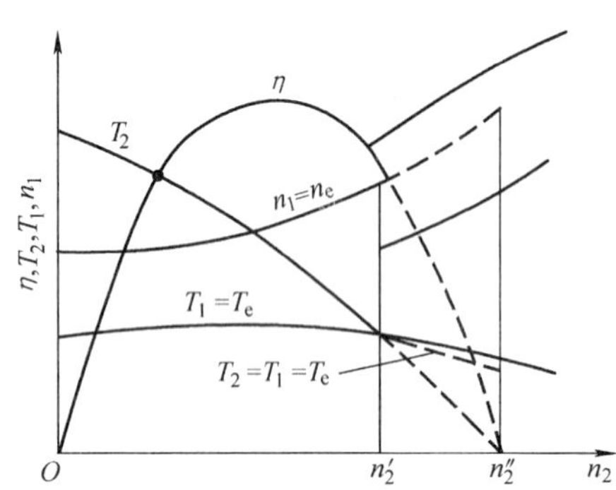

图 2-31 综合式液力变矩器的输出特性

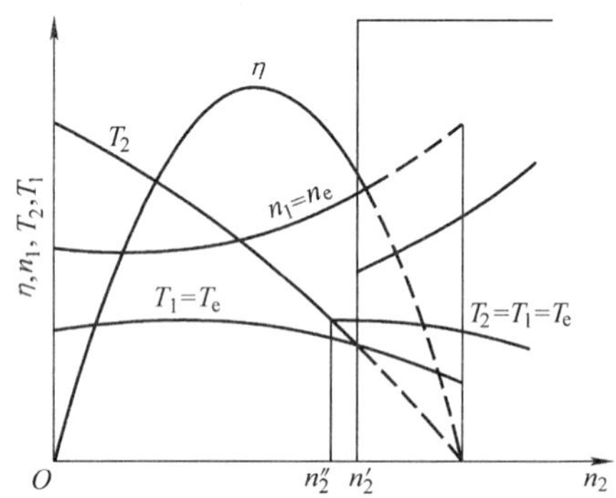

图 2-32 带有锁止装置液力变矩器的输出特性

五、液力传动汽车的驱动力

根据液力传动装置的输出特性，再利用下列公式便可求出汽车的驱动力图。

$$v=0.377\frac{n_2 r}{i_k} \tag{2-107}$$

$$F_t=\frac{T_2 i_k \eta_T}{r} \tag{2-108}$$

式中，n_2 是液力变矩器输出轴转速（r/min）；T_2 是液力变矩器输出轴转矩（N·m）；r 是车轮半径（m）；i_k 是液力变矩器后传动装置的传动比；η_T 是液力变矩器后传动装置的机械效率。

图 2-33 为一辆装有综合式液力变矩器与两挡变速器汽车的驱动力曲线，图上的虚线是这辆汽车装有三挡分级式变速器时的驱动力曲线。对比这两组曲线可以看出，由于液力变矩器效率的影响，装有液力变速器传动的汽车在高速时驱动力反而减小，只有在很低车速的行驶区域其驱动力才比单纯的分级式变速器大。由于汽车从速度为零开始就能连续不断地发出驱动力（有级式变速器只有从一定速度后才能提供驱动力，车速为零时必须依靠离合器滑转才能传递动力），所以起步平顺，柔和、无冲击。就装有锁止离合器的液力变矩器而言，高速行驶时，驱动力与一般齿轮变速器的相等，所以动力性仍能有所改善。

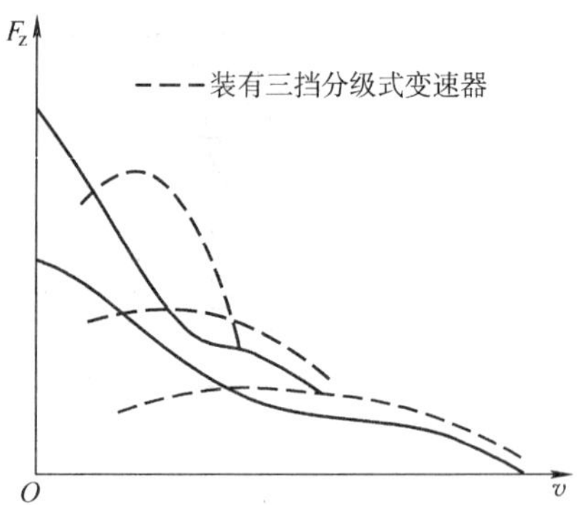

图 2-33 装有综合液力变矩器与两挡变速器的汽车驱动力图

第八节　影响汽车动力性的因素

汽车的动力性主要体现在其三个评价指标上，所以影响汽车最高车速、加速能力和爬坡能力的因素都是汽车动力性的影响因素。

发动机是汽车运行的动力源，其运转性能至关重要，其性能的优劣直接影响到汽车的有关性能。由于影响发动机运转性能的主要因素已在前一章中做了分析，所以在此着重讨论在发动机运转性能良好的情况下，如何提高汽车的动力性。

在此特别说明，影响汽车动力性的因素很多，这里也只能就主要因素的影响作一分析，其意义更在于提供一条分析问题的思路和启示，以后对各性能影响因素的分析都是如此。

一、发动机与传动系参数的影响

（一）发动机功率的影响

汽车设计中往往先从保证预期的最高车速要求考虑，按下式初步确定发动机应有的功率：

$$P_e = \frac{1}{\eta_T}\left(\frac{Gfv_{max}}{3600} + \frac{C_D A v_{max}^3}{76140}\right) \tag{2-109}$$

显然，车速越高，要求的发动机功率越大。发动机功率越大，后备功率也大，汽车的加速能力和爬坡能也就越好。所以，发动机功率的大小直接影响到汽车的动力性。

为了不因个别汽车的车速过低而影响公路运输的综合效率，许多国家对车用发动机功率提出了相应的要求。我国限制汽车的比功率（单位汽车总质量所具有的发动机功率 P_e/m）为：高级大型客车不小于 14.5kW/t（最高车速不小于 125km/h）；其他车辆不低于 4.8kW/t；农用运输车的比功率不低于 4kW/t。不同类型汽车由于动力性的不同要求，其比功率都有一个大致范围，如表 2-7 所示。

表 2-7　各类型汽车的比功率范围

车型类别			最高车速 v_{max}/km·h^{-1}	比功率/kW·t^{-1}
货车	小型	总重 <2t	80~120	15~35
	轻型	总重 2t~6t	84~120	9.6~22
	中型	总重 6t~14t	75~110	7.4~12
	重型	总重 >14t	70~100	7.4~13
客车	小型	总重 <4t	80~120	15~23.5
	中、大型	总重 4t~19t	70~100	6.6~8.8
	铰接通道式	总重 >18t	55~85	3.7~8.1
轿车	微型级	排量 <0.9L	90~120	18~51.7
	轻级	排量 0.9t~2L	120~170	37~66
	中级	排量 2t~4L	130~220	44~73.5
	高级	排量 >4L	140~190	52~110
矿用自卸车			54~70	4.4~5.9

（二）主减速器传动比的影响

对于许多没有超速挡的汽车来说，主减速器的传动比即传动系统的最小传动比，其值的大小对汽车动力性的影响，从图 2-34 所示的直接挡的功率平衡图便可得知。

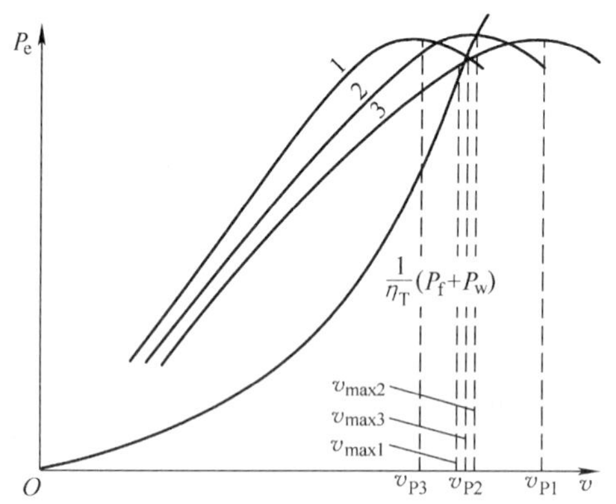

图 2-34 不同 i_0 时的汽车功率平衡图

1—i_{01} 2—i_{02} 3—i_{03}

图 2-34 中有汽车在水平路面上等速行驶的总阻力功率曲线，以及主减速器传动比分别为 i_{01}、i_{02} 和 i_{03}（$i_{01}>i_{02}>i_{03}$）的三条直接挡所对应的发动机功率曲线。其中 i_{02} 所对应的功率曲线与阻力功率曲线正好相交在动力功率的最大点上。

很显然，i_{02} 所决定的汽车最高车速 v_{max2} 值最大，若在图中对应最大功率时的车速标为 v_P，则有 $v_{max2}=v_P$，即 $v_{max2}/v_P=1$；而 i_{01} 所决定的最高车速 v_{max1} 值较 v_{max2} 稍小，但其所对应的后备功率较大，故其加速能力和爬坡能力最好，这种情况下的 $v_{max1}>v_P$，即 $v_{max1}/v_P>1$；另外 i_{03} 所决定的最高车速值 v_{max3} 和后备功率都较小，所以这种情况下的汽车动力性较差，相应的 $v_{max3}<v_P$，即 $v_{max3}/v_P<1$。

综上所述，在发动机选型及其性能确定的情况下，为了使汽车拥有较好的动力性，过去多数汽车的 $v_{max}/v_P\geqslant1$（即主减速器传动比取 i_{01}、i_{02} 中的值）。而近年来，为了提高汽车的燃油经济性，出现了主减速器传动比减小（即 $v_{max}/v_P<1$）的趋势。据有关资料介绍，现代轿车主减速器传动比的确定，使约 74% 轿车的 v_{max}/v_P 值在 0.90～1.10；5.5% 的轿车在 1.10～1.39；17.5% 的轿车在 0.70～0.90；甚至有 3% 的轿车在 0.50～0.70。

（三）变速器各挡传动比的影响

1. 变速器Ⅰ挡传动比

变速器Ⅰ挡传动比对汽车的最大爬坡能力有着最直接的影响，同时也影响到汽车的起步加速能力。Ⅰ挡的传动比愈大，汽车所能产生的驱动力愈大；在附着条件允许的情况下，汽车的爬坡能力和加速能力也必然愈大。

汽车设计中变速器的Ⅰ挡传动比，一般按满足爬最大坡度角 α_{max}（一般汽车要求在 20°左右）的驱动力要求确定。

$$F_{t\,\mathrm{I}\,max}=\frac{T_{emax}i_{\mathrm{I}}i_0\eta_T}{r}\geqslant Gf\cos\alpha_{max}+G\sin\alpha_{max} \tag{2-110}$$

即

$$i_{\mathrm{I}}\geqslant\frac{Gr(f\cos\alpha_{max}+\sin\alpha_{max})}{T_{emax}i_0\eta_T} \tag{2-111}$$

此为保证汽车爬过最大坡度角的必要条件。

2. 变速器其余各挡传动比

对于挡位数确定的汽车来说，各挡传动比不同，对汽车的动力性也会有一定的影响。

在头挡传动比确定的情况下，若不计换挡过程中车速的下降，各挡传动比按等比关系确定能使汽车拥有最好的动力性。

在此可以分析一下，如图 2-35 所示为发动机外特性的 P_e-n 曲线和具有三个挡位汽车

的速度 $v-n$ 关系线。各条 $v-n$ 关系线相对应的一个挡位可以按 $v=0.377\frac{n_2 r}{i_j i_0}$ 绘出，其中 Ob 线为Ⅰ挡；Of 线为Ⅲ挡（此为直接挡）；Od' 和 Od 是对应两个传动比值 $i'_{Ⅱ}$ 和 $i_{Ⅱ}$（$i'_{Ⅱ}<i_{Ⅱ}$）的二挡 $v-n$ 关系线。为使低挡换高挡快捷、平顺、无冲击，先后相啮合的齿轮圆周线速度应相等，故汽车相应 $i'_{Ⅱ}$ 和 $i_{Ⅱ}$ 的换挡加速过程分别为 $a\rightarrow b\rightarrow c'\rightarrow d'\rightarrow e'\rightarrow f$ 和 $a\rightarrow b\rightarrow c\rightarrow d\rightarrow e\rightarrow f$。这里的 i 正好使Ⅰ挡换上Ⅱ挡和Ⅱ挡换上Ⅲ挡所对应的发动机转速相等，皆为 n_{ce}；而 $i'_{Ⅱ}$ 使换上Ⅱ挡时的发动机转速 n'_c 较 n_{ce} 低，又使换入Ⅲ挡时的发动机转速 n'_e 较 n_{ce} 高。很显然，相应Ⅱ挡两个传动比 $i'_{Ⅱ}$ 和 $i_{Ⅱ}$ 比较：前者在Ⅱ挡上多用了一段低功率（$P_{c'}$—P_{ce} 段）；而在Ⅲ挡上少用了一段高功率（P_{ce}—$P_{c'}$段），故 $i'_{Ⅱ}$ 所确定的Ⅱ挡不及 $i_{Ⅱ}$ 使汽车的动力性好。同样也可分析出，大于 $i_{Ⅱ}$ 的传动比 $i'_{Ⅱ}$ 所确定的Ⅱ挡也不及 $i_{Ⅱ}$ 使汽车的动力性好。

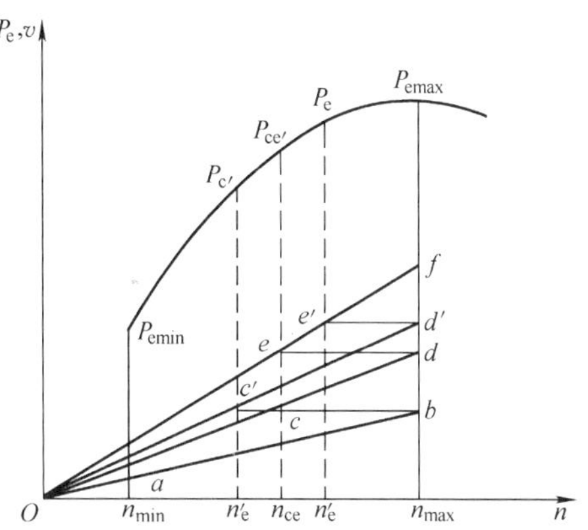

图 2-35 加速过程的功率利用图

对于相应的 $i_{Ⅱ}$，便可由图 2-35 中的 $v_b=v_c$ 和 $v_d=v_e$ 分别得

$$0.377\frac{n_{max}r}{i_I i_0}=0.377\frac{n_{ce}r}{i_{Ⅱ}i_0} \tag{2-112}$$

$$0.377\frac{n_{max}r}{i_{Ⅱ}i_0}=0.377\frac{n_{ce}r}{i_{Ⅲ}i_0} \tag{2-113}$$

即

$$\frac{i_{Ⅰ}}{i_{Ⅱ}}=\frac{n_{max}}{n_{ce}} \tag{2-114}$$

$$\frac{i_{Ⅱ}}{i_{Ⅲ}}=\frac{n_{max}}{n_{ce}} \tag{2-115}$$

故 $\frac{i_{Ⅰ}}{i_{Ⅱ}}=\frac{i_{Ⅱ}}{i_{Ⅲ}}$，即各挡传动比为等比关系。

可以分析，更多挡位变速器各挡传动比的分配也只有按等比关系才能使汽车发挥出更大的动力性。这样便有

$$\frac{i_{Ⅰ}}{i_{Ⅱ}}=\frac{i_{Ⅱ}}{i_{Ⅲ}}=\cdots=\frac{i_{n-1}}{i_n}=q \tag{2-116}$$

式中，q 为各挡之间的公比，与各挡传动比之间的关系为

$$i_n=1(\text{直接挡}),i_{n-1}=q,\cdots,i_{Ⅱ}=q^{n-2},i_{Ⅰ}=q^{n-1}$$

故

$$q=\sqrt[n-1]{i_{Ⅰ}} \tag{2-117}$$

其中任一第 j 挡的传动比为

$$i_j=\sqrt[n-1]{q^{n-j}} \tag{2-118}$$

实际上，变速器各挡传动比也并非正好按等比关系确定的。除了换挡过程占用一定时间车速会降低，而且车速越高降低越多，需对传动比适度调整外，传动比还受齿轮齿数为整数

及各挡利用率的影响。一般较高挡位相邻两挡间的传动比之比小些，这样对动力性和经济性更有利。

（四）变速器挡数的影响

仅就动力性而言，从功率平衡图上看很明显，挡数愈多，发动机高功率区被利用的机会愈多，后备功率愈大，提高了汽车的加速能力和爬坡能力。另外，挡数增多，对提高汽车的经济性也极为有利。但从变速器操作来说，挡数越少越好，不过一般还应保证使挡与挡之间的传动比比值不大于1.7~1.8，否则会使换挡过程中发动机的转速变化幅度过大而造成换挡困难。

现代汽车非常注重燃油经济性，所以变速器挡数较以前都有增多。装有手动变速器的轿车普遍采用五挡，也有的采用六挡；轻型货车和中型货车一般采用五挡，也有的采用六挡、七挡；重型货车一般采用六挡以上，有的为十几个挡，以在不同工况下使汽车具有较好的动力性和经济性。

二、汽车结构因素的影响

（一）汽车外形和尺寸

汽车的外形和尺寸，直接影响空气阻力因数 C_D 和迎面面积 A，所以改善汽车外形和缩减汽车尺寸，会使汽车的动力性明显得到改善。另外，这也是汽车节油的有效途径。据有关资料分析，轿车的 C_D 每减小0.1，其混合百公里油耗可降低10%。

（二）汽车整备质量

汽车整备质量是指其自身并包括按要求装备燃油、润滑油、冷却水、备胎和随车工具等，但没有装货和载人时的汽车质量。降低汽车整备质量，可以相应降低汽车行驶的有关阻力，使汽车动力性得到改善。同时也使汽车油耗得以减小，一般认为，轿车质量每减少10%，油耗就可减少3%~9%。

减轻汽车整备质量的主要措施是：增加铝与复合材料在汽车上应用的比例，改善汽车各总成乃至零件的结构，使强度充分发挥，减小结构尺寸和用料量；采用承载式车身、前轮驱动、少片弹簧；提高轮胎的可靠性、去掉备胎等。

（三）轮胎的尺寸与结构

轮胎的尺寸和结构，直接影响汽车的驱动力和驱动力的发挥（受制于附着力）。另外，减小滚动阻力系数，也可以相应使汽车的动力性得到提高，同时也降低了汽车的油耗。

轮胎花纹对附着力和滚动阻力有着较大的影响，不同汽车选用时应考虑汽车行驶的环境条件。目前公认子午线轮胎在包括降低滚动阻力系数等诸多方面的综合性能最好，其滚动阻力系数比斜交轮胎低20%~30%，可节油6%~9%。

（四）四轮驱动系统

自动四轮驱动系统（4WD）已开始应用在一些轿车上，它能够根据行驶的路面情况自动采取双轮动力或四轮动力进行驱动，以充分发挥所需的驱动力来提高汽车的动力性。

4WD系统的工作原理是：通常情况下，汽车处于2WD模式运行。而当前轮与后轮之间出现转速差时，说明驱动轮出现滑转，应提高附着力，此时前、后油泵的液压促使原从动轴与差速器离合器接合，使来自分动器的驱动力施加在该轴车轮上，使2WD模式自动转变成4WD模式。如车辆匀速行驶或减速行驶一般为两轮驱动；当突然猛加速或上大坡时就有可能为四轮驱动，这一转变都是自动实现的。

三、底盘技术状况和道路状况的影响

（一）底盘技术状况

底盘的技术状况直接影响汽车动力的传动效率和行驶阻力，所以对汽车的动力性有着很直接的影响，同时也影响到汽车油耗。汽车底盘除了传动系，行驶系和制动系外，还应特别注意汽车齿轮油和车用润滑脂的合理使用。

1. 汽车齿轮油的选用

汽车齿轮油主要用于传动系中的变速器和驱动桥传动齿轮，其主要作用是减少摩擦、降低磨损和冷却零部件，同时还可缓和振动、减少冲击、防止锈蚀以及清洗摩擦面脏物等。

按照其工作环境和特点，齿轮油应具备以下性能：

（1）极压抗磨性　在正常运转条件下，齿轮处于接触表面间有一定厚度润滑油膜的流体润滑状态。但当汽车在重载荷起动，爬坡或遇到冲击载荷时，齿轮接触表面区域有相当一部分处于用肉眼看不到的吸附在金属表面的润滑油极性分子所形成的十分牢固的定向分子附层油膜所产生的边界润滑状态，齿轮的齿面负荷极高，要求齿轮油能在较高的负荷下保持足够厚的油膜。齿轮油的粘度增加有利于承载能力的提高，但粘度增加过大会使摩擦损失增大，所以汽车齿轮油中一般都加有极压抗磨添加剂。

（2）热氧化安定性　当变速器和驱动桥内的齿轮油在汽车运行中达到较高温度时，齿轮油的氧化是一个突出问题，而齿轮油氧化又会使润滑油的粘度增加、生成油泥、影响油的流动。产生的腐蚀性物质会加速金属腐蚀和锈蚀，生成的极性沉淀物吸附极性添加剂，并使添加剂随沉淀一起从油中析出，沉淀又会使橡胶密封件老化变硬，也会覆盖在零件表面、影响散热。

（3）抗腐蚀性　润滑油中的极性添加剂往往会造成铜或铜合金的腐蚀，所以要求汽车齿轮油既具有好的极压抗磨性，又具有良好的抗腐蚀性。与发动机润滑油相似，汽车齿轮油是按粘度和品质进行分级。齿轮油按粘度分为 75W、80W、85W、90、140 五个牌号，W 表示低温要求，数字表示粘度大小。85W/90 表示多级油，各粘度牌号齿轮适用的环境温度如表 2-8 所示。我国齿轮油的品质是按其承载能力划分为三级，CLC 为普通汽车齿轮油，CLD 为中负荷汽车齿轮油，CLE 为重负荷汽车齿轮油，后两种又称为双曲线齿轮油，三种齿轮油的特点和常用部位如表 2-9 所示。

表 2-8　各种粘度牌号齿轮油适用的温度范围

粘度牌号	环境温度/℃	粘度牌号	环境温度/℃	粘度牌号	环境温度/℃
75W	-57 ~ 10	85W/80	-15 ~ 49	90	-12 ~ 49
80W/90	-25 ~ 49	84W/140	-15 ~ 49	140	-7 ~ 49

表 2-9　汽车齿轮油分类

名称及代号	特　点	常用部位
普通汽车齿轮油 CLC	精制矿物油加抗氧剂、防锈剂、抗泡剂和少量极压剂等	手动变速器、螺旋伞齿轮的驱动桥

（续）

名称及代号	特　点	常用部位
中负荷汽车齿轮油 CLD	精制矿物油加抗氧剂，防锈剂、抗泡剂和极压剂等。适应在低速高转矩、高速低转矩下操作的各种齿轮，特别是客车和其他各路车辆用的准双曲面齿轮	手动变速 9D、负荷高的螺旋伞齿轮和使用条件不苛刻的准双曲面齿轮的驱动桥
重负荷汽车齿轮油 CLE	精制矿物油加抗氧剂、防锈剂，抗泡剂和极压剂等。适用于高速冲击负荷、低速高转矩、高速低转矩下操作的各种齿轮，特别是客车和其他各种车辆用的准双曲面齿轮	操作条件苛刻的准双曲面齿轮及其他各种齿轮的驱动桥，也可用于手动变速器

汽车齿轮油的选择首先要根据齿轮的类型、负荷大小、滑动速度选定合适的质量级别；再按照使用的最高和最低工作温度来确定齿轮油的粘度级别。一般而言，气温低、负荷小，应选择粘度较小的油；而气温较高、负荷较大，宜选用粘度较大的油。可以同时满足最低环境温度的冷起动和正常工作条件下温度要求的油即多级油。对于同一辆汽车，往往也需要按驱动桥和变速器齿轮所受负荷的不同在选油品质等级上区别对待。

齿轮油的更换周期一般在 20000 ~ 30000km 以上，可达 60000km。通常需要跨年度使用，所以，所选齿轮油最好能根据汽车行驶区域的温度特点在粘度上能同时满足一年内最高温度和最低温度的要求，即冬夏通用。选择适当的汽车齿轮油，不仅有利于驱动桥和变速器齿轮的润滑，而且可以减少摩擦、节约能源。通常在满足润滑的前提下，低粘度齿轮油比高粘度节能；多级齿轮油比单级节能。

另外，采用自动变速器的轿车、城市客车以其方便、省事和轻松的驾驶感觉越来越受到人们的青睐。传动装置的液力变矩器是以液体为传动介质，利用液体的压力能或动能来传递和转换能量。选用液力传动油时，应根据所使用的液力传动结构的特点，结合液力传动油类型进行相应的选择。

自动变速器的工作特点要求液力传动油必须具有较高的品质，自动变速器油的型号很多，各国的用油规定也不同，一般应按汽车使用说明书的规定选用。自动变速器油的型号不同，其摩擦因数也不同。因此，既不能错用，也不能混用。错用会使自动变速器发生换挡冲击和制动器、离合器突然啮合的现象；或出现自动变速器的离合器、制动器打滑，加速摩擦片的早期磨损。

自动变速器油也有一定的使用期限，当达到这个期限时，油品就不能很好起到润滑作用。所以应定期更换。国产汽车正常行驶 20000 ~ 40000km，进口汽车正常行驶 40000 ~ 80000km，或者停车超过 2 年时，均应将自动变速器油液全部更换。换油时，应先放掉旧自动变速器油，而在放油前先行驶车辆，使自动变速器油预热到正常工作温度（70 ~ 80℃），以便降低油的粘度（确保油内杂质和沉淀物随油一起排出），然后停车熄火，将汽车停放在水平路面上，选挡操纵手柄拨至停车挡（P）位置，并拉紧驻车制动器。拆下自动变速器油底壳上的放油螺塞，将油底壳内的油液放净，视情况拆下油底壳，彻底清洗油底壳和滤清器滤网，并将自动变速器油冷却器用汽油冲洗干净，然后再将油底壳和放油螺塞装好。

加油时，先从自动变速器加油口注入规定牌号的自动变速器油至规定的油面高度（因加入的是新油，温度较低，油面高度应在油尺刻度线的下限附近）。起动发动机，在发动机怠速运转情况下，移动选挡操纵手柄经所有挡位后回到停车挡（P）位置，此时如油面低，应继续加油至规定油面高度。最后，让汽车行驶至发动机和自动变速器达到正常工作温度，再次检查热状态时油面高度是否在油尺刻度线的上限附近，并调整油面高度。如果加油时不慎使油面高于规定的高度，这时不应勉强使用，而应该拧开放油螺塞进行放油；如没有放油螺塞，可从加油口处用吸管或其他器具吸出。

自动变速器油量的多少，对其使用性能和使用寿命均有较大影响。因此，加入自动变速器的油量必须符合标准。若油面低于标准，油泵会吸入空气，导致空气混入工作液，降低液压系统的工作压力，使各控制滑阀和执行元件动作失准，操纵失灵，使离合器、制动器的摩擦材料早期磨损，同时还会加速自动变速器油的氧化变质。当油面过低时，由于运动件得不到充分可靠的润滑，就有可能因过热而引发运动件卡滞及产生噪声。当油面过高时，会由于机械搅拌而产生大量泡沫，这些泡沫进入液压控制系统，会引发与油面过低而产生的同样问题。如果控制阀体浸没于自动变速器油中，则液压管路中的离合器、制动器的泄油口会被自动变速器油阻塞，施加于离合器、制动器的油压就不能完全释放或释放速度太慢，使离合器、制动器动作迟缓。在坡路上行驶时，由于过多的油液在油底壳中晃动，可能从加油管往外窜油，容易引起发动机罩下起火。

2. 汽车用润滑脂的选用

润滑脂是稠化了的润滑油，但与润滑油相比具有如下优点：

1）与相似粘度的润滑油相比，润滑脂有较高的承受负荷能力和较大的阻尼性。

2）由于稠化剂的吸附作用，润滑脂的蒸发损失小，高温、高速下的润滑性好。

3）润滑脂易附着在金属表面，保护表面不锈蚀，并可防止滴油、溅油。

4）由于稠化剂的毛细作用，润滑脂可以较宽温度范围和较长时间内逐步放出润滑油。

但润滑脂也有冷却作用差、起动摩擦力矩大和更换比较复杂等缺点。它广泛地应用于各种汽车。

润滑脂的主要性能指标有滴点、锥入度、胶体安定性、氧化安定性、机械安定性、抗水性和蒸发损失等，它们分别表明润滑脂可以使用的温度上限（滴点比使用温度上限应高 15 ~ 30℃）；润滑脂的稠度和软硬程度；在外力作用下润滑脂能在其稠化剂骨架中保存有油的能力；润滑脂在贮存和使用中抵抗氧化的能力；在机械工作条件下抵抗稠度变化的能力；不溶于水、不吸收水、不被水冲掉的能力；以及在一定条件下的损失量比例。

选用润滑脂时，应根据润滑脂的性能特性，并结合其所处界面的工作温度、相对速度、负荷和环境条件等具体确定。温度越高，润滑脂的蒸发损失越大，油性减小，变硬、粘度增加，导致润滑脂的寿命缩短。一般轴承温度升高 10 ~ 15℃，润滑脂的寿命下降 50%。所以温度高的部位一定要选用抗氧化安定性好、热蒸发损失少、滴点高、分油量少的脂；而温度较低的部位，一定要选用低温起动性好、相对粘度小的脂。摩擦副的相对速度越高，润滑脂的寿命越短；负荷越大，要求润滑脂的稠度越大。润滑脂所处环境的湿度、灰尘和腐蚀性等，对润滑脂都有相应的要求，选用时都应适度考虑。另外，加润滑脂时还应注意填充量，并非填充量越多越好，过多反而会增大阻力并影响散热；还应注意不同牌号的润滑脂不能混用，以免不同化学成分和性质的油脂混在一起降低润滑脂的使用性能和寿命。

3. 传动系的技术状况

传动系的功率消耗约为传递功率的 10% ~15%，其中变速器和主减速器的功率损失占绝大部分。若传动系机件技术状况不良，在行驶中出现离合器打滑、分离不彻底、异响、发热，变速器自动脱挡或跳挡，传动轴发响、发抖，变速器异响、发热等故障，这都意味着会有能量的损失，使汽车的动力性降低，也使汽车的油耗增加。

因此，在汽车使用过程中应定期对传动系各传动件进行保养、维护，并检查、添加润滑油，保证其正常地工作，无异响，避免发热等异常现象。

4. 行驶系的技术状况

行驶系中轮毂轴承的松紧度对驱动力的传递和行驶阻力都有很大的影响。轮毂轴承调整过紧，将增加车轮旋转阻力和摩擦损失；如果调整过松，车轮行驶时会出现摇摆，使车轮滚动阻力增加，同时也使制动鼓歪斜，易与制动蹄片相碰擦，增大了旋转阻力。

车轮定位的正确与否，对汽车的运行阻力有着显著的影响。前束调整不当，前轮在行驶中会发生摇摆，滚动中还有滑移，这不仅加剧了轮胎磨损，而且也使行驶阻力增加。

轮胎气压的高低，将影响汽车的滚动阻力。当轮胎的气压低于标准值时，轮胎的变形量大，滚动阻力增大。

此外，在使用中还应注意前、后桥与车架的相互安装位置。位置不正确，将会使汽车在行驶中不能保持稳定的直线行驶而跑偏，导致行驶阻力增加。以上所有这些因素，也会影响汽车的油耗。

5. 制动系的技术状况

制动器的调整必须保证既能在工作时达到可靠制动，又要保证放松制动踏板后没有制动拖滞现象。如果制动蹄与制动鼓的间隙过小而出现制动拖滞现象，将会导致行驶阻力增大，同时也使油耗增加。

汽车底盘技术状况的好坏，可用汽车的滑行能力综合评定。在其他条件相同的情况下，汽车的滑行距离越长，说明底盘的综合技术状况越好，汽车的动力性和经济性就相对越好，表 2－10 所示为部分车型的汽车在沥青路面上的滑行距离。

表 2－10 部分车型的汽车在沥青路上的滑行距离

汽车总质量/t	空 载		满 载	
	初速/km·h^{-1}	滑行距离/m	初速/km·h^{-1}	滑行距离/m
2～3	30	150～200	50	660～710
3.5～4.5	30	200～250	50	700～750
5～7	30	250～300	50	750～800
8～10	30	280～350	50	800～1100

（二）道路状况

道路状况直接影响到汽车的行驶阻力和附着力，所以对汽车动力性也有较大的影响，同时也影响到汽车的燃油经济性。随着近几年国内道路条件的改善，汽车动力性也得到了较大发挥。

第九节 汽车动力性试验

汽车性能试验是汽车性能理论研究的基础，也是汽车产品质量检验和评价的重要手段。

目前我国有关汽车性能试验的方法、规程和限定等方面的标准很多，本节以及后述有关章节仅就与汽车运行性能密切相关的试验内容作一简单介绍。

汽车动力性试验分为路上试验和室内试验。与此相关的现行主要标准有：《汽车道路试验方法通则》（GB/T 12534—1990）、《汽车滑行试验》（GB/T 12536—1990）、《汽车牵引性能试验方法》（GB/T 12537—1990）、《汽车最高车速试验方法》（GB/T 12544—1990）、《汽车加速性能试验方法》（GB/T 12543—1990）、《汽车爬陡坡试验方法》（GB/T 12539—1990）、《汽车最低稳定车速试验方法》（GB/T 12547—1990）和《汽车技术状态行驶检查方法》（GB/T 12677—1990）等。无论测量汽车运行性能的哪一方面，都应注意试验条件的控制、试验方法的运用和试验数据的采集与处理，以保证试验结果的准确性。

一、路上试验

（一）试验条件

试验条件是获得可靠试验结果的前提，所以在试验过程中要严格遵守规范所提出的条件要求。

1. 车辆条件

对新车或大修后的车辆进行试验，试验前需进行一定行程的走合，新车一般按照制造厂的规定进行走合（行程一般为1000 ~ 1500km）。试验前还应注意各总成的技术状况和调整状况，应使之处于良好状态，如点火系、供油系、制动蹄鼓间隙、车轮轴承紧度、车轮定位和轮胎气压与标准值相差不超过 ±10kPa 等。

对于车辆载荷，我国规定动力性试验时汽车为满载，货车内可以按规定载质量均匀放置沙袋；轿车、客车以及货车驾驶室的乘员可用重物替代，每位乘员的质量相当于65kg。汽车试验时应具有的正常状态：冷却水温度 80 ~ 90℃；发动机机油温度 60 ~ 95℃；变速器及驱动桥齿轮油温度不低于 50℃。试验前汽车应通过较高车速的行驶进行预热，以达到上述温度状态。

2. 道路条件

动力性试验的大多数项目应在混凝土或沥青路面的直线段上进行。要求路面平整、干燥、清洁、纵向坡度不大于 0.1%。

3. 气候条件

试验应避免在雨雾天进行，气压在 99.3 ~ 120kPa；气温在 0 ~ 35℃；风速小于 3m/s。

（二）试验用主要仪器、设备

包括试验车辆、综合气象观测仪、五轮仪（或相应车速、行程记录装置）、标杆、秒表、卷尺和发动机转速表等。

（三）主要项目试验方法

1. 最高车速的测定

设置 500m 长的测量路段，其两端各设 100m 的准备路段，以提示试验人员作测量准备。各标志点插立红白相间的标杆，而且标志点应在垂直于道路中心线方向相距 2m 左右插两根，以保证观察准确。

测量路段两端应有足够长的加速区间，节气全开达到最高车速后以稳定状态通过测量路段，记录通过 500m 所用时间。试验应往返两个方向进行，求两次通过时间的平均值，便可算得最高车速。

2. 加速能力的测定

加速能力测定包括起步连续换挡加速能力和直接挡（或超速挡）加速能力两项。需用五轮仪测得加速过程参数，配以记录仪可直接绘出加速时间曲线和加速行程曲线。起步加速性能试验一般以常用起步挡起步（轿车为Ⅰ挡、货车常为Ⅱ挡），加速踏板踏到底，按最佳换挡时机逐次换至高挡，直至全加速到某一较高车速（$0.8v_{max}$或100km/h）或通过某一路段（如400m、500m或1000m）为止。

超车加速性能试验一般以选定挡位上稍高于最低稳定车速（如10km/h、15km/h、20km/h或25km/h等）开始，迅速将加速踏板踩到底，使汽车加速至该挡最高车速的80%以上为止。

每项加速试验应往返各进行一次，取两次记录的平均值为最终结果。

3. 爬坡能力的测定

为测得汽车的最大爬坡度，应有一系列不同坡度的坡道，长度应不短于25m。试验时汽车使用最低挡，爬坡过程加速踏板踩到底，汽车所能通过的最陡坡道的坡度，便是汽车的最大爬坡度。

如果所选坡道的坡度不合适（大或小），可采用增、减载荷和变换挡位的办法来进行试验，再按测试数据算出最大爬坡度：

$$\alpha_{max} = \arcsin\left(\frac{G_s}{G} \cdot \frac{i_{\mathrm{I}}}{i_s}\sin\alpha_s\right) \tag{2-119}$$

式中，G_s是试验时汽车总重力（N）；G是汽车额定载质量时的总重力（N）；i_{I}是变速器Ⅰ挡传动比；i_s是试验时变速器所用挡位传动比；α_s是试验时的实际爬坡角（°）。

4. 最低稳定车速的测定

在试验路段上选定两段长100m的测量路段，两段之间相隔200~300m。一般汽车应测直接挡（有超速挡的还应测超速挡）的最低稳定车速。

在测量路段前保持可以稳定行驶的最低稳定车速驶入并通过测量路段；驶出测量路段时，立即踩下加速踏板，发动机不应熄火，传动系不应颤动，汽车能够平稳地加速，加速至20~25km/h，并在第二个测量路段前再稳定至最低稳定车速驶入且通过第二个测量路段。试验过程中，不允许为保持稳定行驶而切断离合器或使离合器打滑，可根据实际情况，适当提高或降低驶入测量路段前的稳定车速。

试验应往返各进行一次，按4次通过测量路段的时间取算术平均值，便可算得最低稳定车速。

汽车大部分时间是在直接挡上行驶，直接挡的最低稳定车速越低，在行驶中换用低一挡的机会就越少，这对提高汽车的平均车速及减轻驾驶者的疲劳有利。

5. 滑行的测定

滑行是指汽车在水平路面而且无风的条件下，从某一车速脱挡利用汽车的动能继续行驶的减速过程，分为高速滑行（滑行初速度高于50km/h）和低速滑行（滑行速度低于25km/h）。由于汽车的滑行运动只取决于滚动阻力和空气阻力以及汽车本身的质量，所以可根据滑行过程中的减速度、滑行时间和滑行距离求得汽车的滚动阻力和空气阻力以及滚动阻力系数和空气阻力系数C_D。

滑行距离（汽车以某一车速滑行至停车所驶过的距离）常被用来评价汽车底盘的技术状况，试验时应在同一车速下往返各滑行一次，取滑行距离的平均值。滑行距离越长，表明底盘的技术状况越好。

二、室内试验

室内试验与路上试验在许多方面可以互补，而且室内试验还有着许多优点，如室内环境不受外界气候条件的限制，试验条件容易控制，可用多种手段测量多方面参数（如动力性，经济性和环保性）等。

室内动力性试验主要测定汽车的驱动力、传动系机械效率、轮胎滚动阻力系数以及空气阻力系数等。

汽车的驱动力由汽车测功器来测量。图2－36所示是一种单鼓式汽车测功器（也称为转鼓试验台）。试验时汽车的驱动轮放在转鼓上，应注意驱动轮的中心应与转鼓的中心在同一垂直平面内，转鼓内装有液力或电力测功器。横向拉绳用于固定汽车，同时测取汽车的挂钩拉力 F_d 垂直拉绳连接拉力表，用于测取汽车施加于转鼓上的力矩 $T(=FL)$。

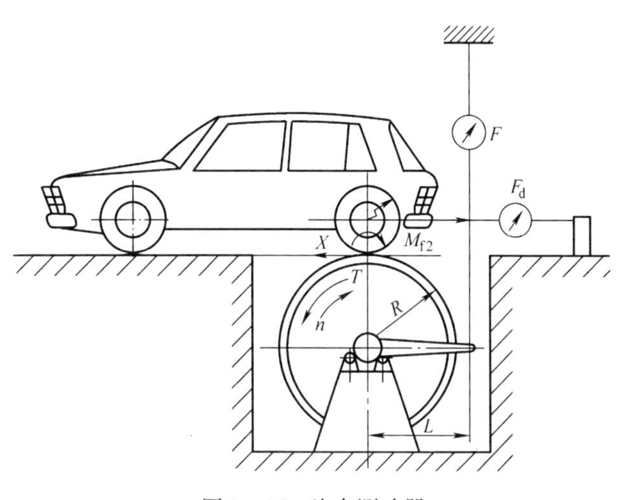

图2－36　汽车测功器

根据驱动轮与转鼓上的力矩平衡，可得驱动力为

$$F_t = \frac{F_d(r+R)-FL}{r} \tag{2-120}$$

式中各符号所代表的意义如图2－36所示。按各个挡、各种车速下测得的节气门全开时的值确定出 F_t，便可绘出汽车的驱动力图。

传动系机械效率在专门的效率试验台上测定，轮胎滚动阻力系数在轮胎转鼓试验台上测得，空气阻力系数的准确测量需由风洞实验实现。

习　题

A 概念类

1. 什么是汽车的动力性？其评价指标是什么？
2. 汽车的驱动力是如何产生的？如何由发动机转矩或功率确定汽车的驱动力？
3. 什么是传动效率？与哪些因素有关？
4. 什么是车轮的自由半径、静力半径、动力半径和滚动半径？车轮半径是如何确定的？
5. 如何绘制汽车的驱动力图？由驱动力图说明汽车运行的状态范围。
6. 汽车的行驶阻力有哪几种？各在什么情况下存在？
7. 什么是轮胎的迟滞损失？它如何形成滚动阻力？
8. 硬路面上汽车行驶的滚动阻力如何确定？

9. 滚动阻力系数与哪些因素有关系？什么是驻波现象？
10. 在汽车动力性分析中，如何确定汽车的滚动阻力系数？
11. 什么是空气阻力？如何确定？
12. 什么是压力阻力、诱导阻力、干扰阻力、内循环阻力和摩擦阻力？各是如何产生的？
13. 在结构和使用上应如何降低汽车的空气阻力？
14. 什么是坡度阻力？如何确定？
15. 什么是道路阻力？如何确定？
16. 什么是加速阻力？如何确定？
17. 什么是旋转质量换算系数？如何确定？
18. 汽车行驶的驱动与附着条件是什么？
19. 什么是附着力？它主要取决于什么？
20. 什么是汽车的轴荷再分配现象和轴荷再分配系数？
21. 什么是附着系数？它受哪些因素的影响？
22. 汽车的驱动力平衡方程式有哪几种形式？
23. 什么是汽车的驱动力平衡图？
24. 什么是剩余驱动力？起什么样的作用？
25. 如何利用汽车的驱动力平衡确定其最高车速、加速能力和爬坡能力？
26. 什么是汽车的动力因数？其实质是什么？
27. 什么是动力特性图和动力平衡图？
28. 什么是动力平衡方程式？
29. 如何利用动力平衡确定汽车的最高车速、加速能力和爬坡能力？
30. 什么是汽车的功率平衡方程式和功率平衡图？
31. 什么是后备功率？它有什么作用？
32. 能否用汽车的功率平衡分析其动力性？
33. 液力传动的传力特点是什么？
34. 什么是液力偶合器的原始特性？
35. 什么是液力偶合器的输入特性？液力偶合器与发动机联合工作的范围如何？
36. 什么是液力偶合器的输出特性？液力偶合器与发动机联合工作的输出范围如何？
37. 什么是液力变矩器的原始特性？
38. 什么是液力变矩器的输入特性？
39. 什么是液力变矩器的输出特性？其变化趋势如何？
40. 汽车用液力传动装置通常为何种形式？
41. 液力传动装置汽车的驱动力如何确定？
42，发动机功率如何影响汽车的动力性？
43. 主降速器传动比如何影响汽车的动力性？
44. 变速器各挡传动比如何影响汽车的动力性？
45. 变速器挡数如何影响汽车的动力性？
46. 汽车外形尺寸和整备质量如何影响汽车的动力性？
47. 轮胎尺寸和结构如何影响汽车的动力性？
48. 四轮驱动系统对提高汽车的动力性有何作用？
49. 底盘技术状况和道路状况对动力性是如何产生影响的？
50. 汽车动力性试验的现行参考标准主要有哪些？
51. 汽车动力性试验的条件主要包括哪些？怎样保证？

52. 如何进行汽车最高车速、加速能力、爬坡能力、最低稳定车速和滑行距离的测定？

53. 路上试验和室内试验是否可以相互取代？为什么？

B 综合类

54. 在同一段有较滑陡坡的路面上，为什么后轴驱动货车满载时能通行，而空载时反而通不过？

55. 汽车在水平路面上等速行驶与加速行驶时，车轮与地面的法向作用力 Z_1 和 Z_2 的表达式相同，这是为什么？

56. 分析说明汽车运行的最高极限车速受哪些因素的影响？

57. 理论上的最佳换挡时机应如何确定？

58. 汽车空载和满载时的动力性有无变化？为什么？

59. 为什么主降速比的大小会在很大程度上影响汽车的最高车速？

60. 汽车设计上是如何确定发动机功率和变速器各挡传动比的？

61. 结合发动机的转速特性分析，为什么在平路上踩下加速踏板汽车会由低速加速行驶？

62. 利用某牵引车改装半挂车，已知参数如下：

列车总质量为16600kg；各挡传动比为：$i_{\mathrm{I}}=7.31$，$i_{\mathrm{II}}=4.31$，$i_{\mathrm{III}}=2.45$，$i_{\mathrm{IV}}=1.54$，$i_{\mathrm{V}}=1$；主减速器传动比 $i_0=6.33$；传动系统的机械效率 $\eta_{\mathrm{T}}=0.90$；车轮半径 $r=0.485\mathrm{m}$；空气阻力系数与迎面面积 $C_{\mathrm{D}}A=4.32\mathrm{m}^2$；直接挡的旋转质量换算系数 $\delta=1.03$；滚动阻力系数按 $f=0.0076+0.000056v$。

发动机外特性数据为：

转速 $n/(\mathrm{r\cdot min^{-1}})$	1000	1200	1400	1600	1800	2000	2200	2400	2600	2800	3000
功率 $P_{\mathrm{e}}/\mathrm{kW}$	35	44	51.5	59	65.5	72	785	84.5	89.7	94.5	99

求以下内容：

1）给出汽车列车的驱动力图。

2）绘出汽车列车的动力特性图。

3）利用功率平衡确定最高车速。

4）确定 I 挡和直接挡的最大爬坡度。

5）直接挡由初速度 30km/h 开始的加速时间曲线。

（提示：发动机的外特性应转化为使用外特性）

第三章 汽车的燃油经济性

汽车一直是石油产品的消耗大户。就我国而言，汽车消耗的汽油占汽油消耗总量的90%以上，柴油占其总量的20%以上。尽管随着世界上石油储量的减少，汽车用燃料将日趋多元化，但在当前和今后相当长的一段时期内，汽油和柴油仍是汽车发动机的主要燃料。而且随着国内汽车保有量的快速增长，燃油的消耗量还会大幅上升。所以研究和提高汽车的燃油经济性，不仅影响到汽车的运输成本，而且涉及能源的充分利用，既有现实的经济价值，又有深远的社会意义。

汽车的燃油经济性是指汽车相对于所完成运输工作的耗油量的大小。我国和欧洲国家一般用单位行程的燃油消耗量或单位货物周转量的燃油消耗量表示，相应的常用单位分别是L/100km和L/（100t·km）。前者主要针对相同容载量汽车的燃油经济性评价；后者主要用于评价不同容载量汽车的燃油经济性。显然，其数值越大，燃油经济性越差。

而英国和一些美洲国家如美国等是以单位燃料消耗量能使汽车行驶的里程来衡量汽车的燃油经济性，单位是mile/USgal（英里/加仑）。其数值越大，燃油经济性越好，常被称为经济性因数。当然其实质与前述评价指标是一样的。

同前一章的汽车动力性相比，动力性用三个特定状态的参数表示即可；而经济性贯穿于汽车运行的整个过程中，所以它除了受汽车本身的结构设计、工艺水平、调整情况和所用燃油润滑油规格型号等因素影响外，还受到道路状况（城市、郊区、一般公路、高速公路）、交通情况（路上行人和车辆的密集程度）、驾驶习惯（平均车速、加速与减速）、气候环境（气温、气压、风、雨）等各方面使用因素的影响，这就给理论计算带来了诸多不便。因此，试验和实测往往能够更好地评价和分析汽车的燃油经济性。

第一节 汽车燃油经济性试验

燃油经济性的试验有多种，按试验时对各种使用因素的控制程度，可将试验分为不控制的路上试验、控制的路上试验、路上循环试验和汽车测功器（即转鼓试验台）上循环试验等几类。我国现行与燃油经济性相关的标准有：《汽车燃料消耗量试验方法》（GB/T 12545—1990）、《重型载货车燃料消耗量限值》（QC/T 535—1999）、《载货汽车燃料消耗量限制》（QC/T 538—1999）、《微型货车燃料消耗试验方法》（QC/T 29023—1991）等。燃油经济性试验用主要仪器和设备有：油耗计、秒表、标杆和室内试验台等。

一、不控制的路上试验

这是一种只对被试汽车的维护、调整规范及所用燃料、润滑油的规格等技术状况有明确规定，而对其他各方面使用因素都不加控制的路上试验方法。由于试验中各种使用因素的随机变化，要获得分散度较小的数据是很困难的。为此，必须用相当数量的汽车（几十辆以上）进行长距离（10000~160000km）的试验，才能获得可信的数据。尽管这种试验的条件和结果非常接近实际，但由于试验费用巨大，试验时间也太长，所以通常情况下很少采用。我国曾经采用过“使用油耗试验”，即在某地区、某汽车使用部门中，将被试验车辆投入实际使用，并认真测量和记录汽车的行驶里程和耗油量，最终确定平均油耗量。这也可以认为是一种不控制的路上试验。这种试验的条件很实际，但结果很难准确地测量，同时也需要很长的时间。

二、控制的路上试验

这种试验是按规定保证汽车的技术状况，另外按需要维持某些使用因素不变的条件下进行的。如在专用试验场进行的一些油耗试验，试验规范中往往对试验道路有较明确的规定，如一般路面、恶劣路面、山区路面各指哪些路段、包括多少公里等；而对试验中的交通情况、驾驶习惯以及气温、风、雪等并无规定。在这种情况下进行的便是控制的路上试验。

三、路上循环试验

路上循环试验是指汽车完全按规定的车速—时间规范进行的路上试验。规范中规定了何时换挡、何时制动以及行车的速度、加速度、制动减速度等数值。

（一）直接挡全节气门加速油耗试验

此项试验通常被间接用于检验汽车的技术状况。要求在平整、干燥、清洁、纵向坡度不大于0.3%（最好不大于0.1%）的混凝土或沥青路面上进行，测试路段长度为500m。

汽车在直接挡上以30km/h ±1km/h 的稳定车速通过50m 测量路段，在到达500m 测试路段的起始点时，节气门全开，加速通过测试路段。测量通过500m 的加速时间、油耗量及汽车在测试路段终点的速度。试验往返各进行两次，测得同方向加速时间的相对误差应不大于5%，取四次测量结果的算术平均值作为测定值。

（二）等速行驶油耗试验

这是一种早就广泛采用的、最简单的路上循环试验。路面条件与加速油耗试验要求相同，气温0～35℃、气压99.3～120kPa、相对湿度50%～95%，风速不大于3m/s。试验汽车的技术状况应正常，试验前应通过预热使发动机出水温度达到80～90℃、机油温度50～95℃，变速器及驱动桥润滑油温度不低于50℃。试验中汽车用最高挡从低速（最小稳定车速高于20km/h 时，取30km/h）到高速（每隔10km/h 或其整数倍）先后以不同速度等速通过500m 试验路段，至少测定五个试验车速。由其油耗量换算出相应车速下的百公里油耗量，并将各种车速下的等速行驶百公里耗油量在图上连成曲线，便是汽车等速百公里油耗曲线。

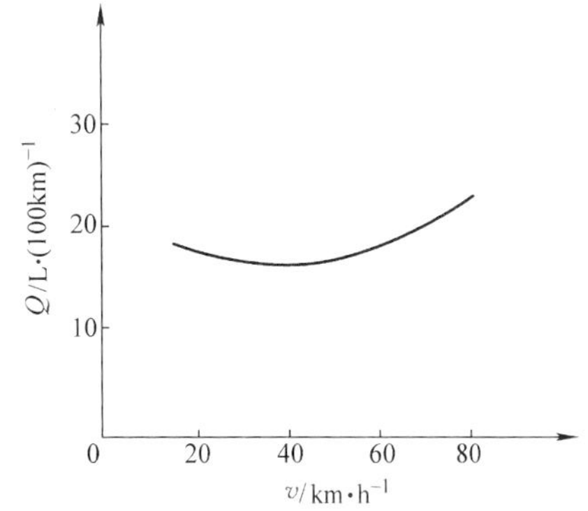

图3－1　某汽车的 $Q-v$ 曲线

图3－1所示是某汽车满载行驶时的百公里油耗曲线。很显然，等速行驶的百公里油耗量不能反映汽车实际行驶中频繁出现的加速、减速等行驶状况的燃油经济性，所以它只能作为一种相对比较性的燃油经济性指标。

（三）多工况油耗试验

为使路上循环试验能在一定程度上反映实际的行驶工况，欧盟、美国以及我国等都根据各自的路面状况和汽车行驶特点在对实际行驶车辆进行跟踪测试统计的基础上，制定了相应的循环行驶试验工况来模拟汽车的实际运行工况，并以其百公里油耗量作为相应车型的燃油经济性评价指标。我国针对不同车型，提出微型车试验循环如表 3－1 所示；轿车及总质量小于 3500kg 的载货汽车（不包括微型载货汽车）试验循环如表 3－2 所示；总质量在 3500～14000kg 的载货汽车及公路客车试验循环如表 3－3 所示；总质量大于 14000kg 的载货汽车试验循环如表 3－4 所示；城市客车（包括城市铰接式客车）试验循环如表 3－5 所示。

表 3－1 微型车试验循环（GB/T 12545—1990）

<table>
<tr><th rowspan="2">运行工况</th><th rowspan="2">运行状态/km·h⁻¹</th><th rowspan="2">运行时间/s</th><th rowspan="2">累计时间/s</th><th colspan="2">变速器挡位</th><th rowspan="2">速度或减速度/m·s⁻²</th></tr>
<tr><th>3 挡变速器</th><th>4 挡变速器</th></tr>
<tr><td>1</td><td>怠速</td><td>20</td><td>20</td><td>—</td><td>—</td><td>—</td></tr>
<tr><td>2</td><td>0→20</td><td>7</td><td>27</td><td>（0→20）Ⅰ挡</td><td>（0→15）Ⅰ挡
（15→20）Ⅱ挡</td><td>0.8</td></tr>
<tr><td>3</td><td>20</td><td>15</td><td>42</td><td>Ⅱ挡</td><td>Ⅱ挡</td><td>—</td></tr>
<tr><td>4</td><td>20→0</td><td>7</td><td>49</td><td>Ⅱ挡</td><td>Ⅱ挡</td><td>0.8</td></tr>
<tr><td>5</td><td>怠速</td><td>16</td><td>65</td><td>—</td><td>—</td><td>—</td></tr>
<tr><td>6</td><td>0→40</td><td>14</td><td>79</td><td>（0→20）Ⅰ挡
（20→40）Ⅱ挡</td><td>（0→15）Ⅰ挡
（15→30）Ⅱ挡
（30→40）Ⅲ挡</td><td>0.8</td></tr>
<tr><td>7</td><td>40</td><td>15</td><td>94</td><td>Ⅲ挡</td><td>Ⅳ挡</td><td>—</td></tr>
<tr><td>8</td><td>40→20</td><td>10</td><td>104</td><td>Ⅲ挡</td><td>Ⅳ挡</td><td>0.6</td></tr>
<tr><td rowspan="2">9</td><td>20</td><td>2</td><td>106</td><td>Ⅲ挡—Ⅰ挡</td><td>Ⅳ挡—Ⅲ挡</td><td>—</td></tr>
<tr><td>20→40</td><td>12</td><td>118</td><td>Ⅲ挡</td><td>Ⅳ挡</td><td>0.5</td></tr>
<tr><td rowspan="2">10</td><td>40→20</td><td>10</td><td>128</td><td>Ⅲ挡</td><td>Ⅳ挡</td><td>0.6</td></tr>
<tr><td>20→0</td><td>7</td><td>135</td><td>Ⅲ挡</td><td>Ⅳ挡</td><td>0.8</td></tr>
</table>

注：1. 变速器挡位括号内的数字，表示各个变速位置相对应的车速。

2. 对装备 5 挡变速器的汽车，用Ⅱ挡起步，该变速器的Ⅲ挡视为Ⅱ挡，Ⅳ挡视为Ⅲ挡，Ⅴ挡视为Ⅳ挡，按表中 4 挡变速器试验循环进行（但若用低速挡起步，则该变速器的Ⅳ挡视为最高挡，仍按表中 4 挡变速器试验循环进行）。

3. 装备超速挡变速器的汽车，一般超速挡不使用，试验中变速器的挡位为除超速挡以外的挡位。

表 3-2 轿车及总质量小于 3500kg 的载货汽车（不包括微型载货汽车）试验循环（GB/T 12545—1990）

序号	运行次序	工况序号	加速度 $/\mathrm{m\cdot s^{-2}}$	车速 $/\mathrm{km\cdot h^{-1}}$	程序时间 /s	工况时间 /s	累计时间 /s	如系手动变速器，所用排挡
1	怠速	1	—	—	11	11	11	PM①6s + K②5s
2	加速	2	1.04	0→15	4	4	15	I
3	匀速	3	—	15	8	8	23	I
4	匀速	4	-0.69	15→10	2	5	25	I
5	减速（离合器分离）		-0.92	10→0	3		28	K
6	怠速	5	—	—	21	21	49	PM6s + K5s
7	加速	6	0.83	0→15	5	12	54	I
8	换挡				2		56	Ⅱ
9	加速		0.94	15→32	5		61	Ⅱ
10	匀速	7	—	32	24	24	85	Ⅱ
11	匀速	8	-0.75	32→10	8	11	93	I
12	减速（离合器分离）		-0.92	10→0	3		96	K
13	怠速	9			21	21	117	PM6s + K5s
14	加速	10	0.83	0→15	5	26	122	I
15	换挡				2		124	Ⅱ
16	加速		0.62	15→35	9		133	Ⅲ
17	换挡				2		135	
18	加速		0.52	35→50	8		143	
19	匀速	11	—	50	12	12	155	Ⅲ
20	减速	12	-0.52	50→35	8	8	163	Ⅲ
21	匀速	13	—	35	13	13	176	Ⅲ
22	换挡	14			2	12	178	
23	减速		-0.86	32→10	7		185	Ⅱ
24	减速（离合器分离）		-0.92	10→0	3		188	K
25	怠速	15	—		7	7	195	PM7s

① PM 为变速器在空挡，离合器接合。

② K 为变速器挂挡，离合器分离。

表 3－3 总质量在 3500～14000kg 的载货汽车及公路客车试验循环（GB/T 12545—1990）

工况序号	运行状态/km·h^{-1}	行程/m	累计行程/m	时间/s	加速度/m·s^{-2}	变速器挡位
1	25	50	50	7.2	—	最高挡
2	25→40	150	200	16.7	0.25	最高挡
3	40	250	450	22.5	—	最高挡
4	40→50	175	625	14.0	0.20	最高挡
5	50	250	875	18.0	—	最高挡
6	50→25	200	1075	19.3	-0.36	最高挡

注：1. 试验车在第 6 工况的终速度的偏差为 ±3km/h。

2. 对于最高挡的最小稳定车速大于 25km/h 的车，使用挡位允许从最高挡降低一挡进行，当车辆进入等速行驶路段和减速段时，再换入最高挡进行试验。

表 3－4 总质量大于 14000kg 的载货汽车试验循环（GB/T 12545—1990）

工况序号	运行状态/km·h^{-1}	行程/m	累计行程/m	时间/s	加速度/m·s^{-2}	变速器挡位
1	25	50	50	7.2	—	最高挡
2	25→40	200	250	21.9	0.91	最高挡
3	40	240	490	21.6	—	最高挡
4	40→50	240	730	19.2	0.14	最高挡
5	50	240	970	17.3	—	最高挡
6	50→25	200	1170	17.3	-0.36	最高挡

注：1. 试验车在第 6 工况的终速度的偏差为 ±3km/h。

2. 对于装有副变速器车辆，使用挡位允许从最高挡降低一挡进行，当车辆进入等速行驶路段和减速段时，再换入最高挡进行试验。

表 3－5 城市客车（包括城市铰接式客车）**试验循环**（GB/T 12545—1990）

<table>
<tr><th rowspan="2">工况序号</th><th rowspan="2">运行状态/km·h^{-1}</th><th rowspan="2">行程/m</th><th rowspan="2">累计行程/m</th><th rowspan="2">时间/s</th><th colspan="2">变速器挡位及换挡车速</th></tr>
<tr><th>挡位</th><th>换挡车速/km·h^{-1}</th></tr>
<tr><td rowspan="4">1</td><td rowspan="4">0→25
换挡加速</td><td>5.5</td><td>5.5</td><td>5.6</td><td>Ⅰ－Ⅱ</td><td>6～8</td></tr>
<tr><td>24.5</td><td>30</td><td>8.8</td><td>Ⅲ－Ⅳ</td><td>13～15</td></tr>
<tr><td>50</td><td>80</td><td>11.8</td><td>Ⅳ－Ⅴ</td><td>19～21</td></tr>
<tr><td>70</td><td>150</td><td>11.4</td><td colspan="2">Ⅴ</td></tr>
<tr><td>2</td><td>25</td><td>120</td><td>270</td><td>17.2</td><td colspan="2">Ⅴ</td></tr>
<tr><td>3</td><td>（30）
25→35</td><td>160</td><td>430</td><td>（20.9）
19.2</td><td colspan="2">Ⅴ</td></tr>
<tr><td>4</td><td>减速行程</td><td>270</td><td>700</td><td></td><td colspan="2">空挡</td></tr>
</table>

注：1. 对于 5 挡以上变速器采用Ⅱ挡起步按表中规定循环试验，对于 4 挡变速器采用 1 挡起步，将Ⅳ挡代替表中的Ⅴ挡，其他依次代替，则按表中规定试验循环进行。

2. 括号内数字适用于城市铰接式客车。

在此仅就总质量在3500～14000kg的载货汽车及公路客车试验循环的所谓六工况作一说明，它也可用图3－2表示。试验时要求用最高挡，以25km/h的稳定车速通过Ⅰ段50m的行程；在Ⅱ段的起始处开始以0.25m/s^{2}的加速度行驶，使汽车到达Ⅲ段的起点时，车速为40km/h；保持40km/h的车速到达Ⅳ段的起点；再以0.2m/s^{2}的加速度行驶，使汽车到达Ⅴ段起始处的车速为50km/h；再保持此车速到达Ⅵ段起始处；以0.36m/s^{2}的减速度行驶，使到达该段终点时的车速为25±3km/h。除此之外，在每个试验工况中，车速误差应小于±2km/h，通过Ⅰ、Ⅱ、Ⅲ、Ⅳ、Ⅴ、Ⅵ段的时间分别为7.2s、16.7s、22.5s、14.0s、18.0s、19.3s，试验时任何工况的时间偏差应小于±1s。每循环试验后记录相应的燃油消耗量和通过时间，并注意当按循环完成一次试验后，汽车应迅速调头，重复试验。往返各进行两次，取四次试验结果的算术平均值为测定值。

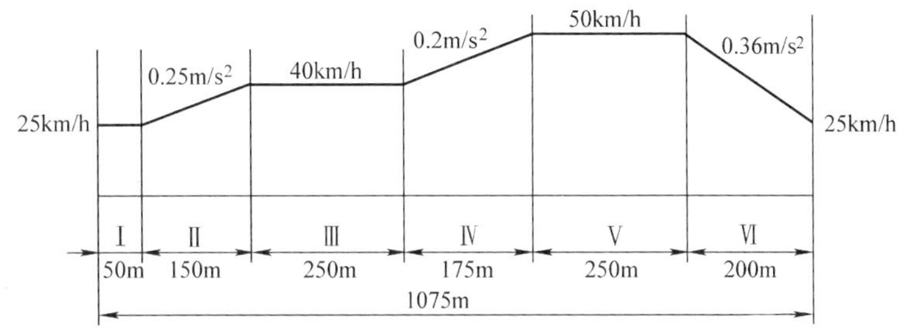

图3－2　六工况车速及标杆布置图

多工况路上循环试验具有数据重复性好、使用仪器简单、花费时间少和消耗低等优点。由于有些多工况试验在路上进行比较困难，一般多规定在后述的室内汽车测功器上进行测试，而在路上只做简单的循环试验。

（四）限定条件下的平均使用油耗试验

试验要求在三级以上平原干线公路上进行，长度不小于50km，试验时，在正常交通情况下尽可能保持轿车以60±2km/h、铰接式客车以35±2km/h、其他车辆以50±2km/h匀速行驶，客车每隔10km停车一次，怠速1min后重新起步。

测定单程的油耗量，换算成百公里燃油消耗量。往返各试验一次，以两次结果的算术平均值作为试验测定值。

四、汽车测功器上循环试验

在汽车测功器（即转鼓试验台）上进行油耗测量是后来发展的试验方法。所用汽车测功器能反映汽车行驶阻力（由路上滑行试验获得）与加速时的惯性阻力，以模拟道路上的行驶工况。

室内汽车测功器上可以按照很复杂的循环进行试验。图3－3所示是美国环境保护局（EPA）CVS－C行驶循环（UDDS循环）的速度－时间关系曲线。整个循环的时间为22.87min，行程7.45mile，平均车速19.5mile/h，最高车速56.5mile/h。UDDS循环根据美国洛杉矶市的交通情况拟定的运行状态，包含了一系列不重复的加速、减速、怠速和接近于等速的行驶过程。针对前述我国现行的轿车等按表3－2所列的多工况路上循环油耗试验，也可在测功器上进行循环试验完成。

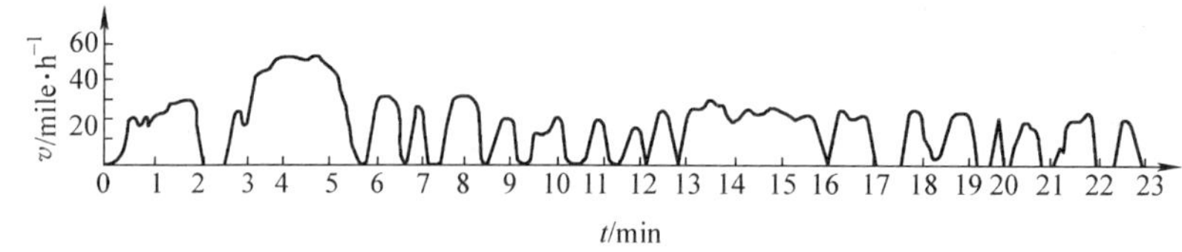

图 3-3 美国市内测功器行驶循环（UDDS）的速度-时间曲线

在汽车测功器上进行试验有以下优点：

1）可以不受外界气候条件的限制。

2）由于能控制试验条件，周围环境影响的修正系数可以减到最小。

3）若能控制室温，则可在不同气温条件下进行试验。

4）室内便于控制行驶状况，故能采用符合实际的复杂循环。

5）可以同时进行多项性能参数的测定。

6）可以对某些参数进行多种方式的测量。

用汽车测功器试验的缺点是：

1）不易准确模拟路上的滚动阻力和空气阻力。

2）室内冷却风扇产生的冷却气流与道路上行驶时的实际情况不一致。

3）不易给出准确的惯性阻力。

与其他方法相比，由于用汽车测功器测量油耗的重复性好，能较好地反映实际行驶的复杂情况，而且可以采用多种测量方法，并同时测量多项参数，所以这个方法日益受到重视。

综上所述，每种试验都能反映汽车在一个特定状况下的燃油经济性。而任何一种试验由于与实际行驶状态的条件因素不完全一致，其油耗总会存在一定的差别。所以，对某一车型说明书中所列的油耗量，往往因为对工况的不同控制和数据处理中加权方法的不同，有时难以断定其燃油经济性的优劣。

自 20 世纪 70 年代初发生世界范围内的石油危机后，各国都很重视节油，不少国家制定了控制燃油消耗的法规。我国也于 20 世纪 80 年代发布了《载货汽车燃油消耗量限制标准》，如表 3-6 和表 3-7 所示。除了节油，还有环保方面（减少排放，防止污染和环境变暖）的需要，所以世界各国都在研究新一代超经济型轿车，其油耗量有望接近 3L/100km。

表 3-6 载货汽车燃料消耗量限值指标

汽车总质量/t		2.5~4.0	4.0~6.0	6.0~9.0	9.0~12.0	12.0~15.0
汽油车燃料消耗量/ L·(100t·km)$^{-1}$	1985 年	4.50~3.52	2.50~3.15	3.13~2.95	2.93~2.78	2.76~2.66
	1987 年	4.32~3.38	3.36~3.02	3.00~2.83	2.81~2.67	2.65~2.55
	1990 年	4.05~3.17	3.15~2.83	2.82~2.65	2.64~2.50	2.48~2.39
柴油车燃料消耗量/ L·(100t·km)$^{-1}$	1985 年	3.00~2.30	2.28~2.00	1.98~1.81	1.79~1.65	1.63~1.53
	1987 年	2.91~2.23	2.21~1.94	1.92~1.76	1.74~1.60	1.58~1.48
	1990 年	2.28~2.16	2.14~1.88	1.86~1.70	1.68~1.55	1.53~1.43

表 3－7　重型载货汽车燃料消耗量限值指标

［单位：L·（100t·km）$^{-1}$］

总质量/t \ 年份	1985	1987	1990
15～17	1.58～1.55	1.52～1.49	1.42～1.40
17～22	1.54～1.51	1.48～1.46	1.39～1.37
22～26	1.75～1.70	1.57～1.53	1.37～1.33
26～32	1.75～1.69	1.58～1.53	1.32～1.30

第二节　汽车燃油经济性计算

尽管汽车运行工况的多变性给燃油经济性分析带来了诸多不便，但有时还需结合汽车的运行工况对其燃油经济性进行一些计算。如汽车设计和开发工作中，常需要在可试验的样车制成之前，先根据发动机的有关特性和汽车功率平衡对汽车的燃油经济性进行估算。

一、汽车燃油消耗方程式

汽车处于某一特定状态运行时，根据车速所相应的发动机功率和发动机的有效耗油率，便可得出汽车运行的百公里油耗方程式

$$Q=\frac{P_e b_e}{10v\gamma} \tag{3-1}$$

式中，P_e 是发动机功率（kW）；b_e 是发动机耗油率（g/kW·h）；v 是车速（km/h）；γ 是燃油密度，汽油可取为 0.7～0.73kg/L；柴油可取为 0.81～0.83kg/L。

若燃油以比重 N/L 为单位[㊀]，汽油为 6.96～7.15N/L；柴油为 7.94～8.13N/L，则百公里耗油方程式为

$$Q=\frac{P_e b_e}{1.02v\gamma} \tag{3-2}$$

式（3－1）与式（3－2）的差别在于燃油密度和比重的单位不同，其实质是一样的。

二、等速行驶状态下的油耗计算

汽车等速行驶状态的油耗量计算是最简单、最基本的。由发动机台架试验可以获得如图 3－4 所示的不同转速下的发动机负荷特性。

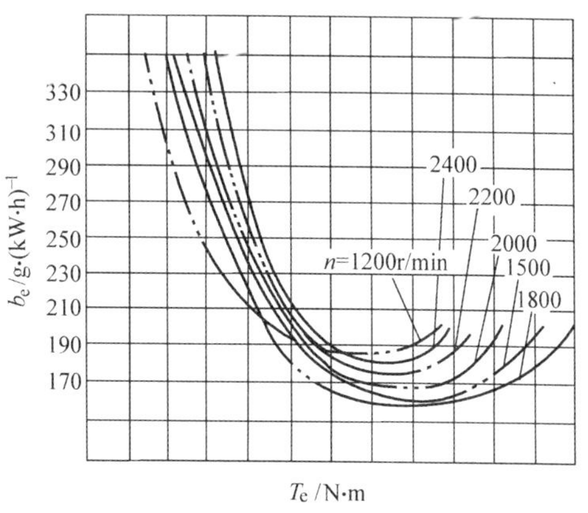

图 3－4　发动机不同转速下的负荷特性曲线

若汽车以车速 v 在水平路面上等速行驶，由功率平衡图（见图 3－5a）可知发动机应发出的功率为 P_e（即汽车行驶的阻力功率P'），而此时

㊀　现已较少使用，仅供参考。

发动机的负荷率为 $U=\frac{\overline{bc}}{ab}$，由相应的发动机转速 $n\left(n=\frac{v'i_gi_0}{0.377r}\right)$、负荷率 U 便能在负荷特性曲线上找出有效耗油率 b_e（见图 3-5b）。将上述相应的 v、P_e、b_e 代入式（3-1），便可求出相应车速时的百分里油耗量。

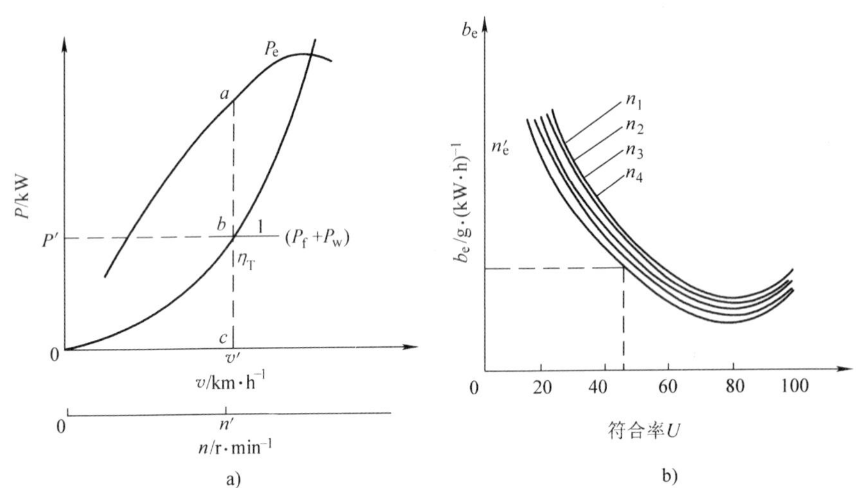

图 3-5 用功率平衡与负荷特性计算汽车在水平路面上等速百公里油耗
a）功率平衡图 b）有效耗油率图

每隔 10km/h（或其整数倍）求出相应车速的百公里油耗量，据此便可作出等速行驶的百公里油耗曲线（同图 3-1）。

按同样的过程也可算出汽车在有坡度的道路上等速行驶时的油耗曲线，如图 3-6 所示。

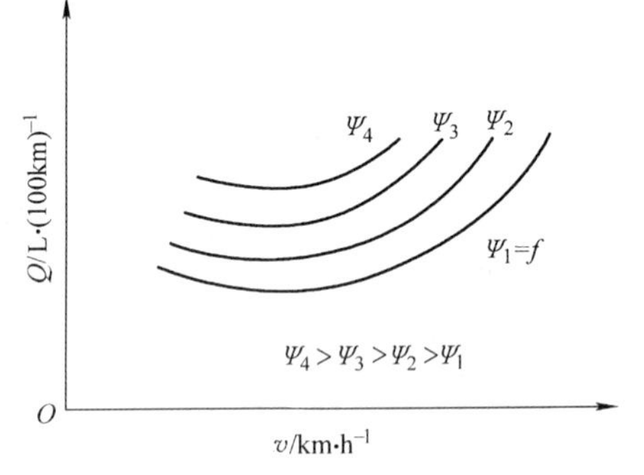

图 3-6 汽车在坡道路面等速行驶百公里油耗曲线

三、多工况路上循环行驶的油耗计算

由于等速油耗只反映了汽车行驶的一种稳态工况，而实际上汽车在行驶过程中大多为非稳态工况，因此，分析汽车的燃油经济性时，除了等速行驶百公里油耗外，还需用计算法确定按某种循环行驶的总平均百公里油耗。为此，还需进行加速、减速以及停车怠速的耗油量计算。

汽车在水平路面上加速过程中，发动机发出的功率除克服滚动阻力和空气阻力外，还要克服加速阻力。虽然加速时发动机的有效耗油率 b_e 比稳定工况时要大，但为了计算方便，计算加速过程油耗时，仍用稳态工况的 b_e 来换算。

假若汽车在一定坡度（i_1、i_2、i_3…）的道路上等速行驶的百公里油耗曲线已由图 3-6 可知，而汽车在某瞬时速度下以某一加速度（j_1、j_2、j_3…）加速行驶时，某加速阻力就相当于某一坡度阻力。因此，等速上坡的油耗曲线可以转换为水平路面上相应的等加速行驶的油耗曲线，如图 3-7 所示。而 i 与 j 之间的关系为

$$j_1=\frac{g}{\delta}i_1$$

$$j_2=\frac{g}{\delta}i_2$$

$$\cdots$$

在等加速行驶的油耗曲线下面画出加速过程曲线（在纵坐标上加上时间坐标），如图 3-8 所示，则在对应于 Δt_m、$\cdots\Delta t_n$ 的速度间隔中，其平均加速度为

$$j_m=\frac{\Delta v_m}{\Delta t_m},\ \cdots,\ j_n=\frac{\Delta v_n}{\Delta t_n}$$

而在 Δt_m 与 Δt_n 时间间隔中的绝对油耗为

$$\Delta Q_m=\frac{1}{3.6\times10^5}\overline{v_m}Q_m\Delta t_m \tag{3-3}$$

$$\Delta Q_n=\frac{1}{3.6\times10^5}\overline{v_n}Q_n\Delta t_n \tag{3-4}$$

式中，$\overline{v_m}$、$\overline{v_n}$是 Δt_m、Δt_n 时间间隔中的平均车速（km/h）；Q_m、Q_n 是相应车速和加速度（$\overline{v_m}$和 j_m、$\overline{v_n}$和 j_n）状况的百公里油耗量（L/100km）。

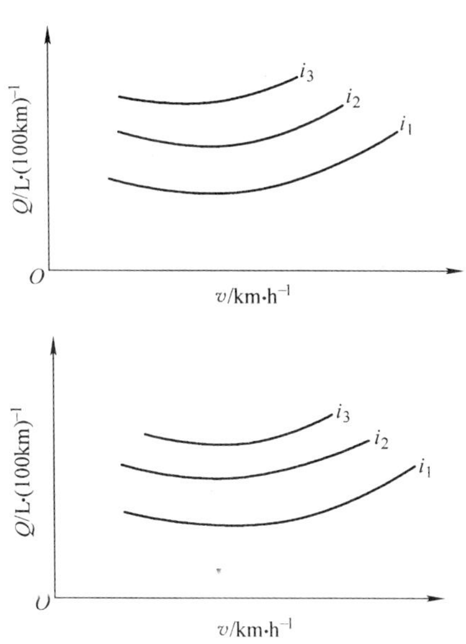

图 3-7　一定坡道上行驶时的等速百公里油耗曲线与等加速度行驶油耗曲线

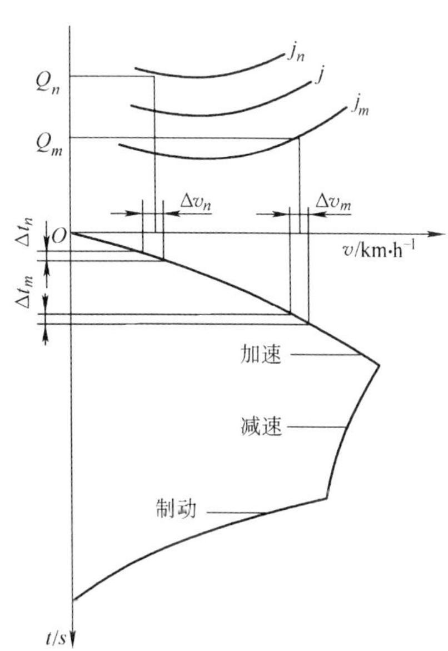

图 3-8　加速时汽车油耗的确定

由此即可求出整个加速过程的总油耗为

$$Q_j=\sum\Delta Q \tag{3-5}$$

所以，加速过程的汽车油耗计算方法，首先是把加速阻力作为坡度阻力作出 $Q-v$ 图（i_1、i_2、$i_3\cdots$），再转化为关于加速度（j_1、j_2、$j_3\cdots$）的 $Q-v$ 图；然后再根据 $Q-v$（j_1、j_2、$j_3\cdots$）和 $t-v$ 图（加速过程）先后求出汽车各区段的油耗值，分段愈细，结果愈准确。各段油耗加到一起就是整个加速过程的油耗量。

减速及停车怠速时的油耗量，可由发动机的怠速油耗量（L/h）和循环中的减速行驶与停车怠速运转的时间求得。

最后，将加速、减速、停车怠速以及等速等各种行驶状况的耗油量加起来，就可以估算定循环行驶的汽车燃油经济性。这种估算与动力性一样，在样车试验前的设计过程中是十分必要的。

第三节 提高汽车燃油经济性的途径

汽车的燃油经济性与动力性密切相关。经济性与动力性都源于发动机的运转性能，并且都与汽车的结构、使用和技术状况有着直接的关系。由第二章第八节可看出，涉及影响汽车动力性的因素，对汽车燃油经济性几乎都有影响。而且绝大多数因素对动力性和经济性的影响是一致的，只有极少数因素对动力性和经济性的影响是相抵触的。

本节主要就这些相抵触的因素和另外一些对汽车燃油经济性有影响的因素进行分析，以明确改善汽车燃油经济性的具体措施。先借助汽车燃油消耗方程式（3－1），并将汽车行驶的发动机功率式

$$P_e = \frac{v}{3600\eta_T}\left(Gf\cos\alpha + G\sin\alpha + \delta\frac{G}{g}j + \frac{C_D A v^2}{21.15}\right) \tag{3-6}$$

代入其中，便得汽车行驶的油耗量

$$Q = \frac{b_e}{36000\gamma\eta_T}\left(Gf\cos\alpha + G\sin\alpha + \delta\frac{G}{g}j + \frac{C_D A v^2}{21.15}\right) \tag{3-7}$$

由式（3－7）便可看出影响燃油经济性的主要因素，所以此式被认为是对汽车燃油经济性的全面表述。

一、影响燃油经济性的结构因素

（一）发动机类型和功率

由于柴油机的有效耗油率比汽油机低20%左右，当然采用柴油机汽车的燃油经济性好，加之柴油的价格低于汽油，使柴油车表现出更为优越的经济性。目前世界各国正在积极推进轻型货车和轿车的柴油化进程，西欧柴油轿车的市场份额已达50%之多；在总质量为2～5t的载货汽车中，德国有85%左右使用柴油机，日本约为90%。

发动机功率越大，汽车的动力性通常越好，但汽车的燃油经济性往往会越差。这是由于发动机的经济负荷率为80%～90%左右，如果发动机的功率较大，汽车在一般车速状态下会远离经济负荷率，便会造成有效耗油率增大，即汽车的燃油经济性变差。因此，为了节约燃油，在行驶条件许可的条件下，不必追求汽车装备大功率的发动机，以提高负荷达到节油的目的。

（二）闭缸节油技术

发动机在较小负荷下工作时，其油耗率将显著增加。而汽车发动机在运转的大部分时间内，小负荷工况占有很大比例，这就势必造成燃油的浪费。为了提高发动机的负荷率，对发动机采取闭缸的方法，即小负荷时关闭一部分气缸，而在大负荷时才让全部气缸工作发出大功率。这样便使发动机的排量随负荷的大小而变化，始终保持发动机在高负荷率下工作，达到节省燃油的目的，同时也不会影响发动机的动力性。闭缸节油的具体方法有：

1）只切断燃油供给。

2）关闭进排气门，停止供油供气。

3）切断燃油后进行废气再循环，以废气代替新鲜空气。

4）切断燃油后节气门全开，无节流供给新鲜空气。

表3-8所示为某一排量为2L的四缸发动机停止两个气缸工作的节油数据。比较可见，关闭进、排气门的方法，可以消除气流流经气门引起的泵气损失，故其节油效果最好。

表3-8　各种闭缸法节油数据

闭缸方法	不同工况下的节油率（%）		
	怠速	40km/h	60km/h
只切断燃油	26	14	8
切断燃油，节气门全开，供给空气	37	14	8
切断燃油，节气门全闭，废气再循环	37	14	8
关闭进、排气门	42	22	16

闭缸控制通常由电控自动实现，通过传感器检测发动机的工况，并按工况要求实现多缸和少缸工作的自动切换。小负荷闭缸是行之有效的节油方法，其推行的关键在于设置一套自动转换装置。

（三）设置超速挡

在第二章第八节中已经提到，现代汽车为了提高燃油经济性，出现了减小主减速器传动比的趋势。针对主减速器传动比取值较大的汽车，可以设置超速挡来改善其经济性。由图3-9所示的功率平衡图上看出，汽车在同一车速 v_i 下行驶时，阻力功率（以线段 ab 表示）相同，而采用超速挡的负荷率（ab/ac）明显高于直接挡的负荷率（ab/ad），只要在高负荷率下发动机混合气没有加浓，发动机的有效油耗率 b_e 就会明显降低，使汽车经济节油。特别对于高车速、比功率大的轿车，在一般公路上用超速挡行使明显比用直接挡省油，所以有的汽车设置了两个超速挡。

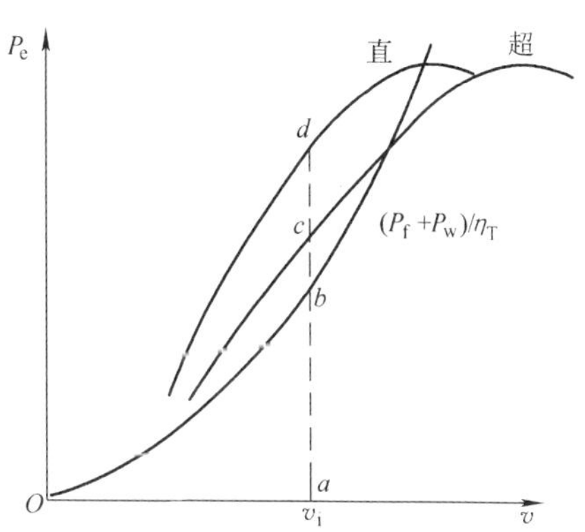

图3-9　直接挡及超速挡的功率平衡图

（四）变速器挡数

在汽车动力性中已经提及，变速器挡数越多，给汽车行驶提供了更多的挡位选择机会，在同一汽车行驶速度下，增加了发动机在低燃油消耗区工作的可能性，有利于提高汽车的燃油经济性。

挡数无限的机械无级变速器（CVT），可以在任何条件下都使发动机处于最经济工况下工作。但由于技术等方面的限制，目前其产量不是很高。随着未来材料、润滑油及微机控制、加工技术的进步，CVT的产量将越来越大，应用将越来越广。图3-10所示为钢带式无级变速器的工作原理。

目前轿车上广泛应用的液力自动变速器的传动效率较低，故使汽车的油耗上升 10% ~ 11%。但因为液力自动变速器具有起步平稳、操作简便、乘坐舒适等优点，使其受到人们的广泛欢迎。为了求得操作方便与燃油经济性两兼顾，有的采用手动和自动两套变速模式，可由驾驶者按需要选定。

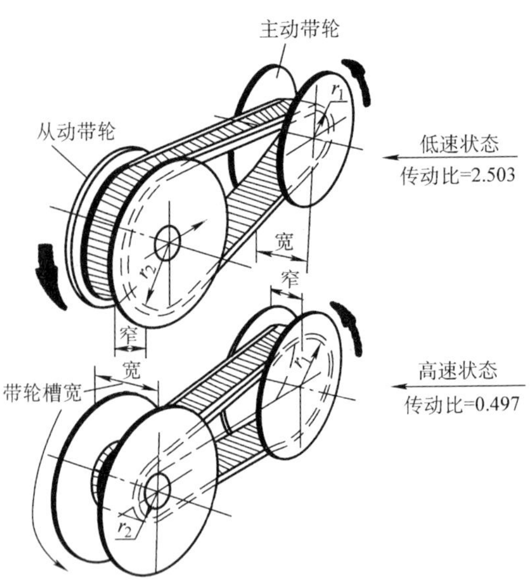

图 3－10 钢带式无级变速器的工作原理

（五）提高质量利用系数

质量利用系数是指汽车装载质量与汽车整备质量之比，是汽车设计与制造中的重要技术指标。显然，总质量相同的情况下，汽车的质量利用系数越大，相同运程的货运量越大，单位货运量（货物周转量）的油耗越少。由此也提示我们，在汽车使用中，不必要的物品不应总放在车上，否则会增加燃油消耗量。

（六）列车运输

在道路状况较好（无大坡度）或车速不是很高的情况下，汽车的后备功率较大。单车运输改为列车运输（单车拖带挂车或改为半挂车），会使单位运量的油耗明显下降。原因之一是列车的运输能力增加，使发动机的负荷率增加而有效耗油率 b_e 下降；另一个原因是汽车列车的质量利用系数大幅度提高。

（七）复合动力系统（混合动力系统）

现用的内燃机汽车为满足不同条件下的行驶要求，汽车都有较大的后备功率。这样汽车在一般的行驶状态时，发动机都以较小负荷工作，相应地发动机的油耗率较大。为了更大程度上提高汽车的燃油经济性，将目前的发动机驱动改为发动机与电力驱动装置（包含蓄电池和电动机等）组合在一起共同驱动的复合动力系统。其基本原理是：汽车处于一般行驶状态时，汽车行驶的动力来自发动机，同时发动机还向储能装置（如蓄电池）供给储存能量；而当汽车加速或爬坡需要大功率时，发动机和储能驱动的电动机共同驱动汽车。这样汽车只需装备较小的发动机，并使发动机常处于高负荷、高效率下运转，即可降低燃油消耗率。

另外，采用复合动力系统还可在汽车减速制动、下坡滑行时将汽车的动能转化为电能（此时电动机变作发电机）存入蓄电池，进一步提高节油的效果。

二、影响燃油经济性的环境因素

汽车作为运载工具这一特点就决定着汽车必然面临不同的环境条件。而环境状况对汽车燃油经济性的影响极为突出，所以尽管在前述有关内容中已经提及环境因素对运行性能的影响，但还是有必要再明确一下其对燃油经济性的影响。

（一）道路条件

不同的道路等级和道路状况，其行驶阻力存在着较大的差别。阻力越大，节气门开度就大，高速挡行驶的机会就少，而使油耗增大。

在交通繁杂、交叉路口多的条件下，汽车制动、停止、起步和加速等工况较多。在这种情况下虽然车速较低，但相对油耗量较大，汽车的燃油经济性较差。

（二）气候条件

不同区域的气候条件差别是很大的。仅就我国，南部进入热带，北部接近寒带，南北温差相当悬殊；再就东部与西部，无论是气压还是湿度，都存在着较大的差异。气温过低时，发动机起动困难、燃油雾化不良、燃烧速度慢、散热损失大，传动系和行驶系的机械损失增加，会使汽车的燃油消耗量增大。气温过高时，发动机的充气量下降，容易过热和产生气阻等，使发动机工况受到影响，而使油耗量增大。随着海拔高度的增加，气压降低而空气稀薄，发动机的充气量也会随之下降，发动机燃烧受到影响而使汽车的燃油经济性也下降。

三、影响燃油经济性的使用因素和驾驶技术

使用因素一直是人们很重视的提高汽车燃油经济性的重要因素，即使是结构和技术状况再优良的汽车，不同的使用方法也会导致不同的油耗结果，所以人们也从未放松使用对节油效果的研究，并不断得到一些节油的新成果。

（一）燃油节能添加剂

汽车长期运行中，燃油在发动机的燃料供给系中容易产生沉积物。如在化油器或燃油喷射系统中形成漆膜或结焦，影响燃油供应使得发动机空燃比发生改变；在气门部位结焦，会造成气门关闭不严，从而影响发动机的动力性和经济性；燃油的胶状物质还不容易完全燃烧，而使生成的积炭沉积在气缸盖燃烧室，活塞顶部过多的积炭沉积将导致气缸散热不良，引起发动机爆燃，进而影响发动机的动力性和经济性，并且加剧发动机的磨损。燃油节能添加剂就是针对以上问题研制的，它可以保持供油系始终具有清洁良好的技术状态，使发动机处于良好的运转状态，达到节省燃油并控制排放的目的。

一般燃油节能添加剂成分包括清净分散剂、抗焦剂、助燃剂、减磨剂、抗爆剂、低温流动性改进剂和十六烷值改进剂等中的数种成分。含清净分散剂和抗焦剂的燃油节能添加剂能够有效地清除或减少燃料供给系统生成的沉积物，有利于发动机的正常运转，实现节油效果；助燃剂能提高混合气在气缸内燃烧的火焰传播速度，缩短燃烧持续时间，提高热效率而节油；减磨剂能降低燃烧室中摩擦副的磨损，尤其在无铅汽油中添加该类添加剂有助于减少排气阀的磨损，提高气缸的密封性；抗爆剂适用于汽油，能提高汽油的辛烷值，有利于高压缩比汽油机工作，也使热效率得到提高；低温流动性改进剂和十六烷值改进剂适用于柴油，低温流动性改进剂能有效降低柴油的凝点、改善其寒冷季节的使用效果，十六烷值改进剂可降低柴油的发火自燃温度，避免工作粗暴，从而降低油耗。

燃油节能改进剂应与燃油有良好的相溶性，否则在使用中会出现沉积物，反而影响发动机的工常工作。目前市场上出售的燃油添加剂主要以含清净分散剂、抗焦剂等成分为主，其节油效果达3%～6%，可减少排放20%左右。

（二）润滑油摩擦改进剂

润滑油摩擦改进剂即目前市面上出现的润滑油节能减摩添加剂。通常情况下，摩擦副在流体润滑状态下其表面完全被润滑油膜所隔离，而且摩擦力与润滑油的粘度成正比。但若润滑油粘度太低，或在摩擦副上的负荷很高的情况下，由于摩擦副间的润滑油膜很薄，不能保持流动润滑状态而形成摩擦表面直接接触的边界润滑状态，此时摩擦力与润滑油的粘度无

关，而只取决于润滑油的化学成分和性质。由于润滑油内原有的表面活性物质在加工过程中大多被精制除去，就需要添加摩擦改进剂来改善成品油的润滑性能，润滑油摩擦改进剂就是基于这种原理，通过添加剂的化学作用使摩擦表面的微观凸起部分变软和平滑，或添加剂吸附在摩擦副表面，并填平微观凹陷部分改善摩擦副表面油膜状态，使苛刻的边界润滑条件下的摩擦力减小，以达到提高动力、降低油耗和减少磨损的目的。

润滑油摩擦改进剂分固体悬浮型和油溶型两大类。固体悬浮型开发应用得较早，它是以微粒状态分散在润滑油中，对金属表面有很强的吸附力，但层间抗剪力很弱，故在边界润滑状态下有很好的抗压摩作用，并能耐高温。固体悬浮型添加剂的缺点是添加微粒在贮存中有可能凝聚分层，其减摩作用将有所降低，同时还会使润滑油变得浑浊、颜色加深、有损外观，甚至还有可能出现微粒堵塞滤清器或被离心式滤清器从润滑油中分离出来。由于固体悬浮型添加剂的这些缺点，近年来逐步被淘汰，而与润滑油完全相溶的油溶型添加剂得到了大力发展。该类添加剂大部分是极性的或含活性元素的油溶性大分子化合物，如脂肪酸。在油溶液中形成极性基相互结合的二聚物分子时，与金属表面接触时因极性基与金属表面的吸附力远大于分子间的二聚作用力，二聚物逐步分离为单分子，并在金属表面形成牢固、紧密、定向排列的第一个吸附层，二聚物随后也排列成 3 个、5 个……以至数以百计的奇数个分子层。当金属表面在压力下相对运动时，隔离的金属表面上的边界吸附层中定向分子非极性的碳氢链末端很容易相对滑动，摩擦损失很小，摩擦因数可小到 0.01 ~0.02，而对于垂直于金属面的压力都具有很强的抵抗力。油溶性添加剂的极性越强，碳氢链越长，润滑能力越好。极性化合物分子与金属的吸附力随温度升高而减弱，当油温达到 150 ~200℃时，极性分子脱落，吸附膜被破坏而失效。近年来油溶型添加剂采用有机钼、有机钨、有机硼和无灰的有机酯等化合物作为摩擦改进剂，不仅在一般温度下具有减摩性，而且在高温下能起化学反应改善摩擦表面的状况，使摩擦表面变得较为平滑，摩擦因数为 0.05 左右。

需要说明的是，摩擦改进剂虽然常兼有抗磨作用，但它不同于抗磨添加剂或极压抗磨添加剂。减摩剂是靠边界润滑条件下形成减摩吸附膜或摩擦改进膜；而抗磨剂的作用是在润滑膜破裂的情况下，其所含的活性化学元素（硫、磷等）与金属发生化学反应生成抗磨保护膜，防止摩擦面胶合、卡咬或烧结。抗磨膜比边界润滑膜能支承更高的负荷，但其摩擦因数远大于边界润滑膜。

对于汽车而言，边界润滑状态主要发生在发动机活塞环和它在上止点时对应的缸套部位以及主减速器齿轮表面。此外，发动机起动、停歇和重负荷急加速运行或一定转速下突加负荷时，曲轴轴承和连杆轴承将会出现边界润滑；高压缩比发动机气门机构的凸轮轴与挺杆、摇臂与气门挺杆间在重负荷运转时摩擦面也处于边界润滑状态。因此，在汽车润滑油中加入合适的摩擦改进剂是减小摩擦、节约燃料的有效措施，节油率可达 1% ~4% 。

值得注意的是，随着润滑油的质量等级不断提高，车用润滑油内已加入了抗氧抗腐剂、金属盐清净剂、分散剂、极压抗磨添加剂和防锈剂等多种表面活性添加剂，添加剂的配方经过试验平衡，不会导致各品种之间的相互干扰和中和。如果再加入了不适当的添加剂，则有可能因不同添加剂之间的干扰而影响它们的正常发挥，尤其是对质量级别 G 级以上的高级发动机润滑油，这一点尤其不能忽视。因此，选用的添加剂必须与润滑油内原有的添加剂有相溶性，才能正常发挥其节能减磨作用。所以在润滑油内添加节能减摩剂后，应在较长时间内经常观察润滑油的状况及其是否发生变化。

（三）汽车起步

在第一章中已经讲述了发动机的正确起动。起动操作合理与否，对汽车节油及发动机的磨损都有很大的影响。这里主要针对发动机起动后的正确操作对汽车燃油经济性的影响作一叙述。

1. 起步状态

发动机刚起动后，冷却水的温度一般较低，此时的燃油雾化较差，燃烧不良，加之机油粘度较高，摩擦阻力较大，若此时立即将汽车起步行驶，油耗会较大。通常应在发动机运转预热使水温达到40℃以上后再使汽车起步，才会有较好的节油效果。运转预热也不能求快，尤其在冬季预热发动机过程中，重踩加速踏板会比轻踩加速踏板油耗增加很多，而且使发动机磨损增加。

2. 起步操作

汽车起步加速要求做到发动机既不熄火又能省油，关键在于正确掌握加速踏板与离合器踏板的配合操作，另外还需选择恰当的挡位。

汽车起步时，由于滚动阻力和加速阻力都较大，而需要较大的驱动力，所以一般需要较低挡位。对于一般车辆，在坚实、平坦的道路上起步时一般用Ⅱ挡；在起步阻力较大的坡道、坑洼土路或泥泞道路，以及拖带挂车和半挂车满载起步时应采用Ⅰ挡。

汽车在平路上起步时，左脚抬起离合器踏板与右脚轻轻踩下加速踏板的动作应协调。感到汽车动力不足，说明加速踏板踩下不够；感到汽车起步前冲，说明加速踏板踩得过猛。同时还应注意离合器踏板抬起的速度不应过猛，以免发动机熄火。一般来说，轻踩加速踏板，提速较慢但较省油；重踩加速踏板提速较快，但较费油。汽车在坡道上起步时，需做到操纵驻车制动、离合器踏板和加速踏板的动作相互配合得当，即右手握住驻车制动操纵杆，右脚轻踩加速踏板，使发动机转速提高，接着抬离合器踏板到接合状态，并缓慢放松驻车制动，同时逐渐下踩加速踏板和慢抬离合器踏板，做到平稳起步。

3. 行驶预热

在冬季环境温度较低时，传动系统的润滑油粘度也较大，所以要达到省油的目的，汽车在起步行驶的前10km内应以低挡较低车速（30～40km/h）行驶，待各总成润滑油升温、行驶阻力降低后，再转入正常行驶。

（四）行车挡位选择

汽车在行驶过程中，会因道路状况、交通流量和车速需要而不断地升、降挡位。一般的变速器有4～5个前进挡和一个倒挡，其中Ⅰ挡和Ⅱ挡为低速挡，其传动比大使驱动力大，所以主要用于汽车起步、爬陡坡等工况，此工况下油耗大，不宜长时间使用。Ⅲ挡为中速挡，是汽车低速挡与高速挡之间相互转换的过渡挡位，还适用于急转弯、窄路、窄桥会车和通过困难路段的工况，油耗相对也较大，也不宜长距离行驶。Ⅳ挡和Ⅴ挡为高速挡，其传动比小，传至驱动轮上的转矩较小，但车速快，使发动机所处的负荷率高。

汽车行驶过程中的挡位选择，对汽车油耗有着很大的影响。汽车在平原或丘陵地带低挡起步后，在道路和交通条件良好、车速不受限制的情况下，应及时逐级加挡，换入高挡行驶，这样不仅可提高车速，而且发动机负荷率高，可节油。汽车在坡道路面上坡行驶时，能用相邻较高一挡时，应及时换入较高的挡位，但也应避免“高挡硬撑”，否则会使油耗增加。

另外，汽车在行驶过程中，除了确定合适的挡位，掌握好换挡时机对节油也是很关键的。换挡时机一般用换挡时的车速来表示。试验表明：汽车在平路上行驶必须按最佳的换挡时机自低挡依顺序换入高速挡，超前或滞后换挡都会费油。如某汽油车Ⅱ挡过早地以车速5.2km/h换入Ⅲ挡，与正常换挡车速7.9km/h换入Ⅲ挡相比，油耗增加33.3%；过迟地以车速10.4km/h换挡，油耗增加10.9%。汽车上坡行驶减速也需把握换挡时机，减挡过早则不能充分利用汽车惯性来克服行驶阻力，反而抑制惯性，增加阻力，造成油耗增加；减挡过迟会使汽车惯性消耗太多，需要多减一次挡位，同样也会使油耗增加。所以，汽车上坡减挡的关键是既要利用汽车的惯性，又不使汽车惯性过多消失，才能做到节约燃油。

（五）换挡操作

离合器对汽车行驶的换挡操作起着重要的作用。无论是由低挡升高挡还是由高挡降低挡，讲求的都是变速器中待啮合的一对齿轮的线速度相近，换挡过程中同步、无冲击。过去换挡都规定两脚离合器，而现在新型汽车变速器大都装有同步器，由此引起了换挡操作方法的变革，即一脚离合器操作法。

一脚离合器的操作规程是：当汽车需要加速而升挡时，迅速抬加速踏板，同时踩下离合器踏板，将变速杆从原挡摘入空挡，稍作停顿再挂入高挡，快抬离合器踏板，并踩加速踏板使汽车继续行驶；当汽车受交通环境变化和坡道行驶需要降挡时，可稍抬加速踏板，同时踩下离合器踏板，将变速杆摘下后迅速挂入低挡，快抬离合器踏板，并踩加速踏板使汽车继续行驶。

一脚离合器换挡是踩离合器、摘空挡、挂挡一次完成的，它与两脚离合器换挡比较，既缩短了发动机怠速运转的时间，又避免了加空油，所以可明显地减少油耗，同时又减轻了驾驶者的劳动强度。据有关资料介绍：汽车在交通拥挤路段或市区行车1h，大约需要频繁地换挡150次。所以一脚离合器换挡所带来的节油效果还是相当可观的，而且还能避免减挡加空油使发动机不完全燃烧所带来的排放污染。

还应注意：汽车行驶过程运用一脚离合器换挡时，操作必须熟练、准确、敏捷，需要逐步领会和掌握，如果操作不当会造成同步器早期磨损，而且不同车型和不同挡位的换挡操作也有差别。

（六）行车速度

在道路和路面状况以及交通情况允许的情况下，汽车在每个挡位上都可以有一个较大的车速范围。但汽车行驶过程中的燃油消耗，除了前述挡位的影响外，还与行车速度密度相关，这可从图3-1中看出，并由式（3-7）解释其原因：在低车速时，克服行驶阻力消耗的功率较小，发动机负荷低而油耗率上升，导致百公里油耗增加；当车速高时，发动机负荷率高而油耗率下降，但车速提高所需克服的阻力大幅增大，超过了发动机油耗率下降的幅度，也会使百公里油耗增加。所以汽车在行驶速度较低和较高时油耗都增加，只有在中间某一速度下油耗最低，这个车速被称为经济车速。汽车在每个挡位行驶时，都有一个对应的油耗最低的车速，这就是各挡的经济车速。其中最高挡（通常为直接挡）的经济车速常被称为技术经济车速。

实际上，汽车在行驶过程中要将车速固定在油耗最小的经济车速点上是很难做到的，即使操作经验再丰富的驾驶者也是如此。另外，汽车的行驶速度还要考虑到完成客货运输生产时运输任务的要求。所以，通常既要考虑节油，又要考虑到完成运输任务的效率，以技术经济车速为参考，划定一个相对稍高的综合效益较经济的车速范围，将这一车速范围称为运行经济车速范围。还应指出：任一车型的经济车速都不是固定不变的，它随着道路和载荷等因素的改变而变化。当道路条件好，载荷小时，经济车速较高；反之，经济车速较低。

（七）加速踏板的控制

加速踏板的控制实质上就是发动机节气门的控制，其开度的大小和动作的快慢既影响着汽车的运行状态，又对汽车油耗有着较大的影响。加速踏板通常是随着发动机不同负荷的需要相应地改变的。

对汽油机而言，节气门在90%开度范围内的混合气为经济混合气；再大开度时的混合气浓度会使雾化和燃烧变差，所以从节油角度出发，节气门开度不宜过大。对柴油机而言，随供油齿杆行程的增大，循环供油量增多，混合气浓度增大，所以加速踏板也是在一定行程范围内为宜。

另外，汽车正常行驶过程中，加速踏板控制要柔和，即加速踏板要轻踩慢松，以避免混合气的突变，使缸内燃烧不良而使油耗增加。

（八）行车温度

汽车的行车温度包括发动机冷却液温度、机油温度、发动机罩内空气温度、变速器和主减速器齿轮润滑油温度等。其中发动机冷却液温度对发动机运转性能的影响已在第一章第五节中讲述，仅就油耗而言，曾有试验表明：出水温度由80℃降到60℃，油耗增加3.5%；降至40℃，油耗增加11%。同样，冷却液温度过高，油耗也会增加。

至于机油温度和齿轮油温度对燃油消耗的影响，在冬季表现得特别突出。但实际中一般不进行单独预热，而是通过发动机运转预热和汽车行驶预热的办法使其温度逐步提高。

汽车行驶过程中，为了保持发动机冷却液和发动机罩内正常的工作温度，使发动机具有良好的动力性和燃油经济性，并减少磨损，还应经常观察仪表，出现异常及时查找原因并排除故障。

（九）汽车滑行

滑行是指汽车解除驱动后依靠其自身的动能或位能继续行驶的过程。合理地运用汽车滑行，可以收到明显的节油效果。

1. 减速滑行

行驶中的汽车，在到达可预见性有障路段（如修路施工、窄道、弯道、回车、交叉路口、行人或停驶车辆等）或停车场（站）之前及时将变速器置于空挡的滑行，都是减速滑行。前者可采用发动机不熄火脱挡减速滑行，即提前抬起加速踏板，使发动机处于怠速运转状态，变速杆处于空挡位置，汽车滑行车速逐渐降低。当车辆临近障碍时，可以不踩制动或轻踩制动低速通过。后者可采用发动机熄火脱挡滑行，待车辆到达停车地点时轻踩制动停驶。这样都充分利用了汽车自身的动能，有效地节省了燃油。但是应该注意：选择适当的滑行起始点使到达目标点的车速正好，对节油效果的大小也是至关重要的。如果滑行起始点离目标点太近，到达时车速太高，必然要靠踩制动减速，减少节油；如果滑行起始点太早，未到达前车速已降得很低，还需要重新加速或起动发动机，使节油减少，甚至费油。由于每天的行车过程中减速滑行的机会次数较多，如果运用得当，节油效果是非常显著的。

2. 加速滑行

加速滑行是指在交通状况良好的平坦道路上，平均车速基本相同的情况下，汽车在高速挡上加速至较高车速，然后脱挡滑行至较低车速；挂该挡加速后，再脱挡滑行，采用加速行驶与脱挡滑行交替进行的操作行驶方式，加速滑行是可利用的有效节油措施。

汽车在通常平均速度下，若以相对均匀的速度行驶，发动机的负荷率仅为35%～50%，此时的有效耗油率较大；而加速滑行的加速阶段，发动机负荷率增大而油耗率有所降低，此过程的油耗不会增加太多，待汽车脱挡滑行时，只消耗很少的发动机怠速运转燃油量。如果能充分利用加速时积累的动能增加滑行距离，那么从加速到滑行整个行驶里程计算，便可获得显著的节油效果。这在试验中已得到证实，有些车型在相同或相近平均速度下的加速滑行的油耗量比等速行驶节约12%～16%。

还应注意：要使加速滑行取得较好的节油效果，首先应保证汽车的技术状况良好；其次是路面状况要平坦宽直、视线清晰、行人和车辆较少；在车速控制上，最大车速不高于经济车速上限，高、低车速之差不要超过15～25km/h；还要注意加速踏板的控制；特别注意在高速公路上是不宜采用加速滑行的，安全应放在首位。

3. 下坡滑行

汽车在坡度小于5%的缓直坡道或陡坡接近平路的坡尾路段，道路较宽、视线良好时，可使汽车借助位能脱挡滑行，以达到节油的目的。

下坡滑行应特别注意发动机不应熄火，以保证储气筒气压和真空助力制动的真空度，确保汽车行驶安全；变速器也不应脱挡，以便需要时利用发动机阻力制动汽车，控制车速，减轻制动器的负担和热负荷，保持制动系的制动效能。

以上就燃油经济性的主要影响因素作了简要分析。除此之外，还有许多其他节油措施，甚至包括改进汽车结构完善其性能的节能产品。但不管什么措施或产品，其节油的效果都只能局限于其改善部位极限节油率之内。图3－11所示为美国环保局曾对典型汽车测试所得的能量分布情况。由图可知：燃料燃烧的能量消耗在汽车的各个部位中，汽车各部位消耗的能量所占总能量的比例就是该部位节油的极限潜力，即极限节油率。如降低发动机中运动部件的摩擦损失，其极限节油率为7.5%；而降低发动机、变速器和车轴等内部相对运动件之间的摩擦损失，其极限节油率为10.5%（7.5%＋1.5%＋1.5%）；降低空气阻力系数和汽车迎面面积的极限节油率为6%；汽车滑行时，强制怠速节油器切断发动机供油的极限节油率为4%等。当然，极限节油率是理想节油率，在实际改善中，其节油率只能趋近，而不可能完全达到。

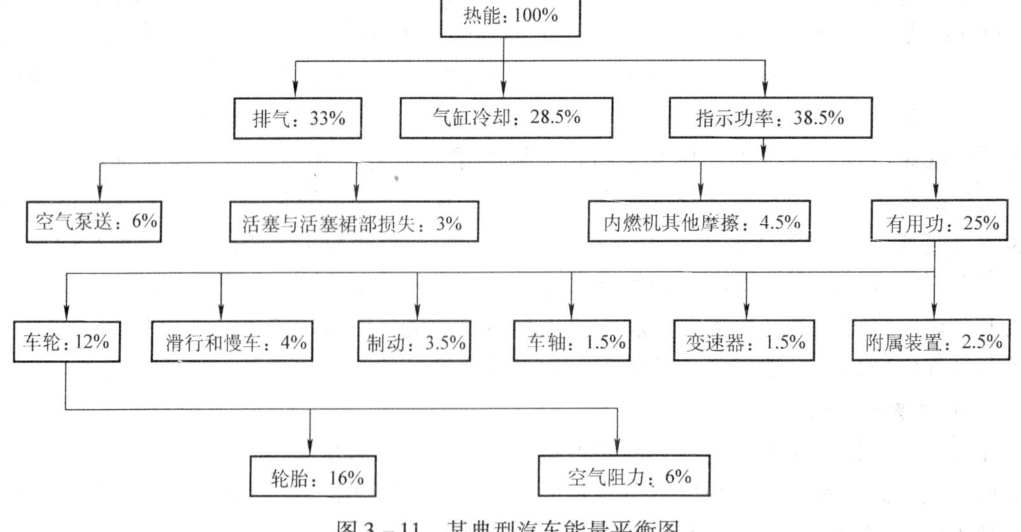

图3－11 某典型汽车能量平衡图

习　　题

A 概念类

1. 什么是汽车的燃油经济性？其评价指标和常用单位是什么？

2. 燃油经济性试验分为哪几类？各类试验的特点是什么？

3. 什么是路上循环试验？书中介绍了哪几个典型的路上循环试验？其各自的特点是什么？

4. 我国针对不同车型，提出哪些形式的多工况试验？进行多工况试验应注意什么？

5. 什么是汽车运行的百公里油耗方程？

6. 如何计算汽车在水平路面或坡道路面上等速行驶的百公里油耗量？如何对汽车多工况路上循环行驶的燃油经济性进行计算？

7. 发动机类型与动力（功率）如何影响汽车的燃油经济性？

8. 闭缸节油技术、超速挡设置、变速器挡数、质量利用系数、列车运输和复合动力系统如何影响汽车的燃油经济性？

9. 燃油节能添加剂和润滑油摩擦改进剂是如何影响汽车燃油经济性的？

10. 汽车起步、挡位选择、换挡操作、行车速度、加速踏板控制、行车温度和汽车滑行对汽车的燃油经济性有何影响？

B 综合类

11. 分析说明发动机油耗与汽车油耗的关系。

12. 分析说明汽车动力性与燃油经济性的关系。

13. 为什么公共汽车起步后应尽快换入高挡？

14. 汽车动力性最佳的换挡时机是什么？燃油经济性最佳的换挡时机是什么？二者是否相同？

15. 汽车节油与安全行驶有什么关系？

第四章　汽车的环保性

汽车的发展和普及，给人类活动提供了极大的便利，但同时也产生了诸如排放污染、噪声污染和电磁辐射污染等影响人类生存的危害。随着人类对自身生存环境认识的加深，人们越来越深刻感受到保护生态环境、减轻环境污染的必要性和紧迫性。

汽车的环保性是指汽车运行对周围和环境产生不利影响的程度，汽车产生的这些不利影响通常也被称为汽车的公害。目前，世界范围内的汽车拥有量已超过8亿辆，主要还是以内燃机为动力。这就使我们不得不面对这样一个现实：汽车每时每刻都在消耗大量的石油产品，同时排出大量的污染人类生存环境的有害气体，并产生扰乱周围人们平静生活和工作的噪声，以及电气设备对无线电通信和广播电视等的电波干扰和电磁可能对人体产生的辐射危害等。

至于电波干扰和电磁危害，目前除了防止电波对无线电通信和广播电视等的干扰而对其加以限制外，电磁对人体的危害至今还没有定论，将来或许人们认识到其危害的程度后会严加防范。当然，也许认清以后确定其对人类无害，那是人类的大幸。

本章主要针对汽车的排放污染和噪声污染展开讨论，探讨改善汽车环保性的措施。

第一节　汽车的排放污染

汽车的排放污染主要产生于发动机燃料燃烧后所排出的废气中以及供油系燃料蒸发泄漏和发动机废气溢出所散发出的有害气体。汽油机的主要污染物成分是一氧化碳（CO）、碳氢化合物（HC）和氮氧化合物（NO_x）；柴油机的主要污染物成分是氮氧化合物（NO_x）和碳烟。过去为防止爆燃所使用的含铅汽油燃烧后还会排出对环境产生极大危害的铅化合物，但随着世界各国对含铅汽油的禁用，这种污染成分也将不复存在。另外，发动机燃烧后所排出的大量的二氧化碳（CO_2），虽然没有列入污染物质中，但它所导致的温室效应已经引起人类的高度重视。因此，从环境保护和节约能源的角度出发，也应尽量使用较小排量的发动机，以减少燃油的消耗，同时也控制了二氧化碳的排放。

一、排放污染物的危害

汽车的排放污染物散发到环境空气中，会对环境的许多方面产生不利的影响，导致农作物减产、桥梁和雕塑等建筑物腐蚀，更为严重的是对动物所造成的危害。世界卫生组织最新研究报告表明，汽车尾气致人死亡的数字远高于交通事故中遇难者的人数。在对法国、奥地利和瑞士三国进行抽样调查研究后发现，因受汽车尾气污染影响，以上三国每年约有21000人因呼吸系统和心血管疾病死亡，而同期因交通事故而丧生者仅为9950人，另外还发现，汽车尾气也是30万例儿童患支气管炎的罪魁祸首。可见汽车尾气这一隐形杀手远比人们闻之色变的交通事件要可怕得多。就人们的直接感受而言，汽车尾气达到一定浓度会使人感到不舒服，特别是在城市的交通路口或尾气渗到车内，这种感觉更为明显。当浓度达到一定程度时，人们的健康当时就会受到影响，工作效率也就会下降，驾驶者的反应迟钝，交通事故增加。现就汽车排放污染物中主要成分对人体健康的危害简述如下。

（一）一氧化碳（CO）

一氧化碳是无色无味的气体，人吸入后被血液吸收。一氧化碳与血红蛋白的亲和力是氧与血红蛋白亲和力的250倍，且形成碳氧血红蛋白后离解很慢，所以一氧化碳进入血液便会妨碍血液的输氧功能，造成人体内部组织缺氧。当大气中的一氧化碳浓度达到70×10^{-6}以上时，人在接触数小时后体内碳氧血红蛋白浓度可达10%，导致头疼、心跳加剧等症状。当人体内碳氧血红蛋白浓度达到20%左右时，人将出现中毒症状，感觉和反应迟钝，记忆力出现障碍等，严重时会致人窒息死亡。

（二）碳氢化合物（HC）

碳氢化合物有难闻气味，浓度较高时将刺激破坏人体粘膜组织，引起结膜炎、鼻炎和支气管炎等症状。特别是碳氢化合物中的多环芳香烃，被认为是致癌物质，危害更大；碳氢化合物中的烯烃和芳香族系是产生光化学烟雾的根源。

（三）氮氧化合物（NO_x）

发动机排放的氮氧化物主要是NO和NO_2。NO毒性不大，但很容易氧化成剧毒的NO_2。NO_2对人的鼻子、眼睛、口腔、咽喉粘膜和呼吸道粘膜等都有刺激作用。当被吸入人体肺部后，能与肺部的水分结合生成可溶性硝酸，严重时会引起肺气肿。当大气中的氮氧化物达到5×10^{-6}时，就会对哮喘病患者有影响，人在100×10^{-6}以上的浓度下呼吸30min以上时，将会陷入危险状态。NO_x也是产生光化学烟的主要成分。

（四）碳烟

碳烟是燃料燃烧不完全随废气排出的浮游碳粒子，有时也有液态的油雾，柴油机最为明显。漂浮于大气中的碳烟不仅对人的呼吸系统有害，而且夹杂在其孔隙中的二氧化硫和致癌的多环芳香烃等物质会产生更大的危害。

除了以上主要有害成分外，汽车排放废气中的碳氢化合物和氮氧化合物还会在阳光紫外线的作用下发生反应生成所谓的光化学烟雾，形成浅蓝色、白色或紫色的烟云，对人的眼睛、咽喉和鼻子等产生很强烈的刺激，并促使哮喘病患者哮喘发作、慢性呼吸系统疾病恶化等。自20世纪40年代发生了历史上著名的洛杉矶光化学烟雾事件后，世界上又有许多地区先后发生过不同程度的光化学烟雾污染，由此也引起了人们对汽车排放污染的重视，并投入大量的人力物力进行研究，制定法规对汽车排放加以限制。

二、排放污染物的成因

如上所述的污染物主要是由排气管排出，随结构的不断完善其他部位漏出的燃料蒸气以及从曲轴箱窜出的气体所占比例已经极小。这些不同污染物生成的条件各不相同，一氧化碳和碳氢化合物主要是燃料不完全燃烧的产物，而氮氧化合物则在燃烧温度高且氧气充足的条件下形成量较多。在此也应明确，对各种有害物质的形成机理在有些方面现在还不十分清楚，但一般可定性解释如下。

（一）一氧化碳（CO）

一氧化碳（CO）是燃料燃烧的中间产物，在燃烧和排气过程中遇到氧气（O_2）会生成二氧化碳（CO_2）。如果混合气的空燃比较小，相对氧气量不足，CO的量就较多；反之，CO的量就较少。对汽油机而言，若混合气中的燃料和空气混合得十分均匀，可认为CO的量主要与空燃比有关，如图4-1所示。空燃比在16以下时，随空燃比下降，CO的浓度大增；当空燃比大于理论空燃比时，CO的量并不为零，这是由于混合气的混合不均匀（局部缺氧）和CO氧化反应较慢所致。柴油机与汽油机相比较，因氧气相对充足，故其CO排放量极少。

（二）碳氢化合物（HC）

碳氢化合物（HC）主要是发动机的所用燃料没燃烧和燃烧不完全的产物。

气缸壁面的激冷效应使紧靠缸壁的那层混合气体（0.05~0.4mm，称为附面层）不能燃烧，其中含有一定量的HC；缸内较小的缝隙处，如第一道活塞环与活塞环槽的侧隙、背隙等也存在燃烧不完全或没燃烧的HC；此外，混合气过浓、过稀和燃料雾化不良也会使燃烧恶化而有HC存在。这些HC随废气排出，其排出量与空燃比的关系如图4-1所示。柴油机由于空气量充足，采用压燃方式，以及柴油的蒸发性较低，故HC的排放量较汽油机少得多。

（三）氮氧化物（NO_x）

氮氧化物（NO_x）是NO、NO_2、N_2O、N_2O_3、N_2O_4、N_2O_5等氮氧化合物的总称。在发动机排放的氮氧化合物中主要是NO和NO_2，其中NO约占99%，但NO排入大气后又很快被氧化成NO_2。

NO_x的形成机理比较复杂，至今尚无统一的观点。它来源于空气中的氮和氧，通常认为是在燃烧室的高温、高压条件下产生的。NO_x的形成在很大程度上取决于温度，另外与混合气中氧的浓度（NO_x与空燃比的关系如图4-1所示）和高温持续时间有关。柴油机的压缩比高，因而NO_x是其排放中主要的有害成分。

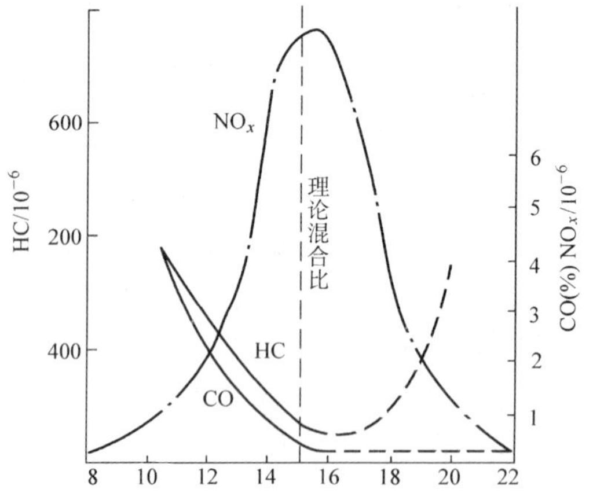

图4-1 排气中CO、HC及NO_x浓度与空燃比的关系

（四）碳烟

碳烟主要出现在柴油机的尾气中，柴油机压缩比较高，大负荷时喷入燃烧室内的燃油增多，而混合气形成不均匀，在局部区域氧气不足的情况下燃油分解、聚合形成碳烟。碳烟不是纯粹的碳，而是一种碳（C）占85%以上，另外还含有少量氧气（O_2）、氢气（H_2）和灰分的聚合体。柴油机中燃油的高温裂解反应是不可避免的，高温气体包围着液态油滴，给裂解反应创造了有利的条件，在发动机上止点附近（往往在气缸着火后的5°~10°曲轴转角时最明显）会出现大量碳烟，但一般情况下，这些碳烟都能在随后的燃烧中与空气完全反应，使排气无烟。但如果空气不足、混合过程进行缓慢，或在膨胀过程中温度下降太快，则碳烟不能被完全燃烧而随废气排出。排气冒烟不仅污染环境、妨碍交通视线，而且还会因燃烧不完全而影响发动机的经济性，易形成燃烧室内积炭，进而引起活塞环或活塞卡住、气门咬死等故障。

三、汽车排放污染物的限值

为了有效地控制大气污染，我国于20世纪80年代颁布并执行了汽车排放标准，在不断改善汽车结构和汽车排放研究的同时，逐步提高对汽车排放的要求，控制指标与国外先进指标也越来越接近，现行排放污染物限值已等效联合国欧洲经济委员会20世纪末的技术要求。

由于汽车排放与汽车的类型（M类和N类）、发动机的类型（汽油机和柴油机）、燃料及其品质、汽车技术状况（新生产和在用）以及运行状态等密切相关，所以汽车排放限值都是针对相应类型的汽车和发动机、所用燃料、汽车技术状况及汽车运行状态等，就汽车形式认证和生产一致性以及在用车的排放限值提出相应的要求。由于排放限值项目繁多，在此仅列举几例。

（一）车辆形式认证排放限值

形式认证即是由汽车制造企业提供一辆（或一台）该车型（或该机型）的代表车辆（或发动机）进行相关标准规定的认证，相应的排放限值即是形式认证排放限值。

1）燃用优质无铅汽油的M、N_1类车辆冷起动后的运转循环排气污染物排放限值如表4－1所示。表中Ⅰ和Ⅱ分别相当欧Ⅰ和Ⅱ标准。

表4－1　燃用优质无铅汽油的M、N_1类车辆（B类认证）排放限值

车辆类型		基准质量 R_m/kg	限值			
			一氧化碳（CO）质量 L_1/g·km^{-1}		碳氢化合物+氮氧化物（HC+NO_x）总质量 L_2/g·km^{-1}	
			Ⅰ	Ⅱ	Ⅰ	Ⅱ
$M_1$①		全部	2.72	2.2	0.97	0.5
$N_1$②	Ⅰ类	$R_m \leq 1250$	2.72	2.2	0.97	0.5
	Ⅱ类	$1250 < R_m \leq 1700$	5.17	4.0	1.40	0.6
	Ⅲ类	$1700 < R_m$	6.90	5.0	1.70	0.7

① 指车辆设计乘员数（含驾驶员）不超过6人，且车辆的最大总质量不超过2500kg。

② 还包括设计乘员数（含驾驶员）超过6人，或车辆的最大总质量超过2500kg但不超过3500kg的M类车辆。

2）燃用柴油的M、N_1类车辆冷起动后的运转循环排气污染物排放限值如表4－2所示。

表4－2　燃用柴油的M、N_1类车辆（C类认证）排放限值

车辆类型		基准质量 R_m/kg	限值					
			一氧化碳（CO）质量 L_1/g·km^{-1}		碳氢化合物+氮氧化物（HC+NO_x）总质量 L_2/g·km^{-1}		微粒（PT）质量 L_4/g·km^{-1}	
			Ⅰ	Ⅱ	Ⅰ	Ⅱ	Ⅰ	Ⅱ
$M_1$①		全部	2.72	1.0	0.97	0.7	0.14	0.08
$N_1$②	Ⅰ类	$R_m \leq 1250$	2.72	1.0	0.97	0.7	0.14	0.08
	Ⅱ类	$1250 < R_m \leq 1700$	5.17	1.25	1.40	1.0	0.19	0.12
	Ⅲ类	$R_m > 1700$	6.90	1.5	1.70	1.2	0.25	0.17

① 指车辆设计乘员数（含驾驶员）不超过6人，且车辆的最大总质量不超过2500kg。

② 还包括设计乘员数（含驾驶员）超过6人，或车辆的最大总质量超过2500kg但不超过3500kg的M类车辆。

3）怠速时一氧化碳排放限值：燃用普通级无铅汽油和燃用优质无铅汽油的最大总质量超过3100kg的M、N类车辆，在制造厂规定的调整条件下，一氧化碳（CO）的排放限值为3.5%。

4）压燃式发动机和装用压燃式发动机的车辆排气污染物排放限值如表4－3所示。

表4－3 压燃式发动机的车辆排气污染物排放限值①

实施阶段	实施日期	一氧化碳质量（CO）/g·(kW·h)$^{-1}$	碳氢化合物质量（HC）/g·(kW·h)$^{-1}$	氮氧化合物质量（NO_x）/g·(kW·h)$^{-1}$	微粒质量（PT）/g·(kW·h)$^{-1}$	
					≤85kW②	>85kW②
A	2000.1.1	4.5	1.1	8.0	0.61	0.36
B	2005.1.1	4.0	1.1	7.0	0.15	0.15

① 适用于设计车速大于25km/h的M_2、M_3、M_1、M_2和N_3类及总质量大于3500kg的M_1发动机；不适用于已按GB 14761—1999批准认证的采用压燃式发动机的N_1、N_2和M_2。

② 指发动机功率。

5）压燃式发动机和装用压燃式发动机的车辆排气可见污染物限值如表4－4所示。

表4－4 装用压燃式发动机的车辆排气可见污染物限值

名义流量G/L·s^{-1}	光吸收系数K/m^{-1}	名义流量G/L·s^{-1}	光吸收系数K/m^{-1}
≤42	2.26	125	1.345
45	2.19	130	1.32
50	2.08		
55	1.985	135	1.30
60	1.90	140	1.27
65	1.84	145	1.25
70	1.775		
75	1.72	150	1.225
80	1.665	155	1.205
85	1.62	160	1.19
90	1.575	165	1.17
95	1.535	170	1.155
100	1.495	175	1.14
105	1.465	180	1.125
110	1.425	185	1.11
115	1.395	190	1.095
120	1.37	195	1.08
		≥200	1.065

注：虽然以上数值均修正至最接近的0.01或0.005，但这并不意味着测量也需要精确到这种程度。

（二）生产一致性检查试验排放限值

生产一致性即是从已经有关标准认证合格的成批生产的车辆（或发动机）中抽取一辆（或一台）进行有关标准规定的认证，相应的排放限制即是生产一致性排放限值。

1）燃用优质无铅汽油的 M、N_1 类车辆冷起动后的运转循环排气污染物排放限值如表 4－5 所示。

表 4－5 燃用优质无铅汽油的 M、N_1 类车辆排放限值

车辆类型		基准质量 R_m/kg	限值	
			一氧化碳（CO）质量 $L_1/g\cdot km^{-1}$	碳氢化合物＋氮氧化物（HC＋NO_x）总质量 $L_2/g\cdot km^{-1}$
$M_1$①		全部	3.16	1.13
$N_1$②	Ⅰ类	$R_m \leqslant 1250$	3.16	1.13
	Ⅱ类	$1250 < R_m \leqslant 1700$	6.0	1.6
	Ⅲ类	$1700 < R_m$	8.0	2.0

① 指车辆设计乘员数（含驾驶员）不超过 6 人，且车辆的最大总质量不超过 2500kg。

② 还包括设计乘员数（含驾驶员）超过 6 人，或车辆的最大总质量超过 2500kg 但不超过 3500kg 的 M 类车辆。

2）燃用普通级无铅汽油的 M_1 类车辆冷起动后的运转循环排气污染物排放限值如表 4－6 所示。

表 4－6 M_1 类车辆的生产一致性检查试验排放限值 （单位：g/试验）

基准质量 R_m/kg	一氧化碳（CO）质量 L_1	碳氢化合物＋氮氧化物（HC＋NO_x）总质量 L_2
$R_m \leqslant 1020$	70	23.8
$1020 < R_m \leqslant 1250$	80	25.6
$1250 < R_m \leqslant 1470$	91	27.5
$1470 < R_m \leqslant 1700$	101	29.4
$1700 < R_m \leqslant 1930$	112	31.3
$1930 < R_m \leqslant 2150$	121	33.1
$R_m > 2150$	132	35.0

3）压燃式发动机和装用压燃式发动机的车辆排气污染物排放限值如表 4－7 所示。

表 4－7 装用压燃式发动机的车辆排气污染物排放限值

实施阶段	实施日期	一氧化碳质量（CO）/g·$(kW\cdot h)^{-1}$	碳氢化合物质量（HC）/g·$(kW\cdot h)^{-1}$	氮氧化合物质量（NO_x）/g·$(kW\cdot h)^{-1}$	微粒质量（PT）/g·$(kW\cdot h)^{-1}$	
					≤85kW①	>85kW①
A	2000.1.1	4.9	1.23	9.0	0.68	0.40
B	2006.1.1	4.0	1.1	7.0	0.15	0.15

① 指发动机功率。

（三）在用汽车排放限值

在用汽车即是出厂后已经交通管理部门备案挂牌投入使用的车辆，相应的排放限值即是在用汽车排放限值。

1）在用汽油机汽车怠速污染物排放限值如表 4－8 所示。

表 4－8 在用汽油机汽车怠速污染物排放限值

项目 / 车型 / 车别	CO（%）		$HC/10^{-6}$①			
			四行程		二行程	
	轻车型	重车型	轻车型	重车型	轻车型	重车型
1995 年 7 月 1 日以前生产的在用汽车	4.5	5.0	1200	2000	8000	9000
1995 年 7 月 1 日起生产的在用汽车	4.5	4.5	900	1200	7500	8000

① HC 容积浓度值按正乙烷当量。

2）在用柴油机汽车自由加速排气可见污染物限值如表 4－9 所示。

表 4－9 在用柴油车自由加速排气可见污染物限值

车别	光吸收系数/m^{-1}
2001 年 1 月 1 日以后上牌照的在用汽车	2.5
2001 年 1 月 1 日以后上牌照的装废气涡轮增压器的在用汽车	3.0

按《机动车辆和挂车分类》（GB/T 15089），上述的 M 类车辆是指至少有 4 个车轮的载客机动车辆，或有 3 个车轮且厂定最大总质量超过 1t 的载客机动车辆；N 类车辆是指至少有 4 个车轮的载货机动车辆，或有 3 个车轮且厂定最大总质量超过 1t 的载货机动车辆；M_1 类是指除驾驶员座位外，乘客座位不超过 8 个的载客车辆；M_2 类是指除驾驶员座位外，乘客座位超过 8 个，且厂定最大总质量不超过 5t 的载客车辆；M_3 类是指除驾驶员座位外，乘客座位超过 8 个，且厂定最大总质量超过 5t 的载客车辆；N_1 类是厂定最大总质量不超过 3.5t 的载货车辆；N_2 类是指厂定最大总质量超过 3.5t，但不超过 12t 的载货车辆；N_3 类是指厂定最大总质量超过 12t 的载货车辆。

四、减少排放污染的主要措施

汽车排放污染物的产生既影响到汽车的燃油经济性，又影响到人类生存的环境，因而近年来人们极为重视这方面的研究。由于汽车的排放污染物是由燃料燃烧后产生的，所以影响排放污染的因素大多也是影响发动机运转性能和汽车燃油经济性的因素。这里主要就减少排放所采取的专门措施作一叙述。

（一）结构方面

1. 曲轴箱强制通风系统（PCV）

为了减少 HC 的排放量，目前汽车采用封闭式曲轴箱强制通风装置。从空气滤清器将空气引人曲轴箱，并将曲轴箱内气体和空气混合后一起经 PCV 阀吸入气缸燃烧，如图 4－2 所示。控制阀（PCV）是一个单向的弹簧阀，它利用了弹簧力和进气管真空度的平衡来控制通风量。当进气管真空度很高时限制空气流量，以防怠速不稳；当节气门开度大（进气管真空度较小）时对空气流量不加限制。这样既可使曲轴箱中可燃混合气和润滑油雾全部烧掉，减少 HC 排放量，又可改善曲轴箱通风，使润滑油不易变质。

2. 燃油蒸气回收系统

为了防止燃油箱和油路中的汽油蒸气挥发掉，导致能源浪费和对大气形成污染。现代汽车大都采用闭式结构，当发动机停止运转或大负荷转入小负荷工况后，发动机罩内的温度上升，使油路内燃油蒸发，燃油蒸气经蒸气放出阀存入活性炭罐，炭粒吸附燃油蒸气并储存起来；发动机再工作时，在进气管真空度作用下，经过活性炭罐的新鲜空气连同燃油蒸气一起吸入进气管，从而起到回收燃油蒸气、减少污染的作用。图 4－3 所示为汽油蒸气回收控制系统。炭罐受电磁阀 VSV 控制，水温达 75℃以上时，ECM 将 VSV 导通。活性炭罐中的活性炭粒是一种极好的油蒸气吸附物，有极大的微孔表面积，炭罐的底部有空气滤网和空气量孔，新鲜空气经滤网吸入，从炭粒中带走燃油蒸气。

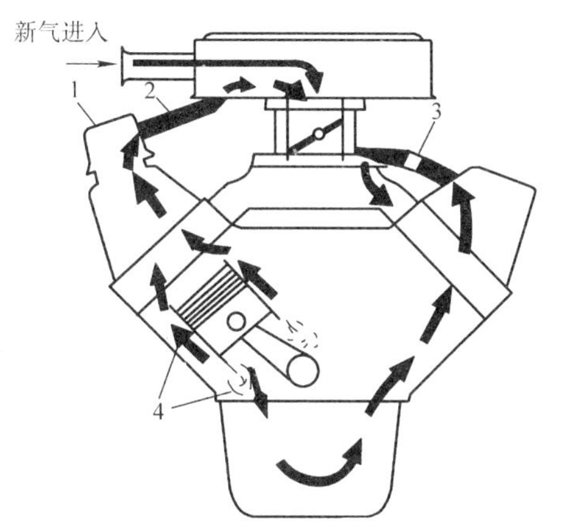

图 4－2　封闭式曲轴箱通风装置

1—闭合的加油口盖　2—空气滤清器连接管

3—PCV 阀　4—窜缸气体

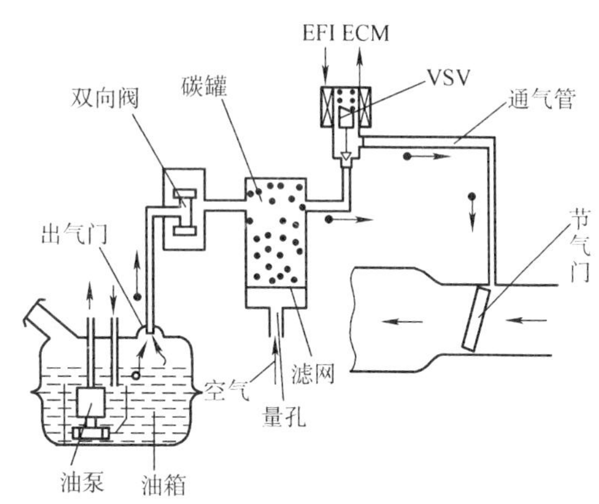

图 4－3　汽油蒸气回收控制系统

3. 废气再循环系统（EGR）

从排气管中引出部分废气，使其经进气管进入气缸中参与燃烧，这种方法称为废气再循环。废气中含有大量的惰性气体，其稀释作用使燃烧速度减慢，最高燃烧温度下降，从而降低了 NO_x 的生成量，而 HC 和 CO 的排放量并不因此而增加，故废气再循环是降低 NO_x 排放的有效方法。有试验表明，仅用 5% 的废气再循环，就可使 NO_x 的排放量成倍下降；废气再循环量达到 23.3% 时，NO_x 的排放量最低。但应注意，废气再循环量为 15% 时，经济性就下降 15%（或更多），过度的废气再循环甚至会影响发动机正常运转。因而，许多废气再循环系统都可根据工况调整再循环的废气量。通常根据发动机结构的不同，进入进气歧管的废气量在 5%～13% 变化。

图 4－4 所示为废气再循环系统的结构示意图。EGR 阀上部是密封的，通过真空管与进气真空孔连通。怠速时阀膜上方无真空吸力的作用，弹簧使阀处于关闭状态，无废气再循环产生。节气门开启时由于进气歧管的真空作用，使阀膜被上吸打开阀门，废气流入进气歧管，与燃气混合后一同进入发动机。节气门开大时，进气管中真空度很小，阀门关闭，这时的供油系统供给浓混合气，为保汽车的动力性，正好不再进行废气再循环。

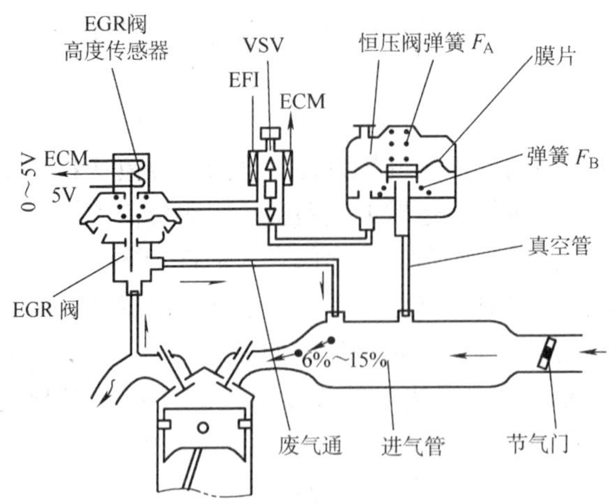

图 4－4 废气再循环系统的结构示意图

废气再循环对于降低柴油机排放的 NO_x 浓度也有很明显的效果。此外，废气循环量的多少还有靠电控实现的另外一些结构形式。

4. 空气喷射

空气喷射又称为二次燃烧，其工作原理是用空气泵向排气歧管二次喷入空气，使排气中的有害成分 HC、CO 在排气高温下继续进行氧化反应生成 CO_2 和 H_2O，达到排气净化的目的。当温度在 700℃以上时，氧化反应的效率较高，因此，结构上应尽可能将空气喷射在排气门附近的高温区。

空气喷射的时机是有控制的，汽车正常行驶时，空气喷射装置喷射空气；当混合气过浓不能完全燃烧时，过多的不完全燃烧物在排气管中遇空气将引起排气管放炮，故此时应停止空气喷射。空气喷射的管路中还应有单向阀，防止排气管内废气倒流到空气喷射管路中。

空气喷射适用于汽油发动机的排气净化，在混合气偏浓时效果尤其明显。但驱动空气压缩机要消耗一定的发动机功率，导致发动机油耗增加。

5. 热反应器

热反应器也是一种可降低 HC 和 CO 排放的后处理装置，它是基于高排气温度、足够的氧气及增加排气停留时间能促使 HC 和 CO 在排气系统中高度氧化的原理设计的，安装在发动机排气道的出口处，一般与空气喷射一起使用。热反应器要求有良好的隔热性，以防止热量向外扩散，有较大的容积空间，增大排气在排气管内停留的时间，从而改善空气喷射对 HC 和 CO 的氧化效果，并降低空气喷射量。图 4－5 所示为一种热反应器的结构，它能有效降低发动机排气中 HC 和 CO 的含量。一般在发动机浓混合气的情况下，二次喷入空气的热反应器效率最高。

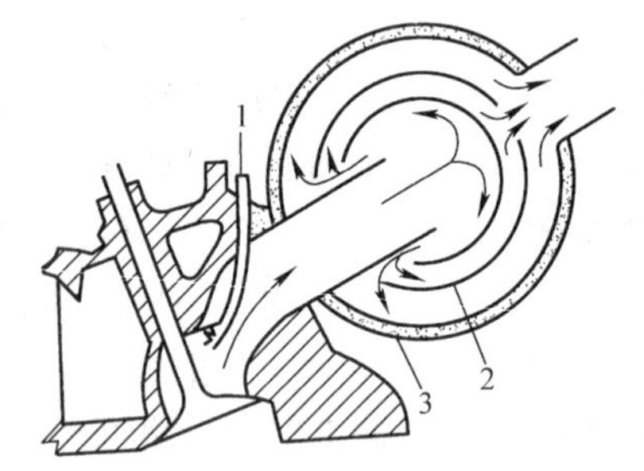

图 4－5 热反应器结构

1—空气 2—热辐射遮蔽板 3—绝热外壳

6. 催化净化装置

催化净化装置是一种内部装有催化剂的装置，装在发动机的排气管中。催化剂能使发动机排气中的有害成分加速变成无害成分。催化净化方法可分为两种，一种是催化氧化法，以铂、钯、黄金、钴和镍等金属及其氧化物作为催化剂，使 CO、HC 氧化为 CO_2 和 H_2O；另一种是催化还原法，以铂、碱金属和钴铬合金作为催化剂，使 NO_x 还原为 N_2 和 O_2。

目前催化净化装置有氧化催化反应装置和三元催化反应装置。氧化催化反应装置仅依靠氧化反应降低 CO 和 HC，汽油机和柴油机都适用。三元催化反应装置内的氧化与还原反应同时进行，能使 CO、HC 和 NO_x 三种有害成分同时得到净化处理，它要求发动机的空燃比精确地控制在理论空燃比附近的最佳范围内，以保证同时对三种有害成分高效净化。因此，三元催化反应装置一般与燃油电子喷射发动机一起使用，用氧传感器检测排气中的氧浓度，反馈控制发动机的空燃比范围。由于柴油机排气中残留的氧量较多，使氧传感器的控制不灵敏，故三元催化反应装置一般不用于柴油机。

催化剂一般不耐高温，当发动机排气温度过高时会导致催化剂过热，并发生烧结，使其表面积迅速减少，催化剂功能下降或失效。因此，催化净化装置应按装在排气歧管较远处，最常见的是与排气消声器形成一体，制成催化净化消声器。催化净化消声器的损坏一般是由排气中的铅化物、碳烟和焦油等物质所引起。使用含铅汽油的汽油机排气中含有铅化物，易于堵塞催化剂载体和覆盖催化剂的表面造成其失效，柴油机排出的碳烟和焦油也会附着在催化剂表面使其活性下降。因此，对于装有催化净化装置的汽油机，必须使用无铅汽油；对于柴油机，汽车运行中应尽量避免小负荷或变工况工作时的燃烧恶化。

7. 压缩比和面容比

适当降低发动机的压缩比，可使燃烧后燃烧室内的最高温度和最高压力降低，NO_x 的生成量减少；面容比的降低，意味着燃烧室更加紧凑，降低燃烧室的面容比，可以减少燃烧室壁面的激冷效应，减少 HC 的排放。

8. 进气自动调温装置

当前，化油器式汽油机还占有一定的比例，因此，下面就带有化油器汽油机减少排放污染物的结构措施作一简单叙述。

由于环境温度或汽车发动机罩内温度较高而使通过空气滤清器的空气温度过高，会使空气密度减小而导致混合气过浓，燃烧的不完全使 HC 和 CO 的排放增多；相反，温度过低会使混合气变稀，且混合不均容易引起断火而使 HC 排放增多。

采用进气自动调节装置可向发动机供给温度比较恒定的空气，防止进气温度的较大变化引起混合气浓度发生大的改变，以减少排放污染。图 4－6 所示为进气自动调温装置结构示意图，它利用排气的高温对排气总管上的罩壳加热，使热空气通过导管进入空气滤清器。发动机低温运转时，通过空气滤清器的空气温度较低，空气滤清器内的温度感应器向下关闭放气口，使真空膜片转换阀中膜片上方作用的进气管真空度大于膜片下方的真空度，将转换阀拉起，打开热空气通道，使空气滤清器吸入热空气。在暖机过程中，真空膜片转换阀能控制吸入冷空气的比例，使

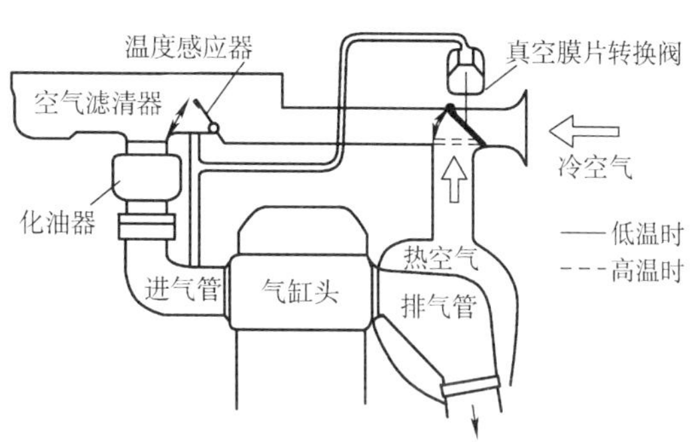

图 4－6　进气自动调温装置

进气温度保持在40℃左右，当温度再高时，温度感应器向上打开放气口，使膜片转换阀向下关闭热空气通道，吸入冷空气。

9. 改善化油器结构

化油器是传统供油系统中的重要装置，为发动机供油、油气混合和燃烧提供了重要保证。其结构的合理性对节省燃油和减少污染起很重要的作用。

（1）自动阻风门　汽油机起动及冷态运转时，需供给浓混合气，以保证发动机的正常起动和稳定运转。起动时阻风门处于关闭状态，以满足起动要求的空燃比；起动后的暖机过程，要求混合气的空燃比稍高，此时应适当地打开阻风门。自动阻风门能根据起动和暖机过程的需要保证适度的阻风门开度，保证供给发动机合适空燃比的混合气，以减少排放污染。目前多采用电加热自动阻风门。

（2）热怠速补偿器　汽车在夏季或炎热地区等高温环境行驶时，发动机由高转速大负荷运转，突然转入怠速状态时，机罩内的温度高达90～100℃，浮子室的温度也可达80℃。这时的空气密度较小，继续供给的汽油和管壁上原有的油膜，在高温下迅速蒸发，使混合气很浓，易引起燃烧不良，怠速不稳，甚至发动机熄火，再起动也困难，且使CO和HC的排放量大大增加。

采用热怠速补偿器可使情况得以改善。图4－7所示为化油器的热怠速补偿器。热怠速补偿器中设有双金属片控制补偿阀门，当机罩内温度达到70℃时，双金属片向外弯曲而打开补偿阀门，使进入化油器的热空气有一部分绕过喉管，通过补偿阀门开放的座孔进入节气门之后，使空气量增加，避免混合气过浓，从而使怠速稳定并减少排放污染。

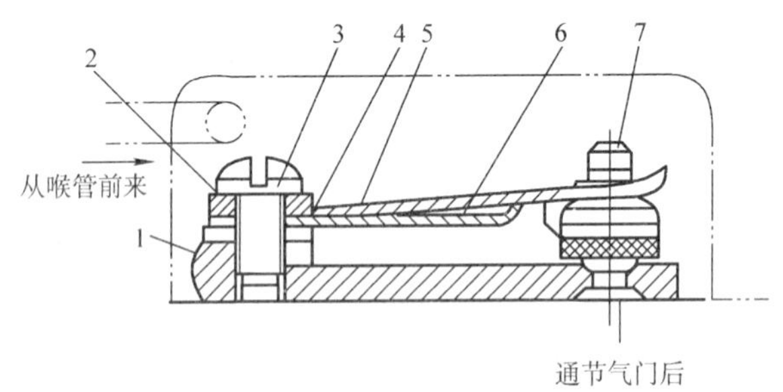

图4－7　H201化油器的热怠速补偿器

1—补偿阀支架　2—补偿阀调整垫片压盖　3—螺钉　4—补偿阀调整垫片
5—补偿阀双金属上片　6—补偿阀双金属下片　7—补偿阀总成

（3）强制怠速省油器　发动机强制怠速工况，化油器节气门虽然处于关闭位置，但进气管的真空度很高，使混合气过浓，再加上强制怠速的转速高，使单位时间内的排放污染程度大大增加，同时也浪费了燃料。因而在强制怠速时切断供油，既节省了燃油又减少了排放污染。

电磁式强制怠速省油器是在关闭点火开关时，电磁阀驱动的锥形针阻塞怠速油路，使怠速油路停止供油。真空强制怠速省油器是利用节气门下方真空度来控制真空阀，以破坏化油器怠速油道的真空度，中断怠速油路的供油。

（4）节气门缓冲器　当行驶的汽车需突然减速时，驾驶者急抬加速踏板，节气门便会快速回到怠速状态，此时汽车因惯性作用发动机的转速还较高，因此会使进气管的真空度很高，造成混合气过浓，HC 的排放量增多。化油器上装有节气门缓冲器，可使节气门回至怠速位置的速度减慢，避免出现很高的进气管真空度，从而降低混合气浓度，使 HC 排放量减少。

（二）使用方面

1. 空燃比

空燃比对发动机排放污染物的影响，可由图 4－1 中看出。在理论空燃比附近，燃烧火焰温度很高，导致氮氧化物（NO_x）的浓度最大；一氧化碳（CO）的含量随空燃比增大而下降，即随混合气变稀而降低，在理论空燃比后趋于稳定；碳氢化合物（HC）在空气燃比约 18∶1 前是随空燃比增大而降低，之后又由于混合气过稀、不易燃烧而迅速增加。

柴油机的碳烟很大程度上取决于混合气的浓度，混合气稀，烟度就低。

2. 发动机负荷

由发动机运转性能已知，负荷对应于发动机节气门的开度。

汽油机在怠速工况时，节气门处于关闭状态，此时发动机的低转速使进气系统内的空气流速较低，使得汽油雾化不良，与空气混合很不均匀，各缸的分配也不均匀；此时缸内压力、温度都低，汽油汽化不良，为避免缸内缺火，怠速时供给浓混合气（$\alpha=0.6\sim0.8$），致使排气中 HC 和 CO 高达 7%。对柴油机来说，由于怠速喷入燃烧室内的燃料分布不均匀，局部区域 $\alpha<1$，使怠速时的 CO 生成量增大，但与汽油机相比仍小得多。

在小负荷工况（节气门开度从 0～25%）下，进入气缸的可燃混合气量较小，而上一循环残留在缸内的废气量相对比例较大。这样对燃烧不利，需供给较浓的混合气（$\alpha=0.8\sim0.9$），从而致使废气中 HC 和 CO 含量较高。在转速提高时，混合气的混合条件得到改善，废气中 HC 和 CO 的含量会有所降低。

在中等负荷工况（节气门开度为 25%～80%）下，供给经济混合气（$\alpha=0.9\sim1.1$），并随 α 的增大废气中 HC 和 CO 含量渐少，其中 CO 的浓度按容积计可降到 0.5%～1%。

在大负荷（节气门开度为 80%～100%）工况时，供给浓混合气（$\alpha=0.8\sim0.9$），由于空气量的相对减少，使 CO 排量增多；此时因燃烧压力和温度较高，故有较多量的 NO_x 生成；较高的排气温度，可使 HC 在排气中继续燃烧，使最终的 HC 排放量减少。柴油机在满负荷条件下工作时，HC 和 CO 的排放量增加不多，而生成的 NO_x 明显增多，并产生大量的黑烟。这是因为柴油机虽然总的来说供给的空气是充足的（$\alpha>1$），但是混合不均匀，在燃烧室的局部地方混合气有过浓现象（$\alpha<0.5$），从而由于氧气不足烃分子发生裂解而形成碳烟。由于汽油机混合气的成分是均匀的，在正常条件下产生炭烟的量很少。

3. 发动机转速

同一挡位下的汽车车速与发动机转速成正比。在节气门开度变化不大时，随发动机转速的提高，混合气的形成和火焰传播条件得以改善，热损失减少，使 HC 和 CO 的排放量减少，而 NO_x 的排放量增多。当转速达到最大转速的 65%～75% 时，废气中的 NO_x 达到最大值。

4. 不稳定工况

上述对发动机负荷和转速影响废气有害成分的分析是针对稳定工况下。在汽车行驶过程中，发动机主要是在不稳定工况下工作的，发动机的负荷和转速是不断变化的。如市内运行的汽车，发动机怠速和中等转速约占总工作时间的 35%，加速占 22%，匀速占 29%，减速占14%。

排气中的有害成分与汽车运行工况的关系如图4－8所示。汽油机在减速和较低转速工况下，废气中不完全燃烧的物质（HC）较多；怠速时CO的含量较高；NO_x 浓度在加速和高转速时有明显的增多。

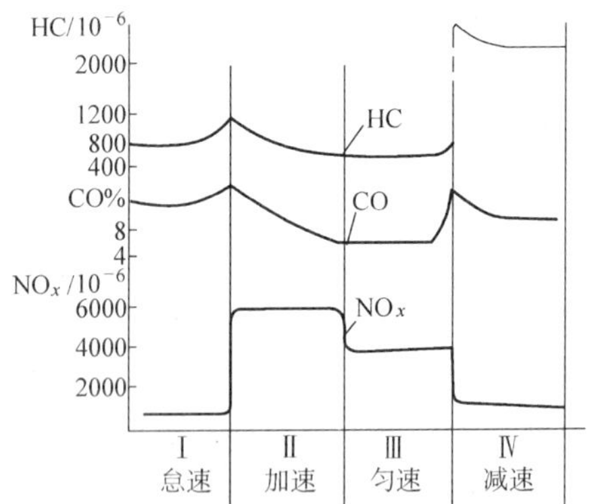

图4－8 汽油机排气有害成分与汽车运行工况的关系

5. 发动机技术状况

前已叙及使用中保持良好的技术状况，对发动机动力性和经济性的影响，在此着重讲述一下对排放污染的影响。

（1）保持正常的气缸压缩压力 气缸内的压缩压力过低，会使燃烧室温度、压力过低，造成燃烧不良，HC和CO的排放量增多。活塞与气缸壁间隙过大、活塞环开口间隙过大、缸垫漏气、气门封闭不严、气门脚间隙过小等都是导致压缩压力过低的主要原因。为保持气缸内正常的压缩压力，应定期进行检查，压缩压力低于规定值时，应及时进行维修。

（2）保持燃料供给系良好的技术状况 供油系的技术状况对燃油经济性和排放污染都有较大的影响。特别对于化油器式供油系，应注意清除各量孔、油管和喷管中的沉积物，如化油器主供油系的空气量孔被灰尘、结胶部分堵塞，会使混合气过浓，既增大了油耗，又使排放污染增加。但若混合气调整得过稀，也会使燃烧不完全甚至产生断火现象，从而使排放污染增加。

正确调控化油器（包括浮子式油面高度调整、怠速调整和加浓装置调整等），使发动机在各种工况下混合气有适当的空燃比是减少排放污染的重要措施。此外，空气滤清器应定期清洗或更换，否则进气阻力过大，会使混合气成分变浓，造成燃烧不良，使废气中HC和CO的含量增加。

（3）保持点火系统良好的技术状况 点火系统应保证在各种工况下都能供应有足够点火能量的电火花，以保证各缸不断火，并避免各缸压力不均匀现象的出现。因为点火不利所造成的任何燃烧不良，都会使排放污染增加。汽车使用中应注意火花塞间隙、分电器触点间隙和点火正时等。汽油机的点火提前角增大时，循环压力和温度提高，废气中 NO_x 浓度随之增大；反之 NO_x 浓度减少。点火提前角对CO生成量的影响很小，而对HC的影响相对大些。点火提前角适当推迟，排气温度相应升高，可使HC在排气中继续燃烧，废气中的HC减少；若点火过迟，会因燃烧速度慢，而使HC增多。

柴油机喷油提前角也影响其排放物的含量，随喷油提前角的减小，废气中的 NO_x 浓度下降，HC增加，而CO浓度基本不变。

（4）清除燃烧室积炭 发动机零件上形成的积炭会使废气污染加重。积炭通常出现在燃烧室内的气缸盖、气缸壁、活塞顶部及气门、火花塞等部位，它是燃料和润滑油不完全燃烧的产物。积炭会使相应元件的作用失效而使HC浓度增大；另外积炭产生的多孔状表面，会使燃烧室的面容比增大，激冷层面积增大而使HC量增多；积炭还易引起燃烧室内表面点火，使排放污染物增多。维修中应注意对燃烧室内积炭的清除。

6. 环保型燃油

随着汽车技术的进步和发展以及环保要求的提高，对车用燃油的质量要求也在不断变化。与汽车排放密切相关的燃油组分受到相应的限制，并研究开发了适应环保要求的环保型燃油。

1999年，由美国汽车制造者协会、欧洲汽车制造者协会和日本汽车制造者协会共同发起制定了一个世界燃油协议标准。该标准主要是汽车制造商针对环保要求，对汽车燃油提出的基本要求。它将汽油和柴油按适应环保要求的不同分为三类：第一类汽油和柴油适用于对汽车排放没有控制或极少有要求的场合；第二类汽油和柴油适用于对汽车排放有严格要求的地区和国家；第三类汽油和柴油适用于对汽车排放有超前要求的地区和国家。该标准对燃料的组成和对环境污染有关的元素含量等提出了要求。

我国对汽车排放有严格要求，本应执行二类燃油标准，但实际上国内燃油在组分、有害物含量等方面与上述的世界燃油协议标准比较都有一定的差距。我国现在也正加紧环保型燃油标准的制定，环保型燃油的逐步推广对减少排放将产生重大的影响。有关研究表明，燃油组分对汽车排放有着重要影响，非工业性城市大气中的铅主要来自汽车废气，对人体有害，而且使汽车催化净化装置中毒；硫含量会使净化装置的催化剂活性降低，使用寿命缩短；汽油中的芳烃和烯烃会增大废气对大气的污染程度，并因活性强，易在太阳紫外线照射下发生光化学反应生成光化学烟雾，危害环境。

7. 代用燃料

随着世界石油储量的日益减少，在发动机上使用代用燃料的趋势正在加速，同时也为减少汽车排放污染开辟了更广阔的天地。现阶段已经使用或正在研究使用的代用燃料主要有：天然气、液化石油气、醇类燃料（甲醇、乙醇）、氢气和电能等。代用燃料燃烧后排放的污染物要比汽油少得多。

（1）天然气　天然气经过净化处理后，其有害物质的含量很少，加之其本身是气态燃料，易与空气混合，因此燃烧完全，尾气排放污染物也较低。天然气是目前世界公认的清洁燃料，越来越受到重视，具有广阔的发展前景。

天然气主要来源于油田，是地表下岩石储集层中自然存在的以轻质碳氢化合物为主体的气体混合物统称，主要成分是甲烷，占85%～95%，其余为乙烷、丙烷、丁烷及少量其他物质。天然气又分为气田气和伴生气，其组成成分决定其理化性能。与汽油相比，天然气具有热值高、抗爆性能好、混合气发火界限宽和着火温度高等特点。其存在形式可分为压缩天然气和液化天然气，压缩天然气是将天然气压缩20MPa存储在气瓶中；液化天然气是将天然气液化后，存储在高压瓶中。目前广泛应用于汽车上的是压缩天然气。

天然气汽车具有有害物排放低、燃料经济性好等优点，但也有动力性低、对燃料容器耐压性及密封性要求高和加气站建设投资大等缺点。按燃料供给系统划分，压缩天然气汽车可分为纯CNG汽车、两用燃料（CNG和汽油）汽车以及双燃料（CNG和柴油）汽车三类。

由于目前天然气加气站分布的限制，还很少有纯天然气汽车，压缩天然气汽车大都是在汽油机或柴油机汽车的基础上改造而来的。CNG—汽油两用燃料汽车是在保留原车供油系统（化油器或电喷）的基础上，增加一套CNG附加装置。改装部分由天然气存储（包括充气阀、高压截止阀、天然气气瓶、高压线管、高压接头、压力表、压力传感器和气量显示器等）、天然气供给（包括高压电磁阀、三级组合式减压阀和混合器等）和油气燃料转换（包括三位油气转换开关、点火正时转换器和汽油电磁阀等）三个系统组成。CNG—柴油双燃料汽车是在原柴油机上加装一套供气系统，不必对柴油机做很大改动，就可使用天然气代替大量的柴油（80%以上），其改装费用比改装成火花点燃的发动机省很多。CNG—柴油双燃料汽车的供给系统由天然气储存（包括压缩天然气气瓶、压力表和气瓶充气供气阀等）、天然气调节和供给（包括压缩天然气的高压减压阀、低压减压阀、天然气滤清器、开关阀和天然气加热器等）、柴油供给（包括天然气混合器、天然气供气量控制阀和燃油供给机构等）以及发动机控制和保护（包括天然气供给控制阀门的传动装置、发动机从燃用纯柴油转换为燃用双燃料工况的转换系统和天然气供给闭锁装置等）四部分组成。

（2）液化石油气　液化石油气与汽油、柴油相比，具有燃烧完全、积炭少和排放污染物低等优点，因此被称为清洁燃料。液化石油气汽车在替代能源汽车中发展最快，目前全世界液化石油气汽车保有量已达500多万辆。我国近年来液化石油气汽车的改装工作也取得了很大的进展。

车用液化石油气的主要成分是丙烷和丁烷。车用丙烷气由丙烷和少量丁烷组成，作为低温环境下的车用燃料；车用丙丁烷气主要由丙烷、丁烷和少量戊烷组成，作为在一般温度环境条件下的车用燃料。液化石油气与天然气相似，具有热值高、抗爆性能好、着火温度高、容易与空气混合和有害物排放低等特点。按燃料供给系统划分，液化石油气汽车也可分为纯LPG汽车、两用燃料（LPG和汽油）汽车以及双燃料（LPG和柴油）汽车三类。

同样由于加气站数量的不足，一般地区还不具备发展纯液化石油气汽车的条件。大多是以发展液化石油气－汽油两用燃料汽车和液化石油气－柴油双燃料汽车为主。LPG—汽油两用燃料汽车的发动机是在汽油机的基础上改造而成，保留原汽油供给系统，增加一套液化石油气供给系统。LPG—汽油两用燃料车的供给系统包括储存液化石油气的钢瓶、蒸发调节器、混合器、电磁阀和控制系统等。两种燃料供给系统通过电磁阀控制转换。由于兼顾燃用汽油时的使用性，发动机不宜作较大的改造，故液化石油气的特性不能充分发挥。LPG—柴油双燃料汽车的发动机是在柴油机的基础上改造的，保留原柴油供给系统，增加一套液化石油气供给系统。与CNG—柴油双燃料发动机一样，LPG—柴油双燃料发动机同时具有两套燃料供给装置，汽车同时携带两种燃料，以用少量柴油引燃空气与LPG混合气。LPG—柴油双燃料发动机供气系统是由液化石油气瓶、蒸发器、减压阀、调节阀、混合器和节流阀等组成。

（3）醇类燃料　醇类燃料是指甲醇或乙醇。醇类燃料汽车发展较早，目前在技术和成本控制方面都已经达到实用阶段。醇类燃料资源丰富，甲醇可以从天然气、煤、石脑油、重质燃料、木材和垃圾等物质中提炼；乙醇的原料有甜菜、甘蔗、玉米和秸杆等含糖、含淀粉的农作物。醇类燃料的特点与汽油几乎相同，只是程度略有差别，其辛烷值高、蒸发潜热大、可燃界限宽、热值低、沸点低。另外，甲醇有毒，会刺激眼结膜，通过呼吸道、消化道和皮肤进入人体，刺激神经，造成头晕、乏力和气短等症状；醇类燃料具有较强的化学活性，能腐蚀锌、铅等金属，溶胀橡胶、塑料。

醇类燃料在汽车上的应用主要有掺烧、纯烧和改质三种类型。掺烧主要是醇（甲醇或乙醇）以不同的比例掺入汽油中，甲醇、乙醇与汽油的混合燃料分别用M和E表示，其后的数字表示甲醇和乙醇的体积混合百分率，如E20表示20%乙醇与汽油混合的燃料。在混合燃料中添加助溶剂，以防止醇燃料与汽油分层。研究表明，如果掺烧的醇少于20%，发动机只要作适当的调整，发动机性能即可与燃烧汽油时相当；掺烧比例加大时，可通过适当增加压缩比和发动机预热装置保证发动机的性能发挥。纯烧是指单纯燃烧甲醇或乙醇燃料，此时的发动机可以根据燃料的特点进行改造，如增大压缩比、调整供油系、加大泵油量、加装发动机预热装置和改善零部件的抗腐蚀性等。改造后发动机的性能比烧汽油时有较大提高。改质类型现在主要是指甲醇改质，利用发动机的余热将甲醇改质成为 H_2 和 CO，然后输送到发动机内燃烧。采用甲醇改质需要对发动机进行较大改造，最好重新设计。

醇类燃料对降低汽车排放污染有着很显著的效果，实验也表明，醇类燃料排放的 CO、HC、NO_x 都比汽油低；乙醇由于大幅度提高压缩比，使 NO_x 排放略有增加。

（4）氢气 氢气本身的天然储量不大，但作为氢来源的水资源却十分丰富，而且氢燃烧后生成的物质还是水，不产生有害气体，能形成资源的快速循环。

氢气用作汽车燃料，与空气混合均匀，各缸混合气的分配性好；火焰传播速率高，可采用稀燃技术；氢气的辛烷值高，允许的发动机压缩比高，所以其热效率高、经济性好。但由于氢气的密度低，在气缸中所占容积相对较大，会影响发动机的动力性。

氢气可以单独作为汽车燃料，也可以与其他燃料混烧。氢气作为汽车燃料的最大问题是氢的制取和携带。氢气的制取方式很多，但成本都非常高。汽车上的氢气携带方式有气态携带、液态携带和金属携带三种。气态携带的贮存容器不仅增加了汽车的质量，而且氢气的能量密度低，续驶里程短；液态携带需要 -253℃ 超低温，要求绝热性能良好的冷藏容器，这种技术国外发达国家正在研究中；金属携带就是用金属氢化物携带，这种方式的研究进展较快，预计可能成为发展趋势。

目前氢气汽车还处于研究探索阶段，真正应用的还很少。但随着石油资源的减少和科技水平的不断进步，氢气汽车的前景十分光明。

（5）电能 电能作为汽车的动力，无需再用内燃机，而由电动机代替，蓄电池相当于油箱。由于电能是二次能源，可以来源于风能、太阳能、水能、核能和热能等多种方式。

电动汽车噪声低、无废气排放的优势成为世界各国解决能源和环保问题的希望，是非常有发展前景的替代能源汽车。制约电动汽车发展的主要因素是蓄电池和电动机，常用的蓄电池主要有铅酸电池、镉镍电池、氢镍电池、锂电池和燃料电池；电动机有直流电动机、交流感应电动机、永磁无刷电动机（交流同步电动机）以及开关磁组电动机。

电动汽车在限定范围内的应用在许多国家技术上已经成熟，但广泛应用还存在比能低、成本高和充电时间长等许多问题。尽管如此，从能源和环保优势考虑，发展电动汽车势在必行。

8. 驾驶操作

汽车的驾驶操作对排放污染也会产生较大的影响。这些影响与汽车的燃油经济性大都一致，即有利于汽车燃油经济性的驾驶操作一般有利于排放减少。所以，在此不再详述。

第二节 汽车的噪声污染

噪声泛指一切对人们生活和工作有妨碍的声音，或者是说人们不需要并希望用一定措施加以控制和消除掉的声音的总称。汽车噪声主要来自发动机、传动机构、轮胎、车体振动以及车身干扰空气等发出的各种声响，另外还有间歇性的制动噪声和喇叭噪声等。汽车噪声对车内和车外一定范围内的人都会带来烦躁和不安，它除随着车辆和发动机的形式不同而不同外，还与车速、发动机转速、载荷和道路条件等有关。

一、噪声的危害

城市中的环境噪声主要包括交通噪声、生产噪声、建筑噪声和生活噪声等。现代城市中交通噪声是环境噪声的主要部分，占城市噪声的75%左右。交通噪声主要来源于汽车、摩托车等，其中又以汽车噪声最大。汽车噪声一般都是60~90dB的中强度噪声，但由于影响面广、时间长，所以其危害很大。

80dB以下的环境噪声一般不至于造成明显的永久性听力损伤，仅使人的听力产生暂时性下降；在85dB的环境中，会有10%的人可能产生耳聋；在90dB的条件下，则只能保持80%的人不会耳聋。

高于70dB的噪声会使人心情不安、烦躁、疲倦、工作效率下降和谈话、通信困难等，从而产生头痛、脑胀、失眠等各种病症。噪声还会使人血液中的肾上腺素增加，因而引起心率改变和血压升高，同时还刺激脑下垂体和副肾质产生内分泌失调。另外，长时间处于噪声环境的人，还会导致胃病和神经官能症。

有试验表明：88dB会使驾驶者的注意力下降10%；90dB时下降20%。因此，汽车的噪声既影响周围环境，又会使驾驶者的工作效率下降，还影响乘客的乘车舒适。

为了有效地控制和降低汽车噪声，世界上许多国家都颁布了机动车噪声控制标准。表4－10和表4－11所示是我国机动车辆噪声限值的国家标准，随着时间的推移和技术水平的提高，标准中的噪声限值会越来越严格。

表4－10 噪声限值 ［单位：dB（A）］

<table>
<tr><th colspan="3" rowspan="2">车　型</th><th colspan="2">限　值</th></tr>
<tr><th>1985年1月1日前生产的车</th><th>1985年1月1日后生产的车</th></tr>
<tr><td rowspan="11">车外</td><td rowspan="3">货车</td><td>8t≤载质量<15t</td><td>≤92</td><td>≤89</td></tr>
<tr><td>3.5t≤载质量<8t</td><td>≤90</td><td>≤86</td></tr>
<tr><td>载质量<3.5t</td><td>≤89</td><td>≤84</td></tr>
<tr><td rowspan="3">客车</td><td>总质量≤4t</td><td>≤88</td><td>≤83</td></tr>
<tr><td>4t≤总质量<11t</td><td>≤89</td><td>≤86</td></tr>
<tr><td>总质量≥11t</td><td colspan="2">≤86（汽油车）
≤88（柴前置）
≤89（柴后置）</td></tr>
<tr><td colspan="2">轻型越野车</td><td>≤89</td><td>≤84</td></tr>
<tr><td colspan="2">轿车</td><td>≤84</td><td>≤82</td></tr>
<tr><td colspan="2">摩托车</td><td>≤90</td><td>≤84</td></tr>
<tr><td colspan="2">轮式拖拉机（44kW以下）</td><td>≤91</td><td>≤86</td></tr>
<tr><td colspan="2">客车</td><td colspan="2">≤82</td></tr>
<tr><td rowspan="2">车内</td><td colspan="2">城市、长途、团体客车</td><td colspan="2">≤82</td></tr>
<tr><td colspan="2">旅游客车</td><td colspan="2">≤75（汽油车）
≤78（柴油车）</td></tr>
</table>

表 4-11 汽车定置噪声限值（GB 16170—1996） ［单位：dB（A）］

车辆类型	燃料种类 \ 车辆出厂日期		1998 年 1 月 1 日前	1998 年 1 月 1 日起
轿车	汽油		87	85
微型客车、货车	汽油		90	88
轻型客车、货车越野车	汽油	$n_r \leqslant 4300\text{r/min}$	94	92
		$n_r > 4300\text{r/min}$	97	95
	柴油		100	98
中型客车、货车大型客车	汽油		97	95
	柴油		103	101
重型货车	$P_{eB} \leqslant 147\text{kW}$		101	99
	$P_{eB} > 147\text{kW}$		105	103

注：P_{eB}——按生产厂家规定的额定功率。

二、噪声的度量

包括噪声在内的所有声音，都是由发声体振动产生，借助空气振动而传播的。为方便汽车噪声的研究，需先了解噪声的度量。

（一）噪声的客观度量

描述声音的物理量常用声压、声强和声功率。这些物理量在数值上不大，但变化范围很大，如人耳能听到的最小声音的声压（称为听阈声压）为 2×10^{-5}Pa，声强为 10^{-12}W/m^2，而使人耳产生痛觉的声音的声压（称为痛阈声压）为 20Pa，声强为 1W/m^2，可见人耳可闻的声音幅值范围之大。又如人们通常谈话的声功率约 10^{-5}W/m^2，而喷气式飞机起飞时的声功率约为 10^5W。为了方便地描述如此大范围变化的物理量，通常使用对数标度。另一方面，人耳对声音的感受并不正比于声音的实际强弱，也是与其对数值大致成正比。描述声音的物量相应地便是声压级、声强级和声功率级，单位用 dB（分贝）表示。

这里主要就最常用的声压级说明如下：声压即声音在传播过程中空气振动压力的变化量，单位是 Pa。声压越大，我们听到的声音越强；声压越小，我们听到的声音也就越弱。由前述得知，人耳能听到的声音的声压范围上下限相比为 100 万倍。

声压级的定义式为

$$L_p = 20\lg \frac{p}{p_0} \tag{4-1}$$

式中，p_0 是基准声压，即 2×10^{-5}Pa；p 是待测声音的声压（Pa）。

采用声压级，便将可听声音的声压范围简化成了 0～120dB。

（二）噪声的主观度量

人对噪声的主观感受，不但与声音的强弱有关，还与频率有关，声音的频率即传声介质压力变化的频率。对声音的客观度量，不能完全表征人对声音的主观感觉和生理反应。例如，空气压缩机的噪声和汽车的噪声，若两者声压级都是 90dB，则前者听起来比后者响得多，其原因就是前者的频率较高，恰在人耳敏感频段；而后者频率低，不在人耳敏感频段。因此就有一个噪声客观物理量与人的主观感觉统一的问题，从而提出噪声的主观度量或评价。

1. 响度级和等响曲线、响度

人耳是一个奇特的器官，接受声波的频率范围宽广，可从20Hz～20kHz，这一听觉频率范围内的声振动称为声波，低于20Hz的声振动称为次声波，高于20kHz的声振动称为超声波。

人通过耳朵对声振动的响应来感受声波，不是一个单纯的物理学问题，还涉及生理的、心理的诸多因素，并存在个体差异，是一个很复杂的问题。试验表明，人耳对声音“响”或“不响”的感觉与声压级近似成正比，同时还与声波频率成确定性关系。为了定量地描述声音响的程度，通常以1000Hz纯音为标准，定义其声压级为响度级，单位为phon（方），其他频率声音的响度级则通过与1000Hz纯音相比较而确定。例如，某声音与声压级是80dB的1000Hz纯音听起来一样响，就说该声音响度级为80phon。按此方法，可确定各频率纯音不同声压级时的响度级，在声压级频谱图上，将具有同样响度级的各点连起来就得到等响曲线。图4－9所示是经大量试验统计得到的一般人对各种频率纯音等响度级感觉的等响度曲线。由此可见，人耳对4000Hz左右的声音最敏感，而对低频和高频声音的敏感程度都大大降低，且声音越弱，频率变化引起的响度级变化越显著。

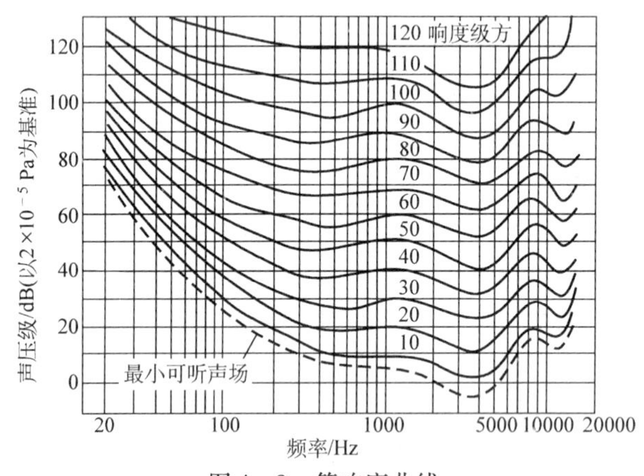

图4－9 等响度曲线

对声音强弱主观度量的另一方法，是规定声压级为40dB的1000Hz纯音所引起的响量程度感觉为响度1Sone（宋）。任何声音的响度就是通过与此声音比较而确定，听起来是1Sone的几倍响，其响度就是几Sone。这样规定的度量与主观感受成正比。

响度级和响度是分别独立定义的，两者并无直接的联系，但通过大量听者的听觉试验，可得到响度与响度级的经验关系式为

$$L_N = 40 + 10\log_2 N \qquad (4-2)$$

式中，N是响度（Sone）；L_N是响度级（phon）。

由式4－2可看出，响度级由40phon每增加10phon，响度就加倍。

2. 计权声级

为使仪器测量声音与人耳听觉感受一致，声级计上都装置了对频率的计权网络，即滤波器。它对所接受的声音按频带设定一定的衰减，来模拟人耳的听觉特性。这种计权网络功能也很容易通过软件在计算机上实现，这样得到的声级称计权声级。

根据频响特性不同，计权网络可分为A、B、C、D等若干种。A计权是模仿40phon等

响曲线设计的，它对低频声压级的衰减程度大，模拟人耳对低频声音听起来较小的特性，适用于60phon以下的响度；B计权是模仿70phon等响曲线设计的，它对低频声音略有衰减，适用于60～80phon的响度；C计权在整个可听频率范围内，对声音近似不衰减，用来反映声压级的真实数值，适应于85phon以上的响度；D计权则用于航空噪声测量。

各种计权当中，A计权最能反映人耳对噪声响度的频率响应，它与噪声对人们语言交谈的干扰、对听力的损伤、对健康的危害以及引起人们的烦躁程度都有良好的相关性，因此A计权应用最广，近年来B计权已很少应用。将同一环境下近乎同时测得的A声级读数和C声级读数比较，可以粗略地判断噪声频谱的大致情况。因为A计权网络对低频做了大量衰减，当测得A声级的读数比C声级的读数低很多时，表明被测噪声中频率为500Hz以下的低频部分占突出地位；反之，如果测得的A声级的读数与C声级读数相当接近，表明在被测噪声中频率为500Hz以上的中频部分占主要地位。

为了正确地反映噪声测量结果，必须使仪器对噪声测取的平均时间与人耳相当。人耳对声音的感觉是在某一时间间隔内的平均声能。仪器对噪声的平均时间，是确定噪声均方根值的实际时间。根据国际电工委员会的规定，精密声级计的表头读数的平均时间分“快”和“慢”两挡。“快”挡的平均时间为0.27s，很接近人耳听觉器官的生理平均时间；“慢”挡的平均时间为1.05s。

除此之外，噪声的主观度量还有等效连续声级、噪度、感觉噪声级、等噪线以及噪声污染级等，在此不作详述。

三、噪声的形成与主要控制措施

行驶汽车的噪声是由很多性质和大小完全不同的声源综合作用而构成的，它们互相关联，较小的噪声源被更大的噪声源掩盖，因此很难彻底地从行驶噪声中分离各个声源。就国产中型货车车外噪声的几个主要噪声源而言，其所占整车噪声的比例及声源分解情况如图4－10所示。由图可见，国产汽车在加速行驶时，排气噪声对车外加速噪声贡献最大，其次是发动机风扇噪声，而作为底盘噪声的传动系噪声和轮胎噪声则相对较小，仅占车外总加速噪声的13%，因此，要降低该车的加速噪声应优先考虑降低排气系统噪声和冷却风扇噪声。

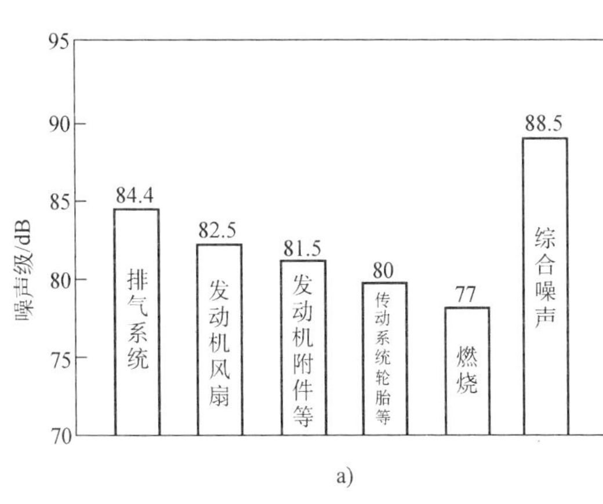

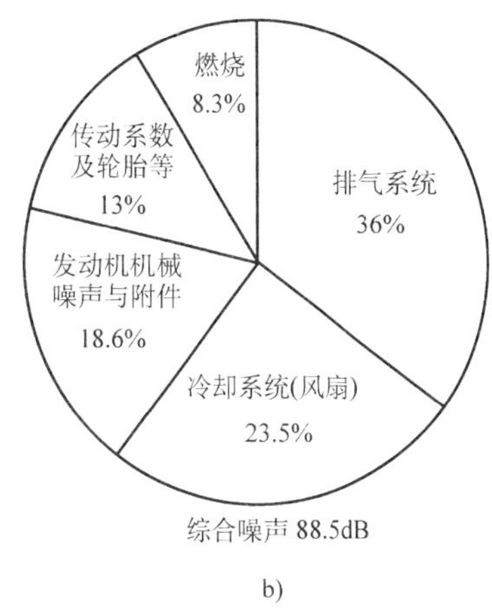

图4－10　国产中型货车车外加速行驶噪声声源分解与贡献比例

a）声源分解图　b）声源比例图

这里也需明确，汽车各噪声源所占车辆总噪声的比例是因车而异的，当噪声较大的声源得到治理而降低噪声后，原来所占比例较小的声源会上升到占主导地位。此外，各噪声源在整车总噪声中所占比例也会因车辆行驶状态的不同而发生改变。

对于大多数汽车来说，加速行驶时发动机本体噪声最大，其能量常超过总加速噪声能量的50%。其次为排气系统噪声，对于中、小型汽车，该声源占总噪声的比例一般为10%～20%；对于大型汽车，因冷却系和轮胎噪声增大，这个比例会相对降低。冷却系噪声在加速行驶噪声中也占相当大的比例，尤其对发动机采取降噪和屏蔽措施后，这个比例就更大了。在中、小型汽车的加速行驶噪声中，底盘噪声所占比例一般较低；但对于大型汽车而言，其比例较高，一般可达15%～30%。汽车高速行驶时，轮胎噪声是车外噪声的主要噪声源之一，它对汽车的高速行驶噪声有着决定性影响，这对于小轿车尤为明显。

噪声控制便是通过技术措施获得适当的噪声环境，使这种噪声环境能达到人们满意或可以接受的水平。噪声对人的危害需经历噪声源——中间传播——接受者这一过程，根据具体情况对此过程中的任一环节采取措施，都可达到控制噪声的目的。所以，控制噪声的基本途径就是降低声源噪声、控制噪声传播和采取个人防护。而对于汽车噪声控制，切实可行的方法便是在声源噪声和噪声传播上采取措施。下面针对主要噪声源，从影响噪声的主要因素入手，分析控制噪声的主要措施。

（一）发动机噪声

发动机噪声是汽车的主要噪声源，它属于包含不同性质的综合噪声，可分为燃烧噪声、机械噪声、进气噪声、排气噪声和风扇噪声等，如图4－11所示。

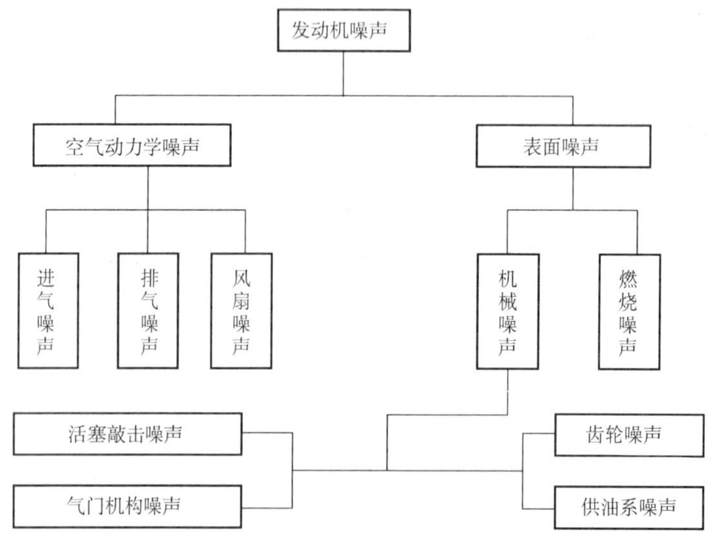

图4－11 发动机的主要噪声源

1. 燃烧噪声和机械噪声

燃烧噪声主要是由于气缸内周期性变化的压力作用而产生的噪声，与发动机的燃烧方式和燃烧速度密切相关。而机械噪声是由发动机工作时各运动件之间、运动件与固定件之间作用的周期性变化的力所引起的，它与激发力的大小和发动机结构动态特性等因素有关。因为它们之间密切相关，所以实际上很难将燃烧噪声与机械噪声区分开。但为了研究方便，把气缸内燃烧所形成的压力振动并通过缸盖和活塞、连杆、曲轴及缸体等途径向外辐射的噪声称为燃烧噪声；把活塞对缸套的敲击、正时齿轮、配气机构和喷油系统等运动件之间机械撞击所产生的振动激发的噪声称为机械噪声。通常情况下，低转速时燃烧噪声占主导地位；高转速时机械噪声上升到主导地位。

（1）燃烧噪声　气缸内的压力升高率是影响燃烧噪声的根本因素，因而柴油机的燃烧噪声比汽油机高得多，而且燃烧噪声在汽油机总的噪声中占很次要的地位，但在柴油机中却占很大的比例。

汽油机产生爆燃、表面点火及运转不平稳等不正常燃烧时，气缸压力剧增，可明显表现出敲缸或工作粗暴。敲缸是由于发动机压缩比高，汽油品质不良和点火提前角过大等因素造成的；而粗暴则因燃烧室积炭引起表面点火所致。柴油机的燃烧噪声主要集中在速燃期内，其次是缓燃期，表现在两个方面，一是由气缸内压力急剧变化引起的动力负荷，由此产生结构振动和噪声，其频率相当于各传声零件的自振频率；二是由气缸内气体的冲击波引起的高频振动和噪声，其频率为气缸内气体的自振频率。

发动机燃烧噪声与其燃烧过程有直接的关系，而燃烧过程又相当复杂，它与燃料的性质、压缩比、点火提前角或供油参数（如供油提前角、供油规律和喷油压力等），发动机的结构形式（如风冷、水冷）、燃烧室形状（如 ω 形、盒形、球形、涡流室及预燃室），发动机进气状态、转速、负荷等各种因素均有密切关系。所以要控制发动机的燃烧噪声，主要应从以下方面采取措施：

1）推迟点火提前角或供油提前角。汽油机点火提前角过大，易出现爆燃；柴油机供油提前角过大，在较低的缸内温度和压力下，着火延迟期变长，会使着火后燃烧剧烈。

2）改进燃烧室的结构形状和参数，影响到燃烧过程和压力升高率，从而影响燃烧噪声。

3）改善燃油品质。汽油机的抗爆性、柴油机的着火性，对发动机的燃烧都有着重要影响。辛烷值高的汽油、十六烷值高的柴油对降低燃烧噪声都有利。

4）控制柴油机的喷油规律。喷油速率对燃烧噪声的影响非常大，一般应控制着火延迟期内的供油量少。

5）采用柴油机废气再循环和增压技术。采用废气再循环及提高废气再循环率可减小燃烧率，使发动机运转平稳；柴油机增压后进入气缸的空气密度增加，压缩终了的温度和压力提高，着火延迟期短使压力升高率小。

6）提高柴油机压缩比。压缩比提高，可使压缩终了的温度和压力提高，缩短着火延迟期，从而使压力升高率低，但压缩比增大使气缸内压力增加，会使活塞敲击声增大，因此，提高压缩比不会使发动机的总噪声有很大降低。

除此之外，要降低燃烧噪声，还应减少活塞与连杆机构各处的配合间隙、增加油膜厚度、采用较小气缸直径并增加气缸数、采用较大的 S/D（活塞行程（S）与气缸直径（D）之比）值等。

（2）机械噪声　机械噪声主要包括活塞的敲击噪声、齿轮机构噪声、配气机构噪声、轴承噪声、高压液压泵噪声和不平衡惯性力引起的机体振动噪声等，与发动机制造工艺水平有着直接的关系。

活塞对气缸壁的敲击，通常是发动机的最大机械噪声。由于活塞与气缸壁之间存在间隙，当作用在活塞上的气体压力和惯性力产生周期性变化时，使活塞对缸壁的侧向推力在上、下止点处改变方向，形成活塞对气缸壁的强烈敲击。这种敲击振动一方面通过气缸壁传给曲轴箱；另一方面经连杆、曲轴，再从皮带轮等处传播出去。敲击的强度主要取决于气缸的最高爆发压力、活塞与缸套之间的间隙。因此，这种噪声既和燃烧有关，又和发动机活塞的具体结构有关。常采用的降低活塞敲击噪声的措施有：减小活塞与缸壁的间隙，以减小活塞横向运动的位移量，从而减轻活塞对缸壁的冲击；活塞销孔中心偏离活塞中心线，使活塞受力的作用效果使活塞与缸壁的接触由固体冲击变为平滑的过渡；增加活塞表面的振动阻尼，从而缓冲和吸收活塞敲击的能量等。

配气机构噪声是由于气门开启和关闭时产生的撞击以及系统振动而形成的，也是重要的机械噪声源。在配气机构中，凸轮与挺杆间的摩擦振动、气门的不规则运动、摇臂撞击气门杆尾部、气门落座时的冲击等均会发出噪声。影响配气机构噪声的主要因素是凸轮型线、气门杆间隙和配气机构的刚度。因此，降低配气机构的噪声应从以下几方面采取措施：

1）减小气门间隙，可减小因间隙而产生的撞击，从而减小噪声，采用液力挺杆可从根本上消除间隙，减小撞击噪声。

2）提高凸轮加工精度、减小表面粗糙度。

3）提高配气机构刚度，以减小其振动。

4）减轻驱动元件的质量，即减小了其惯性力，从而降低配气机构所激发的振动和噪声。

5）选用良好的凸轮型线，减小气门在始升或落座时的速度，降低撞击噪声等。

柴油机供油系统主要是由喷油泵、喷油器和高压管系统的振动引起的，也是柴油机不可忽视的噪声源。其频率主要是人耳敏感的几千赫兹的高频区域，故应在结构上使运转冲击和摩擦减小，采用隔声吸振装置，以降低噪声。

除此之外，发动机的齿轮噪声和轴承噪声在发动机的机械噪声中也占有较大的比例。齿轮噪声和轴承噪声将放在传动系噪声中一并介绍，在此不再分析。另外，发电机、空气压缩机等附属装置也会产生一定的噪声，通常在结构上靠提高其结构刚度，使用上注意保养和维护以及及时调整配合间隙、及时润滑等来降低噪声。

前述机械噪声的每一个方面，几乎都与发动机的转速和负荷相关，随发动机转速的提高和负荷的增大，噪声也相应地增大。

在此还需明确，发动机的燃烧噪声和机械噪声都是由其相应的激振力通过各个结构件传送到发动机的外表面上，由外表面的振动又激发相邻空气介质质点的振动，从而形成声波向外辐射的。所以控制噪声，最终就是使其表面所辐射的噪声减小。这除了如前所述从根源上采取措施外，还要在这些激振力的传递途径上和表面辐射噪声的效率方面采取措施，最终达到有效控制噪声的目的。

实际上，由于控制发动机燃烧噪声和机械噪声受到发动机运转性能方面的限制，在技术上很难采取降噪措施，即使采取措施，降噪量也很有限。而在结构上采取阻断激振力的传递或降低表面辐射效率的方法，可以大幅度地降低发动机表面辐射噪声，从而达到有效控制发动机噪声的目的。增加结构刚度和阻尼以及在激发力的传递途径上采取振动噪声的隔离措施，可有效减小发动机表面振动和噪声辐射；减少辐射噪声表面面积亦是控制噪声辐射的有效措施，如增加壁厚、加肋以提高刚度，涂粘阻尼层的吸振，软垫隔振，高刚度处连接等。

除以上措施外，还可对发动机整机或部分构件采用隔声措施，如局部隔声、全封闭整体隔声罩和隧道式隔声罩等。但这种隔声措施的成本较高，一般不宜随便使用。

2. 空气动力噪声

发动机的空气动力噪声是由于气体扰动，以及气体与其他物体的相互作用而产生的，在发动机总噪声中占有较大比例，是较容易采取降噪措施的部分。发动机空气动力噪声包括进气噪声、排气噪声和风扇的噪声等几部分。

（1）进气噪声　进气噪声是由于发动机进气门打开进气过程中高速气流形成的涡流噪声以及进气门周期性开闭引起进气管道内压力和速度变化的脉冲噪声和波动噪声。对某些发动机来说，有时进气噪声比发动机本体噪声高出5dB左右，成为仅次于排气噪声的主要噪声源。

影响进气噪声的主要因素有：发动机的进气方式、进气门结构、缸径和凸轮型线等。对同一台发动机而言，进气噪声主要受转速的影响，转速增加一倍，进气噪声可增加10~13dB。多数发动机在装用空气滤清器后，进气噪声就有大幅度衰减。但当其他噪声源得到进一步控制后，进气噪声仍可能成为发动机的主要噪声源。这时应进一步考虑设置性能优良的进气消声器。为了既满足进气滤清的要求，又满足降低噪声的要求，通常将进气消声器和空气滤清器设计结合起来考虑；对于噪声要求较严的客车，往往需要另加进气消声器。

（2）排气噪声　排气噪声是发动机最主要的噪声源，往往比发动机本体噪声高出10~15dB。当发动机的排气阀门突然开启后，废气会以很高的速度冲出，经排气管冲入大气，整个排气过程表现为一个十分复杂的不稳定过程。在此过程中，以废气通过气门时产生的涡流噪声最为强烈；还包括与进气噪声类似的排气总管和排气歧管中存在的气柱共振噪声、气门杆背部的涡流声和排气系统管道内壁面处的紊流噪声等；此外，排气噪声还包括废气喷注和冲击噪声。

在同等条件下，柴油机的排气噪声要比汽油机的大，二行程发动机的要比四行程发动机的大。对同一发动机来说，影响排气噪声最重要的因素是发动机转速及负荷。试验表明，发动机转速增加一倍，空负荷排气噪声增加10~14dB；而全负荷排气噪声增加5~9dB。

为了控制发动机的排气噪声，通常从两个方面采取措施：一是从噪声源上，如凸轮轴、气门、缸盖、排气歧管、管断面变化和管内壁面粗糙度等结构或布置方面采取措施；二是采用排气消声器和减小由排气歧管传来的结构振动。相对而言，第二方面的措施更易于实现，而且不影响发动机性能，因而是控制排气噪声的主要手段。

（3）风扇噪声　风扇噪声由旋转噪声和涡流噪声组成。旋转噪声又称叶片噪声，是由于旋转着的叶片周期性地切割空气，引起空气的压力脉动而产生的；涡流噪声是由于风扇旋转时叶片周围产生的空气涡流而造成的。此外还有因机构振动，如气流引起风扇、导向装置（护风圈）、散热器以及其他外部件等振动而产生的噪声。

风扇噪声随转速增加而迅速提高，转速提高一倍，声压级增加11~17dB。通常在低转速时，风扇噪声比发动机本体噪声低得多，但在高转速时，风扇噪声往往成为主要甚至最大的噪声源。

控制风扇噪声的主要措施有：适当选择风扇与散热器之间的距离；确定流线型较好和弯曲角度合适的叶片形状；注意叶片材料的选用，一般情况下，铸铝叶片比冲压钢板噪声小，有机合成材料（如玻璃钢、高强度尼龙等）叶片比金属叶片噪声小；控制风扇的工作状况，采用带离合器风扇或电动机单独带动的冷却风扇；采用非均匀分布叶片的风扇；这些对降低噪声都有较好的效果。

（二）底盘噪声

底盘噪声主要包括传动系噪声和轮胎噪声。

1. 传动系噪声

传动系中可能成为噪声源的机构总成有变速器、分动器、传动轴、差速器和轮边减速器等。它们所产生的噪声既有内部齿轮和轴承运转引起的噪声，也有其他机构传递而来的噪声。例如，变速器噪声就是由齿轮、轴承运转噪声和发动机通过离合器传给变速器壳体的振动噪声两部分组成。

（1）齿轮噪声　齿轮传动被广泛应用在发动机正时齿轮、变速器和驱动桥的总成中。齿轮传动的特点是轮齿相互交替啮合，在啮合处既有滚动又有滑动，这就不可避免地要产生齿与齿之间的撞击与摩擦，从而使齿轮产生振动并发出噪声。另外，发动机曲轴的扭振使其所驱动齿轮传动的正常啮合关系遭到破坏，从而也激发出噪声。齿轮噪声可分为高频和低频两大类，高频齿轮噪声主要是由齿轮基节偏差引起，基节偏差会使齿轮在进入啮合或偏离时产生撞击，是齿轮噪声的主要成分，此外旋转件制造或安装偏心、齿形误差和齿轮的表面粗糙等因素也会引起高频噪声；低频齿轮噪声主要是由齿距积累误差引起的冲击噪声，一般不是齿轮噪声的主要成分。而当齿轮的固有频率与啮合频率一致或接近时，齿轮还可产生共振，从而激发强烈的噪声。

齿轮的设计参数（如结构、材料、啮合率、压力角、模数、齿形修正、相配轴及轴承等）、加工精度（如各种误差、表面质量、加工手段及热处理方法等）、装配情况（如齿隙、接触面、位置准确度和装配力矩等）及使用条件（如转速、负荷、润滑及使用场合等）等，对齿轮噪声都有一定的影响。斜齿轮比直齿轮的噪声低 3 ~ 10dB，模数大的齿轮噪声小，加工精度高和表面质量好的齿轮噪声小，装配精度高的齿轮噪声小，使用中正确选用润滑油和结构件上涂敷一定的阻尼材料等，都可使齿轮噪声减小。

（2）轴承噪声　汽车上使用的轴承有滑动轴承和滚动轴承，滑动轴承往往由于间隙增大、油膜压力和轴承的轴心轨迹发生较大变化而促使振动加剧、噪声增大；滚动轴承的噪声是由于工作中振动和摩擦产生的。

轴承的结构形式、加工精度和安装对轴承噪声都有很大的影响。一般说来，精度合格且安装良好的滚动轴承，其工作噪声很小。但如果轴承几何形状有较大的误差、表面质量低和安装使用不当，就会使轴承噪声大大加剧。若轴的固有频率和轴承振动的固有频率接近时，将引起轴的共振而激发出较大噪声。为了降低轴承噪声，在条件允许的情况下通常选用球轴承，使用中保证良好的润滑和轴承的密封等。

（3）变速器和驱动桥噪声　汽车的变速器、驱动桥及其中的齿轮传动，是汽车传动系主要的动力振动系统，除了产生齿轮噪声、轴承噪声外，还激发壳体的表面振动而辐射噪声。变速器噪声大约占传动系总噪声的 50% ~70%，而汽车变速器和驱动桥的噪声是由其壳体表面辐射的。因此，除前面已经研究过的齿轮噪声外，还需明确这些表面振动噪声，特别注意当齿轮的啮合频率以及轴承的振动频率与箱体的固有频率重合或接近时，将产生共振而辐射出较强的噪声。

为了减小变速器噪声，应使其结构紧凑、刚度足够，提高箱体的密封性并减小通向外界的孔道数目和大小，选择高阻尼材料（如铸铁、塑料和层合板）制造箱体以及在壳体表面涂阻尼材料等。

驱动桥噪声与变速器噪声有许多相似之处，但驱动桥支持在悬架上，受簧上振动质量和扭转的作用以及路面不平的影响，会产生强烈的弯曲振动和扭转振动，特别在共振情况下，会产生强烈的噪声。故在结构上应注意刚度的匹配。

（4）传动轴噪声　发动机的转矩波动和振动，变速器及驱动桥等振动的输入，万向节输入和输出转速、转矩的不均衡性，传动轴本身的不平衡等，都是引起传动轴振动噪声的重要原因。传动轴振动噪声的扩散传播主要有两条途径：一是经传动轴的中间支承、变速器和后桥传给车身及其他部件，引起更广泛的振动和噪声；二是经周围空气直接向外辐射噪声。由于传动轴生产时都经过专门动平衡，而且传动系的扭振也由专门的扭转减振器进行抑制，所以传动轴噪声一般较小，在传动系噪声中不占主导地位。

控制传动轴噪声的主要措施是提高传动轴的刚度和动平衡度、传动轴加中间支承、各润滑点按时润滑及消除万向节径向间隙等。

（5）传动系共振噪声　汽车传动系有可能产生弯曲共振和扭转共振，不论哪一种共振都会使传动系振动加剧，噪声辐射大量增加。一般情况下，弯曲共振比扭转共振的频率要高一些，频域要宽得多。但多数情况下这两种共振是同时发生的，所引起的振动既有线性的，也有非线性的，情况十分复杂。弯曲共振与由发动机、变速器、主减速器、悬架弹簧及传动轴等组成的动力系统总成的结构有关，引起传动系弯曲共振的激振力可能是发动机的不平衡力，也可能是传动轴不平衡及轴管的弹性弯曲等。当发动机转矩主谐量的频率与传动系固有频率相同时，传动系便发生扭转共振，造成传动系零件振幅和所受载荷显著加大，甚至在传动系中出现反转矩，从而加重齿轮啮合冲击，产生强烈的噪声。

必须明确，传动系中弯曲振动与扭转振动存在着一定的关系，这是由于振动系统各元件间具有特定的联系而造成的，如主减速器改变转矩大小和方向的同时，可将一种振动类型转变为另一种类型。理论分析和试验研究都表明，最大的车内噪声是由传动系在垂直平面作弯曲振动引起的。

消除汽车传动系在其工作转速范围内的强烈振动，从而消除车内较高噪声的合理方法，是采用中间支承的分段式万向传动。另外，消除传动系振动的其他方法还有采用各种类型的振动能量动力吸收器，在反向传动的轴管内装入橡胶和尼龙填充物，在轴管壁上涂抹高损耗系数的覆盖层，在万向传动中的滑动花键连接处采用尼龙和其他耐磨聚合物覆盖层等。

2. 轮胎噪声

轮胎噪声是轮胎在滚动过程中形成的，主要包括轮胎花纹噪声、道路噪声、轮胎结构振动噪声以及轮胎旋转搅动空气引起的风噪声，另外还有汽车在急转弯、急起步和涉水时产生的轮胎噪声。

花纹噪声是由于汽车行驶时，轮胎花纹与地面接触形成的小空腔体积缩胀产生的空气泵吸效应而导致空气波动辐射出的噪声。由于空气泵吸时的流速很高，这种噪声相当大，是轮胎噪声的主要部分。

道路噪声是由于路面不平激起轮胎振动和类似导致花纹噪声的泵吸效应而产生的噪声。轮胎的花纹噪声和道路噪声都是轮胎与路面相互作用而产生的。

轮胎结构振动噪声是由于轮胎花纹、轮胎不平衡、轮胎刚度变化和路面不平等引起胎体径向、周向和轴向振动而产生的噪声。

风噪声是轮胎旋转时搅动周围空气而产生的空气振动声。低速时可以忽略，但高速时明显地表露出来。

影响轮胎噪声的因素很多，包括结构因素和使用因素。要降低噪声，就应在相应方面采取措施，如结构方面，子午线轮胎噪声较小，纵向花纹比横向花纹噪声小，窄轮胎、浅花纹和变矩花纹都有利于降噪；在使用方面，适时对轮胎相应机构、对转向系和车轮定位进行调整及控制汽车行驶速度与加速度，均可降低轮胎噪声；另外，轮胎的负荷、胎压、轮胎的磨损程度以及路面状况等对轮胎噪声也有很大的影响，低负荷、高胎压、磨损程度较大的轮胎和光滑的路面都会使轮胎噪声降低。

（三）车身噪声

车身噪声是指车身由发动机振动、底盘振动、道路激励以及空气流激励作用振动而辐射的噪声，主要来自两个方面，一是车身振动；二是空气与车身之间的冲击和摩擦。前者引起的噪声受车身结构、发动机安装方式和各激振源特性等多种因素的影响；而后者只受车身外形结构和汽车行驶速度的影响。

车身是由骨架和壁板组成的复杂结构体，在发动机、传动系和路面的振动激励下，其振动状态十分复杂。无骨架车身直接承受路面的冲击，所以较骨架式车身更容易产生振动噪声。较长车身和轻量化车身，由于刚度较弱，固有频率较低，汽车行驶中容易产生车身共振，从而引起较大的噪声。

汽车行驶时产生的空气流动噪声，包括空气通过车身缝隙或孔道进入车内而产生的冲击噪声、空气吹过车身外表凸起物而产生的涡流噪声和空气与车身的摩擦噪声三个方面。汽车高速行驶时，空气流动噪声较大。

车身一般没有振源，其噪声源主要来自外部。而车身轻而柔软、薄壳结构这一特点，就意味着外部传来的振动会大为放大。所以车身振动和噪声的控制应特别强调控制外部振源和声源，提高车身着力点的机械阻抗，即提高着力点附近的刚性，会使车身振动减小，从而降低车身噪声。由于板件的声辐射效率较高，在承受振源传入的振动能量时，极易成为结构上的主要发声部位，为减弱板件振动，可在其上设置加强肋以提高其刚度；也可加装阻尼带或粘贴减振材料，以增加对振动的衰减。在板件上涂防声涂料，降低其声辐射效率，也可起到降低噪声的效果。车身外板、车顶和地板等各部位的共振频率应相互错开，以防产生强烈的噪声。流线型好的车身，可减少空气涡流和空气对车身的冲击；光洁的车身可以减少摩擦；减少车身凸出物数量和凸出幅度等，这些都有利于降低空气流动噪声。

汽车噪声除上述所涉及的以外，还有制动噪声、贮气筒放气声和喇叭声等，但这些噪声是在特定时候发生的，而且在汽车噪声中一般也不占主要地位，故不再分析。

四、车内噪声和车外噪声

通过前面内容可使我们明确噪声的产生和有效控制方法，其最终目的是使接受者获得满意或可以接受的噪声环境。基于车身结构和噪声特征，汽车噪声有车内噪声和车外噪声之分。研究也表明，成功地降低车内噪声首先取决发动机和底盘的降噪效果，其次才是车身方面的降噪措施。这也意味着降低车外噪声的同时也保证了车内噪声的同步降低。

从声源来看，车内噪声和车外噪声的来源是基本相同的，主要是发动机噪声和底盘噪声。这些噪声源所辐射的噪声，在车身周围空间形成了一个不均匀的声场，车外噪声通过壁板、孔和缝等以固体传播或空气传播的方式传向车内。除此之外，车内还可能在所受压力频率（风对窗框、激振力冲击）与车室共振腔共振频率相同时出现风振和共鸣，使车内噪声放大，发出70～160Hz的隆隆声。

以上分析表明，控制车内和车外噪声是一项比较复杂的工作，控制的途径多种多样，但归纳起来主要是减弱声源强度、隔绝传播途径和吸声处理三个方面。减弱声源强度已在前面讲得较多；隔绝传播途径主要是利用弹性和阻尼材料来改善振源和车身之间的振动和噪声传递，以及提高车室密封性以阻止噪声从孔隙传入车内；在车室壁板上使用能减少反射声的吸声材料和阻尼材料，可以降低车室混响声，并防止或消除创造车室共鸣和风振现象。

第三节　汽车环保性试验

在环境保护日益受到重视的今天，汽车环保性研究已得到广泛关注，汽车的环保性标准也正在逐步完善。

目前，国内与汽车环保性相关的标准包括两个方面：与排放污染有关的主要有《汽车排放污染物限值及测试方法》（GB 14761—1999）、《压燃式发动机和装用压燃式发动机的车辆排气污染物限值及测试方法》（GB 17691—2005）、《压燃式发动机和装用压燃式发动机的车辆排气可见污染物限值及测试方法》（GB 3847—2005）、《（在用）汽油车怠速污染物排放标准》（GB 14761.5—1999）、《（在用）柴油车自由加速烟度排放标准》（GB 14761.6—1999）、《（在用）汽油车怠速污染物测量方法》（GB/T 3845—2005）、《（在用）柴油车自由加速烟度测量方法》（GB/T 3846—2005）、《车用汽油机排气污染物排放标准》（GB 14761.2—1999）、《车用汽油机排气污染物试验方法》（GB/T 14762—1999）和《（在用）汽车排气污染物限值及测试方法》（GB 18285—2000）等；与噪声污染有关的主要有《机动车辆噪声测量方法》（GB 1496—1979）、《机动车辆允许噪声标准》（GB 1495—1979）、《机动车运行安全技术条件》（GB 7258—2004）、《客车结构安全要求》（GB 13094—1997）、《汽车匀速行驶车内噪声测量方法》（QC/T 57—1993）、《汽车加速行驶车外噪声测量方法》（QC/T 58—1993）、《机动车辆定置噪声测量方法》（GB/T 14365—1993）和《汽车定置噪声限值》（GB 16170—1996）等。

一、汽车排放污染物测试

根据目前的标准要求，汽车排放污染物测试大多是使汽车处于静止状态，通过调节发动机的负荷和运转工况来进行的。发动机无负荷时，变速器处于空挡；若需给发动机加上和在道路上行驶一样的负荷，就需在底盘测功机上进行。

（一）试验条件

1. 车辆条件

1）排气系统不得有任何泄漏，以免减少发动机排出气体的收集量。

2）取样探头插入排气管的深度不小于300mm，否则排气管应加装热管，接口处不得漏气。

3）测试时发动机冷却水和润滑油温度等应达到规定的热状态。

4）进气系统应装有空气滤清器，排气系统应装消声器。

2. 其他条件

底盘测功器应装有惯性模拟器，可按车辆移动惯量调整惯量模拟器，使所获得的旋转质量的总惯量与表4-12中所示的基准质量成比例。

表4-12 基准质量与当量惯量的关系

车辆的基准质量 R_W/kg	当量惯量 I
$R_W \leqslant 750$	680
$750 < R_W \leqslant 850$	800
$850 < R_W \leqslant 1020$	910
$1020 < R_W \leqslant 1250$	1130
$1250 < R_W \leqslant 1470$	1360
$1470 < R_W \leqslant 1700$	1590
$1700 < R_W \leqslant 1930$	1810
$1930 < R_W \leqslant 2150$	2040
$2150 < R_W \leqslant 2380$	2270
$2380 < R_W \leqslant 2610$	2270
$2610 < R_W$	2270

（二）试验用主要仪器、设备

排气分析仪、底盘测功器、不透光度仪（或烟度计）和试验车辆等。

（三）测试方法

按照前述有关标准，排放测试有多个项目相应的多种试验方式和方法，这里仅列举几例，其他项目可参阅有关标准。

1. 燃用普通级无铅汽油的 M_1、N_1 类车辆形式认证试验冷起动后运转循环的排气污染物测试方法

试验需在底盘测功器上进行。试验前需将车辆置于20~30℃的室内停放6h以上，试验过程中要求环境温度控制在此温度范围内。

试验从冷起动开始，连续运行四个循环。每个循环由15工况组成，各工况如第三章表3-2所示，包括怠速、加速、减速和等速以及相应的时间和挡位。循环模拟了汽车在城市繁华地区的行驶模式。总计时间为780s（195s×4），当量行驶里程为4.052km（1.013km×4），平均车速为19km/h。

利用取样袋收集样气，从第一个单元开始到第四个单元的怠速期终了结束。然后应尽可能快地进行分析，确定排气污染物排放量。

2. 在用汽油车怠速污染物测试方法

测量可以随车进行，也可在发动机台架上进行。所用汽油应符合GB 17930—2006的规定。

根据需要，发动机上可安装转速计、点火正时仪、冷却水和润滑油测温计等测试仪器。

发动机由怠速工况加速至70%额定转速后，维持60s降至怠速状态，再将取样探头插入排气管，并固定于排气管上，维持发动机怠速状态15s后开始读数，读取30s内的最高值和最低值，取其平均值即为测量结果。若被测发动机为多排气管，结果应取各排气管测量结果的算术平均值。

3. 在用柴油车自由加速排气污染物测试方法

试验所用柴油应符合GB 252—2000发动机检测用标准轻柴油技术条件的规定。

测量由发动机怠速工况开始，将节气门踏板迅速踏到底，维持4s后松开，同时用滤纸式烟度计取样，重复四次，每次间隔20s，测量规程如图4－12所示。取后3次读数的算术平均值为测量烟度值。当汽车发动机出现黑烟冒出排气管的时间和抽气泵开始抽气的时间不同步的现象时，取最大烟度值。

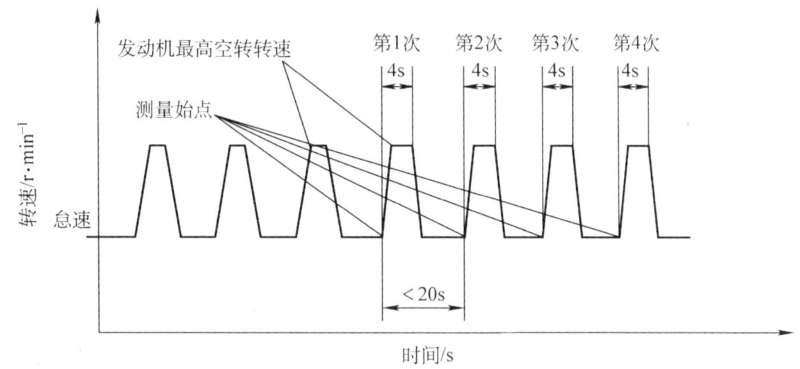

图4－12 柴油车自由加速烟度测量规程

按GB 18285—2005，2001年1月1日以后上牌照的在用柴油车改为测自由加速排气可见污染物。由取样式不透光度仪代替滤纸式烟度计。操作过程重复六次，记录最大读数值，如果读数值连续四次在0.25m^{-1}的带宽内，记录值有效。

二、汽车噪声测试

汽车噪声测试分为车外噪声测试和车内噪声测试。

（一）车外噪声测试

1. 测试条件

1）测量场地应平坦空旷，在测量中心以25m为半径的范围内，不应有大的反射物，如建筑物、围墙等。

2）测量场地跑道应有20m以上，平直、干燥的沥青路面或混凝土路面，路面坡度不超过0.5%。

3）声级计传声器位于20m跑道中心点O两侧，各距中心7.5m，距地面高度1.2m，用三脚支架固定。传声器平行于路面，其轴线垂直于车辆行驶方向，如图4－13所示。

4）本底噪声（包括风噪声）应比所测车辆噪声至少低10dB，并保证测量不被偶然的其他声源所干扰。

5）声级计附近除测量者外，不应有其他人员，若不可缺少，则必须在测量者背后，测量人员的身体离声级计也应尽可能远些，以免影响测量的准确性。

6）被测车辆不载重，测量时发动机处于正常使用温度；车辆所带辅助设备是否开动应按正常使用情况而定。

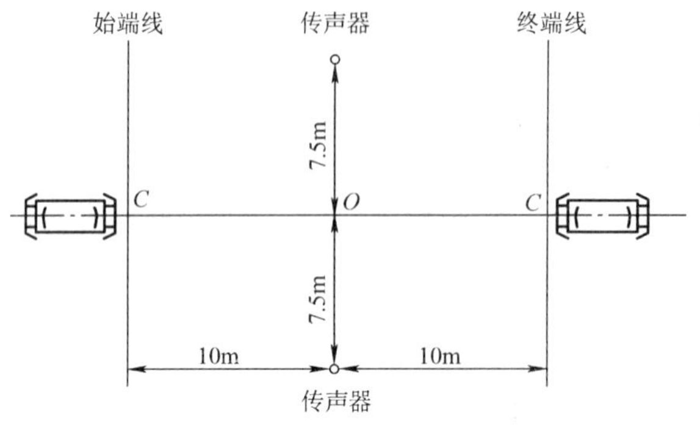

图 4－13　测量场地示意图

2. 试验用主要仪器、设备

声级计、发动机转速表和车辆等。

3. 测试方法

（1）加速行驶车外噪声测量　测试时，车辆前进挡四挡以上的用第Ⅲ挡；前进挡为四挡或四挡以下的用第Ⅱ挡。自动换挡的用在试验区间加速最快的挡位，以发动机转速为标定转速的3/4 行驶，如果此时车速超过了50km/h，就应以50km/h 的车速稳定地到达测试始端线，立即将加速踏板踏到底或将节气门全开，直线加速行驶，当车辆后端到达终端线时，立即停止加速（车辆后端不包括拖车以及和拖车联结的部分）。测量时要求被测车辆在后半区域发动机达到标定转速。如果车辆达不到这个要求，可延长 OC 距离为 15m，如仍达不到要求，车辆使用挡位要降低一挡。如果车辆在后半区域超过标定转速，可适当降低达到始端线的转速。读数时要读取车辆驶过时声级计表头最大读数。同样的测量往返各进行一次，车辆同侧两次测量结果之差不应大于 2dB。取每侧二次声级的平均值中最大值作为被测车辆的最大噪声级。若用一个声级计测量，同样的测量应进行四次，即每侧测量二次。

（2）匀速行驶车外噪声测量　测量时，车辆用常用挡位、节气门保持稳定，以 50km/h 的车速均匀通过测量区域，读取车辆驶过时声级计表头的最大读数。取每侧二次声级的平均值中最大值作为被测车辆的最大噪声级。若用一个声级计测量，同样的测量应进行四次，即每侧测量二次。

（二）车内噪声测试

1. 测试条件

1）测量跑道应取平直、干燥的沥青路面或混凝土路面，且有足够行驶长度。

2）风速不大于 3m/s，测量时关闭门窗。

3）车内本底噪声比所测车噪声至少低 10dB，并保证测量不被偶然的其他声源所干扰。

4）车内除驾驶者和测量人员外，不应有其他人员；车内所带附属设备是否开动，应按正常使用情况而定。

5）测点位置：通常在人耳附近，传声器朝车辆前进方向，如图 4－14 所示。货车测点在驾驶室内；客车测点可选在车厢中部及最后一排座的中间位置。

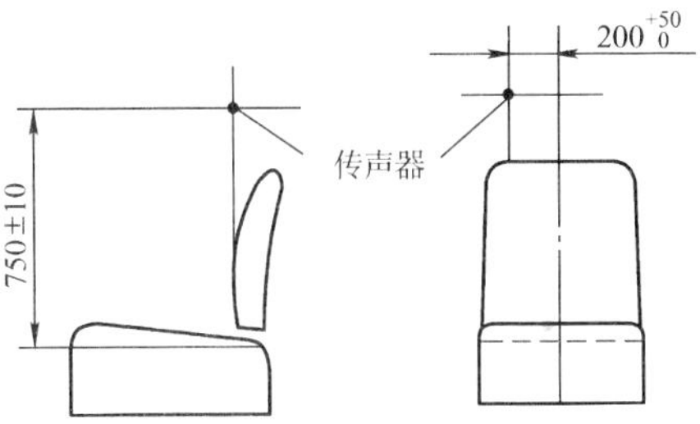

图 4－14　驾驶室内噪声测点的位置

2. 测试方法

车辆以常用挡位，50km/h 以上的不同车速匀速行驶，分别进行测量。

（三）定置噪声测试

定置是指车辆不行驶，发动机处于空载运转状态。定置噪声主要针对车辆定置时排气噪声和发动机噪声。

1. 测试条件

1）测量场地应为由混凝土、沥青等坚硬材料所构成的开阔平坦地面，其边缘距车辆外廓至少 3m。

2）测量时车辆置于测量场地中央，变速器挂空挡，拉紧制动，离合器接合。

3）发动机罩、车窗和车门关上，空调器及其他辅助装置应关闭。

4）发动机出水温度、机油温度应符合制造厂规定。

5）本底噪声应比被测噪声低 10dB 以上。

6）排气噪声的测量如图 4－15 所示；发动机噪声测量如图 4－16 所示，图中○表示声级计的传声器位置。

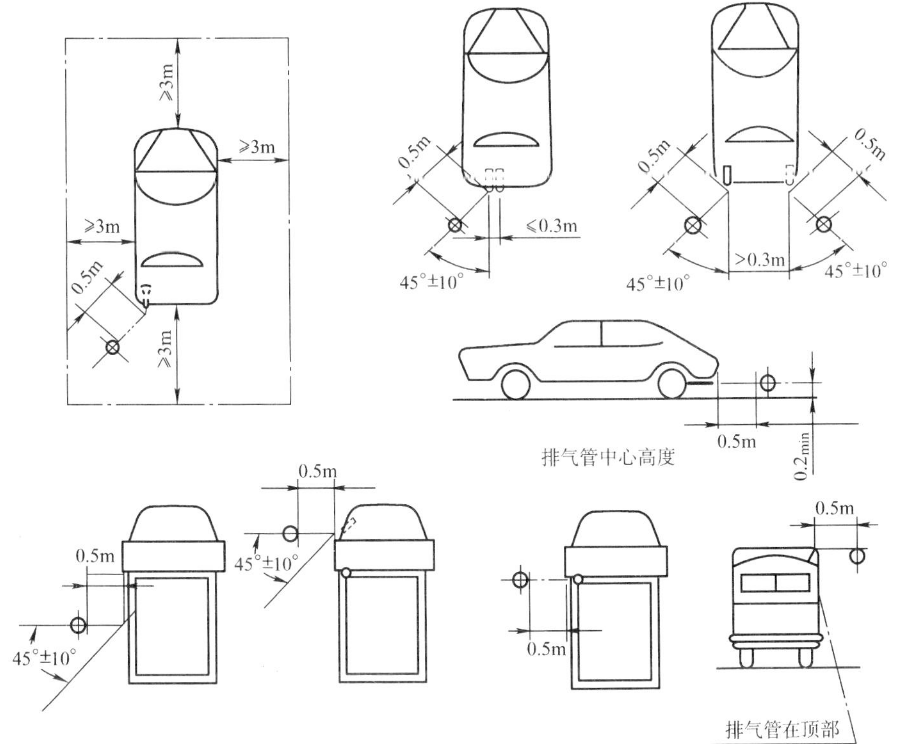

图 4－15　排气噪声的测量场地和传声器位置

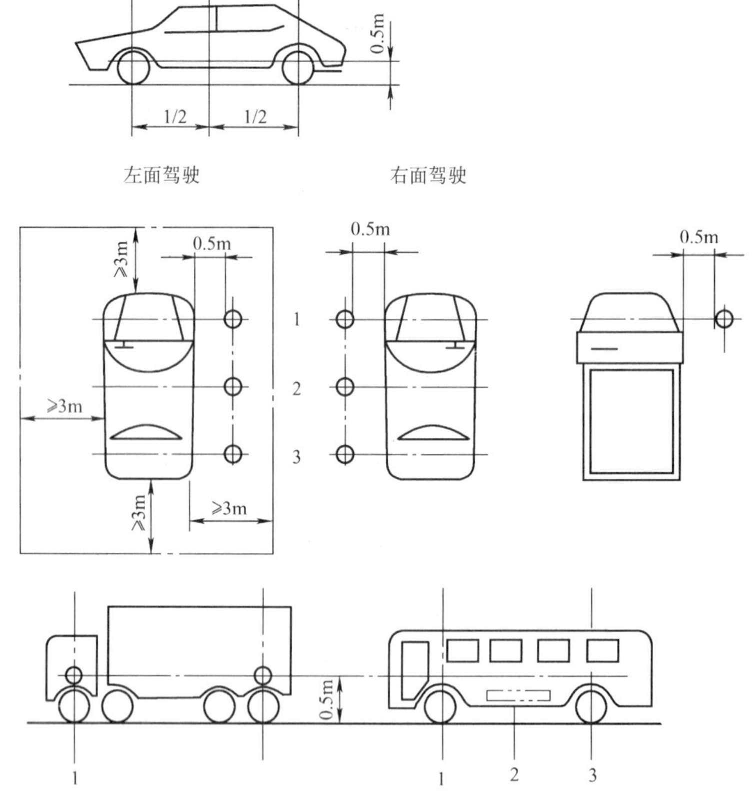

图4－16　发动机噪声的测量场地和传声器位置

1—前置发动机　2—中置发动机　3—后置发动机

2. 测试方法

测量排气噪声时，发动机稳定在额定转速的3/4，测量由稳定转速尽快减速到怠速过程中的最高声级。

测量发动机噪声时，发动机从怠速应尽可能快速地加速到额定转速的3/4，并用一种适当的装置保持必要长的时间，测量该过程中的最高声级。

习　　题

A 概念类

1. 什么是汽车的环保性？汽车公害包括哪些方面？
2. 汽油机和柴油机的主要排放污染物成分有哪些？
3. 排放污染物对环境和人会产生什么危害？
4. 汽车排放污染物是如何形成的？
5. 汽车排放污染物限值为什么要有车辆形式认证试验、生产一致性检验试验和在用车排放检验之分？
6. 减少排放污染可采用哪些结构措施？这些结构措施是如何减少排放污染的？
7. 空燃比、发动机负荷、发动机转速、发动机不稳定工况和发动机技术状况是如何影响汽车排放的？
8. 环保型燃油是如何减少排放污染的？

9. 汽车代用燃料有哪几种？与汽油比较各有哪些特点？
10. 汽油和柴油发动机汽车如何改装成天然气、液化石油气汽车？
11. 什么是两用燃料和双燃料？两者有何区别？
12. 醇类燃料在汽车上的应用有哪几种类型？各种类型有何特点？
13. 氢气和电能作为汽车代用能源的应用情况如何？目前需要克服的问题是什么？
14. 什么是噪声？汽车噪声来自何处？
15. 噪声会产生什么危害？
16. 噪声有哪些主要度量？什么是声压级、响度级、等响曲线、响度、计权声级？
17. 汽车噪声是如何形成的？针对各噪声源应采取怎样的措施予以控制？
18. 环保性试验分为哪几个方面？如何通过有关试验进行排放污染物测试和汽车噪声测试？

B 综合类

19. 汽车的燃油经济性和排放有何关系？
20. 哪些影响发动机运转性能和汽车燃油经济性的因素也影响汽车的排放污染？
21. 哪些影响发动机运转性能和汽车运行性能的因素也影响发动机和汽车的噪声？

第五章　汽车的制动性

汽车的制动性是指汽车按给定方向连续强制减速以至停车的能力，它是汽车的主要性能之一，是汽车安全行驶的重要保证。如果汽车缺乏可靠的制动性，即使具有优良的动力性也是不能充分发挥的。所以说制动性和动力性同等重要，是汽车高速行驶的两个关键条件。

汽车的制动性主要由三个方面指标来评价，即制动效能、制动效能的恒定性和制动时的方向稳定性。

制动效能是指汽车迅速减速直至停车的能力。可以用制动力、制动减速度、制动距离和制动时间等参数表示，是制动性最基本的评价指标。

制动效能的恒定性主要指制动器受摩擦热或水润滑的作用时制动效能的稳定程度，包括抗热衰退性能和抗水衰退性能。

制动时的方向稳定性是指汽车在制动过程中按驾驶者给定方向减速行驶的能力，即制动过程汽车不发生跑偏、侧滑以及控制转向的能力。

第一节　汽车制动时车轮受力分析

与汽车驱动相反，制动是充分利用与汽车行驶方向相反的力使汽车强制减速，这些力主要有地面通过车轮对汽车的制动力和空气阻力。而空气阻力相对较小，且在制动过程中随车速的降低而减小，所以在研究制动时通常不予考虑。因此，汽车制动时，使汽车减速行驶的力被认为只有地面作用于车轮的制动力，并将其称为地面制动力。下面通过车轮在制动时的受力情况分析，说明影响地面制动力的主要因素。

一、地面制动力

通过制动踏板对汽车实施制动时，随着脚踩制动踏板，经过制动系统使制动蹄片压向旋转着的制动鼓（盘），并对转动的车轮产生摩擦力矩（称为制动器摩擦力矩）T_{μ}。很显然，制动蹄片通过制动鼓（盘）对车轮作用的摩擦力矩 T_{μ} 的方向与车轮旋转方向相反。同时，地面也会给车轮一个方向与汽车行驶方向相反的作用力 F_{τ}，该力便是地面制动力。制动时车轮受力如图 5－1 所示。

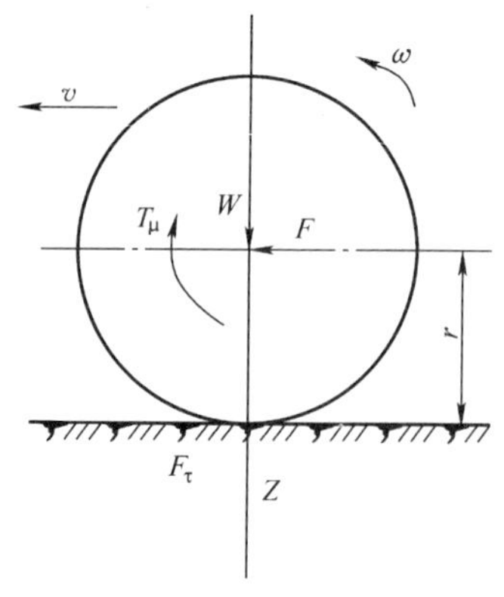

图 5－1　车轮在制动时的受力状况

当踏板力加大时，摩擦力矩 T_{μ} 会同步增大，地面制动力 F_{τ} 也会增大，且由力矩平衡得

$$F_{\tau}=T_{\mu}/r \tag{5-1}$$

由于 F_{τ} 是地面对车轮的切向作用力，所以也受附着力的限制。当地面制动力达到附着力时，即使 T_{μ} 再增大，F_{τ} 也不会再增大了，所以必须明确，式（5－1）只有在 $F_{\tau}<F_{\varphi}$ 的条件下成立。

二、制动器制动力

由以上论述可知，制动器摩擦力矩 T_μ 与地面制动力 F_τ 是车轮制动过程中同时存在的，但两者之间又并非始终存在着固定的大小关系。为便于两者联系，引入制动器制动力的概念，其定义式为

$$F_\mu = \frac{T_\mu}{r} \tag{5-2}$$

显然，制动器制动力是表述制动器摩擦力矩 T_μ 的，它表示在轮胎周缘克服制动器摩擦力矩所需要的力，相当于把汽车架离地面、踩制动踏板并使制动器产生摩擦力矩 T_μ 时，在轮胎周缘沿切线方向推动车轮直至转动所需施加的力。

由 F_μ 与 T_μ 的关系可知，制动器的制动力首先取决于制动器的形式、结构尺寸、制动器摩擦副的摩擦因数及车轮半径；在车轮和制动器结构一定时，制动器制动力与制动踏板力，即制动系的液压或气压成正比。

三、地面制动力、制动器制动力及附着力之间的关系

汽车制动时，随着制动器摩擦力矩 T_μ 由小到大，车轮运动状态将由滚动到抱死拖滑。在车轮滚动阶段，随着 T_μ 的增大，F_μ 和 F_τ 都相应增大，而且 F_μ 与 F_τ 相等；当 F_τ 达到附着力 F_φ 时，制动踏板力或制动系压力也上升到某一数值，则 F_τ 达到极限值；而后车轮处于抱死拖滑状态，踏板力再增大，只会使表述 T_μ 的 F_μ 相应增大，但若作用在车轮上的法向载荷不变而使 F_φ 不变，F_τ 就不再增大。若想增大 F_τ，只有再提高路面附着系数而使 F_φ 增大。

至此，便可根据以上分析将地面制动力 F_τ、制动器制动力 F_μ 和附着力 F_φ 的关系表示在图 5-2 所示的坐标图上。

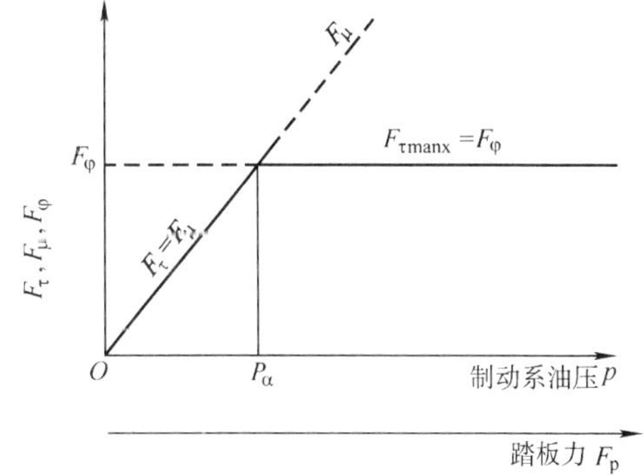

图 5-2　制动过程中，地面制动力、制动器制动力及附着力的关系

由此可见，汽车的地面制动力 F_τ 首先取决于制动器的制动力，但同时又受到地面附着条件的限制。所以，只有在汽车具有足够的制动器制动力，同时地面又能提供较高的附着力时，才能获得较高的地面制动力。地面制动力 F_τ、制动器制动力 F_μ 和附着力 F_φ 的这种关系，决定着影响汽车制动效能的关键因素，应深刻理解。

第二节　汽车的制动效能

汽车行驶过程中，遇到突发事件时需紧急制动，因此希望汽车的制动效能良好。在制动效能参数中，制动距离是最直观的参数；制动减速度是影响制动距离的直接因素；而制动力又是制动减速度的本质因素，所以这些参数具有一致性。而伴随制动过程的制动时间，也能在一定程度上表现制动效能，但由于制动过程中制动力所决定的制动减速度值是变化的，使制动时间只能作为辅助参数，协同制动减速度或制动力一起表明汽车的制动效能。

由于汽车的各种动力性不同，对制动效能的要求也不相同。一般小型客车的车速较高，所以要求其制动效能也高；其他小型汽车次之；而其他汽车（包括汽车列车和无轨电车）一般行驶车速较低，故其制动效能也要求较低；而四轮农用运输车的要求更低。为更好地理解这些制动效能参数，首先对车辆的制动过程进行分析。

一、汽车制动过程

图 5 - 3 所示是由制动减速度仪测取的汽车制动过程的制动减速度随时间变化的 $j-t$ 曲线。

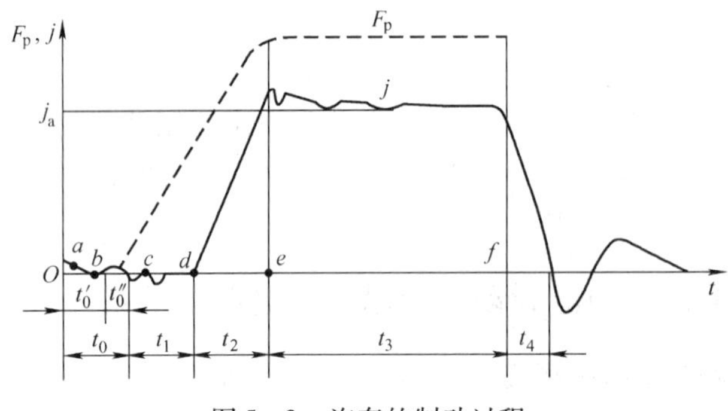

图 5 - 3　汽车的制动过程

驾驶者接到需要紧急停车的信号（即图 5 - 3 上的 a 点）时，并没有立即行动，而需经过t_0'后才意识到应紧急制动，并从 b 点开始移动右脚，再经过t_0''后到 c 点才开始踩到制动踏板。由 a 点到 c 点所经过的时间 $t_0=t_0'+t_0''$称为驾驶者的反应时间，这段时间与驾驶者的年龄、经历等因素有关，一般为 0.3 ~ 1.0s。在 c 点以后，驾驶者踩下制动踏板，踏板力迅速增加并达到最大值（e 点）。由于制动踏板有一定的自由行程，且要克服蹄片回位弹簧的拉力，所以要经过 t_1 后到达 d 点时，制动器才会产生制动作用而使汽车开始减速，t_1 这段时间称为制动系反应时间；由 d 点到 e 点是制动器制动力增长过程所需的时间 t_2，称为制动减速度（或制动力）上升时间。（t_1+t_2）一般被称为制动器的作用时间，它一方面取决于驾驶者踩踏板的时间，另外还受到制动器结构形式和调整间隙等因素的影响，一般在 0.2 ~ 0.9s。由 e 点开始汽车的制动减速度达到最大值基本不变，直到 f 点汽车停止，这段时间 t_3 称为持续制动时间，主要取决于汽车的制动初速度和制动减速度。

f 点后驾驶者松开制动踏板，但制动器制动并不会瞬间消除，而需要一段时间 t_4，这段时间称为制动解除时间。它对汽车刚停止的随后起步行驶（或制动减速后的加速行驶）有一定的影响，一般为 0.2 ~ 1.0s。

由上述制动过程可知，驾驶者的反应时间 t_0 只与驾驶者本身有关，与汽车无关，故在制动效能分析时不予考虑；而制动解除时间只会对下次起步行车产生影响，对本次制动过程没有影响。所以，对制动效能的研究，应着重于从驾驶者踩着制动踏板开始到车辆停止这段时间（$t_1+t_2+t_3$）内的制动过程。

在此也需明确，由于车辆在制动过程中受路面状况、制动系统结构和所施踏板力等各种因素影响，图 5 - 3 所示实际制动过程的制动减速度是波动的；但有时为了分析方便，将减速度的变化看成是均匀的，即图 5 - 3 中的细直折线，j_a 便是制动过程中的最大制动减速度。

二、制动效能参数

（一）制动距离

制动距离是指从脚接触制动踏板（或手触制动手柄）时起到车辆停住为止所驶过的距离。通常针对一定的初速度和相应的踏板力（或制动系统压力），且在平坦、良好、干燥和清洁的路面上，制动器冷态（100℃以下）时测得的。

制动距离是评价汽车制动效能比较简单而直观的参数。行车中遇到需要采取紧急制动措施时，汽车能在愈短的距离内停下来，就被认为制动效能愈好。显然，制动距离包括了制动系反应时间 t_1、制动减速度上升时间 t_2 和持续制动时间 t_3 全过程内汽车驶过的距离。为了探明制动距离的影响因素，现分析有关制动距离的关系式。为运算方便，车速以 m/s 为单位，加速度和时间的单位自然分别为 m/s^{-2}、s。

1. 在 t_1 时间内汽车驶过的距离 s_1

此时可视汽车作等速运动，故

$$s_1 = v_0 t_1 \tag{5-3}$$

式中，v_0 是制动初速度（m/s）。

2. 在 t_2 时间内汽车驶过的距离 s_2

t_2 时间内汽车作匀变减速直线运动，即瞬时减速为

$$j = kt \tag{5-4}$$

式中，k 是图 5－3 中 d 至 e 线段的斜率。

当 $t = t_2$ 时，$j = j_a$，故斜率为

$$k = \frac{j_a}{t_2} \tag{5-5}$$

显然，此处的减速度是取其绝对值，故有

$$dv = -j dt = -kt dt \tag{5-6}$$

将上式两边积分，得 t_2 内速度变化规律

$$\int_{v_0}^{v} dv = -k\int_0^t t dt \tag{5-7}$$

即

$$v = v_0 - \frac{1}{2}kt^2 \tag{5-8}$$

当 $t = t_2$ 时

$$v_e = v_0 - \frac{1}{2}kt_2^2 \tag{5-9}$$

将式（5－5）的 k 代入上式得

$$v_e = v_0 - \frac{1}{2}j_a t_2^2 \tag{5-10}$$

对于 t_2 内汽车驶过的距离，由 $v = ds/dt$，得

$$ds = v dt \tag{5-11}$$

将式（5－8）代入上式，并对两边积分

$$\int_0^{s_2} \mathrm{d}s = \int_0^{t_2} \left(v_0 - \frac{1}{2}kt^2 \right) \mathrm{d}t \tag{5-12}$$

即得

$$s_2 = v_0 t_2 - \frac{1}{6}kt_2^2 \tag{5-13}$$

将式（5-5）的 k 代入上式，得

$$s_2 = v_0 t_2 - \frac{1}{6}j_a t_2^2 \tag{5-14}$$

3. 在 t_3 时间内汽车驶过的距离 s_3

t_3 时间内汽车作匀减速直线运动，初速度为 v_e，末速度为 $v_f=0$，由匀减速运动关系式，得

$$v_f^2 - v_e^2 = -2j_a s_3 \tag{5-15}$$

整理，得

$$s_3 = \frac{v_e^2}{2j_a} \tag{5-16}$$

将式（5-10）代入上式，得

$$s_3 = \frac{v_0^2}{2j_a} - \frac{v_0 t_2}{2} + \frac{j_a t_2^2}{8} \tag{5-17}$$

将前面求得的 s_1、s_2、s_3 相加，就得到制动距离

$$s = v_0 \left(t_1 + \frac{t_2}{2} \right) + \frac{v_0^2}{2j_a} - \frac{1}{24}j_a t_2^2 \tag{5-18}$$

按上式参数在实际制动过程中的大小，式中第三项 $\frac{1}{24}j_a t_2^2$ 是一微量，可以略去不计，则

$$s = v_0 \left(t_1 + \frac{t_2}{2} \right) + \frac{v_0^2}{2j_a} \tag{5-19}$$

通常情况下，车速以 km/h 为单位，加速度和时间仍分别以 $\mathrm{m/s^2}$、s 为单位。则制动距离为

$$s = \frac{v_0}{3.6} \left(t_1 + \frac{t_2}{2} \right) + \frac{v_0^2}{25.92j_a} \tag{5-20}$$

由上式可以看出，影响汽车制动距离的因素是：制动初速度 v_0、制动系的协调时间 $\left(t_1 + \frac{t_2}{2} \right)$、最大制动减速度 j_a。

制动初始车速与制动距离有平方的关系，故其对制动距离的影响很大。如 LS400 汽车在初速度为 30km/h 时制动，其制动距离仅为 5.4m；而在 195km/h 制动时的制动距离为 163.9m。故在交通较为密集的情况下，从制动安全考虑，车速不宜太高。

制动系的协调时间对制动距离也有较大的影响。如果轿车在良好干燥的硬路面上以 50km/h 紧急制动到停车，若制动系协调时间由 0.2s 延长至 0.6s，制动距离就会延长 4.17m。可见，制动系协调时间是不容忽视的。故改进制动系结构、调整好制动系，以减少制动器的作用时间，是缩短制动距离的一项有效措施。目前有的高级轿车上带有间隙自调功能，使间隙值最佳。既保证适度间隙，又不使迟后时间过大。还有的车装有制动辅助系统

（BAS），当出现紧急制动时，BAS 系统会认知这种紧急状况而在毫秒内达到最大制动减速度，使制动器的作用时间（t_1+t_2）比驾驶者紧急踩下制动踏板短得多，所以装有 BAS 系统会使汽车的制动距离更短。

最大制动减速度取决于地面制动力，而此时的地面制动力，在制动器制动力较小而不致使车轮抱死时，即最大制动器制动力；在制动器制动力足够大时，地面制动力即路面附着力，此时车轮已被抱死，车轮处于全滑移状态，有制动平衡方程式

$$\frac{G}{g}j_{\mathrm{a}}=G\varphi \tag{5-21}$$

则

$$j_{\mathrm{a}}=\varphi g \tag{5-22}$$

式中，G 是汽车总重力（N）；φ 是附着系数；g 是重力加速度（m/s^2）。

将上式代入式（5－20），得制动距离为

$$s=\frac{v_0}{3.6}\left(t_1+\frac{t_2}{2}\right)+\frac{v_0^2}{254\varphi} \tag{5-23}$$

显而易见，附着系数减小，会使制动距离增大。因此，当路面附着条件不好时，应注意控制车速，确保行车安全。

制动距离是一个较为综合地反映整车制动效能的参数。但它不能反映出各个车轮的制动状况及制动力的分配情况，当制动距离延长时，也反映不出具体的影响因素。

为了确保行车安全，国标机动车运行安全技术条件规定了汽车在相应初速度下的制动距离，如表 5－1 所示。假若所测制动距离值小于规定值，即制动效能合格；否则，即为不合格。只有制动效能合格的车辆，才能允许在道路上运行。

表 5－1　制动距离和制动稳定性要求

车辆类型	制动初速度 /km·h⁻¹	满载检验制动距离要求/m	空载检验制动距离要求/m	制动稳定性要求车辆任何部位不得超出的试车道宽度/m
座位数≤9 的载客汽车	50	≤20	≤19	2.5
其他总质量≤4.5t 的汽车	50	≤22	≤21	2.5①
其他汽车、汽车列车及无轨电车	30	≤10	≤9	3.0
四轮农用运输车	30	≤9	≤8	2.5
三轮农用运输车	20	≤5	≤4.5	2.3
两轮摩托车	30	≤7		—
边三轮摩托车	30	≤8		2.5
正三轮摩托车	30	≤7.5		2.3
轻便摩托车	20	≤4		—
轮式拖拉机车组	20	≤6.5	≤6.0	3.0
手扶变型运输机	20	≤6.5		2.3

注：对总质量大于 3.5t 并小于等于 4.5t 的汽车试车道宽度为 3m。

需要特别说明的是，同一辆车在相同的初速度、气压或踏板力下，空载时的制动距离和满载时的制动距离显著不同，满载比空载的制动距离要长。一般汽车通常处于满载运行状态，为了保障行车安全，最好在车辆满载情况下检验其制动效能。但若对每辆在用车都装载后进行制动检验，困难很大，故一般在用车的制动距离是在车辆空载状态下进行检验。为了使在实际使用中车辆具有一定的气压（或踏板力）贮备，也就是留有一定的制动力贮备，国标机动车运行安全技术条件中规定了进行制动效能检验时的制动踏板力或制动气压的上限要求，即对空载检验制动效能时是控制了气压（针对气压制动系）或踏板力（针对液压制动系）的，如气压制动的储气筒气压表指示气压不大于600kPa，液压制动的踏板力不大于400N（此为座位数小于或等于9的载客汽车，其他车辆不大于450N）。当对空载检验的制动性能有质疑时，可按满载的制动性能要求进行检验。这就是说，空载检验不能完全代替满载检验，对于后述的其他制动效能参数也是如此。

（二）制动减速度

由汽车的实际制动过程可知，制动减速度在整个制动过程中是变化的，且存在较大波动，不宜用某一点的值来表示制动效能。所以，通常按不同的方法，如按测量值和计算值将其分为制动稳定减速度和充分发出的平均减速度等。

1. 制动稳定减速度

在车辆持续制动时间内的减速度值相对比较稳定，且是整个制动过程中的最大制动减速度。它体现了汽车制动的最大能力，将其称为制动稳定减速度，也就是前述的最大制动减速度 j_a，可直接测量获得。

若汽车能制动到全滑移状态，由式（5-22）可看出，此时的制动稳定减速度取决于路面的附着系数 φ，并可以利用该式计算出车轮在路面上拖滑时的附着系数

$$\varphi = \frac{j_a}{g} \tag{5-24}$$

式中，j_a 是所有车轮抱死时的制动减速度（m/s^2）。

我国曾经采用制动稳定减速度这一参数来评价汽车的制动效能，有些国家至今仍采用。它可以用制动减速度仪直接测取。但由于其测量值对制动时倾角等因素的影响较敏感，而使试验结果的重复性较差。

2. 充分发出的平均减速度

充分发出的平均减速度是在车辆制动时用速度计测得了制动过程行驶距离和相应车速的情况下，通过计算求得的。

由于制动过程持续制动时间内的制动减速度存在一定的波动，为使这段减速度取值有较好的代表性和稳定性，取其减速度值波动较小的中间段。相应的车速由 v_b 到 v_e，其间的平均减速度即充分发出的平均减速度 $FMDD$。

由匀减速运动公式，得

$$\left(\frac{v_e}{3.6}\right)^2 - \left(\frac{v_b}{3.6}\right)^2 = (-2) \cdot FMDD \cdot (s_e - s_b) \tag{5-25}$$

整理，得

$$FMDD = \frac{v_b^2 - v_e^2}{25.92(s_e - s_b)} \tag{5-26}$$

式中，v_0 是制动初速度（km/h）；v_b 是车辆的速度为 $0.8v_0$（km/h）；v_e 是车辆的速度为 $0.1v_0$（km/h）；s_b 是在速度 v_0 和 v_b 之间车辆驶过的距离（m）；s_e 是在速度 v_0 和 v_e 之间车辆驶过的距离（m）。

充分发出的平均减速度不受测试时车辆倾角的影响，能较准确地反映车辆的制动减速特性。但由式（5-20）可以看出，在相应的制动初速度下，仅由充分发出的平均减速度值是不能全面反映制动效能的，还需制动系的协调时间做保证。

表5-2所示为国标机动车运行安全技术条件规定的相应初速度下充分发出的平均减速度限值。只有所测充分发出的平均减速度值大于规定值，车辆的制动效能才是合格。

表5-2 制动减速度和制动稳定性要求

车辆类型	制动初速度 /km·h^{-1}	满载检验充分发出的平均减速度 /m·s^{-2}	空载检验充分发出的平均减速度 /m·s^{-2}	制动稳定性要求车辆任何部位不得超出试车道宽度/m
座位数≤9的载客汽车	50	≥5.9	≥6.2	2.5
其他总质量≤4.5t的汽车	50	≥5.4	≥5.8	2.5①
其他汽车、汽车列车及无轨电车	30	≥5.0	≥5.4	3.0

① 对总质量大于3.5t并小于等于4.5t的汽车试车道宽度为3m。

（三）制动力

地面制动力是产生制动减速度的根本因素，因此，制动力是从本质上评价制动效能的指标。制动力与制动减速度的关系可由下式决定

$$F_{\tau}=\frac{G}{g}j \tag{5-27}$$

变形为

$$j=\frac{g}{G}F_{\tau} \tag{5-28}$$

显然，制动力越大，汽车的制动减速度越大。由前述内容已知，地面制动力受制动器制动力和路面附着力两方面的影响。所以，用制动距离和制动减速度评价汽车的制动效能时，为使汽车本身的制动效能得以充分表现，对路面状况便提出了相应的要求（附着系数应不小于0.7）。而作为汽车本身，车轮的制动器制动力是决定制动效能的关键因素。故用制动力这一参数评价汽车的制动效能时，不再需要对外界条件提出要求，而且各车轮的制动力可在制动试验台上直接测得。为确保制动时方向稳定性，对前、后轴制动力的合理分配及每轴左、右两轮制动力差提出了相应要求，其中每轴左、右轮制动力差与该轴两轮制动力中大者之比，前轴不得大于20%；后轴不得大于24%。

表5-3所示为机动车运行安全技术条件规定的台试检验制动力要求。

表 5-3 台试检验制动力要求

车辆类型	制动力总和与整车重量的百分比/（%）		轴制动力与轴荷的百分比/（%）	
	空载	满载	前轴	后轴
汽车、汽车列车、无轨电车和四轮农用运输车	≥60	≥50	≥60①	—
三轮农用运输车	—	—	—	≥60①
摩托车	—	—	≥60	≥50
轻便摩托车			≥55	≥50

① 空载和满载状态下测试均应满足此要求。

（四）制动时间

从图 5-3 中可以看出，制动系反应时间 t_1、制动减速度上升时间 t_2 和持续制动时间 t_3 的长短也可以评价车辆制动效能的好坏。制动系反应时间 t_1 的长短可反映出制动系调整的情况，特别是制动踏板的自由行程调整得是否合适；制动减速度上升时间 t_2 的长短可以反映出制动减速度（或制动力）上升的快慢，从而间接地反映出制动性能的优劣；持续制动时间 t_3 的长短看似关键，但实际上它受到 t_1 和 t_2 的极大影响。

制动时间没有被作为一个单独的参数来评价车辆的制动效能，而是作为一个辅助评价制动效能的指标，与前述充分发出的平均减速度或制动力共同评价汽车的制动效能。这个辅助评价指标就是制动协调时间。从式（5-19）或式（5-20）可以看出，制动协调时间也就是指急踩制动踏板时，从脚接触踏板开始至车辆减速度（或制动力）达到表 5-2 所规定的车辆充分发出的平均减速度（或表 5-3 所规定的制动力）值的 75% 的时间。按照机动车运行安全技术条件规定的制动协调时间限值，单车应不大于 0.6s，列车应不大于 0.8s。

第三节 汽车制动效能的恒定性

通常所说的制动效能，往往仅限于冷制动（制动器起始温度在 100℃以内）情况下。而汽车在下长坡连续制动或在高速强制动时，制动器的温度常在 300℃以上，有时高达 500 ~ 700℃。制动器温度的上升，会使制动器摩擦力矩显著下降，这种现象称为制动器的热衰退。

制动器的热衰退是不可避免的，但不同的结构形式和材质可使其热衰退的程度不同。衰退程度愈小，说明制动器的抗热衰退性能愈好。制动器的抗热衰退性能一般用一系列连续制动时制动效能的保持程度来衡量。根据汽车行业推荐标准，要求从一定的初速度（通常为 $0.8v_{max}$）以 $3m/s^2$ 的减速度制动到初速度的 1/2（$0.4v_{max}$），然后加速到 $0.8v_{max}$，再以 $3m/s^2$ 的减速度制动到初速度的 1/2。连续进行 15 次，最后制动效能应不低于冷态的 60%。有些汽车为保证热衰退后的制动安全，专门装有辅助制动装置，它既能保持山区行驶的制动效能，又能减轻车轮制动器的负担，并使其保持良好的制动效能。

制动器制动效能在高温条件下降低的主要原因：一是制动鼓与摩擦衬片之间在高温下的摩擦因数会有很大下降；二是构成摩擦衬片的石棉材料含有机聚合物，如合成树脂，天然或合成橡胶等，这些有机物在高温下会发生分解生成一些气体和液体，这些气体和液体在摩擦面间形成润滑薄膜而使摩擦因数下降。

为了改善制动器的抗热衰退性，应在摩擦衬片的组成成分（减少有机成分含量、增加金属添加剂）、粘合剂选用（耐热有机粘合剂、无机粘合剂）、结构（使摩擦片具有一定的气孔）和表面处理等方面采取措施。另外，就制动器结构形式而言，减力蹄较增力蹄的稳定性好；盘式制动器较鼓式制动器的稳定性好，故在现代轿车上广泛采用盘式制动器。

除制动效能的热衰退外，制动器涉水后，水的润滑作用也会使其制动效能下降，这种现象称为制动器的水衰退。为了行车安全，汽车涉水后应连续踏几次制动，借助制动蹄与制动鼓的摩擦热使水分蒸发，以使制动器迅速干燥并恢复制动效能。目前有些车型所具有的自动除水功能，当车驶过积水后，传感器会自动探测制动盘上是否有积水，有水时就会控制制动盘系统以很轻的力度对制动盘进行刮水，确保时刻有正常的制动反应。

第四节　汽车制动时的方向稳定性

制动时方向稳定性良好的汽车，制动过程中应按驾驶者所给定的轨迹减速以至停车。假若汽车制动时的方向稳定性不好，就有可能出现了下列情况：

1）制动跑偏：制动时原期望汽车按某一路线方向减速停车，但实际上汽车自动向左或向右偏驶。

2）制动侧滑：制动时汽车的某一轴或两轴的车轮发生横向滑动。

跑偏与侧滑是有联系的，严重的跑偏常会引起后轴侧滑；而侧滑也会使跑偏的倾向加剧。跑偏与侧滑都使汽车偏离给定的行驶轨迹，严重时会导致撞入对方车辆行驶车道、甩出路面等危险情况出现。制动时的方向稳定性是影响汽车行驶安全的一个重要因素。

为保证制动安全，机动车运行安全技术条件规定，道路试验要求车辆任何部位不得超出一定的试车道宽度；台试检验要求车轮（或车轴）制动力所占比例在一定范围内（见本章第二节中的相关内容）。

一、制动跑偏

导致制动跑偏的主要因素有以下两个：汽车左右车轮、特别是左右转向轮制动器制动力不相等；悬架导向杆系和转向系拉杆的运动干涉。

1. 汽车左右车轮、特别是左右转向轮制动器制动力不相等

图5-4所示为左、右转向轮制动力不相等而引起跑偏的受力分析。在此适当简化，假设车速较低、跑偏不严重、转向盘固定不动、没有发生侧滑，并忽略汽车作圆周运动所产生的离心力及车身绕重心的惯性力偶矩。

由图可见，由于前左轮的制动器制动力大于前右轮而使 $F_{\tau 1l} > F_{\tau 1r}$，此时汽车维持平衡，必然在前、后轴分别受地面侧向反作用力 Y_1、Y_2，以使 Y_1、Y_2 绕汽车重心的力偶矩和 $F_{\tau 1l}$、$F_{\tau 1r}$绕重心的力矩相等。

由于 $F_{\tau 1l}$绕主销的力矩大于 $F_{\tau 1r}$绕主销的力矩，尽管转向盘固定不动，但因转向系有关连接处的间隙和零部件的弹性变形，转向轮仍将向左偏转一定角度，而使汽车向左偏驶。此外，前轮的主销后倾，会使 Y_1 对转向轮产生偏转力矩，使跑偏程度加大。

目前一些带有 ABS 系统的轿车还配有电子制动力分配系统 EBD，其作用就是防止制动

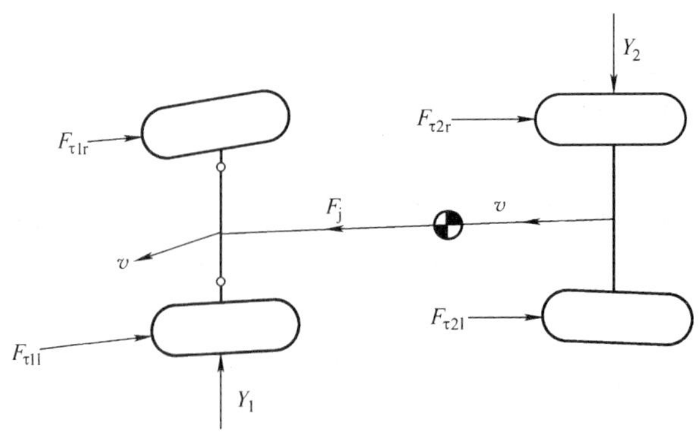

图 5-4 制动跑偏时的受力图

跑偏。汽车制动时，四个车轮所处地面的附着系数往往不一样。如有时左前轮和右后轮在干燥的水泥地面上，而右前轮和左后轮却在水中或泥水中，这种情况下如果车轮被制动到都处于即将抱死时，会因为路面附着系数的不同使作用在同一轴左右车轮上的制动力大小相差很大。这样就不可避免地会造成严重跑偏，进而引起车辆侧滑、侧翻等事故。EBD 就是用高速计算机在汽车制动的瞬间，分别对四只车轮所处路面附着系数的不同进行感应、计算，得出不同的制动力数值，使四个车轮的制动装置根据不同的情况用不同的力量制动，并在制动减速运动过程中不断高速调整各个车轮的制动力，从而保证车辆制动时的平稳、安全。

2. 悬架导向杆系和转向系拉杆的运动干涉

图 5-5 所示为汽车前部悬架系统与转向系拉杆结构简图。汽车紧急制动时，前轴扭转了一个角度 θ，转向节上节臂球销本应作相应的前移，但因球销连接在转向系纵拉杆而不能作相应的位移，导致转向节臂相对前轴向后摆动，引起转向轮向右转动，从而造成制动向右跑偏。

由上述引起跑偏的两个因素可见，第一个原因是由制造和调整的误差造成的，跑偏量受左、右轮制动力差的影响很大，因此是非系统性的，调整时应尽量缩小左、右轮制动力差值。按机动车运行安全技术条件规定，使前轴左、右轮制动力之差与其中较大者之比不大于 20%，后轴左、右轮制动力之差与其中较大者之比不大于 24%，便可基本上使跑偏量不大。第二个原因是设计造成的，制动时总是向一侧（向左或向右）偏，因此是系统性的，需在设计中注意结构的合理性。

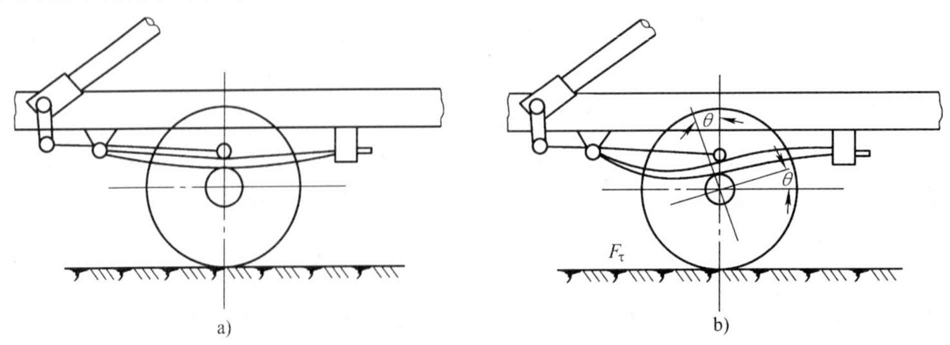

图 5-5 汽车前部悬架系统与转向系拉杆结构

a）未制动时 b）制动时前轴发生扭转（角度为 θ）

二、制动侧滑

（一）硬路面上的附着系数

在此之前，我们都将附着系数当成常数，而实际上它不仅与路面状况、轮胎结构等有关，还与车轮在路面上的运转状态有很密切的关系。

通过试验观察到，制动过程中的车轮从滚动到抱死拖滑，轮胎留在地面上的印痕是一个渐变的过程，而且在这个过程中附着系数有很大变化。如图 5－6 所示是汽车制动过程中轮胎留在地面上的印痕，可将其分为三个阶段：

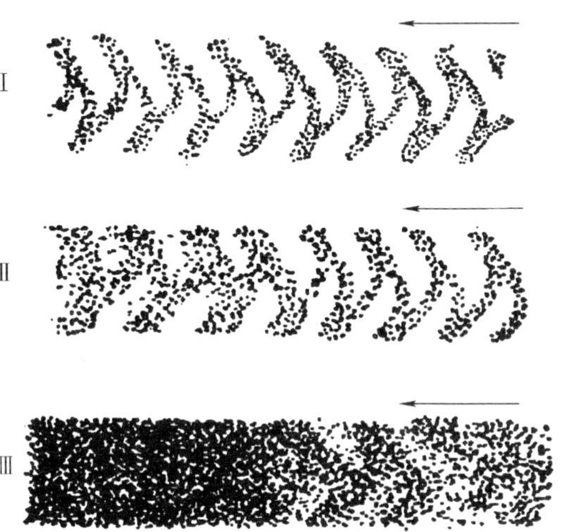

图 5－6　制动时轮胎留在地面上的印痕

第Ⅰ阶段为车轮作纯滚动，印痕的形状与轮胎胎面花纹基本一致。故可认为

$$v_{\omega}=r\omega \tag{5-29}$$

式中，v_{ω} 是车轮中心的速度；ω 是车轮角速度；r 是车轮滚动半径。

第Ⅱ阶段为车轮边滚边滑，胎面与地面发生一定程度的相对滑动，胎面花纹的印痕可以辨别。此时

$$v_{\omega}>r\omega \tag{5-30}$$

随制动强度的增大，滑动成分的比例越来越大，印迹也逐渐模糊。便有

$$v_{\omega}\gg r\omega \tag{5-31}$$

第Ⅲ阶段车轮被抱死作纯滚动，胎面在地面上形成一条粗黑的印痕。此时

$$\omega=0 \qquad (5\ \ 32)$$

由上述三个阶段的变化情况可见，随着制动强度的加大，车轮滚动成分越来越小，而滑动成分逐渐增加。通常用滑动率表示滑动成分的多少，即

$$S=\frac{v_{\omega}-r\omega}{v_{\omega}}\times 100\% \tag{5-33}$$

按照上式，在纯滚动时，$v_{\omega}=r\omega$，$S=0$；在纯滑动时，$\omega=0$，$S=100\%$；边滚边滑时，$0<S<100\%$。故滑动率越大，滑动成分越多。

随着滑动率不同，附着系数是不一样的。图 5－7 给出了试验所得的轮胎在某路面上的附着系数（纵向和侧向）曲线。对纵向附着系数，OA 段近乎直线，附着系数随滑动率的增大而迅速增大。过 A 点后附着系数的上升速度减慢，至 B 点达到最大值，此时的附着系数称为峰值附着系数 φ_{p}，φ_{p} 一般出现在 $S=10\%\sim20\%$。滑动率再增大，附着系数缓慢下降，$S=$

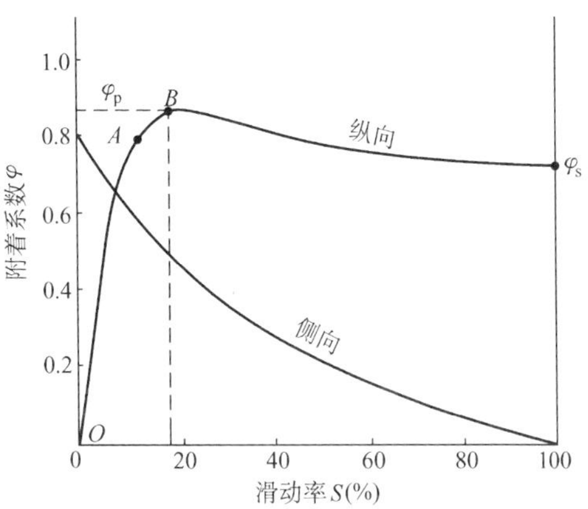

图 5－7　附着系数曲线

100%时的附着系数称为滑动附着系数 φ_s。表 5 - 4 所示为各种路面的 φ_p 和 φ_s 值。对于横向附着系数，滑动率越大其值越小，即抗侧滑能力越差。

表 5 - 4　各种路面的 φ_p 和 φ_s 值

路　面	峰值附着系数 φ_p	滑动附着系数 φ_s	路　面	峰值附着系数 φ_p	滑动附着系数 φ_s
沥青或混凝土（干）	0.8～0.9	0.75	土路（干）	0.68	0.65
沥青（湿）	0.5～0.7	0.45～0.6	土路（湿）	0.55	0.4～0.5
混凝土（湿）	0.8	0.7	雪（压紧）	0.2	0.15
砾石	0.5	0.55	冰	0.1	0.07

（二）车轮侧滑的条件

制动过程中车轮侧滑的受力情况如图 5 - 8 所示。该轮所受垂直载荷 W 与地面垂直反力 Z 相等，当制动器对车轮作用摩擦力矩 T_μ 时，地面对车轮产生制动力 F_τ，同时车轴给车轮作用力 F（$=F_\tau$）；当有侧向风、道路横坡引起的侧向分力或转弯离心力产生时，这些力便会使车轮受到侧向力 F_y，相应的地面侧向反力为 Y（$=F_y$）。当 $F_y \leq F_{\varphi侧}$（地面与车轮的侧向附着力）时，车轮不会产生侧滑；而当 $F_y > F_{\varphi侧}$时，便会出现车轮侧滑，使车轮运动方向发生改变。通常情况下，由于汽车所受的侧向力较小，所以车轮侧滑往往出现在车轮制动到抱死拖滑（或驱动滑转）状态时。此时车轴只要遇到一点侧向力作用，便会有侧滑出现。

（三）单轴侧滑

就双轴汽车来说，在紧急制动时，常会出现一根轴先抱死，随后该轴在侧向力作用下产生侧滑，而另一轴仍与地面保持附着关系。下面就前轴侧滑和后轴侧滑的危险性进行分析。

图 5 - 9 所示为汽车处于直行转向盘固定不动制动过程中，后轴已经抱死、前轴尚未抱死的汽车受力运动简图。

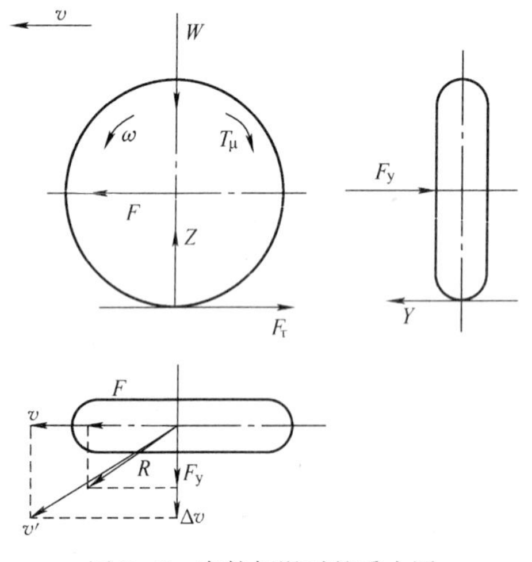

图 5 - 8　车轮侧滑时的受力图

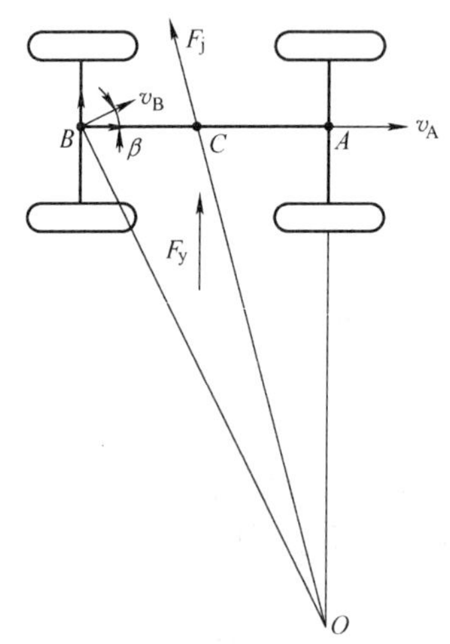

图 5 - 9　汽车后轴侧滑时的运动状况

当汽车偶受侧向力 F_y 作用时，该侧向力分配作用到前后车轴。此时后轴因附着力为零而会发生侧滑，使后轴中点 B 的速度 v_B 的方向偏离汽车纵轴线的夹角为 β。而前轴的侧向力未达到附着力而使其没有侧滑，仍保持与汽车纵轴线方向一致的 v_A 方向。此时汽车将发生类似转弯的运动，其瞬时回转中心为速度 v_A、v_B 两垂线的交点 O。汽车作圆周运动时产生的作用于质心 C 的惯性力 F_j 的方向与原侧向力的方向一致，使后轴的侧滑加剧，后轴侧滑加剧又加大了惯性力 F_j，以致汽车急剧转动，严重时会使汽车掉头等危险情况出现。因此，后轴侧滑是一种不稳定状态。

图 5-10 所示为制动时前轴已经抱死而后轴尚未抱死的汽车受力运动简图，偶发的侧向力 F_y 会使前轴侧滑，这时的离心惯性力 F_j 与原发侧向力的方向相反，故有减少或阻止前轴侧滑的作用，因此汽车处于一种稳定状态。

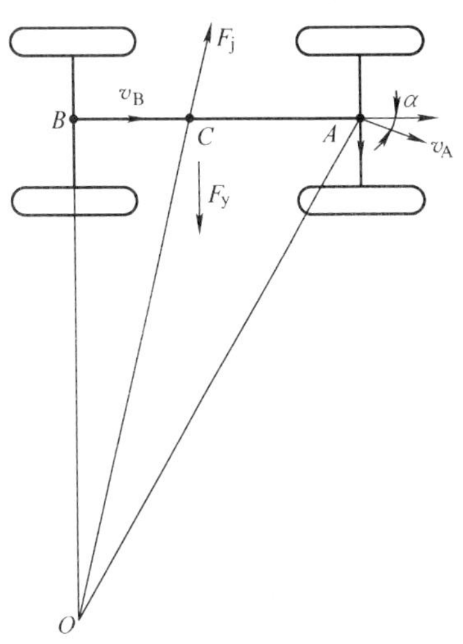

图 5-10　汽车前轴侧滑时的运动状况

试验也已证明，若前轴比后轴先抱死拖滑，汽车基本上按直线行驶，但弯道上制动时汽车失去转向能力（即路径跟踪能力）；若后轴比前轴先抱死拖滑，且时间间隔短于 0.5s，汽车也基本上按直线行驶；但时间间隔在 0.5s 以上且车速超过某一数值时，后轴就会发生严重侧滑。

至此可以看出，影响汽车制动时方向稳定性的关键因素是制动力的匹配与协调。同一轴上左、右轮制动力的不平衡会引起制动跑偏；前、后轴制动力对车轴抱死的次序和时间间隔决定汽车侧滑的特征和程度。要保证汽车制动时的方向稳定性，左右轮制动力的平衡与前后轴制动力的协调是至关重要的。

第五节　汽车前轴与后轴制动器制动力的分配

汽车制动过程中，车轮是否抱死取决于制动器制动力与附着力的关系。只有制动器制动力不小于路面附着力的情况下，才会出现车轮抱死拖滑。而路面附着力和车轮法向反作用力有直接的关系，所以要研究制动器制动力的分配，需先了解制动时地面对前、后车轮的法向反作用。

一、地面对前、后车轮的法向反作用力

图 5-11 所示是汽车在水平路面上制动时的受力图，在此忽略汽车的滚动阻力偶矩、空气阻力和旋转质量惯性力偶矩的影响。

对后轮接地点（B）取力矩，得平衡式

$$Z_1L = Gb + F_jh_g \qquad (5-34)$$

则

$$Z_1 = \frac{Gb + F_jh_g}{L} \qquad (5-35)$$

同理

$$Z_2 = \frac{Ga - F_jh_g}{L} \qquad (5-36)$$

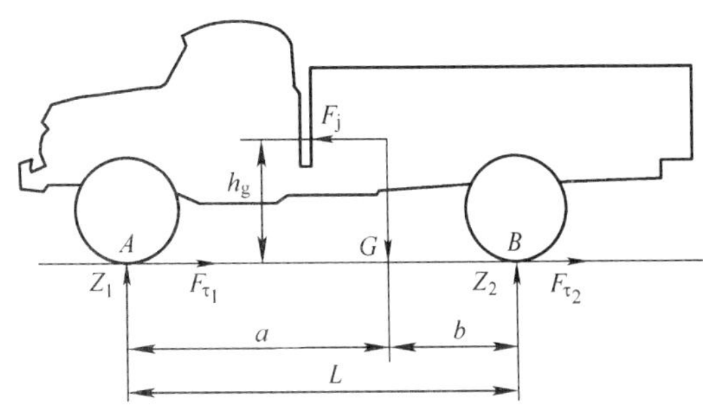

图 5-11　制动时汽车受力图

很显然，汽车制动时的惯性力总是等于地面制动力，即

$$F_j = F_\tau = F_{\tau_1} + F_{\tau_2} \tag{5-37}$$

当前、后车轮都处于抱死拖滑状态时，$F_j = F_\varphi = G\varphi$。此时地面对前、后轮的法向反作用力，可将 F_j 代入式（5－35）和式（5－36）得

$$Z_1 = \frac{G}{L}\ (b + \varphi h_g) \tag{5-38}$$

$$Z_2 = \frac{G}{L}\ (a - \varphi h_g) \tag{5-39}$$

二、理想的前、后轴制动器制动力分配曲线

汽车制动时随踩制动踏板程度的加大，前后轴制动力逐步加大。当一根轴（前轴或后轴）先抱死拖滑时，则该轴上的地面制动力已达到极限值（即附着力）。继续踩踏板可使未抱死轴上的制动力增大，而对于先抱死拖滑的那根轴，增大了的制动器制动力将不会使地面制动力增大，使制动系的效率小于1。只有前、后轴同时抱死的情形下，才能使制动系的效率达到100%（为最高，此时的制动器制动力刚好等于最大地面制动力）。而且在接近这种情况下，对保证制动时的方向稳定性和转向能力均较有利。

在附着系数为 φ 的任意路面上，前、后轴车轮同时抱死的条件是，前、后轮制动器制动力所决定的地面制动力同时达到各自车轮的附着力。此时，前、后轮制动器制动力之和刚好也为汽车的总附着力，即

$$F_{\mu_1} = F_{\tau_1} = F_{\varphi_1} = Z_1\varphi \tag{5-40}$$

$$F_{\mu_2} = F_{\tau_2} = F_{\varphi_2} = Z_2\varphi \tag{5-41}$$

$$F_{\mu_1} + F_{\mu_2} = G\varphi \tag{5-42}$$

将式（5－38）和式（5－39）分别代入式（5－40）和式（5－41），可得汽车在附着系数为 φ 的路面上制动时，前、后轴同时抱死的制动器制动力（或地面制动力或附着力）联立方程

$$\begin{cases} F_{\mu_1} = F_{\tau_1} = F_{\varphi_1} = \dfrac{G}{L}(b + \varphi h_g)\varphi \\ F_{\mu_2} = F_{\tau_2} = F_{\varphi_2} = \dfrac{G}{L}(a - \varphi h_g)\varphi \end{cases} \tag{5-43}$$

对于状态（满载、空载或其他载荷状态）一定的汽车，取不同的 φ 值（如取 $\varphi = 0.1$、0.2、0.3、…），便得相应的 F_{μ_1}，和 F_{μ_2}。把不同 φ 值对应的（F_{μ_1}，F_{μ_2}）组值点绘在 $F_{\mu_2}-F_{\mu_1}$坐标上并连接起来，即为前、后轴车轮同时抱死时前、后轴制动器制动力关系曲线，称为理想的前、后轴制动力分配曲线，简称 I 曲线，如图5－12所示。曲线上任意一点代表在相应附着系数路面上前、后轴同时抱死的前、后轴制动器制动力数值。

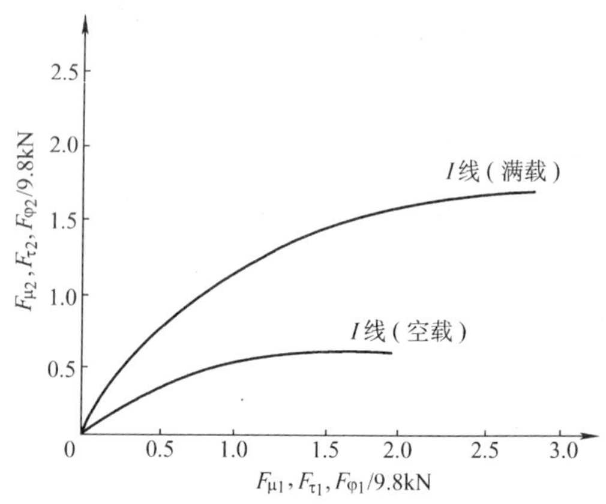

图5－12 某货车的 I 曲线

应当注意，前、后轮同时抱死拖滑时的各

轮制动器制动力、地面制动力和附着力相等。所以 I 曲线也是车轮抱死时 $F_{\tau1}$ 和 $F_{\tau2}$、$F_{\varphi1}$ 和 $F_{\varphi2}$ 的关系曲线。

三、具有固定比值的前、后轴制动器制动力及同步附着系数

对不具有制动力调节（或调节装置没起作用）的汽车制动系统来说，汽车前、后两轴制动器制动力的比值通常为固定值。常用前制动器制动力与汽车总制动器制动力之比来表明前、后轴制动力分配的比例，并称之为制动器制动力分配系数，即

$$\beta=\frac{F_{\mu1}}{F_{\mu}} \tag{5-44}$$

式中，$F_{\mu1}$ 是前轴制动器制动力；F_{μ} 是汽车制动器总制动力，$F_{\mu}=F_{\mu1}+F_{\mu2}$。

则有

$$F_{\mu1}=\beta F_{\mu} \tag{5-45}$$

$$F_{\mu2}=F_{\mu}-F_{\mu1}=(1-\beta)F_{\mu} \tag{5-46}$$

且

$$\frac{F_{\mu1}}{F_{\mu2}}=\frac{\beta}{1-\beta} \tag{5-47}$$

由此可知，$F_{\mu1}$、$F_{\mu2}$ 的线性关系在 $F_{\mu2}-F_{\mu1}$ 坐标图上便是一条通过坐标原点的直线，并称之为实际前、后轴制动器制动力分配线，简称 β 线。如图 5－13 所示，其斜率为

$$\tan\theta=\frac{1-\beta}{\beta} \tag{5-48}$$

如图 5－14 所示为某车的 β 线，以及满载和空载时的 I 曲线。由图可见，β 线和满载时的 I 曲线相交于 B 点，并将该点对应的附着系数 φ_0 称为汽车满载时的同步附着系数，简称同步附着系数。

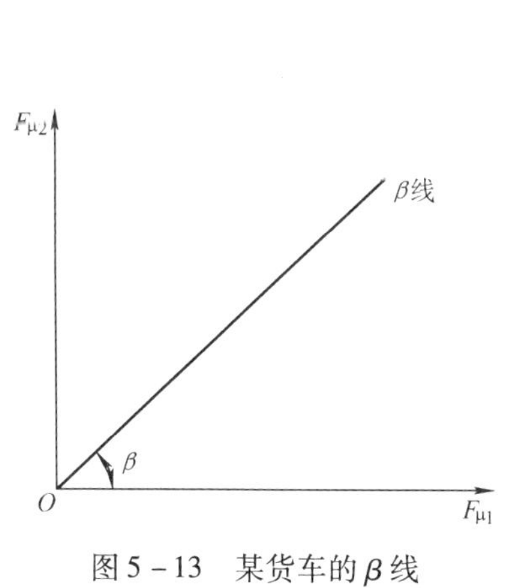

图 5－13 某货车的 β 线

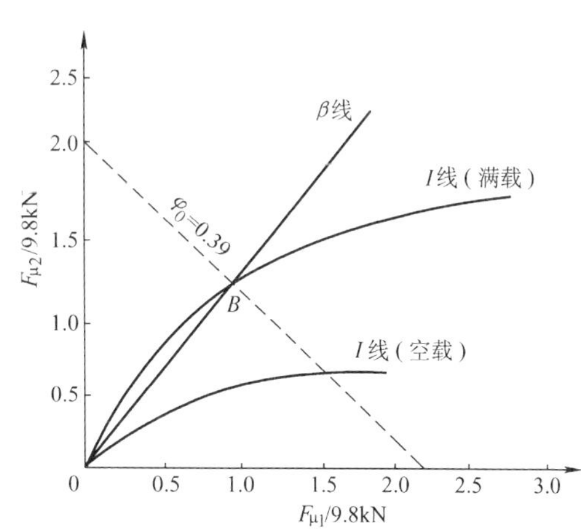

图 5－14 某货车的 β 线和 I 曲线

同步附着系数是影响汽车制动时方向稳定性的重要因素，表明前、后轴制动器制动力分配为固定比值的汽车，只有在附着系数为 φ_0 值的路面上制动时才能出现前、后轴车轮同时抱死，所以 φ_0 是设计汽车制动系的一个重要参数。汽车的同步附着系数 φ_0 可用作图法确定，也可由解析法求得。

由于同步附着系数 φ_0 是 β 线和 I 线的交点，所以该点指示的前、后轴理想制动力分别与实际制动力相等，按式（5－43）和式（5－47）便有

$$\frac{F_{\mu1}}{F_{\mu2}} = \frac{b+\varphi h_g}{a-\varphi h_g} = \frac{\beta}{1-\beta} \tag{5-49}$$

整理，得

$$\varphi_0 = \frac{L\beta - b}{h_g} \tag{5-50}$$

或

$$\beta = \frac{\varphi_0 h_g + b}{L} \tag{5-51}$$

由以上两式可见，已知制动器制动力分配系数 β 便可求得该车的同步附着系数 φ_0；反之，按制动时方向稳定性要求确定同步附着系数 φ_0 后，便可确定制动器制动力在前、后轴上的分配比例 β。

四、汽车在各种路面上制动情况的分析

前面已经明确，汽车只有在附着系数为 φ_0 的路面上制动时才会出现前、后轴同时抱死。而在附着系数为其他值的路面上的制动情况又会如何呢？为了便于分析，先介绍两个线组。

（一）f 线组和 r 线组

f 线组表示在各种 φ_0 值路面上只有前轮抱死时的前后轮地面制动力的分配关系。

当前轮抱死时

$$F_{\tau1} = \varphi Z_1 = \varphi\left(\frac{Gb}{L} + \frac{F_\tau h_g}{L}\right) \tag{5-52}$$

将 $F_\tau = F_{\tau1} + F_{\tau2}$ 代入上式，并整理得

$$F_{\tau2} = \frac{L-\varphi h_g}{\varphi h_g} F_{\tau1} - \frac{Gb}{h_g} \tag{5-53}$$

此即在不同 φ 值路面上只有前轮抱死时的前、后轮地面制动力的关系式。以不同 φ 值（$\varphi = 0.1$、0.2、0.3、…）代入式（5－53）便得到 f 线组，如图 5－15 所示。此线组与纵坐标交于同一点 $\left(0,\ -\frac{Gb}{h_g}\right)$，即与 φ 无关；而随着 φ 增大，f 线的斜率相应减小。

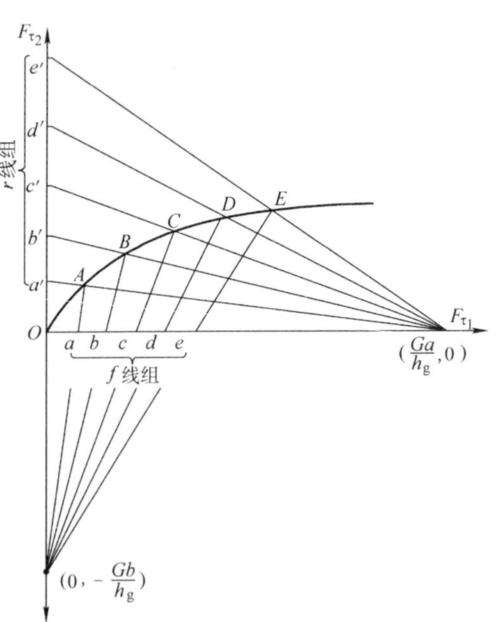

图 5－15　f 线组与 r 线组

r 线组表示在各种 φ 值路面上只有后轮抱死时前后轮地面制动力的分配关系。当后轮抱死时

$$F_{\tau2} = \varphi Z_2 = \varphi\left(\frac{Ga}{L} - \frac{F_\tau h_g}{L}\right) \tag{5-54}$$

将 $F_\tau = F_{\tau1} + F_{\tau2}$ 代入上式，并整理得

$$F_{\tau2} = \frac{-\varphi h_g}{L+\varphi h_g} F_{\tau1} + \frac{\varphi Ga}{L+\varphi h_g} \tag{5-55}$$

此即在不同 φ 值路面上只有后轮抱死时的前、后轮地面制动力的关系式。以不同 φ 值（$\varphi=0.1$、0.2、0.3、…）代入式（5－55）便得到 r 线组，如图 5－15 所示。此线组与横坐标交于同一点$\left(\dfrac{Ga}{h_g},\ 0\right)$，即与 φ 无关；与纵坐标的交点（截距）为$\dfrac{\varphi Ga}{L+\varphi h_g}$，随 φ 的增大而提高。显然，同一 φ 值下 f 线与 r 线的交点 A、B、C、…所连成的曲线，便是前述的 I 曲线。

（二）制动过程分析

如图 5－16 所示为同步附着系数 $\varphi_0=0.40$ 的某车满载时的 I 曲线、f 线组和 r 线组以及固定的 β 线。

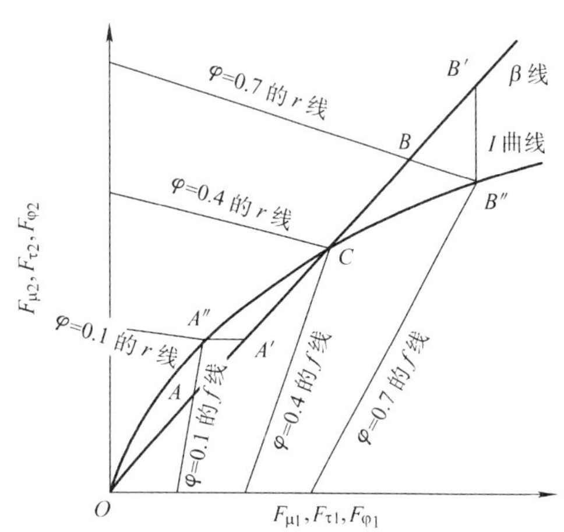

图 5－16　不同 φ 值汽车的制过程分析

若 $\varphi<\varphi_0$，设 $\varphi=0.1$。汽车制动时，前、后轴制动器制动力 $F_{\mu1}$、$F_{\mu2}$ 按 β 线上升。开始时车轮都未抱死，故前、后轴地面制动力 $F_{\tau1}$、$F_{\tau2}$，也按 β 线上升；上升到 A 点时，β 线与 $\varphi=0.1$ 的 f 线相交，此时的地面制动力 $F_{\tau1}$、$F_{\tau2}$ 符合前轮抱死的状况，前轮开始抱死拖滑；随 $F_{\mu1}$、$F_{\mu2}$ 沿 β 线的继续上升，$F_{\tau1}$、$F_{\tau2}$ 将沿 $\varphi=0.1$ 的 f 线上升，因后轮尚未抱死，故 $F_{\mu2}$ 和 $F_{\tau2}$ 同步上升，当 $F_{\mu1}$、$F_{\mu2}$ 沿 β 线上升到 A' 点时，相应的 $F_{\tau1}$、$F_{\tau2}$ 沿 f 线升至与 $\varphi=0.1$ 的 r 线的交点 A''，后轮也开始抱死拖滑。此后，随踩制动踏板，$F_{\mu1}$、$F_{\mu2}$ 沿 β 线继续上升，但 $F_{\tau1}$、$F_{\tau2}$ 不再变化。

由此可见：汽车在 $\varphi<\varphi_0$ 的路面上制动，β 线位于 I 曲线的下方，总是前轴先抱死，汽车丧失转向能力；在增大制动器制动力沿 A 至 A' 过程中，地面制动力沿 A 至 A'' 增大，汽车总地面制动力的增大主要是由后轴地面制动力 $F_{\tau2}$ 的增大引起的，此过程中前轮一直处于抱死状态，但前轴地面制动力也有所增大，这是由于随减速度增大使前轴载荷加大所致。

若 $\varphi>\varphi_0$，设 $\varphi=0.7$。制动开始后，前、后轴制动器制动力 $F_{\mu1}$、$F_{\mu2}$ 和前后轴地面制动力 $F_{\tau1}$、$F_{\tau2}$ 均按 β 线上升。到 B 点时，β 线与 $\varphi=0.7$ 的 r 线相交，后轴开始抱死；随着制动器制动力沿 β 线的再增大，$F_{\tau1}$、$F_{\tau2}$ 将沿 $\varphi=0.7$ 的 r 线变化。在此应当注意，后轮抱死后随制动强度的继续增大，会使后轴与地面的法向作用力有所减小，所以后轴地面制动力沿 r 线稍有下降。在前轴车轮未抱死前，随着 $F_{\mu1}$、$F_{\mu2}$ 的增大，总有 $F_{\tau1}=F_{\mu1}$。当 $F_{\mu1}$、$F_{\mu2}$ 沿 β 线上升到 B' 点时，$F_{\tau1}$、$F_{\tau2}$ 沿 r 线变化至与 $\varphi=0.7$ 的 f 线的交点 B''，后轮也抱死。

可见，汽车在 $\varphi>\varphi_0$ 的路面上制动，β 线位于 I 曲线的上方，总是后轴先抱死，易发生后轴侧滑而使汽车失去方向稳定性。

显然，若汽车在 $\varphi=\varphi_0=0.4$ 的路面上制动时，$F_{\mu1}$、$F_{\mu2}$ 沿 β 线上升，与 $\varphi=0.4$ 的 f 线和 r 线以及 I 曲线同交于 C 点。故汽车的前、后轴同时抱死。

（三）制动效率分析

前已述及，汽车制动时的制动器制动力并不总是全部转化为地面制动力。当某一轴抱死拖滑时，即使其制动器制动力继续增长，由于受路面附着力的限制，地面制动力也不会再以相同的速率增长、甚至还会下降（取决于地面与车轴法向作用力的变化），这就存在制动效率的问题。

汽车制动到前、后轴抱死过程中，后抱死轴刚好抱死时的总地面制动力与此时的总制动器制动力之比，称为汽车的制动效率，即

$$\eta_b = \frac{F_{\tau max}}{F_{\mu}} \tag{5-56}$$

式中，$F_{\tau max}$是总地面最大制动力，$F_{\tau max} = G\varphi$（N）；F_{μ}是使前、后抱死轴刚好抱死时的总制动器制动力（N）。

由图 5－16 可见：

当 $\varphi = 0.1 < \varphi_0$ 时

$$F_{\tau max} = F_{\tau_1 A''} + F_{\tau_2 A''} \tag{5-57}$$

$$F_{\mu} = F_{\mu_1 A'} + F_{\mu_2 A'} \tag{5-58}$$

而

$$F_{\tau_1 A''} < F_{\mu_1 A'}, \quad F_{\tau_2 A''} < F_{\mu_2 A'}$$

所以，$\eta_b < 100\%$；

当 $\varphi = 0.7 > \varphi_0$ 时

$$F_{\tau max} = F_{\tau_1 B''} + F_{\tau_2 B''} \tag{5-59}$$

$$F_{\mu} = F_{\mu_1 B'} + F_{\mu_2 B'} \tag{5-60}$$

而

$$F_{\tau_1 B''} = F_{\mu_1 B'}, \quad F_{\tau_2 B''} < F_{\mu_2 B'}$$

所以，也有 $\eta_b < 100\%$。

只有 $\varphi = 0.4 = \varphi_0$ 时，才有 $F_{\tau max} = F_{\mu}$，而使 $\eta_b = 100\%$。

第六节　汽车的制动力调节

为了提高制动效率和制动时的方向稳定性，防止后轮抱死而发生危险的侧滑以及减少前轮失去转向能力的机会，汽车的 β 线应在 I 曲线的下方，且越接近 I 曲线越好。为此，现代汽车的制动系统装有各种制动力调节装置。

一、制动力调节阀

各种制动力调节阀的作用，就是根据制动强度、按理想制动力分配的关系改变实际制动力分配线的走向，而且主要通过改变制动管路中后轮制动压力来达到前后轴制动力调节的目的。

图 5－17 所示为几种常见的装有限压阀、比例阀、感载限压阀和感载比例阀等调节装置的制动器制动力 β 线和汽车相应状况下的 I 曲线。由图可见，β 线都在 I 曲线下方，且接近程度较大；感载阀还能随着汽车载荷的变化使 β 线接近该载荷下的 I 曲线，是一种比较好的制动器制动力调节装置。

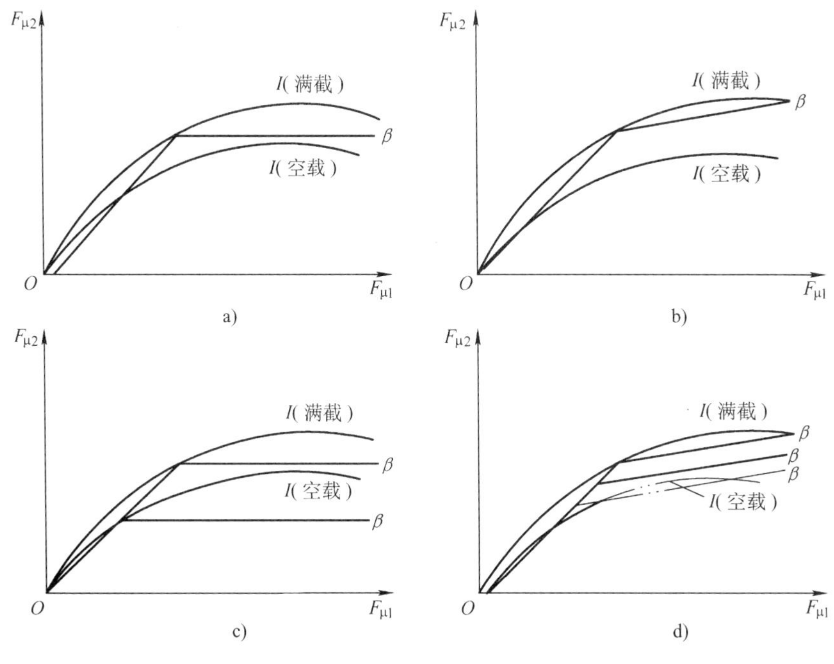

图 5-17 几种调节阀的 β 线

a）限压阀 b）比例阀 c）载荷控制限压阀 d）载荷控制比例阀

但也应该看到，尽管采用制动力调节措施能在一定程度上提高汽车制动时的方向稳定性和制动效率，因调节后的 β 线仍然偏离 I 曲线，故仍会有车轮抱死，出现汽车失去转向能力或后轴侧滑的现象。

二、车轮制动防抱死装置

通过前述图 5-7 中的 $\varphi-S$ 曲线可知，附着力与车轮的运动状态有着密切的关系。车轮制动防抱死装置（ABS）的作用是在紧急制动时能防止车轮完全抱死，而使车轮处于纵向附着系数 $\varphi_{纵}$ 最大、侧向附着系数 $\varphi_{侧}$ 也较大的边滚边滑，即滑动率为 10% ~20% 的运动状态。充分发挥轮胎与地面间的潜在附着能力，使汽车在制动时不仅有较好的转向能力和优良的防后轴侧滑能力，而且制动效能最好也获得最大的制动力和最小的制动距离。

近年来，ABS 的应用越来越普遍，而且也是必然趋势。典型防抱死装置由轮速传感器、电脑控制器（ECU）和制动压力调节器三部分组成。轮速传感器用于测定制动过程中车轮的运动参数，电脑控制器则不断分析这些参数，若判断出车轮即将抱死时，立即向制动压力调节器发出减低分泵油压的信号以减小制动器制动力；随制动器制动力减小、车轮转速增加，控制器又向制动压力调节器发出增高分泵油压的信号，制动力又重新增大。调节器调节压力升降的频率应足够高，每秒可达 15 ~30 次，以适应路面的不断变化。

路试结果也表明，装有以车轮角减速度作为参数的 ABS 和未装 ABS 的轿车对比，以 80km/h 的车速直线行驶时制动，前者较后者的制动距离在干路上缩短了 3.9m；在湿路上缩短了 7.3m。且装有 ABS 的汽车能够准确地按弯道制动行驶，而不装 ABS 的汽车不能按弯道制动行驶。

汽车使用中对 ABS 的效能可用以下简单的路试方法检验其是否正常：

1）关闭 ABS 使之不起作用，在附着系数 $\varphi \geq 0.7$ 的路面上急踩制动踏板，看全部车轮能否完全抱死来检验制动器的制动力。

2）打开 ABS 使之起作用，在不同附着系数（$\varphi \geq 0.5$ 或 $\varphi \leq 0.5$）路面上按 40km/h 和 $0.8v_{max}$（最大取值为 120km/h）急踩制动踏板，以全部车轮是否均不抱死、车辆是否超过规定的试车道宽度来检验 ABS 的效能。

3）按以上两种车速在附着系数变化较大的路面上急踩制动踏板，以全部车轮是否均不抱死来检验 ABS 对路面变化的适应性。

现代高级轿车，一般将 ABS 和 ASR 结合为一体，系统中的大部分元件是共用的，有些轿车甚至连电脑控制器也共用一块，形成统一的汽车防滑控制系统。

三、被动制动器

ABS 装置使汽车的制动性确实得到了很大的改善，但由于制动过程中车轮及其运动状态还受道路状况、轮胎状况等多方面因素的影响，加之传动轴和车轮振动可能导致 ABS 的误判动作，使 ABS 只能实现近似的理想控制。

被动制动器是一种产生新形制动摩擦力的制动器结构形式，其制动器制动力不是由制动压力直接产生，而是由制动元件与被制动元件之间旋转产生的，其原理如图 5－18 所示。当旋转的制动盘和棒状制动元件相接触时，棒状制动元件由于和制动盘摩擦而旋转。制动盘以某一角速度旋转时，其表面各点线速度随径向位置变化而不同，而棒状制动元件表面各点的线速度相同。因此，棒状制动元件和制动盘接触线处就会由于线速度不同而产生摩擦（理论上只有一点的线速度相同）。当制动到制动盘不旋转时，如果不考虑棒状制动元件支承端的摩擦力，制动盘和摩擦棒之间就不存在摩擦力。

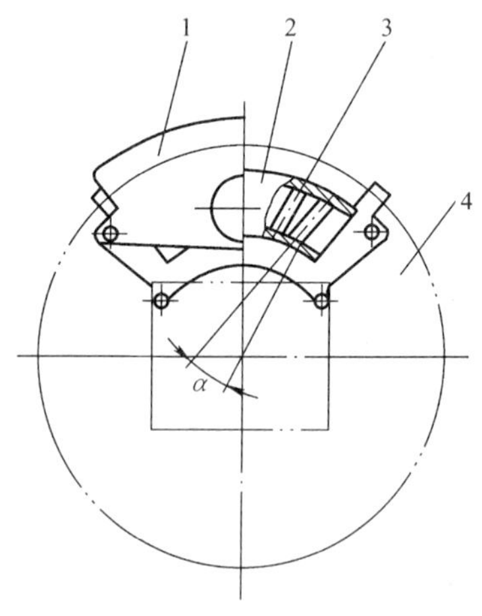

图 5－18 被动制动器结构示意图

1—制动钳 2—被动摩擦片总成 3—摩擦棒 4—制动盘

显而易见，此两制动元件之间的摩擦力是由于两元件之一旋转而产生的，当两元件无旋转时，也就不会有摩擦力产生，由此便会产生一种制动盘连同车轮不会抱死的效果。

被动制动器的主要结构特点，是由摩擦棒和摩擦棒支架组成的被动摩擦片总成代替了原钳盘式制动器中的摩擦片。通过选择适当的摩擦棒偏离角和制动管路压力，可以实现可靠、稳定的防抱死制动。

第七节 影响汽车制动性的因素

汽车的制动性是行驶安全的重要保证。通过前面的分析可以看出，汽车的制动性主要取决于制动系统的结构和形式以及对车辆和制动系的合理使用。除了前述相关部分已经提及的制动初速度、制动协调时间、制动器制动力、路面附着系数和制动器形式、制动力分配与调节、悬架与转向系运动干涉等对制动性的影响外，还有以下主要影响因素。

一、制动系的技术状况

制动系的技术状况不仅和设计制造有关，而且与使用过程中的维护有着密切的关系。制动踏板的自由行程对汽车的制动性能有很大的影响，自由行程过大，会使制动迟缓不灵；过小则不能彻底解除制动，故应对其定期检查和调整。气压制动是通过调整踏板与制动阀连接拉杆长度的方法；液压制动可通过调整总泵活塞推杆长度来达到规定的自由行程。

制动摩擦片与制动鼓的接触面积不足或接触不均匀，将降低制动的摩擦力矩；而且局部接触的面积和部位不同，也将引起制动性能的差异。制动摩擦片的表面不清洁，如沾有油、水或污泥等，则摩擦因数将减小，制动力矩也随之降低。制动器的间隙过大，制动反应时间将加长，汽车的制动距离将增加；左、右轮的间隙不同，将引起汽车制动时跑偏。

另外，液压制动的制动液在使用中会自然消耗，故应经常检查液压制动系贮液罐内的制动液液面高度，不足时应予以添加。但需注意制动液的成分，不同品种和牌号不可混用；并注意制动液的质量，因为其好坏对制动性也有直接的影响。

二、结构与使用

（一）同步附着系数 φ_0 的影响

由前述的制动过程分析可知，同步附着系数 φ_0 对汽车制动时的方向稳定性和制动效率有重要的影响。汽车在 $\varphi>\varphi_0$ 的路面上制动后轴先抱死；反之，前轴先抱死。所以，若汽车的 φ_0 取得较小，后轴先抱死的概率将会提高；反之，前轴先抱死的概率将会提高。随着道路条件的改善和汽车速度的提高，后轴侧滑的危险性加大，故汽车的同步附着系数有加大的趋势。目前国外汽车同步附着系数的取值，轿车为0.6~0.9，货车为0.5~0.8；国内道路条件总体上比较还差一些，所以同步附着系数的取值，轿车为0.5~0.8，货车0.45~0.7。

（二）汽车结构形式

为了提高汽车运输的生产效率和降低燃油消耗率，半挂列车在运输车辆中占有一定的数量比例。对这种形式的半挂汽车列车，车轮的制动抱死次序对其制动方向稳定性有着很重要的影响。

牵引车前轮抱死，会使汽车列车失去方向控制能力，但运行方向不会改变很大；牵引车后轮先抱死，该轴若发生侧滑会引起列车的折叠，使列车完全失去控制，导致列车自身损坏或与来车相撞；半挂车车轮先抱死，会引起列车尾部摆动，这对牵引车的稳定性影响不大，但对其他车辆构成威胁。综合分析比较可见，牵引车后轮先抱死导致列车折叠是最危险的，所以半挂列车车轮的抱死顺序应该首先是牵引车前轮，然后是半挂车车轮，最后是牵引车后轮。

（三）载质量

载质量较大的汽车，因车轮的制动器设计一般不能保证在任何道路条件下都使其制动力达到附着力，所以汽车的制动距离往往会由于载质量的不同而存在差异。实践表明，载质量3t以上的汽车，载质量每增加1t，其制动距离平均要增加1m。

另外，对于同一辆汽车，随其载质量的增大，要保持同样的制动减速度，由式(5-28)可知，需增大制动力。当制动器制动力达到最大值时，若再增大汽车的载质量，必然会使汽车的制动效能降低，这也是汽车超载易发生事故的原因之一。

（四）运行环境

汽车的运行道路和环境气压状况对制动系的制动性能也会产生一定的影响。

道路附着系数在一定范围内时，其大小是影响汽车制动性能的关键因素。随着附着系数的减小，汽车的制动距离随之增大，车轮的抗侧滑能力也降低。汽车处于山区行驶时，由于路陡弯多，制动频繁，尤其下长坡时连续制动，使摩擦蹄片与制动鼓长时间处于高温状态，制动器的摩擦因数急剧下降，摩擦蹄片磨损加剧，导致制动效能降低，甚至摩擦蹄片碎裂而使制动失效。

环境气压有时对制动压力也会产生一定的影响。特别是气压制动装置在高原使用时，因空气稀薄，空气压缩机的生产效率下降，贮气筒的气压变小，使制动时供气不足；再加之频繁制动，耗气量较大，会使汽车的制动性变差。液压制动装置在低气压环境下，管路中的制动液易产生气阻，也会使制动效能大大降低。

（五）驾驶技术

驾驶技术对汽车制动性有很大影响。汽车需紧急制动时，驾驶者急踩制动踏板，可使制动协调时间缩短，从而缩短制动距离。无 ABS 装置的汽车在制动过程中，如能迅速交替地踩下和放松制动踏板，使车轮接近抱死而未抱死的状态，便可获得最佳的制动效果，在较滑的路面上应避免猛踩制动踏板，以免因制动力过大而超过附着极限，导致汽车的侧滑。

第八节　汽车制动性试验

制动性试验也分道路试验和室内试验两种。主要相关标准有：《机动车运行安全技术条件》（GB 7258—2004）、《汽车防抱制动系统性能要求和试验方法》（GB 13594—2003）、《汽车制动系统结构、性能和试验方法》（GB 12676—1999）和《汽车驻车制动器性能台架试验方法》（QC/T 237—1997）等。

一、制动性道路试验

制动性道路试验，通常测定冷态（制动器温度低于100℃）情况下的制动距离、充分发出的平均减速度和制动协调时间以及制动时的方向稳定性等。有时测定高温状态下的制动效能参数，用以分析制动效能的热衰退性。

（一）试验条件

试验前汽车应通过运行而充分预热。新车通常进行满载制动检验；在用车进行空载检验。试验道路应为平整、清洁、坡度不大于0.1%的硬路面，路面附着系数不小于0.7。

试验时风速应小于3m/s，气温在0～35℃。

（二）试验用主要仪器、设备

五轮仪、踏板力计（液压制动汽车用）和皮套开关（套在制动踏板上）等。

（三）试验方法

1. 冷态制动试验

制动前将汽车加速至超过制动车速 3～5km/h，摘挡滑行，待车速降至预定的制动初始车速时，紧急制动并停车。测取有关参数，判定制动效能和制动时的方向稳定性。

2. 高温工况试验

试验前先加热制动器，常采用连续制动的加热方法。即将汽车加速到最高车速的 80%，然后以 $3m/s^2$ 的减速度制动减速到最高车速的 40%；接着再加速，再制动减速。每次制动的时间间隔为 45 ~ 60s，共制动 15 ~ 20 次，以便使轿车制动器的温度升至 250 ~ 270℃；中型货车达 140 ~ 150℃，重型货车达 170 ~ 240℃。加热前后及中间应进行数次制动性指标测定，以评定制动系的热衰退性。

路上试验虽能全面地反映汽车的制动性，但试验费时，且需在特定的场地才能完成。所以批量较大的汽车制动性测试，往往在室内制动试验台上测定汽车制动器的制动力大小和左右轮制动力差值。

二、室内台架试验

（一）试验条件

试验前汽车应通过运行而充分预热。

（二）试验用主要仪器、设备

制动试验台（平板测力式、滚筒测力式和惯性式等）。

（三）试验方法

不同试验台的测量机理和操作过程不尽相同，但都需在所测轴车轮对应一定车速的情况下旋转（或车辆行驶），然后踩制动踏板，读出所测制动器制动力（或制动距离）和制动协调时间等。

习　　题

A 概念类

1 什么是汽车的制动性？其评价指标是什么？

2. 什么是制动效能、制动效能的恒定性和制动时的方向稳定性？

3. 什么是地面制动力、制动器制动力，它们与附着力之间有怎样的关系？

4. 什么是制动距离？它取决于哪些因素？

5. 如何用简单的方法测出车轮在路面上的附着系数？

6. 什么是制动稳定减速度和充分发出的平均减速度？

7. 如何用制动力评价汽车的制动性？

8. 什么是制动协调时间？它与汽车的哪些结构因素有关系？

9. 什么是制动器的热衰退和水衰退？产生的机理是什么？

10. 汽车制动时方向稳定性不好的主要表现是什么？

11. 什么是制动跑偏和制动侧滑？

12. 产生制动跑偏的主要原因是什么？

13. 产生制动侧滑的原因是什么？

14. 什么是滑动率？滑动率与附着系数是怎样的关系？

15. 什么是纵向附着系数和侧向附着系数？

16. 什么是峰值附着系数和滑动附着系数？

17. 前轴侧滑与后轴侧滑对制动时的方向稳定性各有什么影响？
18. 什么是 I 曲线和 β 线？什么是制动力分配系数？
19. 什么是同步附着系数？其意义是什么，如何确定？
20. 什么是 f 线组和 r 线组？其意义分别是什么？
21. 汽车在 $\varphi < \varphi_0$ 和 $\varphi > \varphi_0$ 的路面上制动，哪根轴先抱死？
22. 什么是制动效率？其意义是什么？
23. 制动力调节的方式有哪些？其作用是什么？
24. 为什么 ABS 能使汽车获得较好的制动性？
25. 被动制动器的主要结构特点和作用原理是什么？
26. 如何保证制动系良好的技术状况？
27. 从制动时的方向稳定性考虑，同步附着系数是如何确定的？
28. 从制动时的方向稳定性考虑，半挂列车车轮抱死的先后顺序应如何？
29. 载质量大小对汽车的制动性有何影响？
30. 道路状况和环境气压对汽车的制动性可能会产生怎样的影响？
31. 驾驶技术对汽车的制动性有何影响？
32. 如何进行汽车制动性的道路试验和室内台架试验？

B 综合类

33. 为什么同一辆汽车在相同初速度和气压（或踏板力）下，满载时的制动距离比空载要长？
34. 为什么汽车后轴侧滑比前轴侧滑具有更大危险性？
35. ABS 与 ASR 防止车轮在地面上滑动的目的是否一样？
36. 为什么下雨天车速不应太高？
37. 为什么车辆超载不利于行车安全？

第六章　汽车的操纵稳定性

汽车在运行过程中，时常需要驾驶者根据路况通过转向控制机构对其行驶轨迹进行操纵，有时汽车也会受到来自外界影响其按给定轨迹行驶的干扰。汽车的操纵稳定性是指在驾驶者不感到过分紧张和疲劳的情况下，汽车抵抗外界各种干扰并按驾驶者通过转向控制机构所给方向稳定行驶的能力。

显然，汽车的操纵稳定性涉及两个方面，一方面是汽车根据道路、地形和交通情况的限制，按驾驶者通过操纵机构所给定方向行驶的能力；另一方面是汽车抵抗地面不平、坡道和大风等改变其行驶方向的各种干扰，保持稳定行驶的能力。前者被称为操纵性，后者被称为稳定性。汽车的操纵性和稳定性是相互依赖、密切相关的，它不仅影响到汽车驾驶的操纵方便程度，也影响着汽车的行驶安全。随着道路条件的改善和汽车行驶速度的提高，汽车的操纵稳定性日显重要，成为现代汽车行驶安全的重要性能。

第一节　汽车的纵向和横向稳定性

汽车行驶有时会遇到纵向或横向斜坡，最常遇到的是弯道转弯行驶。在这种情况下，汽车能否保持稳定行驶是这节的主要内容，属汽车的稳定性。

一、汽车的纵向翻倒与行驶

汽车在纵向坡道上行驶，随着坡度的增大，有可能使汽车产生纵向翻倒，也有可能出现驱动力大于附着力而使驱动轮滑转的现象，这两种情况均会使汽车的稳定性遭到破坏。

图6－1所示为汽车等速上坡时的受力图，设上坡时车速较低，空气阻力可忽略不计，并设车辆后轮驱动。

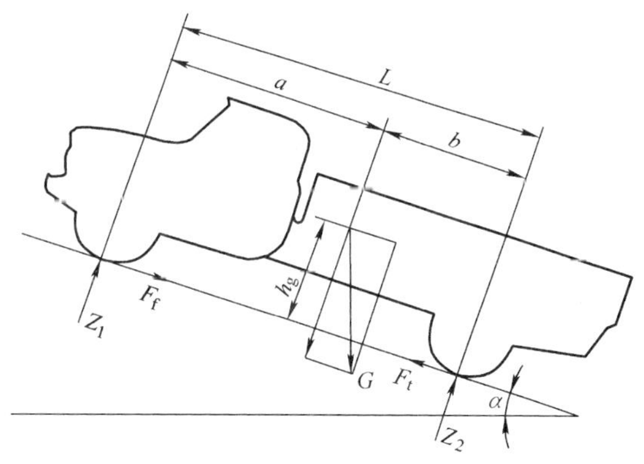

图6－1　汽车等速上坡时的受力图

分别对前轮着地点和后轮着地点取力矩平衡，得以下方程式

$$\begin{cases} Z_1 L - G\cos\alpha \cdot b + G\sin\alpha \cdot h_g = 0 \\ Z_2 L - G\cos\alpha \cdot a - G\sin\alpha \cdot h_g = 0 \end{cases} \tag{6-1}$$

整理，得

$$\begin{cases} Z_1 = \dfrac{bG\cos\alpha - h_g G\sin\alpha}{L} \\ Z_2 = \dfrac{aG\cos\alpha + h_g G\sin\alpha}{L} \end{cases} \tag{6-2}$$

显然，随着纵向坡度角 α 的增大，前轮与路面的法向作用力 Z_1 愈小。当 $Z_1=0$ 时，即达到汽车绕后轴纵向翻倒的临界状态。

由式（6－2）可得

$$bG\cos\alpha - h_g G\sin\alpha = 0 \tag{6-3}$$

整理，得

$$\tan\alpha = \frac{b}{h_g} \tag{6-4}$$

由此得汽车不发生翻倒的纵向坡度角为

$$\alpha \leqslant \arctan\left(\frac{b}{h_g}\right) \tag{6-5}$$

由上式可得出以下结论：汽车重心离后轴的距离 b 愈大，重心高度 h_g 愈小，则愈不易发生绕后轴纵向翻倒，其稳定性也愈好。一般在正常装载的情况下，即使汽车在较大纵向坡上，也是不会发生纵翻的。

另外，在上述分析中驱动轮也有滑转的可能。由驱动附着条件可知，驱动轮不发生滑转的临界状态为

$$F_{t\max} = G\sin\alpha = Z_2\varphi \tag{6-6}$$

此时的 α 角较大，与上坡阻力相比，滚动阻力可忽略不计。

将式（6－2）代入式（6－6），并整理得

$$\tan\alpha = \frac{a\varphi}{L-\varphi h_g} \tag{6-7}$$

由此得汽车不产生后驱动轮滑转的纵向坡度角为

$$\alpha' \leqslant \mathrm{arc\ tan}\left(\frac{a\varphi}{L-\varphi h_g}\right) \tag{6-8}$$

就汽车处在较大纵向坡上而言，宁肯让驱动轮滑转而不希望汽车纵翻产生。满足滑转先于纵翻的条件为

$$\frac{a\varphi}{L-\varphi h_g} < \frac{b}{h_g} \tag{6-9}$$

整理，得

$$\frac{b}{h_g} > \varphi \tag{6-10}$$

除此之外，还可分析出其他情况下驱动轮滑转先于纵翻的条件：

对于前轮驱动型汽车，有：$L>0$；

对于全轮驱动型汽车，有：$\frac{b}{h_g}>\varphi$。

这就说明，前轮驱动上坡永远也不会有汽车纵向翻倒的情况发生；而全轮驱动滑转先于纵翻的条件与后轮驱动相同。

以上是针对汽车的上坡情形，如果针对汽车下坡，也可就后轮驱动、前轮驱动和全轮驱动得出相应的结论。总起来说，汽车重心的降低对其稳定性是有好处的。对越野汽车，重心高度较大，轴距又往往较短，在较大纵向坡度的路面上越野行驶时其稳定性是不容忽视的。

二、汽车的侧向翻倒与侧向滑动

汽车在横向坡路面行驶或在水平路面转弯行驶时，相应的侧向力会对汽车的横向稳定性产生影响。

图6-2所示为汽车在横向坡上行驶的受力图，随着横向坡度角 β 的增大右轮与地面的法向作用力减小，当作用力为零时，即为汽车侧向翻倒的临界状态。此时有相应关系式

$$G\cos\beta\frac{B}{2}=G\sin\beta h_g \tag{6-11}$$

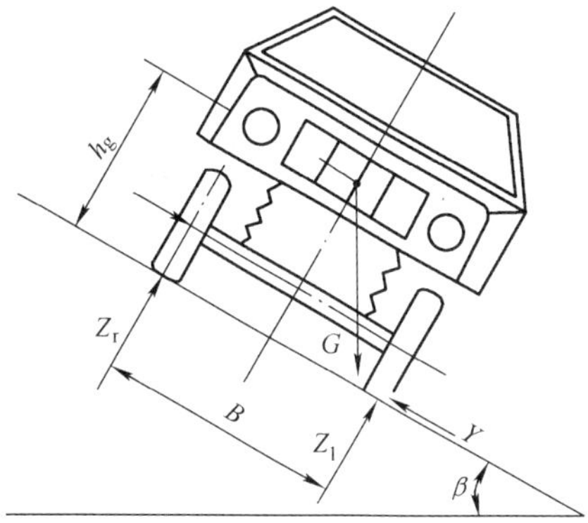

图6-2　汽车在横向坡上行驶受力图

整理，得

$$\tan\beta=\frac{B}{2h_g} \tag{6-12}$$

由此得汽车不发生侧翻的横向坡度角为

$$\beta\leqslant\arctan\left(\frac{B}{2h_g}\right) \tag{6-13}$$

可见，汽车重心降低和轮距增大对汽车的横向稳定性是有好处的。由于汽车横向坡上行驶时重力所产生的侧向力也有使汽车产生横向滑动的可能，侧滑临界状态的关系式

$$G\cdot\varphi\cos\beta=G\sin\beta \tag{6-14}$$

整理，得

$$\tan\beta'=\varphi \tag{6-15}$$

由此得汽车不发生侧滑的横向坡度角为

$$\beta'\leqslant\arctan\varphi \tag{6-16}$$

要使侧滑先于侧翻发生，需满足以下关系

$$\arctan\left(\frac{B}{2h_g}\right)>\arctan\varphi \tag{6-17}$$

整理，得

$$\frac{B}{2h_g}>\varphi \tag{6-18}$$

图6-3所示为汽车在水平路面上高速转弯行驶的受力图，其离心惯性力为 $F_j=Gv^2/gR$，随着车速提高或转向半径的减小，F_j 增大。当 F_j 与重力 G 的合力 F 作用线通过外侧车轮与地面的接触线时，内侧车轮对地面的作用载荷为零，即汽车侧向翻倒的临界状态。此时有相应的关系式

$$\frac{F_j}{G}=\frac{B/2}{h_g} \tag{6-19}$$

将 F_j 值代入上式，则得不发生侧翻的车速为

$$v\leqslant\sqrt{\frac{gRB}{2h_g}} \tag{6-20}$$

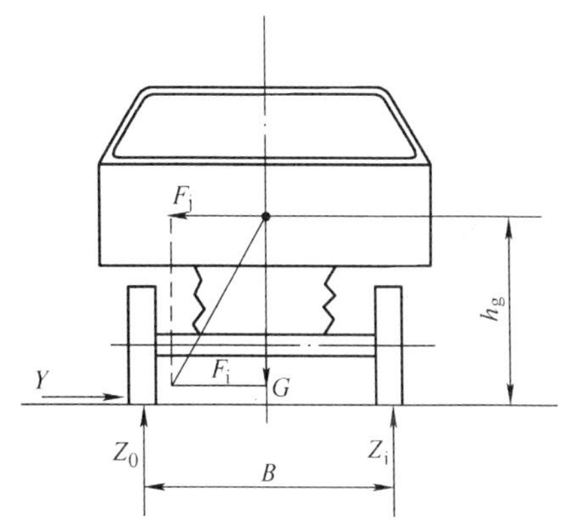

图6-3　汽车转弯行驶的受力图

另外，侧向力也可能大于路面的侧向附着力而使汽车产生侧滑，侧滑临界状态时的关系式

$$F_j = G\varphi \tag{6-21}$$

将 F_j 值代入上式，则得不发生侧滑的车速为

$$v' \leqslant \sqrt{gR\varphi} \tag{6-22}$$

要使侧滑先于侧翻发生，需满足以下关系

$$\sqrt{\frac{gRB}{2h_g}} > \sqrt{gR\varphi} \tag{6-23}$$

整理，得

$$\frac{B}{2h_g} > \varphi \tag{6-24}$$

可见，在侧向坡上或水平弯道路面转弯行驶，汽车侧滑先于侧翻发生的条件是一样的。这可在结构上通过合理增大轮距 B，并降低重心高度 h_g 使侧滑发生在侧翻之前，但在实际使用中，若大量装运轻泡物品或物品偏置车厢一侧，转动转向盘过急且车速太高，汽车仍可能发生侧翻。

为了保证行车安全，通常侧滑也不希望发生，所以转弯时车速应降低。高速公路弯道处外侧应比内侧高一些，以使重力的侧向分力与离心力得以平衡。另外，各国对车辆的稳定性也都提出了相应的要求，我国相关标准规定，车辆在空载、静态下，向左侧和右侧倾斜的最大侧倾稳定角不得小于：双层客车 28°；总质量为车辆整备质量 1.2 倍以下的汽车 30°；其他车辆 35°。

需要特别说明的是，在前述分析中均假定前、后轴是同时出现侧滑。在汽车实际运行中，往往是某一车轴先发生侧滑，而且某一轴发生侧滑时，对车辆稳定性的影响与第五章第四节中单轴侧滑的情况是相同的。所以从这个角度来看，汽车也应尽量避免在大的侧向坡上行驶，更应避免转弯车速太急。

为防止汽车在急转弯时出现打滑、甚至失控等危险情况，现在一些轿车上装有电子稳定程序（ESP）。它可以通过主动调控发动机的转速，并调整每个轮子的驱动力和制动力，来防止汽车前轴和后轴侧滑；提高汽车线内行驶的稳定性，缩短在弯道或湿滑路面上紧急制动时的制动距离等，使车辆在各种状况下保持最佳的稳定性。其控制原理在本章第六节中讲述。

第二节　轮胎的侧偏特性

侧偏特性是轮胎的一个重要机械特性，是研究汽车转向特性的出发点。

一、轮胎的侧偏现象

汽车在行驶过程中，由于路面横向倾斜、侧向风或曲线行驶等所产生的离心力的作用，使车轮中心在垂直于车轮平面的方向上有时受到侧向力 F_y 的作用，如图 6－4 所示，同时地面对轮胎产生侧向反作用力 F_y，F_y 通常被称为侧偏力。

如果车轮是刚性的，当侧偏力 F_y 小于车轮与地面的附着力时，车轮不滑动仍沿其本身

平面$\overline{cc}$的方向行驶；当侧偏力 F_y 超过车轮与地面间的附着力时，车轮会在地面上产生横向滑动，与原来的行驶车速合成新的行驶速度 v'，偏离原行驶的方向$\overline{cc}$。

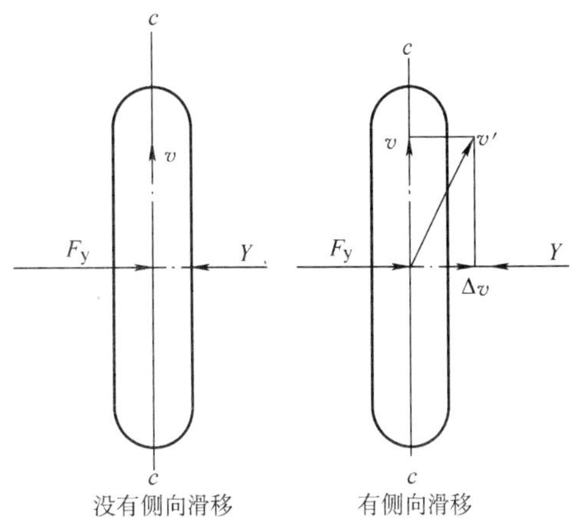

图 6－4　有侧向力作用时刚性车轮的滚动

实际车轮的轮胎是有弹性的，当车轮中心受到侧向力作用时（无论大小），轮胎便会产生侧向变形，如图 6－5 所示，车轮滚动的行驶方向将偏离车轮平面$\overline{cc}$的方向，这就是弹性车轮的侧偏现象。

车轮侧偏现象产生的前提是车轮中心受到侧向力的作用，通常情况下车轮还受到车辆作用的垂直载荷 W。如果车轮静止不滚动，侧向力 F_y 将使具有侧向弹性的车轮平面相对于轮胎接地印迹长轴线$\overline{aa}$侧向位移 Δh；如果车轮向前滚动，在轮胎胎面中心线上标出 A_0、A_1、A_2、

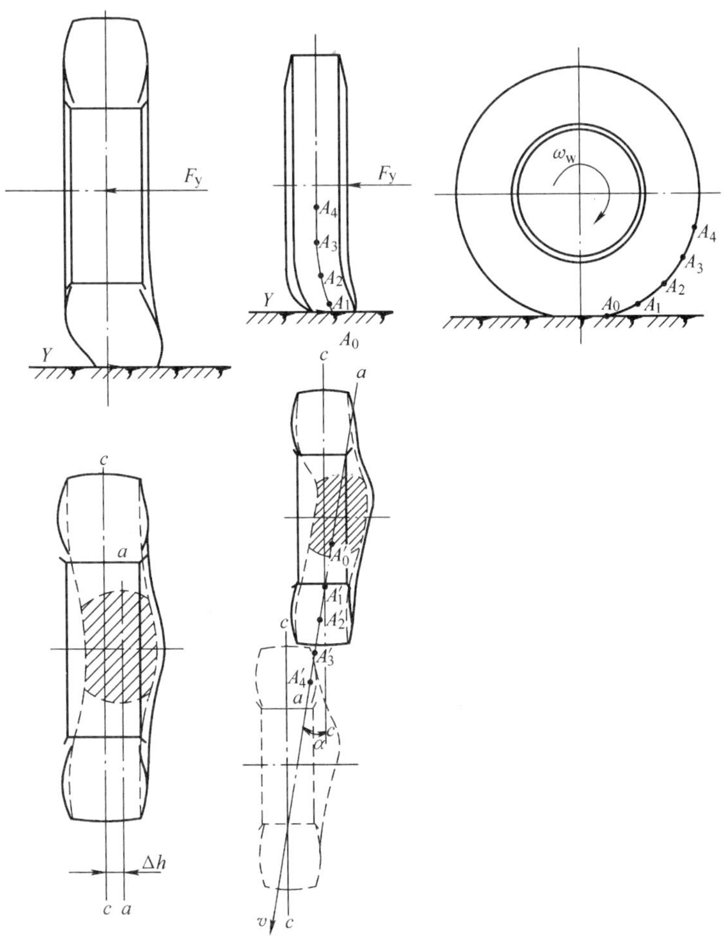

图 6－5　轮胎的侧偏现象

A_3、…各点，随着车轮向前滚动将依次落在地面 A'_0、A'_1、A'_2、A'_3…各点上，并使车轮平面随着侧向力方向偏移，点 A'_0、A'_1、A'_2、A'_3…的连线即是车轮的运动方向，与车轮平面$\overline{cc}$的延长线形成 α 夹角，这个 α 夹角被称为侧偏角。

二、轮胎的侧偏特性

实际上侧偏现象出现的程度是受多方面因素影响的。轮胎的侧偏特性（侧偏角和侧偏力的关系）通常是靠试验测定的，给定侧偏角，测定相应的侧偏力，其关系曲线如图 6－6 所示。

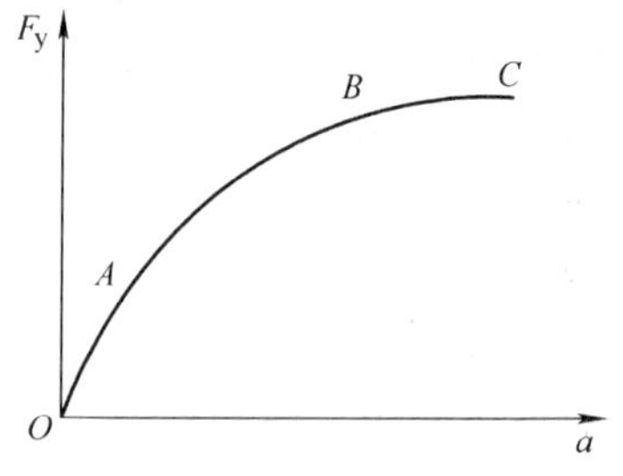

图 6－6 侧向力和侧偏角的关系

图中侧偏特性曲线表明，在侧偏角由零到不超过 3°～4°时，侧偏力 F_y 与侧偏角 α 呈线性关系，即

$$F_y = k\alpha \tag{6-25}$$

式中，k 是侧偏刚度（N/°或 N/rad）。

表 6－1 列出了一些常用轮胎的侧偏刚度值。侧偏刚度是影响操纵稳定性的重要轮胎参数，轮胎应有高的侧偏刚度。

表 6－1 轮胎侧向特性数值

轮胎	车轮载荷/N	轮胎气压/kPa	侧偏刚度/N·(°)$^{-1}$
5.20—13	2452	1×10^4	312
6.00—13	2943	8.75×10^3	309
6.40—13	3924	1.06×10^4	360
165R14	3924	1.2×10^4	555
175HR14	3433	1.25×10^4	670
5.60—15	2943	1.13×10^4	512
155SR15	3924	1.31×10^4	507
6.50—16	5886	1.56×10^4	861
9.00—20	19620	3.42×10^4	2316
9.00R20	19620	3.42×10^4	2936
11R22.5	16180	4.84×10^4	1969
12.00—20	29430	4×10^4	3270

当侧偏力较大时，侧偏角也随之增大。侧偏角增至 10°左右时，侧偏力达到最大值，此时侧偏力再增大，便会使车轮发生侧滑。汽车正常行驶时，侧向力一般都不会太大，侧偏角不超过 4°～5°。故在一般问题分析中，都认为侧向力与侧偏角呈线性关系。

三、侧偏特性的影响因素

试验结果表明，轮胎的侧偏刚度与一系列结构上和使用上的因素有关。

从表 6－1 可看出，轮胎尺寸越大，k 值也越大。相同尺寸的子午线轮胎较斜交轮胎 k 大。帘布层越多，帘线与轮胎平面的夹角越小，气压越高，k 值越大。

通常 k 值还随着轮胎所受垂直载荷的增加而加大，但当垂直载荷过大时，轮胎会产生剧烈的径向变形而使侧偏刚度下降；轮胎的扁平比（轮胎断面高度与宽度的百分比）越小，其侧偏刚度越大。早期轮胎的扁平比为 100%，而现在不少轿车采用扁平率为 60% 或称 60 系列的宽轮胎。

另外，切反力（驱动力或制动力）的减小，也会使侧偏刚度有所增大。

第三节　汽车的稳态转向特性

汽车转向行驶时，轮胎侧偏特性的影响使汽车表现出相应的运动关系，这里把车辆看成刚体，所以只需知道车上任意两点的速度方向，就可确定它的瞬时转向中心。

一、刚性车轮转向时的几何关系

图 6－7 所示为刚性车轮汽车转向运动简图。为减少轮胎磨损需保证所有车轮绕同一瞬时转向中心作圆周运动，此时内外轮的转角应满足以下关系

$$\cot\delta_0 = \frac{\left(R_0 + \frac{d}{2}\right)}{L} \tag{6-26}$$

$$\cot\delta_i = \frac{\left(R_0 - \frac{d}{2}\right)}{L} \tag{6-27}$$

两式相减，得

$$\cot\delta_0 - \cot\delta_i = \frac{d}{L} \tag{6-28}$$

式中，δ_0，δ_i 是前外轮、前内轮的转角（°）；d 是左、右主销与地面交点之间的距离（m）；L 是轴距（m）。

上式理论转角关系是靠转向梯形机构来保证的。在汽车使用过程中，通常转向梯形臂的长度以及左、右主销之间的距离是不会发生很大变化的，如果横拉杆的长度发生改变，就会改变转向梯形的底角（梯形臂与汽车前轴的夹角），使理论转角关系被破坏，故使用中应定期进行检验和调整。在此需特别说明，由于梯形机构的局限性，理论转角关系在实际车辆中无法得到安全保证，在转向角较大时表现尤为明显。

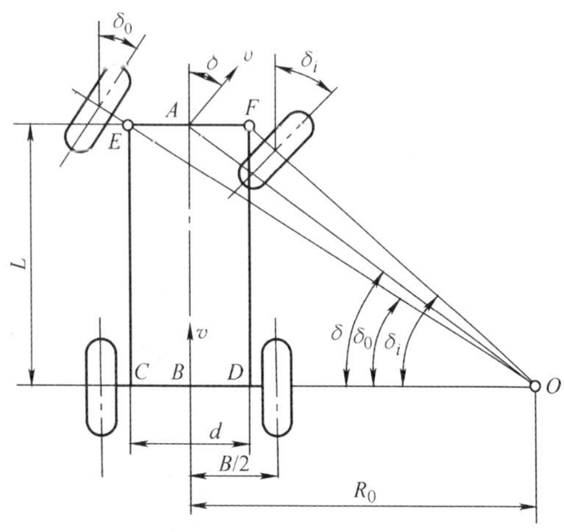

图 6－7　刚性车轮的汽车转向简图

汽车处于如图 6－7 所示的转向运动状态时，有如下关系式存在

$$R_0 = \frac{L}{\tan\delta} \tag{6-29}$$

式中，δ 是前轴中点速度与纵轴线的夹角，$\delta = \frac{\delta_0 + \delta_i}{2}$；$R_0$ 是转向半径（m）。

当前轮转角 δ 不大时，可取 $\delta=\tan\delta$（δ 用弧度表示），则上式可简化为

$$R_0=\frac{L}{\delta} \tag{6-30}$$

二、弹性车轮转向时的几何关系及稳态转向特性

弹性车轮的汽车处于转向运动状态时，由于轮胎的侧偏现象，使汽车的运动轨迹不同于刚性车轮，如图 6－8 所示为弹性车轮汽车转向时的运动简图。

汽车通过转向操纵机构给予一定的前轮转角 δ 做圆周运动，此时由于离心力作用使弹性车轮出现侧偏，而致前、后轮的运动方向偏离车轮平面方向，前、后轮分别产生侧偏角 α_1、α_2，前轴中点的运动方向由 v_A 变为 v'_A，后轴中点的运动方向由 v_B 变为 v'_B。汽车瞬时转向中心的位置相应地移到 O' 点，转向半径 R 即为 $O'E$。并存在以下几何关系

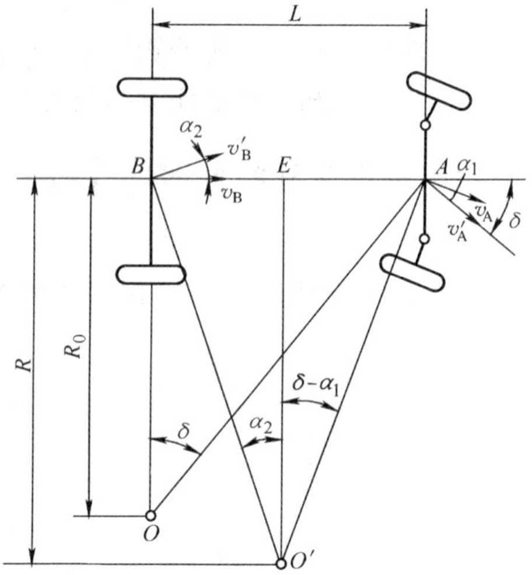

图 6－8 装有弹性车轮的汽车转向简图

在 $\Delta O'AE$ 中

$$\tan(\delta-\alpha_1)=\frac{AE}{R} \tag{6-31}$$

在 $\Delta O'BE$ 中

$$\tan\alpha_2=\frac{BE}{R} \tag{6-32}$$

两式相加，并注意到 $BE+AE=L$，得

$$\tan(\delta-\alpha_1)+\tan\alpha_2=\frac{L}{R} \tag{6-33}$$

$$R=\frac{L}{\tan(\delta-\alpha_1)+\tan\alpha_2} \tag{6-34}$$

考虑前轮转角 δ 通常不会太大，上式可近似取为

$$R=\frac{L}{\delta-(\alpha_1-\alpha_2)} \tag{6-35}$$

可见，同样的前轮转角，弹性车轮由于侧偏特性，其转向半径与刚性车轮转向半径 $\left(R_0=\dfrac{L}{\delta}\right)$ 是有差别的。两者比较

若 $\alpha_1=\alpha_2$，则 $R=R_0$，称汽车具有中性转向特性。

若 $\alpha_1>\alpha_2$，则 $R>R_0$，称汽车具有不足转向特性。

若 $\alpha_1<\alpha_2$，则 $R<R_0$，称汽车具有过多转向特性。

汽车所表现出的以上不同转向特性便是其稳态转向特性，如图 6－9 所示。为了测定汽车的稳态转向特性，常输入一固定的转向盘转角，使汽车以不同的等速度作圆周行驶，测出其前、后轮侧偏角之差（$\alpha_1-\alpha_2$）随侧向加速度 a_y 的变化关系曲线，来表明汽车的稳定态转向特性如图 6－10 所示。而如图 6－11 为部分汽车稳态转向特性的（$\alpha_1-\alpha_2$）－a_y 曲线。

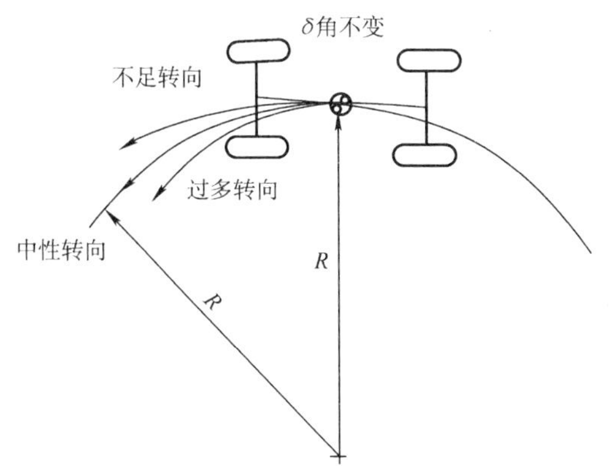

图 6-9　汽车的三种稳态转向特性

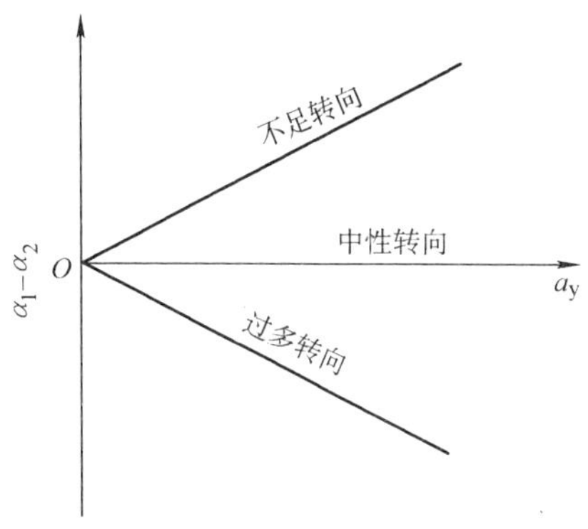

图 6-10　稳态转向特性表示

三、稳态转向特性的其他表征

稳态转向特性的实质，是由于弹性车轮侧偏现象的影响使汽车的转向半径较刚性车轮不同。出于不同情况的需要，稳态转向特性还有如下几种表示方法。

（一）用稳定性因数表征汽车的稳态转向特性

由前面分析，我们知道稳态转向特性的概念。研究时可将汽车看成一个系统，将前轮转角 δ 视为由驾驶者通过转向机构施加的输入，汽车稳态横摆角速度 ω_s 视为输出，这种稳态中的运动响应称为稳态响应。

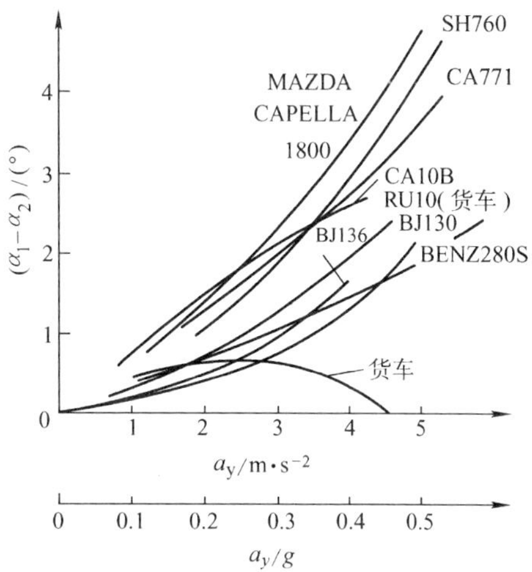

图 6-11　部分汽车稳态响应的（$\alpha_1-\alpha_2$）　a_y 曲线

汽车的稳态横摆角速度 ω_s 是汽车处于等速圆周运动中，汽车纵轴线绕汽车中心横向摆动的角速度。按刚体平面运动理论，ω_s 也是汽车绕转向中心作圆周运动的角速度值。故有

$$\omega_s = \frac{v}{R} \tag{6-36}$$

式中，v 是汽车圆周运动的速度（m/s）；R 是稳态转向半径（m）。

总重为 G 的汽车，若前、后轴的垂直载荷分别为 G_1、G_2，前、后轴的侧偏刚度分别为 k_1、k_2（是车轮侧偏刚度的 2 倍，若车轮为双胎，则是车轮侧偏刚度的 4 倍），则汽车转弯行驶时前、后轴所受的侧向力分别为

$$F_{y1} = \frac{G_1 v^2}{gR},\ F_{y2} = \frac{G_2 v^2}{gR} \tag{6-37}$$

前、后轴相应的侧偏角为

$$\alpha_1 = \frac{G_1 v^2}{gRk_1},\ \alpha_2 = \frac{G_2 v^2}{gRk_2} \tag{6-38}$$

由式（6-36）、式（6-35）和式（6-38）得

$$\frac{\omega_s}{\delta}=\frac{\frac{v}{R}}{\frac{L}{R}+(\alpha_1-\alpha_2)}=\frac{\frac{v}{L}}{1+\left(\frac{G_1}{k_1}-\frac{G_2}{k_2}\right)\frac{v^2}{gL}} \tag{6-39}$$

$\frac{\omega_s}{\delta}$称为汽车的稳态横摆角速度增益，即是单位前轮转角所引起的横摆角速度，故又称转向灵敏度。

令$K=\left(\frac{G_1}{k_1}-\frac{G_2}{k_2}\right)\frac{1}{gL}$，并称之为稳定性因数，则上式变为

$$\frac{\omega_s}{\delta}=\frac{v/L}{1+Kv^2} \tag{6-40}$$

若汽车总质量为m，轴距为L，质心离前、后轴的距离分别为a、b，则有

$$G_1=\frac{mgb}{L},\ G_2=\frac{mga}{L} \tag{6-41}$$

将上式代入稳定性因数定义式，得

$$K=\frac{m}{L_2}\left(\frac{b}{k_1}-\frac{a}{k_2}\right) \tag{6-42}$$

将式（6-40）整理，得

$$1+Kv^2=\frac{\frac{v}{L}}{\frac{\omega_s}{\delta}}=\frac{\frac{v}{\omega_s}}{\frac{L}{\delta}} \tag{6-43}$$

因$R=\frac{v}{\omega_s}$，$R_0=\frac{L}{\delta}$，则

$$1+Kv^2=\frac{R}{R_0} \tag{6-44}$$

由此引出用稳定性因数K表示转向特性的方法：

若$K=0$，则$R=R_0$，汽车为中性转向特性。

若$K>0$，则$R>R_0$，汽车为不足转向特性。

若$K<0$，则$R<R_0$，汽车为过多转向特性。

稳定性因数K的重要意义在于把汽车的结构参数m、L、a、b、k_1、k_2与稳态转向特性定量地联系起来，从汽车设计上便于保证汽车所需求的转向特性。由结构参数可计算出相应的稳定性因数K值。近年来，轿车的K值约为$0.002\sim0.0035\mathrm{s^2/m^2}$。

汽车的稳定性因数K确定后，可作出不同转向特性汽车的横摆角速度增益$\frac{\omega_s}{\delta}$随车速变化的关系曲线。

由式（6-40）可得：

$K=0$的中性转向特性汽车，其横摆角速度增益$\frac{\omega_s}{\delta}=\frac{v}{L}$与车速呈线性关系，故$\frac{\omega_s}{\delta}-v$关系是一条斜率为$1/L$的斜线。

$K>0$ 的不足转向特性汽车，其横摆角速度增益$\frac{\omega_s}{\delta}=\frac{\frac{v}{L}}{1+Kv^2}$，由于（$1+Kv^2$）随车速增大而增大，故比较可知$\frac{\omega_s}{\delta}-v$ 关系是一条在 $K=0$ 斜线之下且随车速上升偏离越来越大的曲线。

$K<0$ 的过多转向特性汽车，由关系式比较可知$\frac{\omega_s}{\delta}-v$ 关系是一条在 $K=0$ 斜线之上随车速上升逐渐上弯的曲线。

以上分析所得的$\frac{\omega_s}{\delta}-v$ 关系线如图 6－12 所示。近年来轿车在车速 v 为 22.35m/s、侧向加速度为 0.4g 时测得的横摆角速度增益$\frac{\omega_s}{\delta}$值约为 0.16～0.33（rad/s）/rad。

（二）用特征车速与临界车速表征汽车的稳态转向特性

特征车速是表征不足转向量的参数。由图 6－12 可见不足转向特性汽车的$\frac{\omega_s}{\delta}-v$ 关系曲线，$\frac{\omega_s}{\delta}$为最大值时的车速为特征车速。利用高等数学求导，便可确定特征车速的数值

$$\frac{\mathrm{d}\left(\frac{\omega_s}{\delta}\right)}{\mathrm{d}v}=\frac{(1+Kv^2)\frac{1}{L}-\frac{v}{L}\cdot 2Kv}{(1+Kv^2)^2}=0$$

解上面方程式，得特征车速 v_{ch}（m/s）

$$v_{ch}=\sqrt{\frac{1}{K}} \tag{6-45}$$

将 v_{ch}值代入式（6－40），得前轮转角

$$\delta=\frac{\omega_s\left(1+K\frac{1}{K}\right)}{\frac{v_{ch}}{L}}=\frac{2L}{\frac{v_{ch}}{\omega_s}}=\frac{2L}{R}=2\delta_0 \tag{6-46}$$

上式表明，不足转向特性汽车绕半径 R 转向行驶，在特征车速 v_{ch}下的前轮转角 δ 正好为同尺寸中性转向汽车绕半径 R 转向行驶前轮转角 δ_0 的两倍。

从式（6－45）可见，当不足转向量增大时，K 增大，特性车速 v_{ch}降低。

临界车速是表征过多转向量的一个参数。对过多转向特性汽车 $K<0$，可有 $1+Kv^2=0$。此时，由式（6－40）得$\frac{\omega_s}{\delta}$变为无穷大。这个车速便是临界车速，即

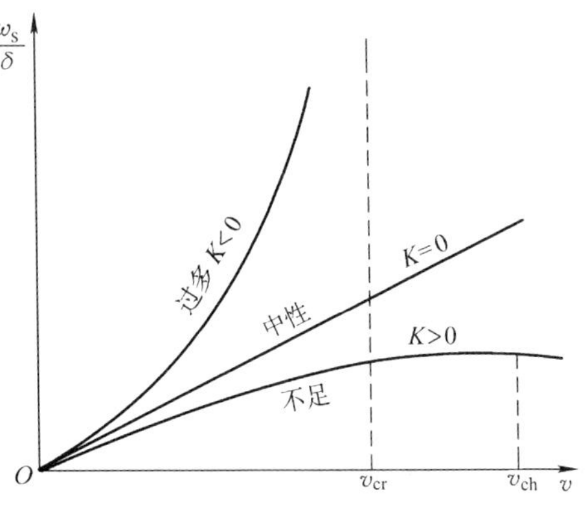

图 6－12　横摆角速度增益随车速变化的曲线

$$v_{cr}=\sqrt{-\frac{1}{K}} \tag{6-47}$$

过多转向特性汽车达到临界车速时将失去稳定性。此时，即使微小的前轮转角 δ，都会使汽车产生很大的横摆角速度 ω_s 而发生激转。

从式（6－47）可见，当过多转向量增大时，K 值减小，临界车速 v_{cr}降低。

（三）用静态储备系数表征汽车的稳态转向特性

静态储备系数是和处于汽车纵轴上的中性转向点这一概念相联系的。使汽车前、后轴产生相同侧偏角的侧向力作用点称为中性转向点。

中性转向点的位置可由力矩平衡方程式确定，如图 6－13 所示。

作用于中性转向点 C_n 的侧向力 F_y 分配到前、后轴上分别为

$$F_{y1}=k_1\alpha,\ F_{y2}=k_2\alpha \tag{6-48}$$

由力矩平衡 $F_y a'=F_{y2}L$，得

$$a'=\frac{F_{y2}L}{F_{y1}+F_{y2}}=\frac{k_2}{k_1+k_2}L \tag{6-49}$$

静态储备系数 S. M. 就是中性转向点至前轴距离 a'和汽车重心至前轴距离 a 之差（$a'-a$）与轴距 L 之比值，即

$$S.M.=\frac{(a'-a)}{L}=\frac{k_2}{k_1+k_2}-\frac{a}{L} \tag{6-50}$$

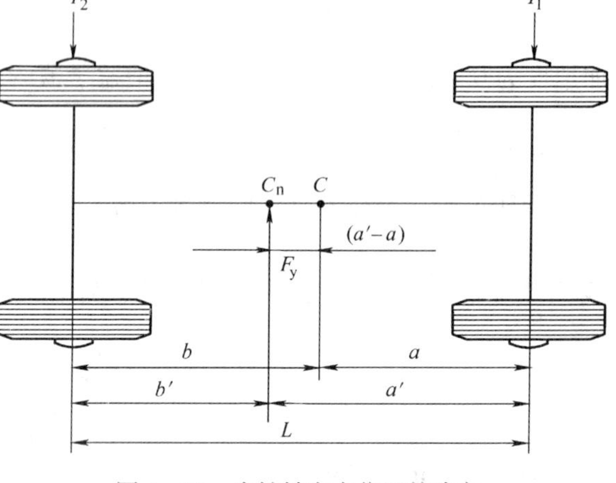

图 6－13　中性转向点位置的确定

由此引出了用静态储备系数 S. M. 表示转向特性的方法：

若 S. M. =0，$a'=a$，中性转向点与重心重合，作用于重心上的侧向力使 $\alpha_1=\alpha_2$，汽车具有中性转向特性。

若 S. M. >0，$a'>a$，中性转向点在重心之后，作用于重心上的侧向力使 $\alpha_1>\alpha_2$，汽车具有不足转向特性。

若 S. M. <0，$a'<a$，中性转向点在重心之前，作用于重心上的侧向力使 $\alpha_1<\alpha_2$，汽车具有过多转向特性。

四、转向特性对汽车操纵稳定性的影响

不同转向特性的汽车，决定其相应的行驶特征。下面就三种转向特性对汽车操纵稳定性的影响进行分析。

（一）中性转向

图 6－14a 所示为中性转向汽车 XX 方向直线行驶。当有作用于重心的侧向力（侧向风或重力等侧向分力）时，由于 $\alpha_1=\alpha_2$，汽车将沿着与 XX 方向成 α（$=\alpha_1=\alpha_2$）角的 mm 线方向直线行驶，有可能使汽车驶出路面。欲使汽车仍沿原定 XX 线方向行驶，应通过转向盘使汽车向侧偏相反的方向转动，回正转向盘后，使汽车的纵轴线与原定行驶方向成 α 角，如图 6－14b 所示。

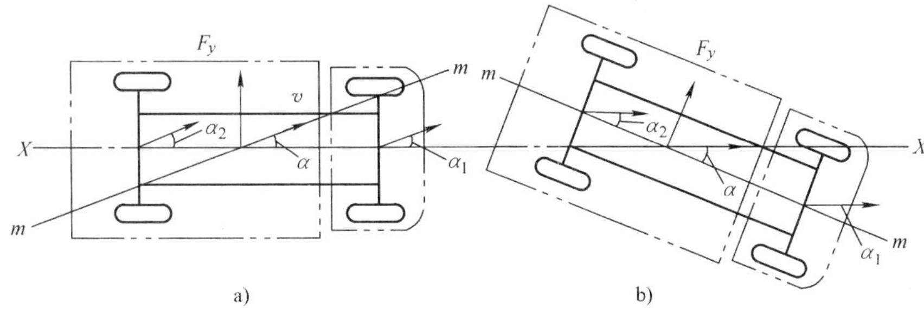

图 6-14　具有中性转向特性的汽车运动简图
a）原方向　b）调整转向盘后

（二）不足转向

图 6-15 所示为不足转向汽车作直线行驶。当有作用于重心的侧向力时，由于 $\alpha_1 > \alpha_2$，汽车将绕瞬时转向中心 O' 作圆周运动，离心力的侧向分力 F_{jy} 与起始的侧向力 F_y 方向相反，对侧偏起阻止作用，使 α_1 和 α_2 减小，偏离原来运动方向不严重。当侧向力 F_y 消失后，侧向分力 F_{jy} 能使汽车自动回正。

（三）过多转向

图 6-16 所示为过多转向汽车作直线行驶。当有作用于重心的侧向力时，由于 $\alpha_1 < \alpha_2$，汽车将绕瞬时转向中心 O' 作圆周运动，但此时离心力的侧向分力 F_{jy} 与起始的侧向力 F_y 方向相同，其作用会使侧偏更加严重，α_1 和 α_2 变大，且 α_1 与 α_2 的差距更大，导致汽车的瞬时转向半径渐小。如果车速达到或超过临界车速，这种恶性循环的不断进行将导致汽车侧滑，最后失去控制。

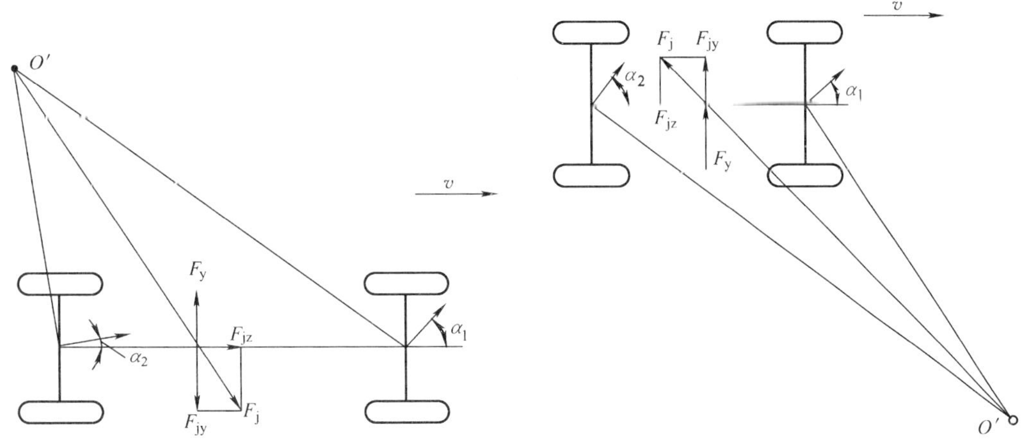

图 6-15　具有不足转向特性的汽车运动简图　　图 6-16　具有过多转向特性的汽车运动简图

由上述分析可知，具有适度不足转向的汽车才有良好的操纵稳定性。汽车不能具有过多转向特性；具有中性转向特性的汽车也不好，因其在使用过程中有可能由于某些条件的变化，变为过多转向特性而失去稳定性。为使汽车具有不足转向特性，总体布置设计中应注意重心的位置，使用中也应注意重心的位置，重心离前、后轴的距离决定了转弯时离心力在前、后轴上的分配，因而直接影响前后轴车轮侧偏角 α_1、α_2 的大小关系，应使 $\alpha_1 > \alpha_2$。轮胎的结构形式和气压对侧偏刚度都有较大的影响，子午线轮胎比斜交轮胎的侧偏刚度大，轮胎的充气压力越大其侧偏刚度也越大。故相对某种车型而言，以上各方面应合理匹配，有些高速轿车甚至规定了每种乘坐情况下的前、后轴气压值，以确保汽车的不足转向性，使之有良好的操纵稳定性。

此外，由式（6－35）得 $\delta=\frac{L}{R}+(\alpha_1-\alpha_2)$。此式表明不同转向特性的汽车，沿给定半径 R 作圆周运动时，所需的前轮转角 δ 是不同的。中性转向汽车为 $\delta_0=\frac{L}{R}$；不足转向汽车为 $\delta<\delta_0$；过多转向汽车为 $\delta<\delta_0$。可见，不同转向特性汽车的转向灵敏性是不同的，不足转向汽车所需前轮转角大，说明其转向灵敏性差。不足转向程度越大（α_1 与 α_2 的差值越大），汽车的转向灵敏性越差。人们已习惯于驾驶具有不足转向特性的汽车，知道如何通过转向机构使汽车遵循期望的路径行驶。若汽车的转向特性突然发生改变（如轿车的后行李厢载重过多，汽车变为过多转向），由于驾驶者的经验不适应新的、不良的转向特性，转弯时就有可能出现汽车失控而造成事故。

由于过多转向特性有失去稳定性的危险，故仅有极少数的高速赛车为使转向灵敏性高些，而使车具有中性转向或轻微过多转向特性。

五、稳态转向特性的评价

按汽车操纵稳定性指标限值和评价方法中的规定，对汽车的稳态回转试验，以中性转向点的侧向加速度 a_n、不足转向度 U、车箱侧倾度 K_φ 等三项指标进行计分评价。

按规定，a_n、U 和 K_φ 的下限值 a_{n60}、U_{60}、$K_{\varphi60}$ 与上限值 a_{n100}、U_{100}、$K_{\varphi100}$ 如表 6－2 所示。

表 6－2 下限值 a_{n60}、U_{60}、$K_{\varphi60}$ 与上限值 a_{n100}、U_{100}、$K_{\varphi100}$

<table>
<tr><th rowspan="2">车型</th><th colspan="6">指标</th></tr>
<tr><th>a_{n60} /m·s^{-2}</th><th>a_{n100} /m·s^{-2}</th><th>U_{60} /(°)·g(m/s^2)$^{-1}$</th><th>U_{100} /(°)·g(m/s^2)$^{-1}$</th><th>$K_{\varphi100}$ /(°)·g(m/s^2)$^{-1}$</th><th>$K_{\varphi60}$ /(°)·g(m/s^2)$^{-1}$</th></tr>
<tr><td>轿车、客车和货车，最大总质量≤2.5t</td><td>5.00</td><td>9.80</td><td>1.00
0.60①</td><td>0.40
0.24①</td><td rowspan="2">1.20</td><td rowspan="3">0.70</td></tr>
<tr><td>客车和货车，2.5t＜最大总质量≤6t</td><td>4.00</td><td>8.00</td><td rowspan="2">1.20</td><td rowspan="2">0.50</td></tr>
<tr><td>客车和货车最大总质量＞6t</td><td>3.00</td><td>6.00</td><td>1.20
1.40②</td></tr>
</table>

① 用于最高车速大于 160km/h 的汽车。

② 用于最大总质量大于 9t 的客车。

（一）中性转向点的侧向加速度值 a_n 的评价分值

中性转向点的侧向加速度值 a_n，定义为前后轴侧偏角差与侧向加速度关系曲线上斜率为零处的侧向加速度值。在所试的侧向加速值范围内，未出现中性转向点时，a_n 值用最小二乘法按无常数项的三次多项式拟合曲线进行推算。

评价分值应按下式计算

$$N_{a_n}=60+\frac{40}{a_{n100}-a_{n60}}(a_n-a_{n60}) \tag{6-51}$$

式中，N_{a_n}是中性转向点侧向加速度的评价分值；a_n 是中性转向点侧向加速度的试验值（m/s^2）；a_{n60}是中性转向点侧向加速度值的下限值（m/s^2）；a_{n100}是中性转向点侧向加速度值的上限值（m/s^2）。

这里还需注意，若计算值 N_{a_n}大于 100，应按 100 分计。

（二）不足转向度 U 的评价分值

不足转向度 U 按前、后轴侧偏角差值与侧向加速度关系曲线上侧向加速度值为 $2m/s^2$ 处的平均斜率（纵坐标值除以横坐标值）计算。

评价分值应按下式计算

$$N_U=60+40\frac{U(U_{60}-U)(\lambda-U)}{U_{100}(U_{60}-U_{100})(\lambda-U_{100})} \tag{6-52}$$

式中，N_U 是不足转向度的评价分值；U 是不足转向度的试验值（$(°)/(m/s^2)$）；λ 是根据 U_{60} 和 U_{100}的比值计算的系数，$\lambda=\frac{2U_{60}/U_{100}}{U_{60}/U_{100}-2}U_{100}$；$U_{60}$是不足转向度的下限值（$(°)/(m/s^2)$）；$U_{100}$是不足转向度的上限值（$(°)/(m/s^2)$）。

（三）车箱侧倾度 K_φ 的评价分值

车箱侧倾度 K_φ 按车箱侧倾角与侧向加速度关系曲线上侧向加速度值为 $2m/s^2$ 处的平均斜率（纵坐标值除以横坐标值）计算。

评价分值应按下式计算

$$N_{K_\varphi}=60+\frac{40}{K_{\varphi60}-K_{\varphi100}}(K_{\varphi60}-K_\varphi) \tag{6-53}$$

式中，N_{K_φ}是车箱侧倾度的评价计分值；$K_{\varphi60}$是车箱侧倾度的下限值（$(°)/(m/s^2)$）；$K_{\varphi100}$是车箱侧倾度的上限值（$(°)/(m/s^2)$）；K_φ 是车箱侧倾度的试验值（$(°)/(m/s^2)$）。

这里也需注意，若计算值 N_{K_φ}大于 100，应按 100 分计。

（四）稳态回转试验的综合评价分值

综合评价分值，按下式计算

$$N_\omega=\frac{N_{a_n}+N_U+N_{K_\varphi}}{3} \tag{6-54}$$

式中，N_ω 是稳定回转试验的综合评价分值。

当然，分值越高，汽车的稳态转向特性越好。

除此之外，标准中还规定了其他几项试验的评价指标及限值，而且按总计分来评价汽车操纵稳定性的好坏。总评价计分值小于 60 分为不合格；其中前述的稳态转向特性的中性转向点侧向加速度评价分值 N_{a_n}具有否决权，当 N_{a_n}小于 60 分或试验的最大侧向加速度值小于 a_n 的下限值时，汽车操纵稳定性的总评价计分值也定为不合格。

第四节 汽车的瞬态响应

由上节内容可知汽车前轮输入转角 δ 决定输出横摆角速度 ω_s 的这种稳态响应。在汽车行驶时，实际上驾驶者不断涉及的还有稳态响应之前的汽车瞬态响应。从给予角阶跃输入开始，到进入稳态响应为止的过渡阶段，称为瞬态过程；汽车在瞬态过程中横摆角速度随时间而变化的这种响应称为瞬态响应。汽车的操纵稳定性与其瞬态响应的好坏有着密切的关系。

为了分析和试验的方便，常通过分析和测定汽车在角阶跃输入下的瞬态响应来掌握汽车瞬态响应的基本特征。一辆直线行驶的汽车，驾驶者猛转转向盘瞬间完成某一转向盘转角 θ 并保持不动，便得给汽车一个转向盘角阶跃输入后的瞬态响应曲线，如图 6-17 所示。由图可以看出瞬态响应中的几个特征评价指标：

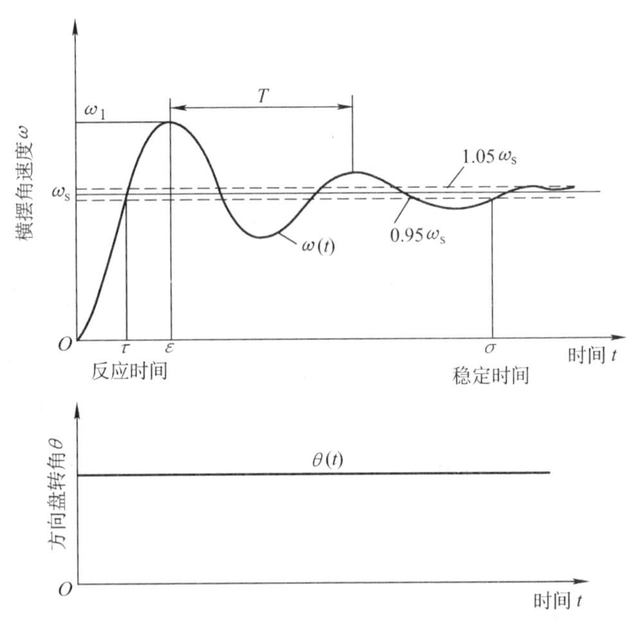

图 6-17 转向盘角阶跃输入时的汽车瞬态响应

1）反应时间：急速转动转向盘给予汽车一个角阶跃输入后，汽车的横摆角速度不能立刻达到 ω_s，而要在 $t=\tau$ 时才能达到，滞后的这段时间 τ 称为反应时间。反应时间太长，驾驶者会感到汽车转向反应迟钝。

2）超调量：在 $t=\varepsilon$ 时，汽车的横摆角速度达到最大值 ω_1，ω_1/ω_2 的百分比称为超调量。超调量表明瞬态响应中执行指令上的误差。

3）横摆角速度波动周期：在瞬态响应中，汽车的横摆角速度 ω 在稳态值 ω_s 附近上下波动。车速一定时，ω 值的变化标明汽车的转向半径时大时小，呈现汽车横向摇晃的运动过程，这会增加驾驶上的困难。其周期 T 称为横摆角速度波动周期。

4）稳定时间：横摆角速度 ω 达到稳态值 ω_s 的 95% ~105% 范围值所经历的时间 σ 称为稳定时间。

由以上讨论可知，汽车的瞬态响应包括两方面问题：一个是稳定性，即汽车受到一个转向输入后，能否达到新的稳定状态；另一个是品质问题，即在达到稳定状态以前，其瞬态响应的特性如何。

第五节 汽车转向轮摆振

由于转向系统内存在间隙，汽车在行驶过程中，即使转向盘固定不动，有时也会出现转向轮的左右摆动和上下跳动，使汽车的行驶轨迹如图 6－18 所示。严重时驾驶者无法扶稳激烈摆动的转向盘，使行驶安全也受到影响。为了避免由此引起的不良后果，不得不降低车速，使运输效率降低。另外，转向轮的摆振也会增加轮胎磨损，增大滚动阻力，并使行驶系和转向系因振动负荷加大而导致零件的使用寿命降低。因此，分析这种现象发生的原因，进而采取相应的措施加以防止和克服，具有很重要的意义。

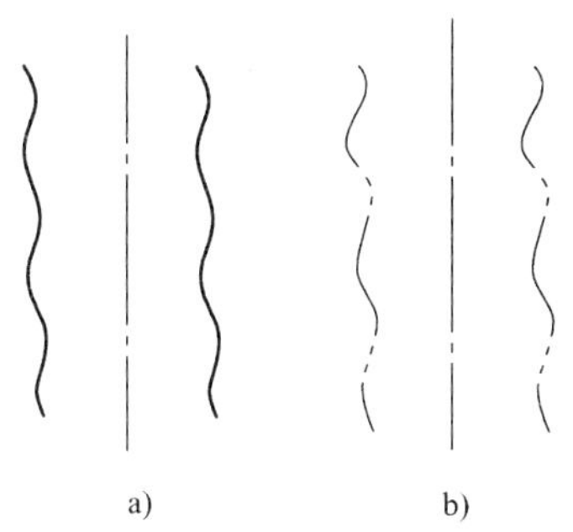

图 6－18　转向轮发生振动时车轮在道路上的轨迹
a）车轮摆动时的轨迹
b）车轮跳动时的轨迹

一、前轴角振动引起转向轮摆振

这一现象是汽车在一定车速范围内发生的。这时路面可能较平，但当偶有外激力（如汽车直线行驶车轮遇单凸起或凹坑）作用于前轮时，前轴在横向垂直平面内发生转动，如图 6－19a 所示。由于陀螺效应，前轮将绕主销在水平面内偏转。其关系为：如果左前轮升高（或右前轮下降），车轮将向右偏转；如果左前轮下降（或右前轮升高），车轮将向左偏转。由此激发了前轮绕主销的角振动，如图 6－19b 所示。相应的运动规律简记为：左下左、左上右；右下右、右上左。

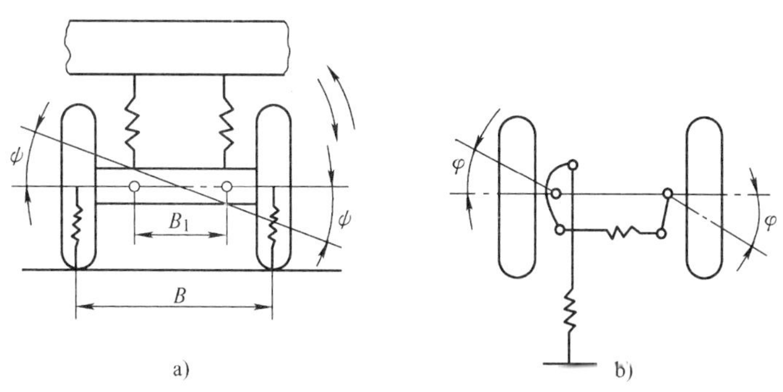

图 6－19　前轮振动系统示意图
a）前轴在横向垂直面内发生转动　b）前轮绕主销的角振动

要消除或至少是减轻这种现象，应减少悬架下前轴系统的转动惯量，提高角振动的固有频率；在采用独立悬架的汽车上，用等长双横杆独立悬架，如图 6－20a 所示，可使车轮在上下跳动时其旋转平面作平行移动而无偏转，这样也就避免了前轮绕主销摆振。但这种结构的缺点是当车轮上下跳动时，轮距改变较大，这会加剧轮胎的磨损，所以目前采用不等长的双横杆结构，如图 6－20b 所示。另外，适当降低轮胎气压和路面平整度的改善都有利于减轻摆振。

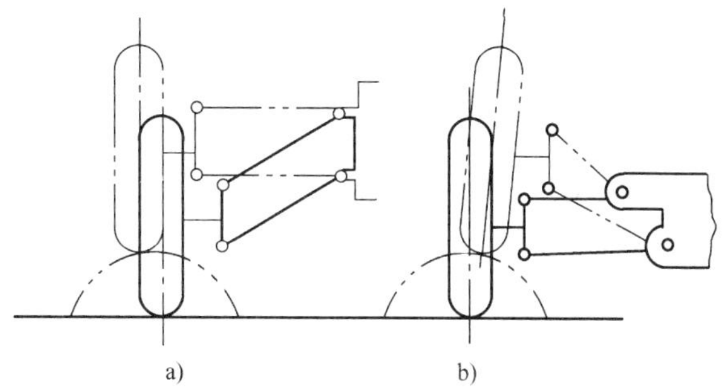

图 6－20　双横杆式独立悬架运动简图
a）等长双横杆　b）不等长双横杆

二、车轮不平衡引起转向轮摆振

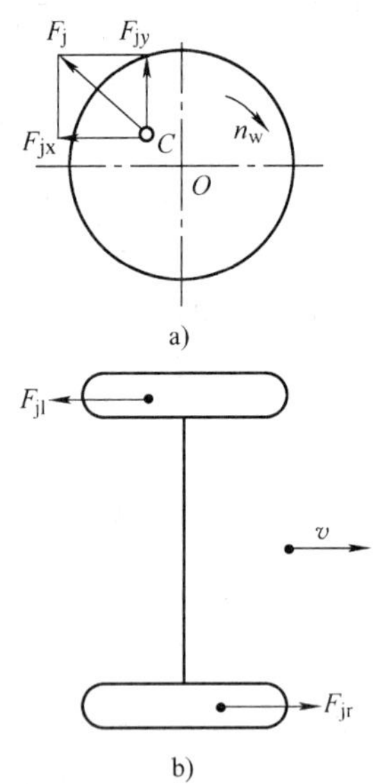

图 6-21 车轮不平衡引起前轮摆振示意图
a）离心力分解 b）左、右轮上的不平衡质量对置

车轮不平衡有静态不平衡和动态不平衡之分。静态不平衡即是车轮总成的质量中心 C 与旋转中心 O 不重合，车轮旋转时产生的离心力 F_j，可分解为 F_{jy}和 F_{jx}，如图 6-21a 所示。F_{jx}是周期性干扰力，直接引起前轮绕主销的振动；F_{jy}是另一周期性干扰力，使前轴在横向平面内发生转动，由于陀螺效应而引起前轮绕主销摆振。若左、右轮上的不平衡质量处在对置位置，如图 6-21b 所示，转向轮摆振将更加严重。

即使是质量中心 C 与旋转中心 O 重合。但质量的分布对车轮的中心平面不对称，离心力的合力为零，而离心力的合力矩不为零，这时车轮便处于动态不平衡。车轮旋转时合力矩的方向产生周期性变化，直接或由陀螺效应引起前轮绕主销摆振。

为了避免由此引起的车轮摆振，要求无论是新车轮还是经过翻新的轮胎，装用前都应进行动平衡试验，并按需要加装适当的平衡块，使车轮总成的不平衡度达到规定要求，轿车行驶速度较高，对其车轮的不平衡度要求也较高，拆卸车轮总成各零件时应做好标志，并按标志位置装配，以免破坏原来的平衡。

三、悬架与转向杆系运动不协调引起转向轮摆振

图 6-22 所示为非独立的钢板弹簧悬架，前端由铰链与车架固定连接，后端由吊耳与车架活动连接，转向机构布置在车轴之后。当车轮上下跳动时，前轴及主销等处各点均以 O_1 为中心沿弧线$\overset{\frown}{AA}$摆动（O_1 点偏离弹簧主销中心，向后为主片簧长的 1/8，向上为销径的 1/4）。而转向节臂与纵拉杆的连接点 O 将以转向垂臂下端与纵拉杆连接点 O_2 为中心沿弧线$\overset{\frown}{BB}$摆动。由此可见，只要车轮跳动，便会有车轴前移、转向节后摆，从而引起转向节带动车轮沿主销转动即车轮发生偏转。往复的偏转，便形成车轮摆振。

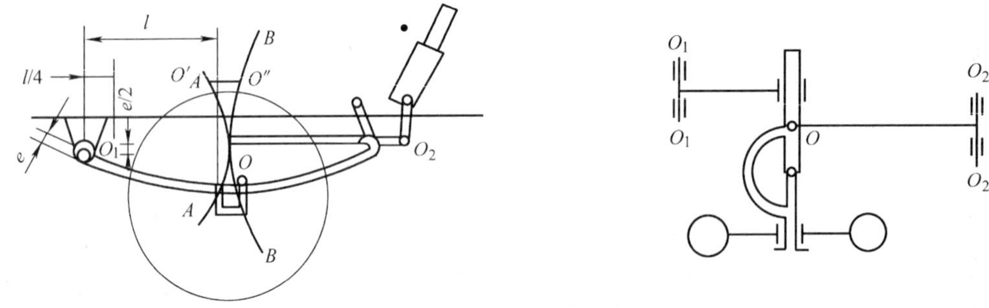

图 6-22 运动干涉引起的振动

为避免或减弱这种运动不协调造成的车轮摆振，在结构上应尽可能将转向机构固定在使转向节臂与纵拉杆的连接点 O_2 靠近 O_1 点，这样可使转向轴、主销和转向节臂的运动轨迹趋向相同，使运动不协调引起的车轮偏转降到最小量。

当外激力的变化频率与前轮系统的固有频率相等或接近时，转向轮将发生共振，严重时会使汽车呈现不稳定状态。固有频率主要取决于该系统的角刚度和转动惯量。由于车速的不断提高，外激力的变化频率也相应提高，使发生共振的可能性增大。为了避免这种现象的出现，新结构上除了合理确定前轮定位、正确设计前桥和转向传动系杆件外，在有些轻型越野车和高速轿车上，还在转向传动系统中装设筒式减振器。以利于减轻转向车轮的摆动，提高汽车行驶的稳定性。

第六节　改善汽车操纵稳定性的措施

随着路面条件的改善和汽车速度的提高，行车安全对汽车的操纵稳定性也提出了更高的要求。由于汽车操纵稳定性在很大程度上取决于汽车的结构，故在此主要就改善操纵稳定性的结构措施加以分析。除了传统的车轮定位对汽车起到稳定效应外，随着支持控制系统的计算机和传感器、执行机构的迅猛发展，改善汽车操纵稳定性的电子控制系统也在不断出现。

一、车轮定位及稳态效应

传统结构的主销内倾和主销后倾、轮胎侧偏等，形成了转向轮的稳定效应，使汽车转向轮具有直行时保持居中位置和转向后自动回正的能力。

转向轮的稳定效应可使摆振减弱甚至避免，保持汽车良好的行驶稳定性。

（一）主销内倾的稳定效应

图 6－23 所示为主销内倾角 γ 的结构。在汽车的横向垂直平面内转向主销中心线的上端向内倾斜与铅垂线所成的角度为 γ。

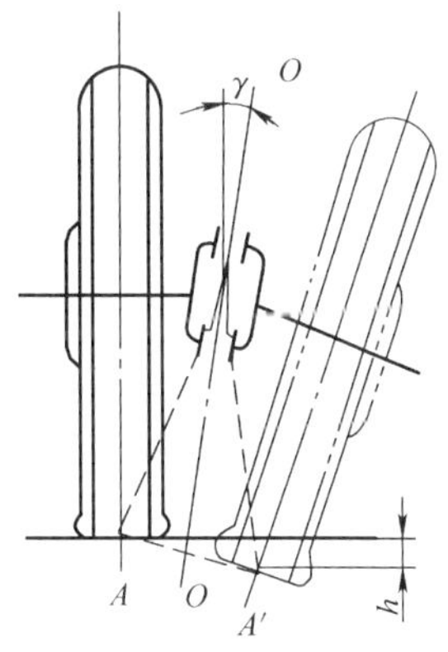

图 6－23　主销内倾角 γ 的结构

假设前轴的空间位置不变，当转向轮偏转时，车轮与地面的接触点将落在以 OA 为母线、绕主销线 OO 旋转形成的圆锥的底圆上，即接地点将深入到地面之下，实际上接地点还在地面，只是将车轴连同汽车抬起一个高度 h。如果不在转向盘上作用一定力保持这种状态，前轴的重力作用将使车轴高度下降，迫使偏转的转向轮得以回正，其回正力矩分析如图 6－24 所示。

汽车直行时，地面对车轮的垂直反力 Z 与主销轴线在同一平面内，力 Z 对主销轴线的力矩为零。而当前轮转过某一角度 δ 时，力 Z 便产生使转向轮回正的力矩。车轮接地点 A 到主销轴线与地面交点 B 的距离为 ρ_0，A 点到主销轴线的垂直距离为 $\rho=\rho_0\cos\gamma$。在前轮转过角度 δ 的状态时，将力 Z 分解沿主销轴线方向分力 $Z\cos\gamma$ 和与之垂直的另一分力 $Z\sin\gamma$。分力 $Z\sin\gamma$ 的作用线与主销轴线之间的距离为 $b=\rho\sin\delta=\rho_0\cos\gamma\sin\delta$，故力 Z 对主销产生的回正力矩为 $T_{Z\gamma}=Zb\sin\gamma=Z\rho_0\sin\gamma\cos\gamma\sin\delta\left(=\frac{1}{2}Z\rho_0\sin 2\gamma\sin\delta\right)$且随 γ 和 δ 的增大而加大，阻止前轮偏转，起稳定力矩的作用。因此，前轮以某一转角 δ 使汽车转弯时，须在转向盘上施加一个力矩，以克服回正力矩 $T_{Z\gamma}$使汽车实现稳定的圆周行驶。如果撒手，在回正力矩作用下，前轮就会自动恢复到直行状态。

（二）主销后倾的稳定效应

图 6－25 所示为主销后倾角 β 的结构。在汽车的纵向垂直平面内转向主销中心线上端偏离铅垂线而向后倾斜的角度为 β。当转向轮偏转时，汽车便处于转向状态，并会有相应的离心力产生，同时转向轮受到地面侧向力的作用，此侧向力作用于车轮接地点。由于主销后倾，形成了对主销的回正力矩为 $T_{y\beta}=Yb_{\beta}\sin\beta$，阻止车轮偏转，促使转向轮回正。当转向轮处于直行状态时，没有离心力产生，$T_{y\beta}$ 也就不复存在。

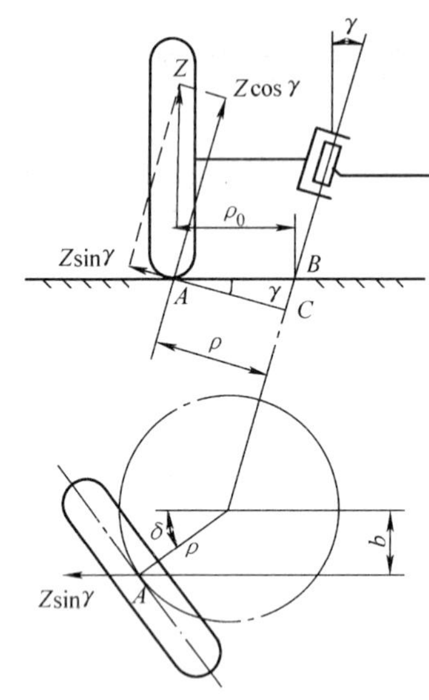

图 6－24 垂直反力引起稳定力矩的分析

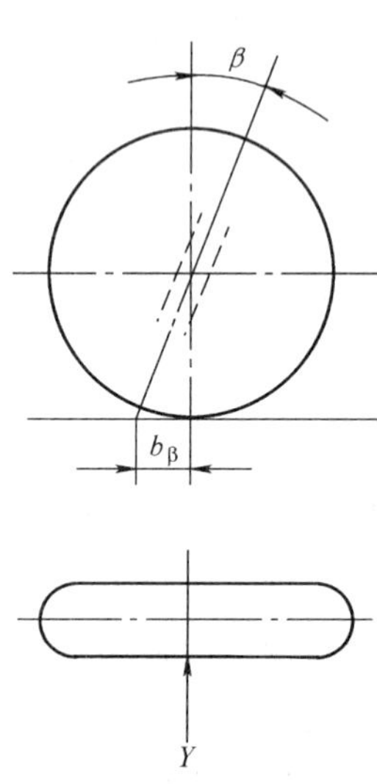

图 6－25 主销后倾角 β 的结构

（三）车轮侧偏的稳定效应

轮胎所具有的侧偏特性对转向轮也产生稳定效应。由侧偏现象的机理很容易理解，汽车行驶出现侧偏时（如汽车转弯），轮胎接地印迹的前端离车轮平面近，轮胎的侧向变形小；印迹后端离车轮平面远，轮胎侧向变形大。由力与变形的关系可确定地面对车轮侧向反力的分布，其合力 Y 的大小与侧向力 F_y 相等，Y 的作用点相对 F_y 后移某一距离 b_a 如图 6－26 所示。产生回正力矩为 $T_{ya}=Yb_a$，其作用也是阻止车轮偏转。

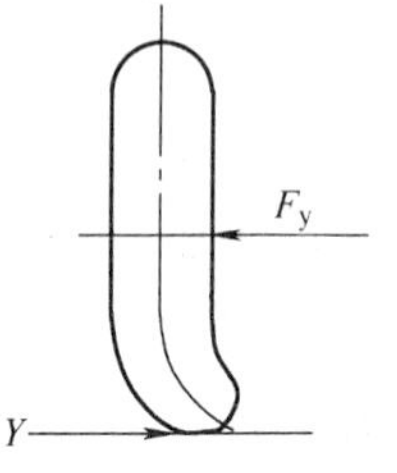

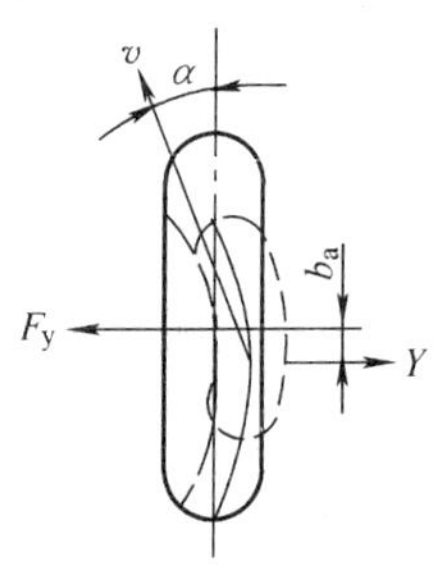

图 6－26 弹性车轮侧向偏离的稳定效应

对于许多胎压较低的现代轿车，转向行驶时由侧偏引起的稳定力矩增大。试验表明，其转向车轮在侧向力的作用下，1°侧偏角所引起的稳定力矩相当于主销后倾 5°～6°的稳定效果。为不使总的稳定力矩过大，避免转向过于沉重和使转向轮在返回中间位置时过于猛烈，以致发生回正过量，反而引起转向轮摆振，造成操纵困难。近年来汽车转向轮主销的后倾角逐渐减小，有的车辆甚至为负值。

由于轮胎的侧偏变形，轮胎所受的地面切向力偏离车轮平面，如图 6－27 所示。由于两轮的地面切向反力 X_L 和 X_R 的作用线到主销的距离不等，便形成了合成力矩 $T_{xa}=X_RL_R-X_LL_L$。若切向反力向后（车辆制动时或后轮驱动前轮受滚动阻力作用时），力矩为非稳定力矩；若切向反力向前（前轮驱动时），力驱为稳定力矩。

现代轿车的发展趋势之一是车速在不断提高，加之悬架结构的改进和轮胎气压的降低。为提高汽车的操纵稳定性，在车轮定位上，除了前述的转向主销负后倾外，还有转向车轮负外倾、车轮负前束、主销大内倾以及后轴车轮的外倾和前束等。

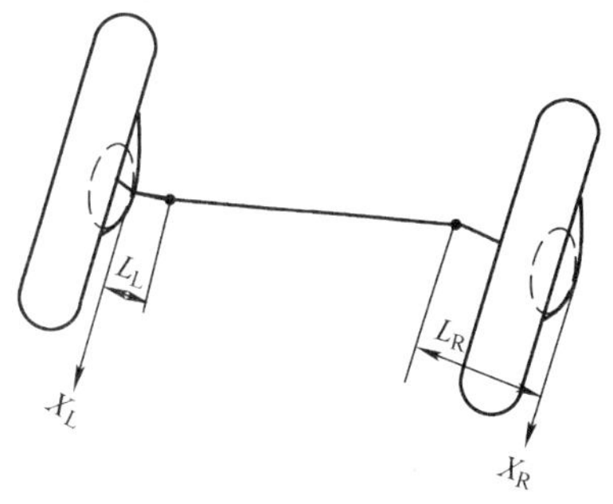

图 6－27　切向反力引起的稳定力矩

在此也需明确，保持汽车稳定的车轮定位结构形式在左、右轮上都是对称的。如果汽车在使用过程中因受外界作用而使其对称性遭到破坏，汽车行驶就会出现跑偏。这是由于左、右轮稳定力矩的不平衡导致的。所以在汽车使用过程中，应注意对汽车左、右轮对称性的检查和修复。

二、电子控制系统

（一）电控助力转向系统（EAS）

动力转向系统可以有效降低驾驶者的疲劳，使汽车的操纵性得到改善，以前多用于大型、重型汽车。随着发动机前置前轮驱动汽车的增加，动力转向已成为轿车的标准装备，而且对其性能的要求也不再单纯是为了减轻操作力，而是能够根据车速和行驶条件的变化产生相应的、合适的转向作用力。理想的动力转向系统应在停车状态时提供足够的助力，使原地转向容易；当车速增加时助力逐渐减小，进入高速状态时则应无助力，以使操纵者有一定的路感。

随着电子技术在汽车上的推广应用，电控助力转向系统在现代汽车上逐步得到应用和推广，它能够以较简单的控制方式，可靠而精确地实现理想控制。电控助力转向系统主要由传感器、控制单元和助力电动机三部分组成，控制单元接受传感器所测信号（车速、转矩、转向状态和侧向加速度等），经过分析处理，然后由助力电动机实现操作。根据汽车的运行状态，随时按照驾驶者的意图提供转向助力，从而提高汽车（特别在高速行驶时）的稳定性。

（二）四轮转向系统（4WS）

普通轿车上一般使用两轮转向系统，操纵转向盘控制前轮胎的偏转，使汽车转向。随着高速公路和高架公路的增多，车速增大和车辆并行的机会有了大幅度提高，轮胎侧偏角的影响愈显突出。为了使汽车具有更好的操纵稳定性，一些汽车在后轮上也采用了相位可变（转向）系统，形成四轮转向系统。

四轮转向是指前、后轮都能转向，实现低速转向行驶时进行逆相位操作（即后轮的偏转方向与前轮的偏转方向相反），以减小转弯半径，提高汽车的灵活性，便于进出车库和停车场；而中高速行驶转向时进行同相位操作（即后轮的偏转方向与前轮的偏转方向相同），以提高车辆转弯时的操作稳定性和安全性。同相位操作的实质是靠车轮的偏转来抵消轮胎的侧偏角，如图 6－28 所示。后轮的最大逆相位与同相位转向角一般不是很大，通常为 5°～8°。

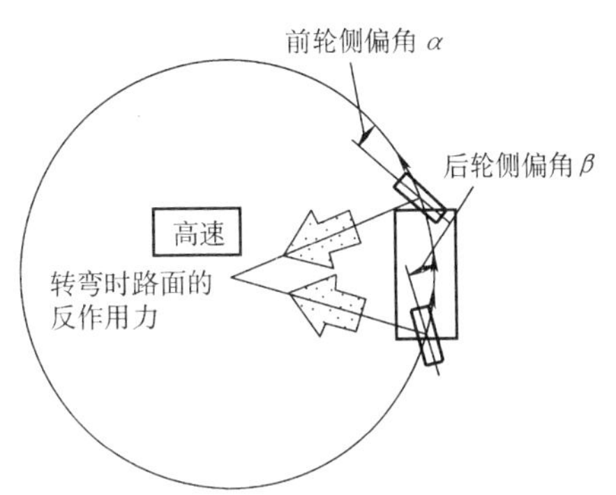

图 6－28　高速转弯时侧偏角变化示意图

电控四轮转向系统主要也是由传感器、控制单元和操作执行机构三部分组成。控制单元接受传感器所测信号（车速、轮速、转向盘转角和油压等），经过分析处理，然后由执行机构实现车轮转向。另外，系统中还有油压系统和电控系统出现异常的失效保护机构。一旦有故障出现，四轮转向系统便自动转换为二轮转向系统，以确保行驶的安全性。同时仪表板上的故障灯会点亮报警，异常情况被存储在控制单元内，以便于维修时检码。

（三）稳定性控制系统（SCS）

防抱死制动系统（ABS）和驱动防滑系统（ASR）都是提高汽车操纵稳定性的电子控制装置。汽车稳定性控制系统（SCS，也称车辆稳定性控制程序 ESP）已在本章第一节中提到，也是在 ABS 基础上发展而成的，包含 ABS 和 ASR 等多个控制系统，主要由传感器、控制单元和控制执行机构三部分组成。控制单元接受传感器所测信号（轮速、横摆角速度、侧向和纵向加速度、转向角、制动油压、节气门开度等），经过控制单元分析处理，将指令传给执行机构而对车轮进行制动或控制节气门开度，使汽车的操纵稳定性得到进一步改善。

稳定性控制系统主要在大侧向加速度、大侧偏角的极限工况下工作，利用左、右两侧制动力之差产生的横摆力偶矩来防止汽车出现难以控制的前、后轴侧滑现象，当前轴要侧滑而使汽车驶离弯道时，对汽车施加适当大小向内侧的横摆力偶矩；当后轴要侧滑发生激转时，对汽车施加向外侧的横摆力偶矩，防止汽车失去转向能力或严重甩尾，在任何行驶状况时更加稳定、灵活和安全。

SCS 系统的工作原理是汽车行驶过程中，系统通过不同传感器实时监控驾驶者转弯方向、车速、节气门开度、制动力以及车身倾斜度和侧倾速度，以此判断汽车正常安全行驶和驾驶者操纵汽车意图的差距。然后通过调整发动机的转速和车轮上面的制动力分布，修正过多转向或转向不足。SCS 系统的作用就是当驾驶员操纵汽车超过极限值后计算机自动介入修正驾驶。其控制手段有两个：第一是控制节气门收油，衰减汽车动力，让速度降下来；第二个手段就是对某些车轮进行制动，让汽车的速度能够减小到极限值以内。计算机要知道车辆的运动状况是否接近极限就需要两套传感器为电脑搜集行车信息：一套是转向盘转向角度传感器；一套是车轮转速传感器（每个车轮上都装有一个）。前者用来收集驾驶者的转向意图，后者是用来监测车辆运动状况。当转向盘转向角度传感器检测到驾驶员的转向角度以后，就会通知系统计算机；与此同时，各个车轮转速传感器测得的车轮转速信息也会传递到计算机。计算机可以根据各个车轮的转速计算出车辆的实际运动轨迹。如果实际运动轨迹跟理论运动轨迹有区别，或者检测出某个车轮打滑（丧失抓地力），计算机就首先通知节气门，减小开度（收油）；然后通知制动系统对某个车轮进行制动，来修正运动轨迹。当实际运动轨迹与理论运动轨迹（驾驶员意图）相一致时，SCS 系统自动解除控制。

至此我们可总结出：ASR 是在大驱动力附近的极限区域起作用；ABS 是在大制动力附近的极限区域起作用；SCS 系统则是在大侧向力附近的极限区域起作用的。此外，近几年在轿车上应用渐多的电子制动力分配系统（EBD）和主动车身控制系统（ABC）都会使汽车的操纵稳定性得到更大程度的提高。

（四）巡航控制系统（CCS）

随着高速公路的发展和汽车运行速度的大幅度提高，控制加速踏板的腿部肌肉疲劳加大，长时间的疲劳驾驶，对汽车的制动和操纵都不利。对此，现代轿车许多装配了巡航控制系统，当系统工作时，汽车可按驾驶者选定的速度恒速行驶，无需再控制加速踏板，从而减轻了疲劳、提高了汽车的行驶安全控制。

电子巡航控制系统主要由主控开关、车速传感器、巡航控制单元和执行器四部分组成。主控开关实现车速设定、车速调节和巡航取消；车速传感器将车速信号送入控制单元；控制单元对指令车速和实际车速进行此较后，对执行器发出控制信号；执行器调节节气门开度，使其处于最佳状态，实现设定车速的保持与稳定。

第七节　汽车操纵稳定性试验

汽车的操纵稳定性试验也有路上试验和室内试验两种。路上试验主要包括稳态转向试验、转向瞬态响应试验、汽车的转向回正性能试验、转向轻便性试验以及蛇形试验等；室内试验主要是静侧翻稳定性台架试验。有关的标准主要有：《汽车操纵稳定性试验方法　蛇行试验》（GB/T 6323.1—1994）、《转向瞬态响应试验（转向盘转角阶跃输入）》（GB/T 6323.2—1994）、《转向瞬态响应试验（转向盘转角脉冲输入）》（GB/T 6323.3—1994）、《转向回正性能试验》（GB/T 6323.4—1994）、《转向轻便性试验》（GB/T 6323.5—1994）、《稳态回转试验》（GB/T 6323.6—1994）以及《汽车操纵稳定性指标限值与评价方法》（QC/T 480—1999）、《汽车静侧翻稳定性台架试验方法》（GB/T 14172—1993）等。

一、路上试验

（一）试验条件

1. 车辆条件

试验前需测定车辆定位参数，对试验结果有影响的零、部件均应经过检查、紧固和调整（特别是转向系各零、部件，车轮定位角，悬架机构各零、部件等）；轮胎气压应符合规定值；车辆应按相应要求装备（额定满载或空载）。

2. 道路条件

试验应在平坦、干燥、清洁的水泥或沥青路面（或场地）上进行，路面在任一方向上的坡度不大于2%，并按试验需要放置标桩。

3. 气候条件

环境风速不大于5m/s，大气温度为0～40℃。

（二）试验主要仪器和设备

车速仪、时间信号发生器、测力转向盘、加速度计、二自由度角速度陀螺仪、三自由度航向陀螺仪和垂直陀螺仪等。

（三）试验方法

1. 转向轻便性试验

试验进行前，应以明显的颜色在试验场地上画出双纽线路径，并在相应位置（8处）对称于路径中心线、相距车宽加100cm放置16根标桩，如图6－29所示。双纽线轨迹的极坐标方程为$L=d\sqrt{\cos 2\psi}$。在$\psi=0$时，双纽线顶点处的曲率半径最小，为$R_{\min}=d/3$。

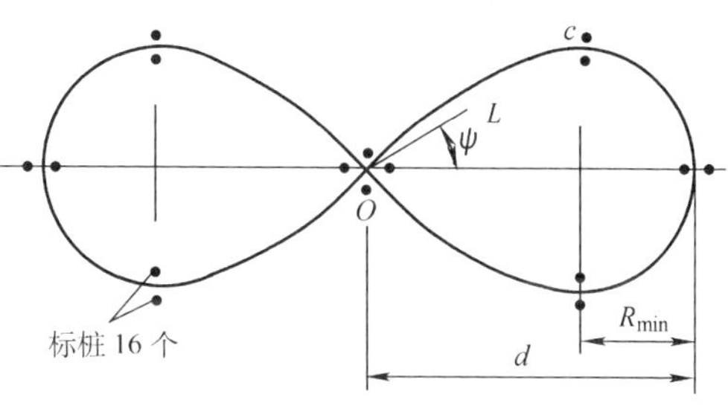

图6－29　转向轻便性试验场地布置示意图

R_{min}应按试验汽车的最小转弯半径的1.1倍，并圆整到比该值大的一个整数来确定，进而确定极坐标方程式中的d值。

试验开始时，汽车沿双纽线中点O处的切线方向直线运行，并停于O点处，停车后应注意观察车轮是否处于直行位置，否则应予以调整。然后记下转向盘中间位置及力矩零点。

然后，驾驶者操纵转向盘，使汽车沿双纽线、以10km/h±2km/h的车速行驶，车速稳定后，开始记录转向盘转角θ和作用力矩T，同时记录车速作为监督参数。记录下汽车绕双纽线路径行驶三周以上的系数后，停止试验。其中每一周行驶记录为一次试验。按所测结果可绘出$T-\theta$曲线，如图6-30所示。通常以转向盘最大转矩、转向盘最大作用力及转向盘作用功等来评价转向轻便性。

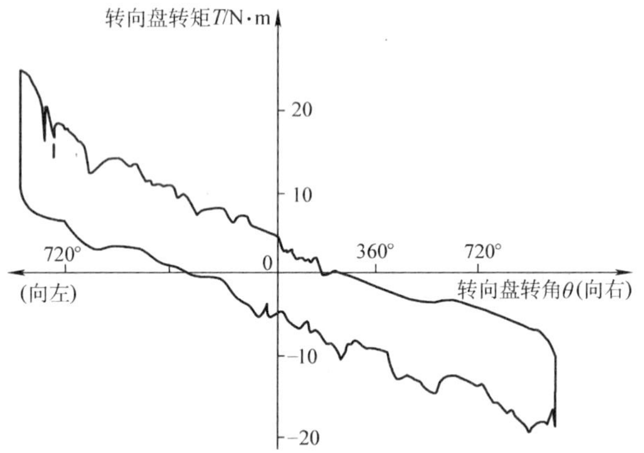

图6-30 转向盘转矩-转向盘转角曲线

2. **稳态转向特性试验**

目前我国主要采用定转向盘转角的试验法。在试验场地上，用明显颜色画出15m或20m的试验起始图，如图6-31所示。试验前应通过行驶使轮胎适当升温，然后汽车以最低稳定车速通过转向盘转角调整使其沿所画圆周行驶，要求安装于汽车纵向对称面上的车速传感器在半圈内都能对准地面画圆周。固定转向盘，停车并起动仪器记下各变量的零线。

起动汽车并缓慢加速，要求纵向加速度不超过$0.25m/s^2$，一直加速到汽车重心的侧向加速度达到$6.5m/s^2$（或受发动机功率限制而达到最高车速或汽车出现不稳定状态）为止。

汽车向左转、右转两个方向各重复试验三次。根据试验数据（车速v、横摆角速度ω_s），作出汽车转弯半径R/R_0与侧向加速度a_y的关系曲线，汽车前、后轮侧偏角差值（$\alpha_1-\alpha_2$）与侧向加速度a_y的关系曲线，转向盘力矩T与侧向加速度a_y的关系曲线等。并可由此对照有关标准，来评价操纵稳定性的好坏。

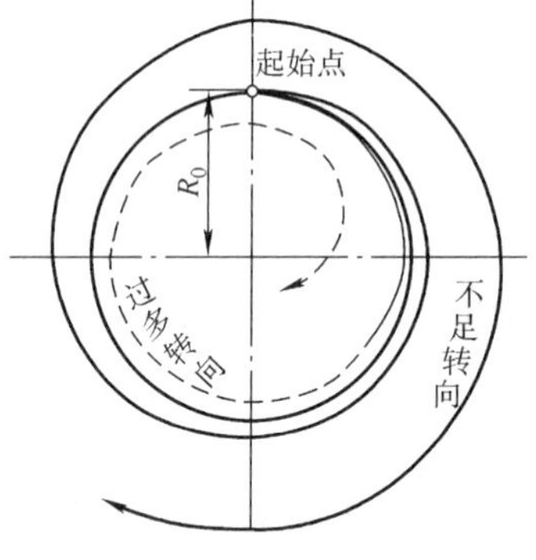

图6-31 定转向盘连续加速行驶试验中汽车行经的轨迹

3. **瞬态横摆响应试验**

目前常用转向盘角阶跃输入来测定汽车的瞬态响应。汽车先以直线行驶，达到试验车速后，突然以不小于200（°）/s的角速度快打转向盘。转向盘转角以相应车速和稳态转向半径下的侧向加速度达到确定值为准，如$1\sim3m/s^2$。转向盘转至应有角度后保持不变，节气门开度亦不变，汽车从直线进入圆周行驶。试验要求在最高车速的70%下进行，同时记录汽车车速、时间、转向盘转角、横摆角速度和侧向加速度等数据。由此绘出横摆角速度增益ω_s/δ随时间的变化关系曲线，并可在曲线上找出反应时间、超调量和稳定时间等参数。

4. 转向回正性能试验

对于最高车速超过100km/h的汽车，通常要进行低速和高速两种速度状态下的回正性能试验。回正能力是汽车操纵稳定性的一个重要方面。

在低速状态下，汽车沿半径为15m的圆周行驶，调整车速使侧向加速度达到$4m/s^2$后，突然松开转向盘，在回正力矩作用下，前轮将回复直线行驶。记录这个过程的时间t、车速v、转向盘转角δ和横摆角速度ω_s，整理出ω_s-t曲线。

在高速状态下，车速应选定为最高车速的70%。汽车以该车速直线行驶，随后驾驶者适当转动转向盘，使侧向加速度达到$2m/s^2$，然后突然松开转向盘，同样记录回正过程的有关参数。

二、静侧翻稳定性台架试验

试验需要在侧翻试验台上进行。汽车按要求装备齐全，轮胎按要求充足气，对采用空气悬架和油气悬架的汽车，应安装防止悬架脱开的安全装置，有高度调节装置的应将其锁止。

试验时将汽车按要求置于试验台上，并将安全装置连接固定好。在试验台带动整车倾斜时，通过各轮荷值断定侧翻的临界状态，当有一个车轮的轮荷达到零时，一次测试完成，并读取侧倾角度。

通常将汽车向左、向右两侧各进行三次，取平均值为试验结果。

进行操纵稳定性试验须注意，有些项目在测定过程中车辆可能面临侧滑或侧翻的临界状态，为避免危险发生，不致伤及车辆和人员，需在汽车上安装防护架或采取其他安全措施。

习　　题

A 概念类

1. 什么是汽车的操纵稳定性？
2. 什么是汽车的操纵性和稳定性？
3. 汽车在纵向坡上避免出现稳定性问题的条件是什么？
4. 汽车在侧向坡上避免出现稳定性问题的条件是什么？
5. 汽车转弯行驶避免出现稳定性问题的条件是什么？
6. 什么是侧偏现象和侧偏特性？
7. 影响轮胎侧偏刚度的主要因素有哪些？
8. 刚性车轮汽车与弹性车轮汽车的轴距、转角与主销间距之间各有怎样的关系？
9. 什么是汽车的稳态转向特性？
10. 什么是中性转向、不足转向和过多转向？
11. 什么是稳态响应？
12. 什么是稳定性因数和稳态横摆角速度增益？
13. 什么是特征车速和临界车速？汽车处于特征车速或临界车速时转向有何特点？
14. 什么是中性转向点和静态储备系数？
15. 如何用稳定性因数和静态储备系数表示汽车的转向特性？
16. 中性转向、不足转向和过多转向对汽车的操纵稳定性各有什么影响？
17. 影响汽车转向特性的主要因素有哪些？

18. 中性转向、不足转向和过多转向特性的实质是什么?
19. 如何评价汽车的稳态转向特性?
20. 什么是瞬态响应?
21. 表征瞬态响应的指标参数有哪些?
22. 什么是瞬态响应的反应时间、超调量、横摆角速度波动周期和稳定时间?
23. 前轴角振动如何引起转向轮摆振?
24. 车轮不平衡如何引起转向轮摆振?
25. 悬架与转向杆系的运动不协调如何引起转向轮摆振?
26. 主销内倾、主销后倾、车轮侧偏等是如何对汽车行驶产生稳定效应的?
27. 电控助力转向系统、四轮转向系统、稳定性控制系统和巡航系统是如何有利于汽车操纵稳定性提高的?
28. 如何进行汽车操纵稳定性有关项目的试验?

B 综合类

29. 第五章中汽车制动时的方向稳定性和本章中汽车的操纵稳定性有什么关系?
30. 悬架和转向杆系不协调对汽车的哪些运行性能有什么影响?
31. 为什么汽车应具有不足转向特性?
32. 汽车空载和满载时的操纵稳定性有什么差别?

第七章　汽车的平顺性

随着人类物质生活水平的提高，人们对汽车的舒适性要求也越来越高。21 世纪的汽车应该充分体现物为人用，在保证安全、快捷、节能、环保的同时，让人感到用车的最大享受。汽车的舒适性是人们乘用汽车的一种感受，主要包括汽车的平顺性、车内空气调节（温度、湿度和风速）和居住性、车身隔声与密封、上下车的方便性等。其中与汽车运行密切相关的便是本章所主要研究的汽车的平顺性，车身隔声与密封问题已在第四章中讲述。

汽车行驶时，由于路面的不平和冲击，会使乘坐者感到振动和冲击，而减轻振动的有效措施是：一方面改善路面质量，减少振动来源；另一方面要求汽车对路面不平度有良好的隔振特性，通常将这一性能称为汽车的行驶平顺性。由于汽车的平顺性主要是根据乘坐者的舒适程度来评价的，所以有时也称为乘坐舒适性。

汽车的平顺性研究通常针对“路面—汽车—人”构成的系统。系统的输入是路面纵剖面的变化，再经过轮胎、悬架和座垫等弹性元件滤波后传到人体，人体对振动的反应便是输出。为此，就需掌握上述系统各环节的特性——人对振动的反应、路面不平度功率谱和车辆的动态特性。

第一节　人体对振动的反应和平顺性评价

平顺性评价指标是平顺性研究最基本的又是最难把握的一项内容，它主要用于衡量人对振动的感觉。尽管现在已经明确人体对振动的感觉主要取决于振动的频率、强度、作用方向和持续时间，但研究中还发现，不同的人对振动的敏感程度有很大差异，而且同一个人处于不同的生理和心理状态时对振动的感觉也不同，这就给振动的研究带来了麻烦，实际中很难使感觉与评价指标取得完全一致的结论。自 20 世纪 30 年代以来，人们在这方面做了许多试验研究工作，试验研究的方法多种多样，所得结论也千差万别。国际标准化组织（ISO）也曾在综合大量研究的基础上制定过有关标准，经过后来的修订与补充，于 1997 年又公布了 ISO2631—1：1997（E）《人体承受全身振动评价——第一部分：一般要求》，用此标准评价长时间作用的随机振动和多输入点轴向振动环境对人体的影响时，能与主观感觉更好地符合。

一、振动模型与有关分量

标准 ISO2631—1：1997（E）规定了如图 7－1 所示的人体坐姿受振模型。

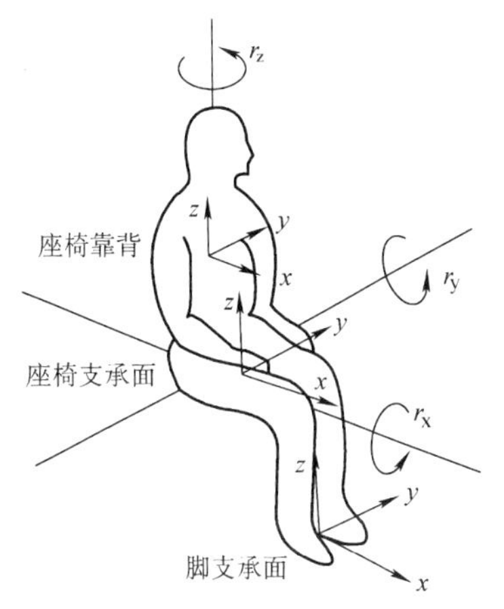

图 7－1　人体坐姿受振模型

在进行平顺性评价时，考虑了 3 个输入点 12 个轴向振动：座椅支承面处输入点 3 个方向的线振动和 3 个方向的角振动；座椅靠背处输入点 3 个方向的线振动；脚支承面处输入点3个方向的线振动。而且标准认为，人体对不同轴向、不同频率振动的敏感程度不同，不同轴向相应的频率加权函数和轴加权系数如表7-1所示，其中各频率加权函数（渐进线）如图7-2所示，这也可用以下公式表示，式中频率f的单位为Hz。

$$w_k(f)=\begin{cases}0.5 & (0.5<f<2)\\ f/4 & (2<f<4)\\ 1 & (4<f<12.5)\\ 12.5/f & (12.5<f<80)\end{cases}$$

$$w_d(f)=\begin{cases}1 & 0.5<f<2\\ 2/f & 2<f<80\end{cases}$$

$$w_c(f)=\begin{cases}1 & 0.5<f<8\\ 8/f & 8<f<80\end{cases}$$

$$w_e(f)=\begin{cases}1 & 0.5<f<1\\ 1/f & 1<f<80\end{cases}$$

表7-1 频率加权函数和轴加权系数 k

位　　置	坐标轴名称	频率加权函数	轴加权系数 k
座椅支承面	x_s	w_d	1.00
	y_s	w_d	1.00
	z_s	w_k	1.00
	r_x	w_e	0.63
	r_y	w_e	0.40
	r_z	w_e	0.20
靠背	x_b	w_e	0.80
	y_b	w_d	0.50
	z_b	w_d	0.40
脚	x_f	w_k	0.25
	y_f	w_k	0.25
	z_f	w_k	0.40

显然，振动频率范围为0.5~80Hz。从中也可看出，椅面输入点x_s、y_s、z_s三个线振动的轴加权系数$k=1$，是12个轴向中人体最敏感的，其余各轴向的轴加权系数均小于0.8。椅面垂直轴向z_s和脚面3个方向x_f、y_f、z_f的频率加权函数w_k最敏感的频率范围为4~12.5Hz，在4~8Hz，人的内脏器官产生共振；而8~12.5Hz的振动对人的脊椎系统影响很大。椅面水平轴向x_s、y_s和背面轴向y_b、z_b的频率加权函数w_d最敏感的频率范围为0.5~2Hz；大约在3Hz以下，椅面水平振动比垂直振动更敏感（$w_d>w_k$）。

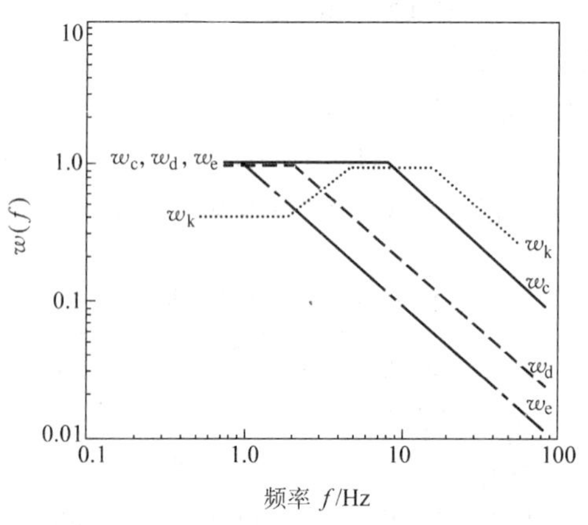

图7-2 各轴向频率加权函数（渐近线）

按规定，当评价振动对人体健康的影响时，

就考虑 x_s、y_s、z_s 这三个轴向，且 x_s、y_s 两个水平轴向比垂直轴向敏感，取轴加权系数 $k=1.4$，靠背水平方向 x_b、y_b 可以椅面 x_s、y_s 水平轴向代替，此时轴加权系数取 $k=1.4$。

二、平顺性评价指标

根据试验测量，各种汽车在正常行驶工况下振动波形的峰值系数（加权加速度时间历程 $a_w(t)$ 的峰值与加权加速度均方根值 a_w 的比值）一般小于 9。按标准 ISO2631—1：1997（E）规定，此情况下用加权加速度均方根值来评价振动对人体舒适和健康的影响。

（一）各轴向加权加速度均方根值

计算各轴向加权加速度均方根值，可用以下两种方法：

1）对记录的加速度时间历程 $a(t)$，通过相应频率加权函数 $w(f)$ 的滤波网络得到加权加速度时间历程 $a_w(t)$，按下式计算加权加速度均方根值

$$a_w = \left[\frac{1}{T}\int_0^T a_w^2(t)\,\mathrm{d}t\right]^{\frac{1}{2}} \tag{7-1}$$

式中，T 是振动的分析时间，一般取 120s。

2）对记录的加速度时间历程 $a(t)$ 进行频谱分析得到功率谱密度函数 $G_a(f)$，按下式计算加权加速度均方根值

$$a_w = \left[\int_{0.5}^{80} w^2(f)\,G_a(f)\,\mathrm{d}f\right]^{\frac{1}{2}} \tag{7-2}$$

式中，$w(f)$ 是频率加权函数。

（二）总的加权加速度均方根值

对各轴向加权加速度均方根值，可根据需要按下式计算总加权加速度均方根值

$$a_v = \left[\sum(k_j a_{wj})^2\right]^{\frac{1}{2}} \tag{7-3}$$

式中，k_j 是轴加权系数；a_{wj} 是轴向加权加速度均方根值。

当同时考虑椅面 x_s、y_s、z_s 这三个轴向振动时，三个轴向的总加权加速度均方根值为

$$a_v = \left[(1.4a_{xw})^2 + (1.4a_{yw})^2 + a_{zw}^2\right]^{\frac{1}{2}} \tag{7-4}$$

（三）加权振级

有些“人体振动测量仪”采用加权振级 L_{aw}，也称等效均值。它与加速度均方根值的换算，按下式进行

$$L_{aw} = 20\lg(a_w/a_0) \tag{7-5}$$

式中，a_w 是各轴向（或总的）加权加速度均方根值；a_0 是参考加速度均方根值，取 $a_0 = 10^{-6}$（$\mathrm{m/s^2}$）。

表 7-2 给出了加权振级和加权加速度均方根值与人的主观感觉之间的关系。

表 7-2　L_{aw} 和 a_w 与人的主观感觉之间的关系

加权加速度均方根值 a_w/（$\mathrm{m\cdot s^{-2}}$）	加权振级 L_{aw}/dB	人的主观感觉
<0.315	110	没有不舒适
0.315～0.63	110～116	有一点不舒适
1.5～1.0	114～120	有些不舒适
0.8～1.6	118～124	不舒适
1.25～2.5	112～128	很不舒适
>2.0	126	极不舒适

第二节 随机振动基础和路面输入

平顺性分析是建立在随机振动理论基础上的，针对有些读者在这方面知识的不足，先介绍后续内容涉及的有关随机振动方面的几个基本概念。

一、随机振动基本概念

（一）随机过程

相对而言，自由落体的运动规律可由函数关系 $y(t)=\frac{1}{2}gt^2$ 来确定任一时刻 t 物体所处的精确位置，这一变化过程是一个确定性过程；但也有另一类过程，其变化规律不能用确定的函数来描述，这样的变化过程便为随机过程。如在某一公路上行驶的汽车，由于随机因素（如路面高低不平）的影响，路面对汽车产生的激励每时每刻都在变动，并围绕某一平均值上下波动，如图 7－3 所示。平顺性分析所讨论的随机过程，都具有平稳的可用一个样本函数代表整个过程的各态历经性，这就给平顺性分析带来了很大的便利。

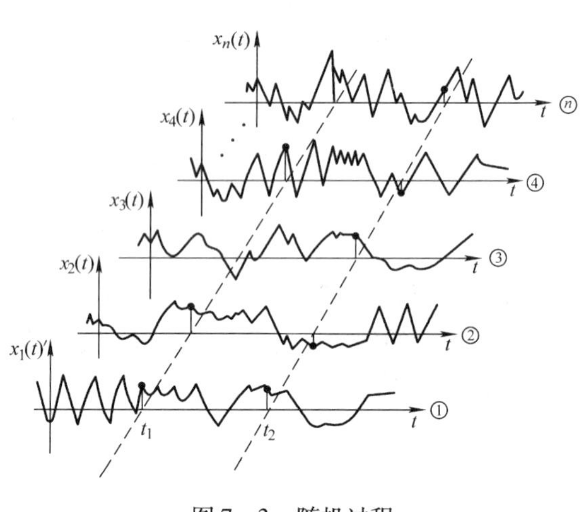

图 7－3 随机过程

（二）加速度均方根值

对于具有各态历经性的平稳随机过程，样本函数 $X(t)$ 每时每刻都在变化，其均方根值为

$$X_{\mathrm{rms}}=\sqrt{\lim_{T\to\infty}\frac{1}{T}\int_0^T X^2(t)\,\mathrm{d}t} \tag{7－6}$$

如果 $X(t)$ 表示振动的加速度 $a(t)$，那么 X_{rms} 就是加速度均方根值 a_{rms}。

（三）功率谱密度

在平顺性分析中，常需要利用傅里叶变换这一工具来确定时间（或空间）函数的频率结构，并得到频率 f 的函数 $G_x(f)$，反映不同频率上的振动能量和振幅，代表单位频带上所具有的平均功率，即平均功率密度，被称为功率谱密度函数，简称谱密度。在这里，谱密度与均方根值之间的关系式为

$$X_{\mathrm{rms}}=\left[\frac{1}{2\pi}\int_{-\infty}^{\infty}G_x(w)\,\mathrm{d}w\right]^{\frac{1}{2}} \tag{7－7}$$

或

$$X_{\mathrm{rms}}=\left[\int_{-\infty}^{\infty}G_x(f)\,\mathrm{d}f\right]^{\frac{1}{2}} \tag{7－8}$$

所以，谱密度可用以表示一个系统受到的激励及其响应。

（四）1/3 倍频带

由数学分析的理论可知，随机过程这样的非周期函数可以看成是频率连续变化的周期函

数叠加而成的，即随机过程的样本函数 $X(t)$ 实际上包含了频率连续变化的周期性函数成分。为了分析和描述方便，常将连续频率按一定规则划分成一些频段，这些频段被称为频带，频带所表示的频率范围称为带宽，如图 7－4 所示。每个频带由其中心频率 f_c 表示，带宽为

$$\Delta f = f_u - f_l \tag{7-9}$$

式中，f_u 是上限频率；f_l 是下限频率。

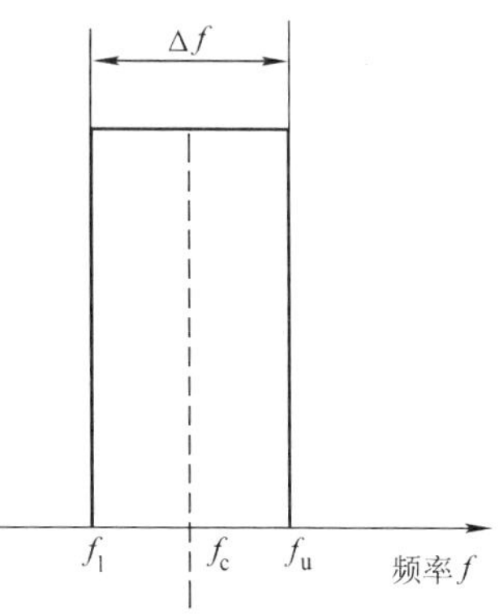

图 7－4　分析带宽

若每个频带按 $f_u/f_l = 2$ 确定，这样的频带称为“倍频带”；将上述“倍频带”按等比关系分成三个频带，并称之为 1/3 倍频带，此时

$$f_u/f_l = 2^{\frac{1}{3}} = 1.26 \tag{7-10}$$

其中心频率

$$f_c = \sqrt{f_u f_l} = \sqrt{2^{1/3} f_l^2} = \sqrt[6]{2} f_l \tag{7-11}$$

（五）常系数线性系统

在汽车平顺性研究中，通常将汽车近似看成常系数线性系统。所谓常系数，是指系统的质量、刚度和阻尼等不随时间变化；而所谓线性，则是指能够满足叠加原理，其运动微分方程是线性常系数微分方程。对于线性系统来说，系统的固有传递特性，不会因激励的不同而变化，若输入是频率为 f 的正弦波，输出也必然是同频率的正弦波。

（六）频响函数

对于一个振动系统，我们关心的是输出与输入的幅值比和相位角。幅值比和相位角实际上反映了系统的传递特性，它们都取决于系统固有的参数。一个复数具有模和相角两个参数，因此一个系统的传递特性可以用一个复数 $H(jw)$ 来表示，称 $H(jw)$ 为频率响应函数，简称频响函数。频响函数与输入、输出之间有如下十分重要的关系

$$H(jw) = \frac{G_y(w)}{G_x(w)} \tag{7-12}$$

$$H(jf) = \frac{G_y(f)}{G_x(f)} \tag{7-13}$$

式中，G_y 是输出功率谱密度；G_x 是输入功率谱密度。

二、输入的路面不平度功率谱

掌握了路面输入的不平度功率谱和车辆系统的频响函数，便可以由式（7－12）或式（7－13）求出各响应物理量的功率谱，借以分析振动系统参数对各响应物理量的影响，寻求提高平顺性的措施。

路面纵断面的不平度值，可以用水准仪或专门的路面计来测量得到。测量得到的大量路面不平度随机数据，通过计算机处理后得到路面不平度的功率谱密度 $G_q(n)$ 等统计特性参数。作为车辆振动输入的路面不平度，主要采用路面功率谱描述其统计特性。

对汽车振动系统的输入除了路面不平度，还要考虑车速这个因素，有时需要将空间频率功率谱密度换算为时间频率功率谱密度。

第三节 汽车振动系统的简化与单质量系统的振动

汽车是一个复杂的振动系统，为便于分析，应根据问题对其进行简化。

一、汽车振动系统的简化

对汽车振动系统简化时，常将其用当量系统来代替。一般情况下，汽车可视为由彼此相联系的悬挂质量和非悬挂质量所组成。悬挂质量 M 主要由悬架弹簧之上的车身、车架及其上的总成所组成；非悬挂质量 m 主要由悬架弹簧之下的车轮和车轴组成。而汽车的弹性元件、导向杆件、减振器和传动轴等因一端和弹簧之上部分连接，另一端和弹簧以下部分连接，故一般将其一半计入悬挂质量，另一半计入非悬挂质量。

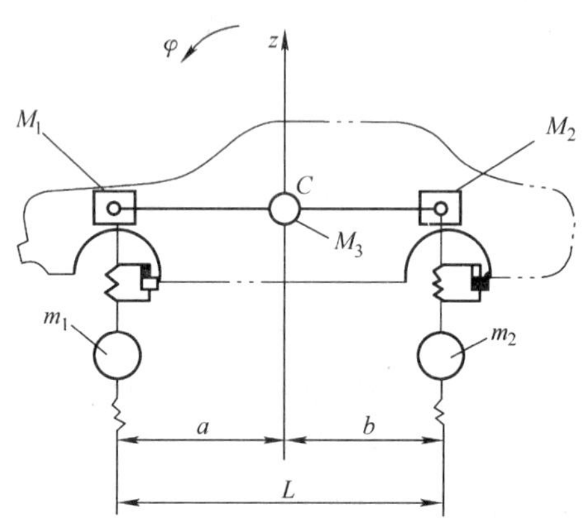

图 7－5 双轴汽车简化的平面模型

假设汽车对称于纵向轴线并没有横向角振动，而只有垂直振动 z 和俯仰振动 φ，由此汽车振动系统可简化为图 7－5 所示的平面模型。将悬挂质量 M 按动力等效的条件分解为前轴上的质量 M_1 后轴上的质量 M_2 以及质心 C 上的质量 M_3 三个集中质量，并由无质量的刚性杆连接，它们的大小由下述三个条件决定：

1）总质量不变 $$M = M_1 + M_3 + M_2 \tag{7-14}$$

2）重心位置不变 $$M_1 a - M_2 b = 0 \tag{7-15}$$

3）转动惯量 I_y 的值保持不变 $$I_y = M\rho_y^2 = M_1 a^2 + M_2 b^2 \tag{7-16}$$

式中，ρ_y 是绕横轴 y 的回转半径（m）；a，b 是悬挂质心至前、后轴的距离（m）。

解式（7－14）、式（7－15）、式（7－16）所形成的联立方程组得

$$M_1 = \frac{M\rho_y^2}{aL} \tag{7-17}$$

$$M_2 = \frac{M\rho_y^2}{bL} \tag{7-18}$$

$$M_3 = M\left(1 - \frac{\rho_y^2}{ab}\right) \tag{7-19}$$

式中，L 是轴距（m）。

当悬挂质量分配系数 $\varepsilon = \frac{\rho_y^2}{ab} = 1$ 时，联系质量 $M_3 = 0$，且有

$$M_1 = \frac{Mb}{L} \tag{7-20}$$

$$M_2 = \frac{Ma}{L} \tag{7-21}$$

目前大部分汽车 $\varepsilon = 0.8 \sim 1.2$，即接近 1。在 $\varepsilon = 1$ 的情况下，前、后轴上的集中质量

M_1、M_2 在垂直方向运动是相互独立的，即前轮遇到路面不平引起 M_1 振动而 M_2 不运动，反之亦然。故在此特殊情况下，可以分别讨论图 7-5 上 M_1 和前轮 m_1、M_2 和后轮 m_2 分别构成两个双质量系统的振动。

二、单质量系统及其振动特性分析

通常情况下，非悬挂质量比悬挂质量小得多，而轮胎的刚度比悬挂的刚度大得多，所以车轮振动的固有频率（6~15Hz）比车身的固有频率（1~2Hz）大得多，加之远离较低的激振频率（5Hz 以下），为便于分析，可以忽略车轮的弹性和质量，便形成了两个质量 M_1、M_2 分别支承在悬挂弹簧上的单质量系统。

图 7-6 所示是分析车身振动单质量系统模型，由悬挂质量 M 和弹簧刚度为 K、减振器阻力系数为 C 的悬架组成。q 是路面输入，z 是车身垂直方向输出，其原点在静力平衡位置。

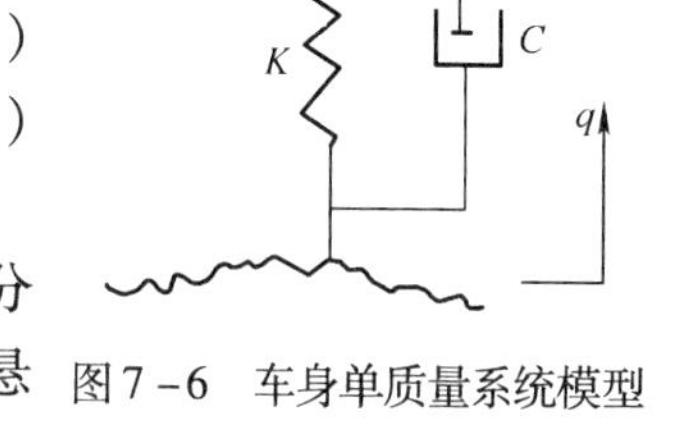

图 7-6 车身单质量系统模型

根据牛顿第二定律，得到描述系统运动的微分方程为

$$Mz'' + C(z' - q') + K(z - q) = 0 \tag{7-22}$$

变形得

$$Mz'' + Cz' + Kz = Cq' + Kq \tag{7-23}$$

式中，C 是减振器的阻尼系数；K 是悬挂弹簧的刚度。

这是一个二阶常系数非齐次线性微分方程。由其齐次微分方程的通解和频响特性的分析（可参阅有关书籍），可得有关悬架系统的以下结论：

1）悬架系统的阻尼系数 C（或阻尼比 $\xi = \dfrac{C}{2\sqrt{MK}}$）对系统衰减振动的固有频率有一定的影响，并直接决定振幅的衰减程度。

2）系统减振在频率比 λ［路面输入频率（也称激振频率）ω 与系统固有频率 ω_0 之比］不同的路面输入下，对阻尼比 ξ 的要求不同。

3）降低系统的固有频率 $f_0\left(f_0 = \dfrac{1}{2\pi}\sqrt{\dfrac{K}{M}}\right)$，可以明显减小车身振动加速度，从而改善汽车的平顺性，但 f_0 的降低又受到动挠度［f_d］的限制。目前大多数汽车悬架系统的固有频率 f_0、静挠度 f_s、动挠度［f_d］和阻尼比 ξ 的实用范围如表 7-3 所示。

表 7-3 悬架系统 f_0、f_s、［f_d］值的实用范围

车　型	f_0/Hz	f_s/cm	［f_d］/cm	ξ
轿车	1.2~1.1	15~30	7~9	0.2~0.4
货车	2~1.5	6~11	6~9	
大客车	1.8~1.2	7~15	5~8	
越野汽车	2~1.3	6~13	7~13	

综上所述，轿车舒适性要求高，而所行驶的路面相对货车和越野车比较好，悬架动挠度 f_d 引起的撞击限位概率很小，故其车身部分固有频率 f_0 选择得比较低，以减小车身加速度，一般是在 1~1.5Hz。反之，货车和越野车行驶的路面较差，为减小撞击限位的概率，车身

固有频率f_0较高，一般选择在1.5~2Hz。在固有频率f_0比较低、行驶路面又比较差的情况（例如某些越野车）下，动挠度f_d会相当大，为了减少冲击限位的概率，此时阻尼比ξ应取偏大值。

第四节 影响汽车平顺性的主要因素

由于汽车振动系统本身和路面输入的复杂性，从而决定了影响汽车平顺性的因素很多。在此仅就结构和使用两方面的主要因素作一分析。

一、结构因素

前一节我们将汽车简化成单质量振动系统，但若考虑到车轮等非悬挂质量m和轮胎刚度K_t，便形成了如图7-7所示由车身和车轮组成的双质量振动系统。而且实际上汽车从振动角度看，由于存在前、后车轮两个路面输入，就决定汽车有垂直和俯仰两个自由度振动，从而导致汽车纵轴线上任一点的垂直振动不同。我们就从这里定性分析结构因素对汽车平顺性的影响。

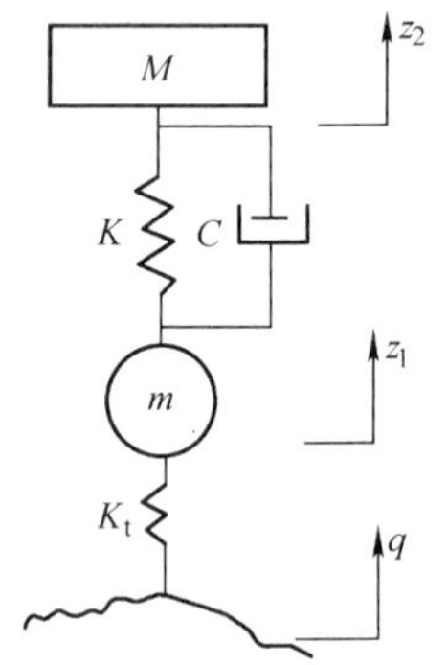

图7-7 车身和车轮两个自由度振动系统

（一）悬架弹性的影响

悬架弹性对车身振动频率起着决定性的作用。悬架上的载荷与其变形之间的关系称为弹性元件的弹性特性。如果悬架的刚度是常数，则其变形与所受载荷成正比，这种悬架称为线性悬架，一般钢板弹簧、螺旋弹簧悬架均属此类。采用线性悬架的汽车，往往不能满足汽车平顺性的要求，使用中汽车的有效载荷变化较大（特别是公共汽车和载货汽车），会导致空载振动频率较高或满载振动频率较低。为了改善这种情况，现代汽车多采用非线性悬架（也称变刚度悬架），即其刚度可随载荷的变化而变化，如增设副簧、复合弹簧。另外具有非线特性的弹性元件有空气弹簧、空气液力弹簧和橡胶弹簧等。

（二）悬架阻尼的影响

为了衰减车身的自由振动，并抑制车身和车轮的共振，以减小车身的垂直振动加速度和车轮的振幅（防止车轮跳离地面），悬架系统中应具有适当的阻尼。悬架的阻尼主要来自于减振器、钢板弹簧叶片和轮胎变形时橡胶分子间的摩擦等。钢板弹簧悬架系统中的干摩擦较大，而且钢板弹簧叶片数目越多，摩擦越大，故有的汽车采用钢板弹簧悬架时，可以不装减振器，但弹簧摩擦阻尼的数值很不稳定，钢板生锈后阻力过大，不易控制。而采用其他内摩擦很小的弹性元件（如螺旋弹簧、扭杆弹簧等）的悬架，必须采用减振器，以吸收振动能量而使振动迅速衰减。为使减振器阻尼效果好，又不传递大的冲击力，常把压缩行程的阻力和伸张行程的阻力取得不同。压缩行程取较小的相对阻尼系数；在伸张行程取较大的相对阻尼系数。有的减振器压缩时无阻尼而只在伸张行程时有阻尼，具有这种阻尼特性的减振器称为单向作用减振器；而在压缩、伸张两行程中均有阻尼作用的减振器称为双向作用减振器。

采用减振器不仅可以提高汽车的平顺性，而且还可以增加悬架的角刚度，改善车轮与道路的接触情况，防止车轮跳离地面，因而改善了汽车的稳定性，提高了汽车的行驶安全性。改善减振器的性能，对提高汽车在不平道路上的行驶速度有很好的作用。悬架系统的干摩擦，可使悬架的弹性部分或全部被锁住，使汽车只在轮胎上发生振动，因而增加振动频率，且使路面冲击容易传给身车。为减少钢板弹簧叶片间的摩擦，叶片间应加润滑脂或摩擦衬垫，结构上采用少片弹簧。

（三）主动悬架与半主动悬架

一般悬架由弹簧和减振器组成，其特性参数（悬架刚度 K 和阻尼系数 C）是在一定条件下进行优化确定的。这种悬架的特性参数一旦选定便无法更改，称为被动悬架。其缺点是不能适应使用工况（如载荷变化引起的悬挂质量变化，车速和路况所决定的路面输入等）的变化进行控制调整，无法满足汽车较高性能的要求。

利用电控技术与随动液压技术的主动悬架和半主动悬架，能较好地改善汽车的平顺性。图 7－8 所示为车身与车轮两个自由度主动悬架或半主动悬架模型。主动悬架一般用液压缸作为主动力发生器，代替悬架的弹簧和减振器，由外部高压液体提供能源，用传感器测量系统运动的状态信号，反馈到电控单元，然后由电控单元发出指令控制力发生器，产生主动控制力作用于振动系统，构成闭环控制。半主动悬架的核心部分是采用可调阻尼减振器，其控制逻辑有的和主动悬架类似是闭环的，也有根据车速等参数进行开环控制的，它消耗的全部能量只用来驱动控制阀，故能耗很低。

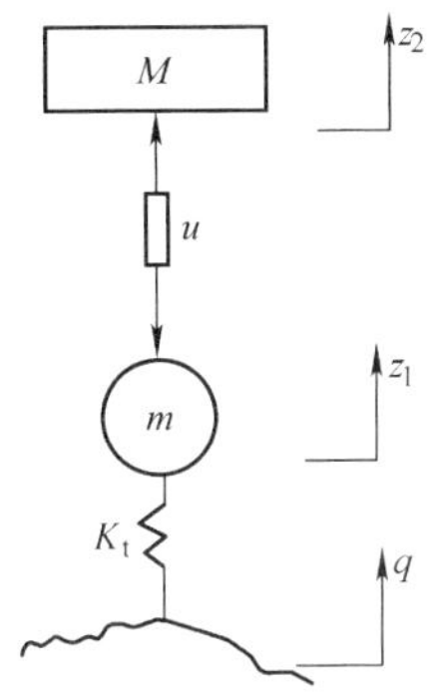

图 7－8　车身与车轮两个自由度主动或半主动悬架模型

（四）非悬挂质量的影响

非悬挂质量对汽车的平顺性也有一定的影响，减小非悬挂质量可降低车身的振动频率，提高车轮的振动频率，从而使高频共振移向更高的行驶速度，这对平顺性有利。另外，非悬挂质量减小，可有效减小其对车身的冲击力。非悬挂质量的大小常用非悬挂质量与悬挂质量之比 m/M 来表示，比值越小，则行驶的平顺性越好；但非悬挂质量过小，对平顺性的影响就没有那么明显了，但会影响车轮与地面的附着效果。现代轿车的比值大多为 $m/M=10.5\%\sim14.5\%$，这样可以有良好的行驶平顺性。

（五）轮胎的影响

轮胎的弹性使悬架的换算刚度减小。当汽车在不平道路上行驶时，由于轮胎的弹性作用，轮胎位移曲线较道路断面轮廓要圆滑平整，跳跃长度较道路坎坷不平的长度为大，而跳跃曲线的高度则较道路不平的真正高度为小，这就是所谓轮胎的展平能力，它可使汽车在高频共振时振动减小。轮胎内摩擦所引起的阻尼作用可吸收振动能量，使振动衰减。

从改善汽车平顺性考虑，轮胎的径向刚度应尽可能小。但轮胎刚度过低，会增加轮胎侧偏，影响汽车的操纵稳定性，还会使滚动阻力增加，并降低轮胎的寿命。

（六）底盘旋转件不平衡的影响

底盘旋转件（如传动轴、车轮等）的不平衡，在汽车行驶过程中极易产生周期性的激振力，而后通过悬架传至车身，影响汽车的平顺性。当然，在第四章降低汽车噪声的措施中已涉及提高旋转件动平衡度的重要性，这对改善汽车的平顺性也会起到一定的作用。

（七）轴距的影响

在汽车行驶过程中受到路面不平的冲击时，汽车车身的俯仰角加速度随轴距的加大而减小；而对于垂直振动加速度，随轴距的加大除了前、后轴上方没有变化外，其他各处都减小。所以，轴距加长，对汽车平顺性的改善是非常有利的。

（八）乘坐位置与座椅刚度的影响

座椅的位置对平顺性的反应差别很大。试验和实际感受表明，接近车身中部的座位，其振动量最小；与汽车质量中心间的距离愈大，车身振动对乘客的影响愈大。对于载货汽车和公共汽车，为了减小水平纵向振动的振幅，座位在高度上应尽量减小与质心的距离。

座椅垫的弹性要适当，若汽车的悬架较硬，可采用较软的座垫；若汽车悬架较软，则采用较硬的座垫，以防因乘客在座位上的振动频率与车身的振动频率重合而发生共振。另外，座垫也需要一定的阻尼，以衰减振动。

二、使用因素

道路不平是引起汽车振动的主要因素，这就决定了汽车运行过程中的平顺性与路面状况和车速有着密切的关系。此外，汽车悬架系统在汽车使用过程中的技术状况对汽车的平顺性也有着重要的影响。

（一）路面状况与车速

汽车在不平道路上行驶时，前、后车轮连同车身都要受到来自路面的冲击作用。对某一汽车来说，激振的强度和频率主要取决于路面状况和车速，这就相应决定了汽车振动响应。

（二）悬架系统的技术状况

前已述及，悬架系统的固有频率和阻尼系数对汽车的平顺性有着重要的影响。汽车在使用过程中，由于受各种因素的影响，这些参数可能产生变化，如钢板弹簧各片之间的润滑不好或由于减振器阻尼过大，都会使弹簧部分或全部被锁住，引起车身振动频率增加。当汽车通过不平路面时，就会使汽车产生剧烈的冲击。

第五节　汽车平顺性试验

我国已制定的与汽车平顺性试验内容和方法相关的标准主要有《汽车平顺性脉冲输入行驶试验方法》（GB/T 5902—1986）、《汽车平顺性随机输入行驶试验方法》（GB/T 4970—1996）、《车辆振动输入路面不平度表示方法》（GB/T 7031—2005）、《客车平顺性评价指标及限值》（QC/T 474—1999）、《汽车悬架系统的固有频率和阻尼比测定方法》（GB 4783—1984）等。相应的平顺性试验也有许多项，在此主要介绍随机输入、悬架系统固有频率及阻尼比测定两项平顺性试验。

一、随机输入行驶试验

本试验主要针对汽车在随机不平路面上行驶时，路面不平激起的振动对乘员和货物的影响，以此来评价汽车平顺性。

（一）试验条件

1. 车辆条件

车辆按要求装备齐全，并在相应位置设置加速度传感器，轮胎气压符合技术要求。

2. 道路条件

试验道路应平直，纵坡不大于0.1%，路面不平度应均匀无突变。相当等级为二级（沥青）和三级（砂石）两种。

3. 气候条件

风速不大于5m/s。

（二）试验的仪器设备

加速度传感器、前置放大器、磁带记录仪和人体振级测量仪。

（三）试验方法

试验时，汽车以不同的规定车速稳速驶过试验路段。测试过程中，被测人员应全身肌肉放松，驾驶者的两手自然地放置于转向盘上；乘员的两手应自由地放在大腿上，并保持坐姿不变。同时记录各测点加速度-时间历程。测量样本记录不少于3min。

二、悬架系统固有频率及阻尼比测定试验

（一）试验条件

车辆按前述条件装备好，并称量汽车的总质量、前轴和后轴质量。将测振传感器固定在前、后轴正上方的车身及车轮等测点上，将记录仪等仪器在车上固定好。

（二）试验的仪器设备

测振传感器、前置放大器和记录仪。

（三）试验方法

可选用滚下法、抛下法和松拉法三种方法之一，使悬架系统产生自由衰减振动（振动的幅值要足够大，只要保证悬架在压缩行程时不碰撞缓冲块）。同时记录车身衰减振动的时间历程，每次记录时间不少于3min，作出自由衰减振动曲线，如图7-9所示。由图确定振动周期T和衰减率τ（$=A_1/A_2$），按下列式子确定固有频率和阻尼比

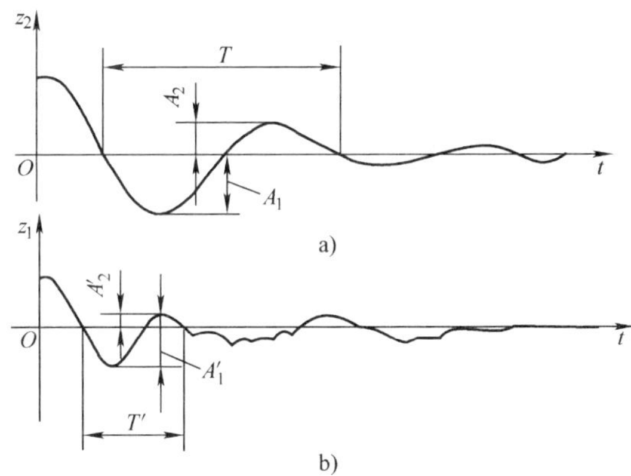

图7-9　悬架系统衰减振动曲线

a）车身振动　b）车轮振动

固有频率
$$f_0=\frac{1}{T} \tag{7-24}$$

阻尼比
$$\xi=\frac{1}{\sqrt{1+\frac{4\pi^2}{\ln^2\tau}}} \tag{7-25}$$

习　题

A 概念类

1. 什么是汽车的平顺性？

2. 标准ISO2631—1：1997（E）对人体坐姿受振模型是如何规定的？对不同轴向和不同频率振动是如何进行加权处理的？

3. 按标准ISO2631—1：1997（E），如何评价汽车的平顺性？

4. 什么是随机过程？

5. 平顺性分析的具有平稳的各态历经随机过程的加速度均方根值是如何确定的？

6. 什么是功率谱密度？

7. 什么是倍频带和1/3 倍频带？

8. 什么是常系数线性系统？

9. 什么是频响函数？

10. 如何得到路面不平度功率谱？

11. 汽车振动系统是如何简化的？

12. 由车身振动单质量系统模型分析得知，悬架系统的阻尼系数 C 和固有频率 f_0，以及频率比 λ 对平顺性有何影响？

13. 悬架弹性和悬架阻尼如何才能满足汽车平顺性的要求？

14. 为什么主动悬架和半主动悬架能较好地改善汽车的平顺性？

15. 从改善平顺性考虑，轮胎刚度是应大还是应小？

16. 为什么舒适性要求高的汽车大都轴距较大？

17. 从平顺性要求来说，座椅刚度及其在车内的布置是如何考虑的？

18. 路面状况和车速对汽车平顺性是如何影响的？

19. 如何进行汽车平顺性随机输入行驶试验？

20. 悬架系统固有频率和阻尼比通常如何测定？

B 综合类

21. 汽车平顺性与汽车噪声有什么关系？

22. 哪些激振力既能产生车身振动又会产生汽车噪声？

23. 分析说明为什么悬架系统的技术状况对平顺性有影响。

24. 车轮不平衡会对汽车的哪些运行性能产生影响？

第八章　汽车的通过性

矿区用车和军用车辆等，有时会在坏路或无路地面上使用，因此要求这些汽车具有良好的通过能力，即通过性，亦称越野性。汽车的通过性是指汽车在一定载质量下能以足够高的平均车速通过各种坏路及无路地带和克服各种障碍的能力。无路地带包括松软的土壤、沙漠、雪地和沼泽地等，地面障碍指陡坡、侧坡、台阶和壕沟等。

通过性与汽车的动力性、操纵稳定性和平顺性等有着密切的联系，为了克服松软地面阻力和各种障碍与不平路面构成的阻力，汽车需具有足够大的驱动力和相应的附着力；能够顺利通过较大侧向坡，要求汽车有良好的稳定性；汽车具有较好的平顺性，才能保证在坎坷不平路面上维持较高的行驶速度。

第一节　通过性的几何参数

汽车越野行驶时，由于地面的不规则（小丘、凸起、沟洼、坡道以及壕沟等），可能使汽车出现无法通行的情况，这与汽车本身的结构有一定的关系。汽车通过性的几何参数是指汽车在不同地面上所涉及的与通过能力有关的汽车本身的几何参数。

一、最小离地间隙 *h*

最小离地间隙 h 是指汽车除车轮外的最低点与路面之间的距离，如图 8－1 所示。它反映了汽车无碰撞越过石块、树桩之类障碍物的能力。如果离地间隙太小，就有可能出现汽车被托住无法通行的情况，这种情况被称为“间隙失效”。汽车的前桥、飞轮壳、变速器壳、消声器和后桥主减速器外壳等通常有较小的离地间隙，结构上应尽可能保证有较大的最小离地间隙值。

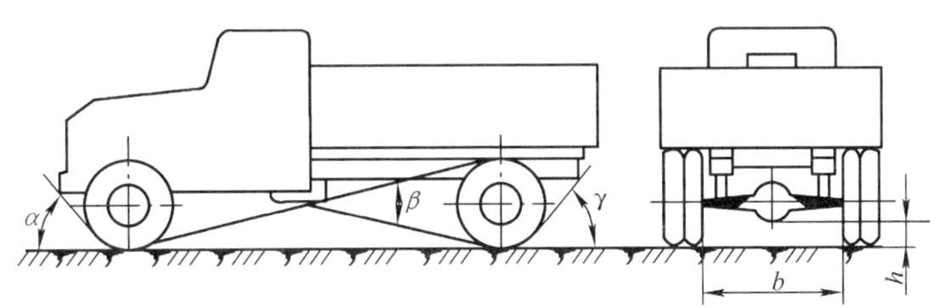

图 8－1　汽车的通过性参数

h—最小离地间隙　b—两侧轮胎内缘间距

α—接近角　γ—离去角　β—纵向通过角

二、纵向通过角 *β*

纵向通过角 β 是指在汽车侧视图上两轴间车体底部较低部位向前、后轮所作切线所夹的最小锐角，如图 8－1 所示。它表示汽车无碰撞地通过小丘、拱桥等障碍物的轮廓尺寸。β

越大，汽车的通过性越好。

三、横向通过半径 ρ

横向通过半径 ρ 是指汽车在正视图上所作与左右轮及两轮间轮廓线相切的圆的半径，如图 8－2 所示。它表明汽车通过小丘及凸起路面的能力，横向通过半径越小，汽车的通过性越好。

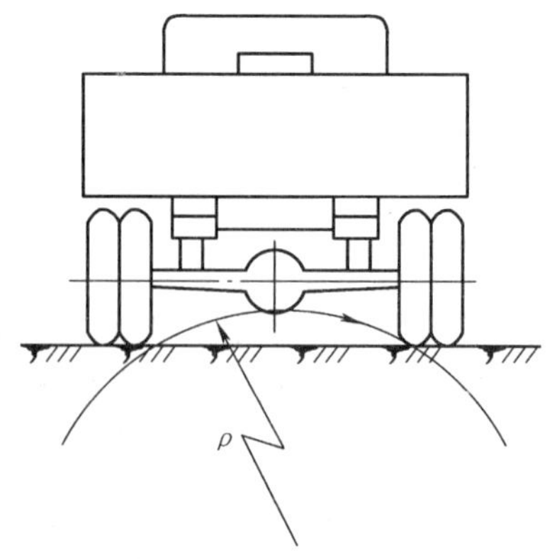

图 8－2 横向通过半径

车辆中间底部的零部件碰到地表面而被顶住的现象称为“顶起失效”。前述的最小离地间隙不足，纵向通过角过小和横向通过半径过大，都容易出现“顶起失效”

四、接近角 α 和离去角 γ

接近角 α 是指汽车在侧视图上从前端突出点和前轮所引切线与路面之间的夹角；从后端突出点向后轮所引切线与地面之间的夹角称为离去角 γ，如图 8－1 所示。它们分别表示接近和离开障碍物（如小丘、沟洼地等）时不发生碰撞的可能性。汽车前端被顶住的现象称为“触头失效”；汽车后端被托起的现象称为“托尾失效”。接近角和离去角越大，汽车的通过性越好。

五、最小转弯直径 d_H 和内轮差 d

汽车转弯过程中转向盘转至极限位置时前外轮滚过的印迹中心在地面形成轨迹圆，左右两个轨迹圆中的较大直径称为车辆的最小转弯直径 d_H；最小转弯直径状态前后轴内轮印迹中心在地面上形成轨迹圆的半径之差称为内轮差 d，如图 8－3 所示。它们表示车辆在最小地面内的回转能力和通过狭窄弯曲地带的能力，其值越小，表明车辆转弯的机动性越好。机动车运行安全技术条件规定：机动车最小转弯直径不得大于 24m，最小转弯时的内轮差不得大于 3.5m。

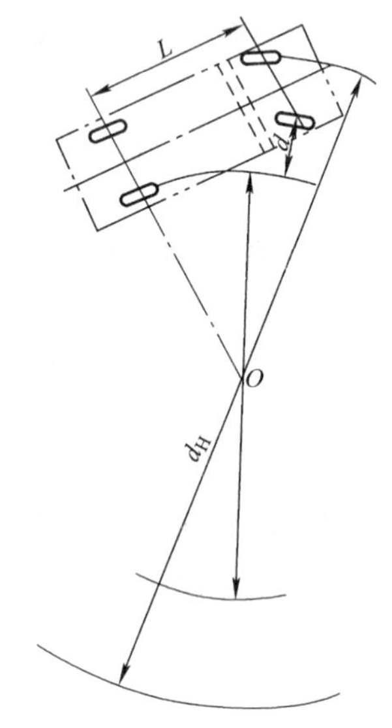

图 8－3 汽车转弯直径示意图

六、转弯通道圆

当车辆的转向盘转到极限位置、汽车以较低车速转弯行驶时，车体上所有点在支承平面上的投影均位于圆周以外的最大圆，称为转弯通道内圆；车体上的所有点在支承平面上的投影均位于圆周以内的最小圆，称为转弯通道外圆。转弯通道内、外圆半径的差值为汽车极限转弯时所占空间的宽度。通道外圆和通道宽度越小，汽车通过性越好，如图 8－4 所示。

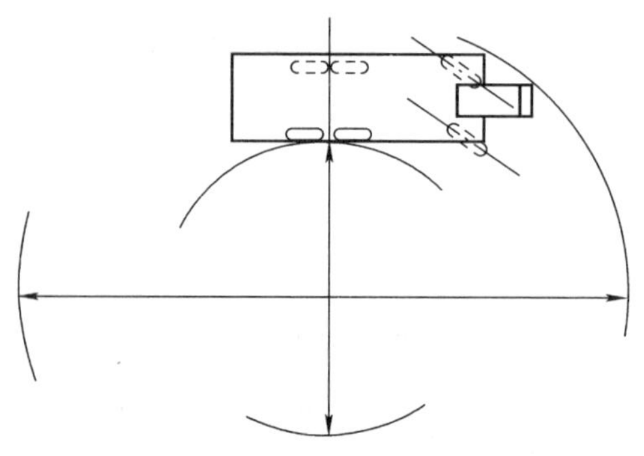
图 8－4 汽车转弯通道圆示意图

七、车轮半径 r

越野车辆行驶中需克服一些垂直障碍物（如台阶、壕沟等），其能力与车轮半径有关。对于后轮驱动的汽车，所能克服的垂直障碍物的最大高度为 $h \approx 2r/3$（见图8-5a）；对于双轴驱动的汽车为 $h \approx r$（见图8-5b）。上述关系的近似性，是由于 h 值还与路面的附着力和障碍物的性质有一定的关系。如果壕沟边沿足够结实，单轴驱动汽车的双轴汽车所能越过壕沟宽度为 $b \approx r$；而对于双轴驱动的汽车为 $b \approx 1.2r$（见图8-5c）。

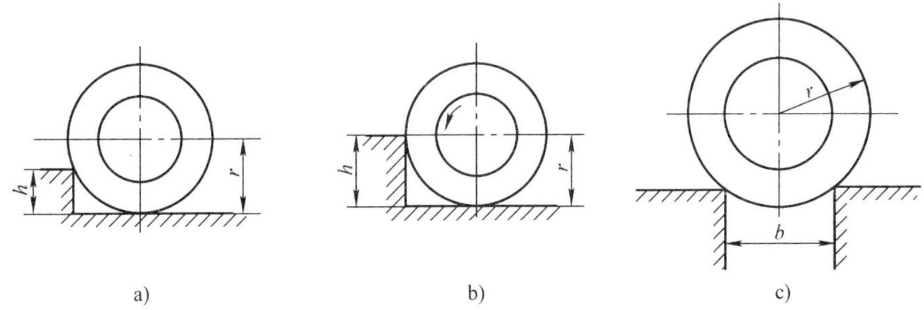

图8-5 车轮半径与汽车越过障碍物壕沟能力的关系

a）后轮驱动能克服垂直障碍物最大高度 b）双轴驱动能克服垂直障碍物的最大高度 c）越过壕沟宽度

几种现代车型的通过性几何参数如表8-1所示。

表8-1 汽车通过性的几何参数

汽车类型	最小离地间隙 h/mm	接近角 α/（°）	离去角 γ/（°）	最小转弯直径 d_H/m
4×2 轿车	120～200	20～30	15～22	7～13
4×4 轿车、吉普车	210～370	45～50	35～40	10～15
4×2 货车	250～300	25～60	25～45	8～14
4×4 货车、6×6 货车	260～350	45～60	35～45	11～21
6×4 客车、4×2 客车	220～370	10～40	6～20	14～22

第二节 通过性的支承与牵引参数

一、单位压力

车轮对地面的单位压力是作用在车轮上的垂直负荷与轮胎接地面积之比，即

$$P = \frac{W}{1000A} \tag{8-1}$$

式中，W 是作用在车轮上的垂直载荷（N）；A 是轮胎与地面接触面积（m^2）。

汽车在松软地面上行驶时，适当减小轮胎气压，可降低车轮对地面的单位压力，使车辙深度减小，从而降低汽车的行驶阻力。同时因轮胎与地面的接触面积增大，可使附着系数提高。

二、最大动力因数

由汽车的动力性已经获知，汽车Ⅰ挡的最大动力因数标志着汽车的最大爬坡能力和克服道路其他阻力的能力。汽车在坏路或无路地带行驶时，要克服较大的行驶阻力并表现出良好的通过性，必须提高其驱动力或动力因数。所以许多越野汽车的传动系中，都增设副变速器或低挡分动器，以增大传动系的传动比，保证在驱动轮上获得足够大的驱动力，同时使动力因数增大。

三、相对附着重量系数

相对附着重量系数是指驱动轮载荷与汽车总重量之比。由于驱动力的发挥受附着力的限制，故越野车辆为附着力能够使驱动力得到最大限度的发挥，采用全轮驱动（4×4，6×6等），其相对附着重量系数为1；而对于公路车辆，其相对附着重量系数为：轿车（4×2）为0.45~0.10，载货汽车（4×2，6×4等）为0.65~0.75。

第三节 改善汽车通过性的主要措施

要使汽车在坏路或无路地面上行驶具有良好的通过性，必须在汽车的结构上采取一定的措施，同时在使用和驾驶中也要注意技术和方法。

一、结构因素的影响

（一）发动机的动力性

汽车越野行驶时阻力较大，为了使汽车具有良好的通过性，应设法减小行驶阻力，还应提高汽车的动力性，即使其比功率$\frac{P_e}{G}$较大。

（二）传动系的传动比

在相同的发动机转速下，传动系的传动比增大，可使汽车的驱动力增大，同时，还可使相应的汽车行驶速度降低。当汽车的行驶速度降低时，土壤的物理特性会有所改善，土壤剪切和车轮滑转的可能性减小。所以较大的传动系传动比，可改善汽车的通过性。越野性车辆结构上往往采用增加副变器或使用两挡分动器的结构形式，以增大传动系的最大总传动比。

（三）液力传动

装有液力变矩器或液力偶合器的汽车，可维持低速（0.5~1km/h）行驶，改善汽车在松软路面上的通过性。液力传动能保证汽车在起步时半轴转矩逐渐增长，避免汽车起步时对路面的冲击、破坏而导致车轮滑转。液力传动还能消除一般机械传动系中经常发生的扭振现象。装有机械式有级变速器的汽车，在恶劣地面行驶时，常会因车速低换挡时动力中断而停车；重新起步又可能引起土壤破坏而使起步困难。液力传动的汽车不用换挡就可提高转矩，从而避免这种现象。

（四）差速器

普通齿轮式差速器可使左、右驱动车轮以不同的角速度旋转，而不能使左、右轮转矩相差很大，当某一驱动轮陷入泥泞或在冰雪上时，得到较小的附着力而易滑转，此时另一侧驱动轮的驱动力就不能再增大，而出现驱动力小于行驶阻力使汽车不能前行的现象。越野汽车上采用高摩擦差速器，如凸块或蜗杆式差速器等，其较大的内摩擦可使附着条件较好的驱动轮的驱动力增加10%～15%。还有的越野性车辆装有差速锁，必要时可将差速器锁住。此时汽车可能得到的驱动力为 $F_t=(Z\varphi)_{min}+(Z\varphi)_{max}$。由于实际道路条件下各驱动轮上的附着力差别一般不会很大，故汽车总驱动力的增加一般不超过20%～25%。

（五）前后轮距

当汽车在松软地面上行驶时，车轮要克服形成轮辙的滚动阻力。如果汽车前、后轮距相等，并有相同的轮胎宽度，前后轮辙可重合，后轮就可沿已被前轮压实的轮辙行驶，使汽车总的滚动阻力较小，汽车的通过性提高。为此，现代越野车辆广泛采用单胎、等轮距布置，为减小轮胎对地面的单位压力，采用多轴的布置形式。

（六）驱动轮数目

为了增大相对附着重量系数而使汽车的驱动力得到充分发挥，可增加驱动轮数目。另外，增加驱动车轮的数目，可使汽车前轮越过台阶和壕沟的能力显著提高。因此，越野汽车都采用全轮驱动。

（七）车轮尺寸

车轮的直径和宽度对汽车通过性都有极大的影响，较大的车轮直径和轮胎宽度可使轮胎对地面的单位压力降低。较大的车轮直径可使汽车越障能力增强，但直径过大的轮胎会使其惯性增大，汽车质心升高，轮胎成本增加，并要求采用传动比更大的传动系等，故大直径车轮在汽车上没有得到广泛应用。

宽度较大的轮胎不仅降低了轮胎与地面的单位压力，而且由于轮胎的宽度较大，允许胎体有较大的变形，而不降低其使用寿命，因而可以使轮胎气压取得低些。近代越野车上，超低压的拱形轮胎得到了广泛应用，断面宽度接近于双胎的拱形轮胎，其接地面积可增大1.5～3倍，在沙漠、雪地和沼泽地面上行驶时，汽车具有良好的通过性。但这种专用于松软地面的特种轮胎，由于花纹较大，气压过低，不能在硬路面上工作，否则，将迅速磨损和过早损坏。

（八）轮胎花纹

轮胎花纹对附着系数有很大的影响，合适的轮胎花纹对提高汽车在一定类型地面上的通过性有很大作用。越野汽车的轮胎具有宽而深的花纹，当汽车在湿的硬路面上行驶时，由于只有花纹的凸起部分与地面接触，使轮胎对地面有较高的单位压力，足以挤出水层；而在松软地面上行驶时，轮胎下陷嵌入土壤的花纹凸起的数目增加，与地面接触面积及土壤剪切面积都迅速增加，因而同样能保证有较好的附着性能。越野轮胎花纹的形状应具有利于其自身脱掉泥泞的性能。

（九）涉水能力

为了提高汽车的越野涉水能力，应注意发动机分电器、火花塞、曲轴箱、通风口和机油尺等处的防水密封，并提高空气滤清器的位置，以防渗漏水。

二、使用因素的影响

（一）轮胎气压

汽车在松软路面上行驶，轮胎气压越低，轮胎与地面的接触面积越大，轮胎对地面的单位压力越小，从而使轮胎在松软地面的沉陷量和滚动阻力减小，同时也使附着系数增加。但应注意，轮胎气压降低时，虽然土壤压实阻力随之减小，但轮胎本身的迟滞损失却逐渐增加，故在一定地面上有一个相应最小的地面阻力的轮胎气压。实际上采用的轮胎气压比最小滚动阻力时的轮胎气压高20～30kPa。此时，滚动阻力虽稍有增加，但在潮湿地面上的附着系数将有较大的提高，因而改善了汽车的通过性。

为了提高越野汽车通过松软地面的能力，而在硬路面上行驶时又不致引起大的滚动阻力和降低轮胎寿命，故其装用轮胎中央充气系统。驾驶者可根据道路情况，随时调节轮胎气压。越野汽车的超低压轮胎气压可以在49～343kPa内变化。

在低压条件下工作的越野轮胎，为了减少由于轮胎变形而引起的损失和保证轮胎的使用寿命，其帘布层数应较少，并具有薄而坚固、耐磨且富有弹性的胎体。

（二）前、后轴荷

为了减少汽车在松软路面上行驶的总滚动阻力，提高通过性。使用中应注意前、后轴轴荷分配，使前轮对地面的单位压力较后轮小20%～30%。设计中也应适当予以考虑。

（三）驾驶技术

越野汽车在较差路面上行驶，驾驶技术对其通过性有较大的影响。通过沙地、泥泞和雪地等松软路面时，应使用低挡且保持车辆稳定，行驶中应避免换挡和加速，并尽量保持直线行驶。

传动系装有差速锁的汽车，应在进入车轮可能滑转地区之前，就将差速器锁住。因为一旦滑转之后，土壤表面即被破坏，附着系数随之下降，这时再锁住差速器，就不会起显著作用。当汽车离开恶劣地段区，应迅速脱开差速器，以免转弯时差速器不起作用而导致转向困难。

在冰雪冻结的地面上，提高汽车通过性的有效措施就是在驱动车轮上套上防滑链条。这样可增大车轮在地面上的附着力。

第四节　汽车通过性试验

通过性是汽车运行的基本性能，特别对于越野汽车、矿区用车和农、林业用车等。有关通过性的标准主要有：《汽车地形通过性试验方法》（GB/T 12541—1990）、《汽车最小转弯直径测定方法》（GB/T 12540—1990）等。通过性试验主要是测定或比较越野类汽车的通过能力。

汽车的通过性主要取决于它的几何参数与挂钩牵引性能，所以通过性试验内容应包括：

1）汽车越野行驶的挂钩牵引性能：在各种典型坏路上，特别在各种典型的无路地区（例如，泥泞、沼泽、水田、松软、土壤、沙漠、草原和雪地等）进行试验，测定土壤阻力、汽车的挂钩牵引力、汽车行驶的滑转率，以及轮胎在给定胎压下的接地面积与接地压力、驱动轮上的转矩等。

2）汽车行驶的越障性能：检验汽车通过某些典型障碍（例如，陡坡、侧坡、凸岭、路沟、壕沟、弹坑、灌木丛、河沿、土坎、田埂及台阶等）的能力，另外，还有通过性几何参数测定、土壤参数测定等。

最后指出，汽车的有些运行性能（如，平顺性和操纵稳定性等）最终还是反映在人的感觉上。所以，汽车运行性能除了靠测试仪器测出表征性能物理量的客观评价外，有时还需靠人的感觉进行主观评价。主观评价法就是让试验评价人员根据试验时的主观感觉来评价汽车的有关性能，并按规定的项目和评分办法进行评分。有时比较客观评价的物理量指标与人的感觉评价的一致性，或先由人的感觉发现问题，然后再使用仪器进行测定分析。

前述每一章的性能试验中列举了一些与试验有关的标准、规范。除此之外，还有一些关于汽车运行性能的其他标准，如：《载货汽车定型试验规程》（GB/T 1332—1991）、《汽车道路试验方法通则》（GB/T 12534—1990）、《汽车起动性能试验方法》（GB/T 12535—1990）等，由于与每一章的试验内容并非密切相关，所以也未提及。另外，随着汽车技术的发展、汽车结构的改进、汽车研究的深入以及对汽车性能要求的提高。还会不断有新的标准出台，遵照标准的要求开发、设计、维修和使用汽车，并按标准制定的规范对汽车性能进行考核，是汽车业首先要做到的。

习　题

A 概念类

1. 什么是汽车的通过性？
2. 通过性的几何参数有哪些？各指什么？代表什么意义？
3. 通过性的支承和牵引参数有哪些？这些参数与动力性有什么关系？
4. 影响汽车通过性的结构因素有哪些？它们各是如何影响通过性的？
5. 影响汽车通过性的使用因素有哪些？这些因素各是如何影响通过性的？
6. 如何进行汽车通过性试验？

B 综合类

7. 汽车的通过性与动力性、操纵稳定性和平顺性等各有什么关系？
8. 轮胎的气压大小对汽车的哪些运行性能产生影响？
9. 主观评价法可用于汽车的哪些运行性能评定？

参考文献

[1] 戴汝泉．汽车运行性能［M］．北京：国防工业出版社，2003.

[2] 西安交通大学内燃机教研室．内燃机原理［M］．北京：中国农业机械出版社，1981.

[3] 武汉工学院，河北工学院．汽车拖拉机内燃机原理［M］．北京：中国农业机械出版社，1981.

[4] 董敬，等．汽车拖拉机发动机［M］．北京：机械工业出版社，1998.

[5] 余志生．汽车理论［M］．北京：机械工业出版社，1981.

[6] 高延龄．汽车运用工程［M］．北京：人民交通出版社，1990.

[7] 吉林工业大学汽车教研室．汽车设计［M］．北京：机械工业出版社，1981.

[8] M. 米奇克．汽车动力学［M］．陈荫三，译．北京：人民交通出版社，1992.

[9] 葛安林．车辆自动变速理论与设计［M］．北京：机械工业出版社，1993.

[10] 马芳武．汽车空气动力学［M］．北京：机械工业出版社，1993.

[11] 司利增．汽车防滑控制系统——ABS 与 ASR［M］．北京：人民交通出版社，1996.

[12] 马广发，等．汽车平顺性随机输入行驶试验方法（GB/T 4970—1996）［M］．北京：中国标准出版社，1996.

[13] 林茂成，赵济海．车辆振动输入—路面平度表示方法［M］．北京：中国标准出版社，1987.

[14] 何渝生．汽车噪声控制［M］．北京：机械工业出版社，1999.

[15] 钱耀义．汽车发动机排气污染与控制［M］．北京：人民交通出版社，1987.

[16] 金银主．汽车使用维修大全［M］．北京：中国商业出版社，1994.

[17] 何光里．汽车使用工程师手册［M］．北京：人民交通出版社，1991.

[18] 吴光强．汽车理论［M］．北京：人民交通出版社，2007.